Constantin Privat

Anwaltschaft im Wandel
125 Jahre Rechtsanwaltskammer Köln
1879 - 2004

ANWALT-SCHAFT IM WANDEL

125 Jahre Rechtsanwalts- kammer Köln 1879-2004

von
Constantin Privat

Herausgegeben
von der
Rechtsanwaltskammer Köln

2004

Verlag
Dr. Otto Schmidt
Köln

Bibliografische Information Der Deutschen Bibliothek:

Die Deutsche Bibliothek verzeichnet diese Publikation in der Deutschen Nationalbibliografie; detaillierte bibliografische Daten sind im Internet über <http://dnb.ddb.de> abrufbar.

Verlag Dr. Otto Schmidt KG
Unter den Ulmen 96-98, 50968 Köln
Tel.: 02 21 / 9 37 38-01, Fax: 02 21 / 9 37 38-9 21
e-mail: info@otto-schmidt.de
www.otto-schmidt.de

ISBN 3-504-06131-6

Einbandgestaltung: Jan P. Lichtenford, Mettmann
Satz: DTP-Service Renet, Korschenbroich
Druck und Verarbeitung: Bercker, Kevelaer

Printed in Germany

Geleitwort

Man kann die 125-jährige Geschichte der Rechtsanwaltskammer Köln wissenschaftlich aufarbeiten lassen oder mit großer Freude das Werk eines Insiders entgegen nehmen. Jedenfalls wird mit diesem Buch deutlich, mit welchem persönlichen Engagement und Freude an der Aufarbeitung der Entwicklung unserer Kammer der Autor vorgegangen ist. So treten verdiente Persönlichkeiten plastisch hervor, werden berufspolitische Sachzusammenhänge deutlich.

125 Jahre Rechtsanwaltskammer Köln spiegelt die Entwicklung unseres Berufsstandes und damit einhergehend unseres Staatsgebildes von der Kaiserzeit bis in das 21. Jahrhundert wider. Die Lektüre des vorliegenden Buches belegt, mit wie viel Einsatz und Enthusiasmus die Anwaltschaft stets unser Rechtswesen begleitet und gefördert hat. So stolz die Anwaltschaft darauf sein kann, kritischer Begleiter und Verhinderer mancher rechtlichen Fehlentwicklung gewesen zu sein, so deutlich stellt der Autor heraus, dass während der Naziherrschaft auch die Anwaltschaft versagt hat. Von frühzeitigen Warnungen und nachhaltigem Widerstand kann in diesem Zusammenhang nur in wenigen Einzelfällen die Rede sein.

Geschichtliche Entwicklungen sind vielfach die Summe kleiner Schritte des alltäglichen Lebens. Hinter den Leistungen eines Berufsstandes stehen einzelne Menschen, die durch ihr Engagement und ihre Beharrlichkeit zum Wohle ihrer Kolleginnen und Kollegen wirken. Ihr Vorbild soll uns Maßstab sein. Nur wer die Vergangenheit kennt, ist in der Lage, aus ihr Lehren zu ziehen, besteht in der Gegenwart und kann der Zukunft erfolgreich entgegen sehen.

Dr. Peter Thümmel
Präsident der Rechtsanwaltskammer Köln

Vorwort

Dieses Buch ist nicht das Ergebnis eines von langer Hand vorbereiteten Forschungsvorhabens, sondern einer Urlaubslaune, die mich im Sommer 2002 am südfranzösischen Atlantikstrand befiel. Ich dachte darüber nach, mich aus dem Beruf, den ich seit meiner frühen Jugend angestrebt und knapp vierzig Jahre lang mit Begeisterung und einigem Erfolg ausgeübt hatte, zurückzuziehen, bevor meinen Partnern oder – noch viel schlimmer – meinen Mandanten in den Sinn kommen würde, dafür sei es allmählich Zeit. Dabei erinnerte ich mich daran, dass der Rechtsanwaltskammer Köln im Herbst 2004 der 125. Geburtstag bevorstand. Da sich noch niemand mit ihrer Geschichte befasst hatte, kam mir der Gedanke, die vor mir liegende Zeit dieser Aufgabe zu widmen. Trotz meines lebenslangen Interesses für Geschichte fehlte mir zwar jede Erfahrung als Historiker, aber ich konnte immerhin auf eine Zugehörigkeit zum Kölner Kammervorstand von sechsundzwanzig Jahren zurückblicken, davon sechs Jahre als „Häuptling“. Diesen Teil der Kammergeschichte, mehr als ein Fünftel, hatte ich hautnah miterlebt und – diese Bemerkung bringt mir sicher nicht den Vorwurf der Überheblichkeit ein – jedenfalls während der Zeit meiner Präsidentschaft auch ein wenig mit gestaltet. Mein Nachfolger im Amt des Kammerpräsidenten seit 2001, Dr. Peter Thümmel, nahm meinen Vorschlag, diese Chronik zu schreiben, zu meiner Freude an.

Das Unternehmen erwies sich als nicht ganz einfach. Fast alle alten Unterlagen der Kammer waren teils während des Zweiten Weltkriegs, teils bei einem späteren Umzug verloren gegangen. Die Akten des Oberlandesgerichts Köln und der zum Kammerbezirk gehörenden Landgerichte sind nur unvollständig erhalten. Ich konnte aber doch einiges zusammentragen. Die Geschichte der Rechtsanwaltskammer Köln ist Teil der Geschichte der gesamten deutschen Anwaltschaft, und diese ist wiederum ein untrennbarer Bestandteil der deutschen Geschichte im Allgemeinen. Dies erforderte und rechtfertigt Ausblicke auch über das eigentliche Thema hinaus.

Nicht nur die wissenschaftliche Redlichkeit gebietet meinen herzlichen Dank an alle, die mir bei meiner Arbeit geholfen haben. Manche Informationen erhielt ich in Gesprächen mit Zeitzeugen. Bei der Suche in den Akten der Kammer haben mich deren Mitarbeiter tatkräftig unterstützt. Als Lektoren fungierten Dr. Charles Richard Weikardt, seines Zeichens Historiker, und Heinrich Wagener, gelernter Journalist, beide gute alte Freunde mit jahrzehntelanger Berufserfahrung, denen ich viele wertvolle Hinweise und Ratschläge verdanke. In der Endphase hat Dr. Peter Thümmel den Text besonders mit dem Blick auf die jüngere Vergangenheit durchgesehen und mir noch einige nützliche Anregungen gegeben. Die erste und die letzte ebenso gewissenhafte wie kritische Leserin des immer wieder geänderten und ergänzten Manuskripts war meine Frau, die meine Tätigkeit mit großer Geduld begleitet hat.

Was dabei heraus gekommen ist, erhebt nicht den Anspruch auf Vollkommenheit. Gewiss sind mir Fehler unterlaufen, mancher Leser wird auch mit der einen oder anderen Wertung nicht einverstanden sein. Mit dieser Einsicht muss ich, damit kann ich leben. Sie hält mich nicht davon ab, das Schönste zu sagen, was man nach getaner Arbeit sagen kann: Sie hat mir Freude gemacht.

Bonn, im Juli 2004   Constantin Privat

Inhalt

Kapitel 3

Die Jahre der Barbarei
1933 bis 1945

Kapitel 4

Die Rechtsanwaltskammer Köln nach dem Zweiten Weltkrieg
1945 bis 1963

Kapitel 5

Die Ära Vigano
1963 bis 1985

Kapitel 6

Das Innenleben der Kammer
Organe, Strukturen und Personen

Kapitel 7

Die Rechtsanwaltskammer Köln in ihrem Umfeld

Kapitel 8

Die großen Themen und Aufgaben in den letzten Jahrzehnten

Kapitel 9

Der Weg in eine neue Zeit
1985 bis 1995

Kapitel 10

Der Übergang in das 21. Jahrhundert
1995 bis 2001

Kapitel 11

Die jüngste Vergangenheit
2001 bis 2004

Kapitel 1

Die Vorgeschichte
Von Napoleon bis zur
Rechtsanwaltsordnung
von 1878

1. Das Rheinland unter französischer Herrschaft

Als die *Assemblée legislative* in Paris am 20. April 1792 beschloss, Österreich den Krieg zu erklären, ahnte wohl keiner der Abgeordneten, dass er damit eine Entwicklung in Gang setzte, die knapp neunzig Jahre später zur Entstehung der Rechtsanwaltskammer Köln führen sollte. Deren Geburtstag war der 1. Oktober 1879, als die Rechtsanwaltsordnung vom 1. Juli 1878 in Kraft trat. Sie bestimmte, dass die Rechtsanwälte eines Oberlandesgerichtsbezirks eine Rechtsanwaltskammer bilden.

Die Geschichte der Rechtsanwaltskammer Köln hat – wie die meisten Geschichten – eine sehr weit zurückreichende Vorgeschichte.[1] Die vorliegende Darstellung beginnt mit der Eroberung der linksrheinischen Reichsgebiete durch die Franzosen im Jahr 1794. Diese Besetzung war deshalb ein bedeutender Einschnitt, weil damit das Gebiet, welches dann später im Wesentlichen den Bezirk des Rheinischen Appellationsgerichtshofs und ab 1879 des Oberlandesgerichts Köln und damit der Rechtsanwaltskammer Köln bildete, unter die Herrschaft des französischen Rechts gelangte und von ihm ganz entscheidend beeinflusst wurde.

Nach der Kriegserklärung Frankreichs an Österreich schloss sich Preußen dem Kampf gegen die Revolutionstruppen an. Nach der Exekution des Königs Ludwig XVI. traten u.a. England, Holland und das römisch-deutsche Reich dem Bündnis gegen Frankreich bei. Diese Allianz konnte den Vormarsch der Franzosen aber nicht aufhalten. Im Jahre 1794 eroberten sie die gesamten linksrheinischen Gebiete, im August Trier, im September Aachen, in Köln, Bonn und Koblenz zogen sie im Oktober 1794 ein.

Was die Franzosen vorfanden, war ein Flickenteppich von etwa 150 selbständigen Territorien, wovon die bedeutendsten die kirchlichen Kurfürstentümer Köln und Trier, das zu Preußen gehörende Herzogtum Kleve sowie das Herzogtum Jülich waren. Die Freie Reichsstadt Köln war ein rückständiges, weitgehend dem Spätmittelalter verhaftet gebliebenes Gemeinwesen.[2] Damit räumten die Franzosen gründlich auf. An die Stelle verrotteter Reichsstände, feudaler Zwergstaaten und theokratischer Herrschaften traten vernünftige, gestraffte Verwaltungseinheiten.[3]

---

1 Vgl. Huffmann, Geschichte der rheinischen Rechtsanwaltschaft; dazu auch ausführlich Fischer, Die Entwicklung der Düsseldorfer Obergerichte bis zur Gründung des Oberlandesgerichts Düsseldorf 1906, sowie Hilger und Fischer, Die Rechtsanwaltschaft im Rechtsprechungsbereich des Oberlandesgerichts Düsseldorf in: 75 Jahre Oberlandesgericht Düsseldorf.

2 Klein, Hardenbergs letzte Reform, S. 9 f.

3 Mann, Deutsche Geschichte des 19. und 20. Jahrhunderts, S. 72.

Zunächst regierte eine Militärverwaltung mit den üblichen Begleiterscheinungen eines Besatzungsregimes, welches die Bevölkerung stark belastete. Die Sieger waren zwar zivilisiert, aber sehr anspruchsvoll; die betroffenen Rheinländer mussten die einquartierten Soldaten u. a. täglich mit mehreren Mahlzeiten verpflegen. Diese Verpflichtung traf Arme und Reiche; manchem rheinischen Burgherrn mag es ergangen sein wie dem Fürsten Pückler auf Muskau in der Lausitz, der von dem in seinem Schloss einquartierten französischen General sagte, dessen Humanität sei so weit gegangen, dass er ihn, Pückler, regelmäßig in sein eigenes Haus zum Diner eingeladen habe.[4] Um ihre dezimierten Truppen aufzufüllen, zogen die Franzosen junge Rheinländer zur Armee ein, und nur wenige Familien waren reich genug, um für ihren Sohn einen Ersatzmann stellen zu können.[5]

Die im Rheinland eingeführten „Errungenschaften" der Revolution nahmen die Einwohner mit zwiespältigen Gefühlen auf. Einerseits wurden die Bauern von der Zahlung des „Zehnten" und von anderen grundherrlichen Lasten befreit; sie erhielten das von ihnen bisher auf Grund von Nutzungsrechten bewirtschaftete Land als Eigentum. Zünfte, Gilden und Innungen wurden abgeschafft und damit die Gewerbefreiheit hergestellt. Andererseits mussten die Rheinländer nun aber auch die vielfältigen französischen Steuern, u. a. die Tür-, Fenster-, Mobiliar- und Tabaksteuer, zahlen. Die Besatzungsmacht führte den republikanischen Kalender mit seinen Dekaden ein und verbot die Feier des christlichen Sonntags ebenso wie Wallfahrten und christliche Symbole in der Öffentlichkeit. Solche Maßnahmen verschafften den Franzosen letztlich mehr Antipathien, als sie durch die Abschaffung der Feudalrechte an Sympathien gewinnen konnten.[6]

Die Wirren der französischen Revolution waren mit Napoleons Staatsstreich vom 9. November 1799 und seinem Aufstieg zum „Ersten Konsul" beendet. Damit normalisierten und verbesserten sich auch die Lebensverhältnisse in den besetzten Gebieten. Bereits vorher hatte sich die tief verwurzelte Eigenschaft der Rheinländer bewährt, sich mit den Verhältnissen zu arrangieren und auch aus einer misslichen Situation das Beste zu machen. Der Anschluss an Frankreich brachte nach und nach einen großen wirtschaftlichen Aufschwung mit sich. Handel und Gewerbe gediehen, zahlreiche Betriebe wurden gegründet, denen der gesamte französische Markt offen stand. Die wirtschaftliche Situation der Bürger war im Allgemeinen gut. Darum empfingen die Kölner Napoleon bei seinem Besuch im Jahr 1804 mit

---

4   Ohff, Ein Stern im Wetterleuchten, Königin Luise von Preußen, S. 324.

5   Klein, aaO, S. 11.

6   Wolffram, Die Rheinlande an der Schwelle einer neuen Zeit, S. 14.

Sympathie und Anerkennung. Er benutzte seine Anwesenheit, um einige Missstände zu beheben, insbesondere indem er unbeliebte französische Emporkömmlinge aus der Revolutionszeit in öffentlichen Ämtern durch Einheimische ersetzte.[7]

Später kam zu den besetzten Gebieten das Großherzogtum Berg mit der Hauptstadt Düsseldorf hinzu, das durch den Frieden von Schönbrunn am 16. Dezember 1805 aus dem rechtsrheinischen Teil des Herzogtums Kleve und dem Herzogtum Berg gebildet worden war und dem Rheinbund zugehörte. Als Großherzog setzte Napoleon, Familienmachtpolitiker und „treu sorgendes Familienoberhaupt", seinen Schwager Joachim Murat und nach dessen Erhebung zum König von Neapel den fünfjährigen Louis, den Sohn seines Bruders Ludwig Bonaparte, des Königs von Holland, ein. Das Großherzogtum bildete durch die scharf bewachte Zollgrenze des Rheins einen wirtschaftlich abgeschnittenen Pufferstaat, in dem zunächst das französische Recht nicht galt. Erst in den Jahren 1810 und 1811 wurde dort die napoleonische Gesetzgebung eingeführt. Düsseldorf, Essen und Mülheim/Ruhr erhielten Tribunale erster Instanz, in der Hauptstadt Düsseldorf wurde 1812 der Bergische Appellationsgerichtshof errichtet.[8]

Napoleon nahm gleich zu Beginn seiner Alleinherrschaft die Gesetzgebung fest in die Hand. Innerhalb weniger Jahre entstand unter der Mitwirkung hervorragender Fachleute ein umfangreiches, als die *Cinque Codes* bezeichnetes Gesetzgebungswerk, bestehend aus dem *Code Civil* (1804), dem *Code de Procedure Civile* (1806), dem *Code de Commerce* (1808), dem *Code d'Instruction Criminelle* (1809) und dem *Code Pénal* (1810). Die Kodifizierung des materiellen Zivilrechts im *Code Civil* hatte naturgemäß die größte Bedeutung. Dieses Gesetz trug zeitweilig den offiziellen Namen „*Code Napoléon"*[9], und zwar völlig zu Recht, weil Napoleon trotz seines rastlosen militärischen Einsatzes in 57 von 102 Arbeitssitzungen zur Vorbereitung des Gesetzes selbst den Vorsitz führte, und zwar mit einer Logizität und einem praktischen Sinn, die alle Mitwirkenden in Erstaunen versetzten.[10]

In diese Gesetze flossen die positiven Elemente der französischen Revolution ein. Zu den Errungenschaften zählten
– die Rechtsgleichheit aller Bürger vor Richter und Gesetz,
– die richterliche Unabhängigkeit,

---

7 Liermann, Heinrich Gottfried Wilhelm Daniels, der erste Präsident des Rheinischen Appellationsgerichtshof in Köln, in: Recht und Rechtspflege in den Rheinlanden, S. 57 ff., S. 63.

8 Klein, Die rheinische Justiz und der rechtsstaatliche Gedanke in Deutschland, S. 118.

9 Heilfron, Deutsche Rechtsgeschichte, S. 383.

10 Klein, Hardenbergs letzte Reform, S. 11.

– die Mündlichkeit und Öffentlichkeit der Verhandlungen,
– die Trennung von Gericht und Anklagebehörde,
– die Laienbeteiligung in der Strafrechtspflege (Einführung von Schwurgerichten),
– der gerichtliche Schutz von Ehre, Leben und Eigentum.

In den Prozessgesetzen waren fast alle heute zu den Selbstverständlich-
keiten des Rechtsstaats zählenden Grundsätze vorweggenommen, u.a. der
Anspruch auf rechtliches Gehör und auf den gesetzlichen Richter.[11]

Die Vertretung der Parteien vor Gericht war in Deutschland und in Frankreich vor der Revolution unterschiedlich geregelt. In beiden Ländern waren
die Funktionen der Rechtsvertreter und Rechtsberater in römischer und
kanonischer Tradition in zwei Berufsstände getrennt, die in Deutschland mit
dem Oberbegriff des „Sachwalters" bezeichnet wurden. Der Prokurator war
der bevollmächtigte Vertreter der Partei vor Gericht, der grundsätzlich keine
besondere juristische Qualifikation benötigte. Der Advokat dagegen war der
akademisch gebildete Rechtsgelehrte, der die Partei juristisch beriet. Dabei
gab es in Deutschland naturgemäß regionale Besonderheiten; in dieser Form
war die Tätigkeit der Sachwalter aber jedenfalls in allen rheinischen Staaten
aufgeteilt.[12]

Praktische Unterschiede ergaben sich aus der Verschiedenartigkeit des Ge-
richtsverfahrens in Deutschland und Frankreich. In Deutschland herrschte
das schriftliche Verfahren. Mündliche Rechtsausführungen vor Gericht waren
sogar verboten. Folgerichtig war der Advokat für die Anfertigung der Schriftsätze zuständig, der Prokurator als Prozessbevollmächtigter für die Übergabe
der Schriftsätze und das Stellen der Anträge im Gerichtstermin[13]; auf eine
Kurzformel gebracht: der Advokat schrieb, der Prokurator redete.[14] In Frankreich war es umgekehrt. Dort galt der Grundsatz der Mündlichkeit des Ge-
richtsverfahrens. Der Gerichtssaal war seit jeher eine Arena für rhetorische
Glanzleistungen. Die hoch qualifizierten Advokaten trugen ihre Rechtsausführungen dem Gericht vor, dem Prokurator blieb die Aufgabe, die Anträge
zu stellen und Urkunden zu verlesen. Advokat und Prokurator traten also
meist gemeinsam auf. An den unteren Gerichten, an denen es keine Advokaten gab, übernahmen die Prokuratoren auch die Rechtsausführungen.[15]

---

11 Klein, aaO, S. 12.
12 Huffmann, aaO, S. 74.
13 Huffmann, aaO, S. 74.
14 Weissler, Geschichte der Rechtsanwaltschaft, S. 389.
15 Huffmann, aaO, S. 75.

Diese bewährte Ordnung in Frankreich fiel zunächst weitgehend der Revolution zum Opfer. Die *Parlaments* genannten höchsten Gerichtshöfe wurden aufgehoben, ebenso der bei den höheren Gerichten bestehende Anwaltszwang. Die meisten Prozesse – die Streitwertgrenze war mit 1.000 *Livre* recht hoch – wurden den unteren Tribunalen ohne die Möglichkeit eines Rechtsmittels zugewiesen. Der Stand der Advokaten wurde damit praktisch überflüssig und durch ein Dekret vom 2. September 1790 aufgelöst.[16] Die Prokuratoren wurden in „*Avoués*" umbenannt und konnten nun vor allen Gerichten Rechtsausführungen machen; aber auch dieser Berufsstand wurde durch ein Gesetz vom 24. Oktober 1793 abgeschafft.[17] Es blieb jetzt den Parteien überlassen, ob und durch wen sie sich vor Gericht vertreten lassen wollten.

Doch gewannen Vernunft und Einsicht nach kurzer Zeit die Oberhand. Das Gerichtsorganisationsgesetz *(Loi sur l'organisation des tribunaux)* vom 18. März 1800 etablierte wieder höhere Gerichte und auch den Berufsstand der *Avoués* bei den Kassations- und Appellationshöfen, den Kriminalgerichten und den Zivilgerichten erster Instanz.[18] Gemäß Art. 93 des Gesetzes war die Zahl der bei einem Gericht zugelassenen *Avoués* beschränkt, sie wurde durch die Regierung nach einer Empfehlung des Gerichts festgelegt; die *Avoués* wurden auf Vorschlag des Gerichts durch den Ersten Konsul ernannt. Sie mussten eine Kaution hinterlegen, die nach der Art des Gerichts und der Zahl der dort tätigen Richter gestaffelt war.

Den Berufsstand der *Avoués* regelte der Konsularbeschluss vom 4. Dezember 1800.[19] Bei jedem Tribunal wurde eine *Chambre des Avoués* gebildet (Art. 1), ein von der Generalversammlung der *Avoués* gewähltes Gremium mit einem Präsidenten an der Spitze. Die Begriffe *Barreau* und *Bâtonnier* (Stabsträger) finden sich in dem Beschluss nicht; mit „*Chambre*" war nicht die Gesamtheit der Mitglieder gemeint, sondern der gewählte, dem heutigen Kammervorstand vergleichbare Personenkreis. Ein Drittel seiner Mitglieder schied jedes Jahr aus, so dass die Amtszeit drei Jahre betrug. Eine Wiederwahl war erst nach einem Jahr möglich (Art. 15). Die *Chambre* führte die Aufsicht über die *Avoués*, übte die Disziplinargewalt über sie aus und schlichtete Streitigkeiten zwischen den *Avoués* untereinander und zwischen diesen

---

16 Weissler, aaO, S. 396 f.

17 Huffmann, aaO, S. 76.

18 Bormann-Daniels, Handbuch der für die Königlich-preußischen Rheinprovinzen verkündeten Gesetze, Verordnungen und Regierungsbeschlüsse aus der Zeit der Fremdherrschaft, Band IV Nr. 55 S. 134 ff.

19 Bormann-Daniels, aaO, Band IV Nr. 90 S. 199 ff.

und ihren Klienten (Art. 2). An Disziplinarmaßnahmen standen der *Chambre* verschiedene Formen des Tadels und die Untersagung des Eintritts in die *Chambre* zur Verfügung, wogegen es kein Rechtsmittel gab. Bei schwerwiegenden Verstößen konnte ein Gremium, bestehend aus der *Chambre* und der gleichen Anzahl von *Avoués* sowie einem weiteren Mitglied, lediglich in Form eines Gutachtens den Ausschluss des Delinquenten aus dem Beruf anregen. Mit dem Gutachten hatte der bei jedem der Gerichte eingesetzte Regierungskommissar „nach dem Willen des Gesetzes" zu verfahren, der nicht näher definiert war (Art. 8). Die Entscheidung dürfte beim Ersten Konsul gelegen haben.[20] Ab 1804 war eine – wenn auch dem Universitätsstudium nicht vergleichbare – mit einer Prüfung verbundene einjährige theoretische Ausbildung der *Avoués* vorgeschrieben. Dem Besuch der Schule folgte eine fünfjährige praktische Ausbildung bei einem *Avoué*.[21]

Die Parteien und vor allem die Richter der höheren Gerichte in Frankreich wollten schließlich auch nicht mehr auf die gelehrten Ausführungen studierter Juristen verzichten. Das Gesetz vom 13. März 1804 führte den Berufsstand der Advokaten wieder ein, die den Doktorgrad oder das Licentiat der Rechte nachweisen mussten. Ihre Zahl war jedenfalls theoretisch nicht beschränkt, sie unterlagen auch keiner Lokalisierung. Die Einzelheiten des Berufs regelte ein Dekret vom 14. Dezember 1810. Inzwischen hatte sich der napoleonische Feudalstaat bereits von einigen Prinzipien der Revolution entfernt. Er brauchte den Advokatenstand einerseits als Wahrer des Rechts und als Schützer der Bürger vor Unterdrückung durch die Obrigkeit. Er fürchtete aber auch die Objektivität, die Wahrheitsliebe und die Rechtskenntnisse der Advokaten. Sie erhielten darum kein frei gewähltes *Barreau*, sondern ein „Disziplinarrat" genanntes Gremium. Dessen Mitglieder wurden nicht gewählt, sondern vom *Generalprocureur* ernannt. Die Generalversammlung der Advokaten hatte die einzige Aufgabe und durfte auch nur zu dem Zweck zusammentreten, dafür Vorschläge zu unterbreiten. In Gerichtsbezirken mit nicht mehr als 20 Advokaten gab es nicht einmal einen Disziplinarrat, die Disziplinarbefugnis lag bei dem Gericht. Soweit der Disziplinarrat überhaupt zuständig war, konnte gegen seine Maßregelungen Berufung beim Gericht eingelegt werden. Die Streichung aus dem *Tableau*, also die Entziehung der Berufserlaubnis, bedurfte der Zustimmung des Gerichtspräsidenten und des Generalprokurators.[22] Von einer Selbstverwaltung der Advokaten konnte also nicht die Rede sein.

---

20 Huffmann, aaO, S. 88.

21 Huffmann, aaO, S. 80; die Rechtsschule für die Rheinprovinzen wurde in Koblenz errichtet.

22 Huffmann, aaO, S. 82 ff.

Die *Avoués* und die *Avocats* unterlagen noch weiteren Sanktionen. Ehrverletzende Äußerungen gegenüber dem Gericht und feindselige Angriffe gegen den Staat im Gerichtssaal konnten durch das Gericht geahndet werden. Daneben konnte auch der Justizminister die Advokaten maßregeln. Die *Avoués* standen als Beamte ohnehin unter der Disziplinaraufsicht der Gerichte.[23]

Die französische Regierung übertrug diese Regelungen und Strukturen im Laufe der Zeit auf die besetzten Gebiete. Die linksrheinischen Gebiete waren durch die Sambre- und Maas-Armee im Norden und die Rhein- und Mosel-Armee im Süden besetzt worden, welche die deutschen Behörden und Gerichte zunächst weitgehend bestehen ließen. Das von 1785 bis 1799 regierende Direktorium schuf für beide „Besatzungszonen" Generaldirektionen in Aachen und Koblenz, die der von General Lazar Hoche geführten Intermediärkommission mit dem Sitz in Bonn unterstellt waren. Soweit die Franzosen neue Gerichte eingesetzt hatten, hob Hoche sie am 21. März 1797 auf, so dass nun alle alten Gerichte – allein in Köln gab es 53 verschiedene Gerichte! – fortbestanden.[24] Damit blieb es auch bei der früheren Form der Prozessvertretung; im „Verzeichnis der stadt-kölnischen Einwohner von 1797" waren neun Advokaten, 24 Prokuratoren, 32 Prokuratoren am Officialat-Gericht und sechs Rechtsprofessoren aufgeführt.[25]

Nachdem Preußen im Frieden von Basel vom 5. April 1795 und Österreich im Frieden von Campo Formio vom 17. Oktober 1797 der Abtretung der linksrheinischen Gebiete zugestimmt hatten, führten die Franzosen dort ihre Verwaltungsstrukturen und ihr Recht ein. Im November 1797 setzte das Direktorium Franz Joseph Rudler zum Regierungskommissar für die besetzten linksrheinischen Gebiete ein. Rudler sprach deutsch, denn er war Elsässer; er war vor 1789 Advokat in Straßburg und zuletzt Richter an der *Cour de Cassation* in Paris. Nach französischem Vorbild wurden 1798 vier Departements gebildet mit den Bezeichnungen *Rhin et Moselle* mit der Hauptstadt Koblenz, *Roer* mit der Hauptstadt Aachen, *Sarre* mit der Hauptstadt Trier und *Mont Tonnerre* (Donnersberg) mit der Hauptstadt Mainz. Diese vier Departements wurden durch den Frieden von Lunéville vom 9. Februar 1801 und ein Gesetz vom 9. März 1801 endgültig in den französischen Staatsverband eingegliedert. Das Rhein-Mosel-Departement, das Roer-Departement und das Saar-Departement, die später die preußische

---

23 Huffmann, aaO, S. 90.

24 Erkens, Die französische Friedensgerichtsbarkeit 1789-1814 unter besonderer Berücksichtigung der vier rheinischen Departements, S. 144 ff.

25 Peters, Annäherung an den Geburts-Tag der rheinischen Anwaltschaft oder was tun wir am 11. Mai?, KammerForum 2003, S. 14 ff., S. 15.

Rheinprovinz bildeten, bestanden aus 11 Arrondissements und diese aus insgesamt 107 Kantonen.[26]

Eine der ersten Amtshandlungen des Regierungskommissars Rudler war die Verordnung vom 23. Januar 1798, mit der er alle bestehenden richterlichen Gewalten abschaffte und neue Zivilgerichte einsetzte; dazu gehörte auch in jedem Kanton ein Friedensrichter.[27] Alle Bürger waren nun vor Gericht gleich, die Verhandlungen waren öffentlich.[28] Die Parteien mussten sich selbst vertreten oder durch Bevollmächtigte vertreten lassen; *Avoués* gab es an den Gerichten im Rheinland noch nicht.[29] Die bisherigen professionellen Rechtsberater dürften damit aber nicht brotlos geworden sein.

Die Neuordnung in den rheinischen Departements nach französischem Muster wurde eingeleitet durch das Gesetz vom 9. März 1801, das diese Gebiete zum Bestandteil Frankreichs erklärte. Ein Konsularbeschluss vom 30. Juni 1802 bestimmte, dass dort ab dem 23. September 1802 unmittelbar das französische Recht galt. Durch Konsularbeschluss vom 1. September 1802 wurde in jeder Arrondissementhauptstadt ein *Tribunal de première instance* errichtet; in den drei Departements, die nach 1813 preußisch wurden, waren dies Bonn, Koblenz, Simmern (Rhein-Mosel-Departement), Aachen, Kleve, Krefeld, Köln (Roer-Departement) und Birkenfeld, Prüm, Saarbrücken, Trier (Saar-Departement). Das Gerichtsorganisationsgesetz vom 18. März 1800, das zunächst nur in den alten französischen Departements galt, wurde durch Konsularbeschluss vom 31. März 1803 in den rheinischen Departements eingeführt.[30] Dies war die Geburtsstunde der frühesten Vorgängerin der Rechtsanwaltskammer Köln, nämlich der ersten Kölner *Chambre des avoués*. Am 7. März 1803 nahm das Kölner „Tribunal erster Instanz", der Vorläufer des Landgerichts Köln, mit der feierlichen Vereidigung seiner Mitglieder seine Tätigkeit auf.[31] Vor diesem Gericht mussten sich die Parteien durch *Avoués* vertreten lassen. Zu den Aufgaben des Gerichts gehörte es nach dem Gesetz vom 18. März 1800, der Regierung die Zahl der zu ernennenden *Avoués* vorzuschlagen, die der Konsularbeschluss vom 11. Mai 1803 auf 24 festlegte; gleichzeitig ernannte Napoleon auch die ersten 22 Kölner *Avoués*.[32] Jeder

---

26 Klein, Die rheinische Justiz und der rechtsstaatliche Gedanke in Deutschland, S. 118 ff.

27 Zu den Friedensrichtern vgl. die vorstehend erwähnte Monografie von Erkens.

28 Graumann, Französische Verwaltung am Niederrhein, S. 152.

29 Erkens, aaO, S. 152.

30 Bormann-Daniels, aaO, Band IV Nr. S. 134 Fn. 3.

31 Graumann, aaO, S. 185.

32 Erkens, aaO, S. 185; am Tribunal Aachen wurden 26, an den Tribunalen in Kleve und Krefeld je 12 Avoués zugelassen. Der Kölner Anwaltverein besitzt eine Kopie des Konsularbeschlusses vom 11.5.1803, in dem die Namen der 22 Avoués angegeben sind, vgl. Peters, 200 Jahre Kölner Anwaltschaft, AnwBl 2003, S. 344 ff.

Bewerber hatte eine Kaution von 1.200 Francs zu hinterlegen; dies war mehr als das halbe Jahresgehalt eine Richters.[33] Erst jetzt konnte, wie im Konsular-beschluss vom 4. Dezember 1800 geregelt, die Generalversammlung der *Avoués* zusammentreten und ihre *Chambre* wählen; sie dürfte im Frühsommer 1803 ihre Tätigkeit aufgenommen haben.[34] Das Kölner Adressverzeichnis, der „Stadtkölnische Sack-Kalender", wies für das Jahr 1804 unter der Rubrik *„Avoués"* 22 Namen aus.[35]

Alle linksrheinischen Departements gehörten zunächst zu dem im Jahr 1802 errichteten Appellationsgerichtshof Trier; wegen der schlechten Verkehrsverbindungen wurde das Roer-Departement durch Gesetz vom 23. Januar 1805 dem Appellationsgerichtshof Lüttich zugewiesen.[36] Oberste Instanz war die *Cour de Cassation* in Paris. In Aachen, Köln und Krefeld, später auch in Koblenz und Trier wurde dem Tribunal erster Instanz ein mit Kaufleuten besetztes *Tribunal de Commerce* angegliedert, Vorläufer der heutigen Kammern für Handelssachen. 1803 wurden zunächst in Frankreich, seit 1808 auch in rheinischen Industriestädten wie Aachen, Burtscheid, Köln und Krefeld *Conseils des Prud'hommes*, auch als „Räte der Gewerbesachverständigen" bezeichnete, aus Arbeitgebern und Arbeitnehmern zusammengesetzte Kollegien zur Schlichtung arbeitsrechtlicher Streitigkeiten eingesetzt.[37] Dies waren die Vorläufer der heutigen Arbeitsgerichtsbarkeit.

Unterschiedlich war in Frankreich und Deutschland auch die Ausgestaltung des Notarberufs. Während in Preußen ein Advokat gleichzeitig Notar sein konnte und die seit dem 18. Jahrhundert als Sachwalter bestellten Justizkommissare auch das Notaramt versahen, waren in Frankreich Beurkundungstätigkeit und streitige Gerichtsbarkeit seit jeher getrennt. Nach der Revolution schuf das Dekret vom 29. September 1791 das einheitliche Amt des *Notaire public*; es wurde durch eine Verordnung vom 24. Juli 1798 auch im Rheinland eingeführt. Das Gesetz vom 16. März 1803 brachte eine Neuordnung des Notariats. Hiernach war das Notaramt unvereinbar mit dem Beruf des Advokaten.[38]

---

33 Nach Graumann, aaO, S. 167, betrug das Jahresgehalt eines Richters 2.000 Francs.

34 Peters, aaO, S. 16, sieht den 11. 5. 1803 als den „Geburtstag der rheinischen Anwaltschaft" an, was nur bedingt richtig ist. Die Übermittlung des Konsularbeschlusses von Paris nach Köln hat sicher einige Zeit in Anspruch genommen, auch werden die Avoués nicht sofort ihre Generalversammlung abgehalten haben. Die Ernennung der Avoués in Krefeld fand erst am 25. 5. 1803, derjenigen in Kleve am 1. 9. 1803 statt, vgl. Erkens, aaO, S. 185.

35 Peters, aaO, S. 15; demnach waren immer noch nicht alle 24 Stellen besetzt.

36 Graumann, aaO, S. 196 f.

37 Graumann, aaO, S. 191.

38 Conrad, Die geschichtlichen Grundlagen des modernen Notariats in Deutschland, S. 18 ff.

Die geschilderten Änderungen der Verwaltungsstrukturen, der Gerichts-verfassung und der Vertretung der Bürger vor den Gerichten waren für die Rheinländer zwar gewöhnungsbedürftig, aber sie erkannten sehr schnell die Vorzüge des französischen Rechtssystems. Die Klarheit und die liberale Grund-haltung des materiellen Rechts, die im Vergleich zu früheren Zeiten rasche Erledigung der Prozesse und die Öffentlichkeit der Gerichtsverhandlungen erweckten Vertrauen.[39]

Die Beliebtheit des französischen Rechts, die so weit ging, dass die Rhein-länder auch nach dem Ende der Besetzung daran festhalten wollten, ist vor allem Heinrich Gottfried Wilhelm Daniels (1754 – 1827) zu verdanken, einem der bedeutendsten Juristen seiner Zeit. Als Sohn eines Schneidermeisters in Köln geboren, studierte er an der Kölner Universität Philosophie, Mathematik und Rechtswissenschaft. Er wurde 1770 zum Doktor der Philosophie, 1775 zum Doktor beider Rechte promoviert. 1776 trat er in die Dienste des letzten Kölner Kurfürsten, Max Ernst, zunächst als Mitglied des Hofrats, später als Richter am Oberappellationsgericht in Bonn und als Professor an der dorti-gen Universität. 1804 berief ihn Napoleon als stellvertretenden *Generalpro-cureur an die Cour de Cassation* in Paris. Von dort ging er 1813 als *General-procureur* nach Brüssel, ein Amt, das er auch nach dem Sturz Napoleons im Dienst des Vereinigten Königreichs der Niederlande beibehielt, bis ihn Hardenberg 1817 als Mitglied des neuen preußischen Staatsrats gewinnen konnte. 1819 wurde er der erste Präsident des Rheinischen Appellations-gerichtshofs in Köln.[40]

Im Umgang mit dem französischen Recht hatten die Rheinländer kaum Sprachprobleme. Zwar hatte Rudler am 30. März 1798 angeordnet, dass die Urteile und alle bei Gericht von den Parteien ausgetauschten Schriftstücke in französischer Sprache abgefasst sein mussten; in der mündlichen Verhand-lung wurde aber deutsch gesprochen und die Verwendung der französischen Schriftsprache scheiterte oft aus praktischen Gründen.[41] Bereits im Jahr 1805 erschien mit der Übersetzung von Daniels eine zweisprachige Ausgabe des *Code Civil.* Auch der *Code de Procedure Civile* lag sehr bald in einer vorzüg-lichen Übersetzung von Daniels vor; er stand bereits seit 1808 auf dem Studienplan der Rechtsakademie in Düsseldorf.[42] Von den im Jahr 1800 in den vier linksrheinischen Departements amtierenden 259 Friedensrichtern

---

39 Klein, Die rheinische Justiz und der rechtsstaatliche Gedanke in Deutschland, S. 123.

40 Vgl. die ausführliche Biografie von Liermann in: Recht und Rechtspflege in den Rheinlanden, S. 57 ff.

41 Erkens, aaO, S. 160 f.

42 Fischer, Die Entwicklung der Düsseldorfer Obergerichte bis zur Gründung des Oberlandesge-richts Düsseldorf 1906, S. 19.

und Notaren waren 247 Einheimische, 11 der deutschen Sprache mächtige Elsässer, Lothringer oder Niederländer, nur ein einziger war ein „echter" Franzose. Von den höheren Justizbeamten stammten 68 aus dem Rheinland und anderen deutschen Gebieten, 10 aus dem Elsass, aus Lothringen oder den Niederlanden und nur 8 aus Frankreich.[43] Die meisten nichtdeutschen Bediensteten, die die Landessprache erlernt hatten, waren von der Bevölkerung anerkannt und geschätzt. Nicht wenige Franzosen, die in deutsche Familien eingeheiratet hatten, blieben nach 1814 in ihrer neuen Heimat.[44]

2. Das Rheinland unter preußischer Regierung

Die französische Herrschaft im Rheinland ging 1814 zu Ende. Die Allianz von Preußen, Österreich, Russland, England und einer Reihe weiterer Verbündeter hatte Napoleon in der Völkerschlacht von Leipzig im Oktober 1813 geschlagen und trieb seine Truppen nach Frankreich zurück. Ende Dezember 1813 überschritten die Generäle Schwarzenberg bei Basel und Blücher bei Kaub und Koblenz den Rhein. Bereits im März 1814 biwakierten preußische Grenadiere auf den Höhen von Montmartre.[45]

Der Sieg über Frankreich war das Werk einer Allianz, deren Mitglieder keineswegs immer einig waren. Dies galt schon während des dritten Koalitionskriegs, aber vor allem nach dem Sieg. Darum stand auch zunächst keineswegs fest, wem die früher besetzten Gebiete zukünftig zustehen würden. Um nicht ein Besatzungsregime auf deutschem Boden errichten zu müssen, einigten sich die Verbündeten in der Leipziger Konvention vom 21. Oktober 1813 auf eine Zentralverwaltung der eroberten deutschen Gebiete unter der Leitung des Freiherrn von Stein.[46] Nur die Gebiete am rechten Niederrhein, die bis 1806 preußisch waren, fielen sofort an Preußen zurück. Linksrheinisch bildeten die Verbündeten zunächst die beiden Generalgouvernements Niederrhein mit der Hauptstadt Aachen und Mittelrhein mit der Hauptstadt Trier, weiter das Generalgouvernement Berg mit den restlichen Teilen des gleichnamigen Großherzogtums. Nach dem Ersten Pariser Frieden vom 30. Mai 1814 übernahm Preußen die Verwaltung der beiden Rheingouvernements

---

43 Faber, Verwaltungs- und Justizbeamte auf dem linken Rheinufer während der französischen Herrschaft, S. 350 ff.

44 Klein, aaO, S. 124.

45 Craig, Geschichte Europas 1815 - 1980, S. 30

46 Klein, Hardenbergs letzte Reform, S. 25.

und vereinigte sie zum Generalgouvernement Mittel- und Niederrhein unter der Leitung des Generalgouverneurs Johann August Sack.[47] Die Entscheidung über die endgültige Zuordnung der Gebiete fiel erst im folgenden Jahr. Am 10. Februar 1815 sprach der Wiener Kongress die „Rheinlande" dem König von Preußen zu, der sie durch verschiedene „Besitzergreifungspatente" unter seine Herrschaft nahm. Es waren im Wesentlichen die früheren Departements *Rhin et Moselle* und *de la Roer*. Mit dem Zweiten Pariser Frieden vom 20. November 1815 kamen noch Saarbrücken und Saarlouis hinzu. Aus diesem Gebiet bildete Preußen am 22. April 1816 die beiden Provinzen Großherzogtum Niederrhein mit dem Verwaltungssitz Koblenz und den Regierungsbezirken Aachen, Koblenz und Trier, sowie die Provinz Jülich-Kleve-Berg mit dem Verwaltungssitz Köln und den Regierungsbezirken Düsseldorf, Kleve und Köln. Die Kabinettsorder vom 27. Juni 1822 vereinigte die beiden Provinzen schließlich zur „Rheinprovinz" mit dem Oberpräsidium in Koblenz.[48] Dies ist das Gebiet, um das es im Folgenden geht und das hier vereinfacht als „Rheinland" bezeichnet wird. Das frühere *Département du Mont Tonnerre* (Donnersberg) fiel teils dem Großherzogtum Hessen, teils dem Königreich Bayern zu und scheidet aus unserer weiteren Betrachtung aus.

Die Gerichtsorganisation im Rheinland blieb zunächst im Wesentlichen unverändert. Die „*Tribunaux de première instance*" wurden in „Kreisgerichte" umbenannt.[49] Nachdem Lüttich 1815 an die Vereinigten Niederlande gefallen war, wurde die deutsche Abteilung des dortigen Berufungsgerichts als neuer Appellationsgerichtshof nach Köln verlegt mit der Zuständigkeit für die Kreisgerichte Aachen, Bonn, Kleve, Köln, Krefeld und Malmedy.[50]

König Friedrich Wilhelm III. hatte den dringenden Wunsch, so schnell wie möglich das preußische Recht im Rheinland einzuführen, und wurde darin von seinem Justizminister Leopold v. Kircheisen tatkräftig unterstützt. Die gefühlsmäßige Abneigung in Preußen gegen das französische Recht beruhte darauf, dass man in dessen Fortgeltung das Überbleibsel der Fremdherrschaft sah.[51] Den König störte verständlicherweise, dass die rheinischen Richter ihre Urteile zwar in seinem Namen verkündeten, zur Begründung aber französisches Recht anwendeten. Die Bestrebungen, die schon Ende 1815 zu einem

---

47   Klein, Die rheinische Justiz und der rechtsstaatliche Gedanke in Deutschland, S. 128.

48   Klein, Die rheinische Justiz und der rechtsstaatliche Gedanke in Deutschland, S. 128.

49   Das Kreisgericht Bonn wurde im Zuge der Neuordnung des Gebiets in 6 Regierungsbezirke zum 30.6.1819 aufgehoben, vgl. dazu Schorn, Geschichte des Landgerichts Bonn 1850 - 1950, S. 3 f.

50   Klein, aaO, S. 129.

51   Klein, Hardenbergs letzte Reform, S. 24.

Gesetzentwurf zur im Wesentlichen unmodifizierten Einführung des preußischen Rechts in den Rheinprovinzen gediehen waren,[52] stießen aber zur Enttäuschung des Königs und seines Justizministers auf den erbitterten Widerstand der rheinischen Bürger.

Ein eher unterschwelliger Grund dafür mag darin gelegen haben, dass die preußisch-protestantische Mentalität den an sich weltoffenen, aber katholisch geprägten Rheinländern fremd war. Sie freuten sich durchaus über die Befreiung von der französischen Besatzung, aber auch das preußische Regime war für sie eine „Fremdherrschaft". Sie war natürlich sehr viel weniger fremd als die französische, aber immerhin war Berlin von Köln weiter entfernt als Paris. Die Preußen bemühten sich nach der Eroberung des Rheinlands auch keineswegs darum, überall und bei allen beliebt zu werden. So führten sich in Krefeld, früher preußisch, die mit Glockengeläut begrüßten Soldaten so auf, als befänden sie sich in Feindesland. Eine bereits im Frühjahr 1814 aufgelegte Zwangsanleihe – eine damals verbreitete Form der Kriegsfinanzierung – hielt reiche Kölner Bankiersfamilien wie Herstatt, Oppenheim und Schaaffhausen davon ab, von der Befreiung begeistert zu sein.[53] Frömmelnde Eiferer wie der preußische Innenminister v. Schuckmann forderten, die in der französischen Zeit nur bürgerlich geschlossenen Ehen für nichtig zu erklären, wenn nicht innerhalb einer bestimmten Frist die kirchliche Trauung nachgeholt wurde[54], was auch nicht gerade Sympathien für die Preußen erweckte. Auf die Stimmung der Rheinländer drückte weiter die durch den Abzug der Franzosen ausgelöste schwere wirtschaftliche Krise; sehr viele der auf das französische Absatzgebiet angewiesenen Unternehmen brachen zusammen. Hinzu kam in den Jahren 1816/17 eine durch Missernten ausgelöste Hungersnot.[55] Auch solche Misshelligkeiten lastete man – der Stimmung in der ehemaligen DDR nach 1990 nicht unähnlich – den Preußen an, obwohl sie dafür nicht verantwortlich waren.

Der Widerstand der Rheinländer gegen das preußische Recht hatte aber tiefere Gründe. Sie hatten die von einem liberalen und rechtsstaatlichen Geist bestimmte französische Rechtsordnung schätzen gelernt. Sie empfanden jetzt das französische Recht nicht mehr als Recht der Fremdherrschaft, sondern als das eigene, das „Rheinische Recht", das sie nicht gegen ein teilweise noch obrigkeitsstaatliches, teilweise noch ständestaatliches Recht aus Preußen ein-

---

52 Klein, aaO, S. 38.

53 Klein, aaO, S. 24.

54 Landsberg, Die Gutachten der Rheinischen Immediat-Justizkommission, S. XXXVII ff.

55 Klein, aaO, S. 25.

tauschen wollten.[56] Dieses Urteil teilten auch zugezogene Juristen. So schrieb der Dichtersohn Ernst von Schiller, damals Gerichtsassessor und später Appellationsgerichtsrat in Köln, am 12. Juli 1819 seiner Mutter: „Welch himmelweiter Unterschied zwischen sächsischem und französischem Justizwesen! Hier ist noch Menschenverstand und reiner Geschäftsgang; liberale und schnelle Justiz".[57] Der Mentalitätsunterschied zwischen Rheinländern und Preußen zeigte sich in der „rheinischen Dialektik" (Adolf Klein), die pragmatisch zwischen Napoleon als Eroberer und Napoleon als Gesetzgeber unterschied.[58]

Während der preußische Justizminister Leopold von Kircheisen vehement die Einführung des preußischen Rechts befürwortete, setzte sich Staatskanzler Hardenberg zunächst vorsichtig, dann offen für die Beibehaltung des französischen Rechts ein. Schon 1814 unterließ es der Generalgouverneur Sack im Einvernehmen mit Hardenberg, das auf die Einführung des preußischen Rechts gerichtete königliche Patent vom 9. September 1814 im linksrheinischen Gebiet umzusetzen. Ein entsprechendes Schreiben des Justizministers nahm Hardenberg unbeantwortet zu den Akten.[59] Auf seinen Vorschlag setzte der König am 20. Juni 1816 die „Immediat-Justiz-Kommission für die Rheinlande zu Cöln" ein mit der dreifachen Aufgabe, unabhängig vom Justizminister die Justizverwaltung im Rheinland zu leiten, ein Regulativ zur Vermeidung von Streitigkeiten zwischen Justiz und Verwaltung auszuarbeiten und die endgültige Gesetzgebung im Rheinland auf der Grundlage eines Vergleichs des preußischen und des französischen Rechtssystems vorzubereiten.[60] In der Kabinettsorder hieß es u.a., dass „zu rasche Änderungen zu vermeiden seien und dasjenige zu achten sei, was sich in der bisherigen Verfassung des Rheinlands Gutes finden möchte". Dies war jedoch nur eine diplomatische Redewendung; in Berlin dachte – von wenigen Ausnahmen abgesehen – niemand ernsthaft an eine Beibehaltung des französischen Rechts.[61] Die Kommission unterstand unmittelbar („immediat") dem Reichskanzler und nicht dem Justizminister.[62] Vorsitzender wurde Christoph Wilhelm Heinrich Sethe aus Kleve, früher Generalprokurator in Düsseldorf und

---

56 Becker, Hundert Jahre Kölner Anwaltverein, S. 20.

57 Klein, Die rheinische Justiz und der rechtsstaatliche Gedanke in Deutschland, S. 171.

58 Klein, Hardenbergs letzte Reform, S. 37.

59 Klein, aaO, S. 26 f..

60 Klein, Die rheinische Justiz und der rechtsstaatliche Gedanke in Deutschland, S. 130 f.

61 Becker, Das Rheinische Recht und seine Bedeutung für die Rechtsentwicklung in Deutschland im 19. Jahrhundert, S. 340.

62 Klein, Hardenbergs letzte Reform, S. 42.

Präsident des Appellationsgerichtshofs in Münster. Zur Kommission gehörte u. a. Moritz Bölling, der spätere Generaladvokat (Generalstaatsanwalt) beim Rheinischen Appellationsgerichtshof. Die Kommission befürwortete die Einführung des preußischen Rechts, sie stieß dabei aber auf erhebliche Widerstände. Nach der Einholung zahlloser Gutachten, Gegengutachten und Stellungnahmen konnte sich schließlich der die Kommission beratende Gottfried Daniels durchsetzen. Da der König eine umfassende Reform des preußischen Rechts angeordnet habe, mache es keinen Sinn, das bisher geltende Recht vor dieser Reform im Rheinland einzuführen. Dem stimmte auch Hardenberg zu. Das Ergebnis war die königliche Kabinettsorder vom 19. November 1818. Hiernach galt das materielle französische Recht vorerst weiter. Zwar sollte es entsprechend dem Vorschlag von Daniels durch authentische Übersetzungen und provisorische Überarbeitungen für das Rheinland in preußisches Recht umgewandelt werden, was aber in der Folgezeit nicht geschah.[63]

Diese Kabinettsorder verfügte auch die Neuordnung des rheinischen Gerichtswesens auf der Grundlage der bestehenden französischen Gerichtsverfassung. Die bisherigen Kreisgerichte wurden durch Landgerichte an den damaligen sechs Regierungssitzen Aachen, Düsseldorf, Kleve, Koblenz, Köln und Trier ersetzt. Ihnen übergeordnet wurde der neue Rheinische Appellationsgerichtshof, dessen erster Präsident Gottfried Daniels wurde; auf dessen Wunsch erhielt das Gericht seinen Sitz in Köln. Revisionsinstanz wurde der ebenfalls neu errichtete „Rheinische Revisions- und Kassationshof zu Berlin", Sethe wurde sein erster Präsident.[64] Dieses Gericht wurde 1852 mit dem Preußischen Obertribunal vereinigt, bei dem ein „Rheinischer Senat" eingerichtet wurde.[65] Die Unvereinbarkeit von Sachwalteramt und Notariat wurde durch die „Rheinpreußische Notariatsordnung" vom 25. April 1822 festgeschrieben.[66]

Die rechtliche Verselbständigung der Rheinprovinz spiegelte sich auch in der preußischen Justizhierarchie wider. Der bisherige Gesetzgebungsminister Friedrich von Beyme wurde zusätzlich zum „Rheinpreußischen Justizminister" ernannt und auch in der Folgezeit gab es neben dem preußischen Justizminister einen weiteren für die Angelegenheiten des rheinischen Rechts zuständigen Minister.

Mit der Eröffnung des Rheinischen Appellationsgerichtshofs in Köln am 1. September 1819 nahm der Vorläufer des Oberlandesgerichts Köln seine

---

63 Conrad, Preußen und das französische Recht in den Rheinlanden, S. 87.

64 Klein, Die rheinische Justiz und der rechtsstaatliche Gedanke in Deutschland, S. 140 f.

65 Becker, Hundert Jahre Kölner Anwaltverein, S. 22.

66 Conrad, Die geschichtlichen Grundlagen des modernen Notariats in Deutschland, S. 21.

Tätigkeit auf. Damit war auch dessen späterer Bezirk und der der Rechtsanwaltskammer Köln im Wesentlichen abgesteckt. Die großen Entfernungen
schon zu den Landgerichten bedeuteten zur Zeit der Postkutschen für die
Parteien und ihre Vertreter einen erheblichen Zeitaufwand. Wer sich die Post-
kutschenfahrt nicht leisten konnte, war zur Wahrnehmung eines Gerichts-
termins oft mehrere Tage unterwegs. Dies hielt manchen Bürger davon ab,
wegen einer Forderung oder nach einer gegen ihn gerichteten Straftat einen
Rechtsberater und das Gericht in Anspruch zu nehmen. Die Justizverwaltung
bemühte sich, dem durch die Teilung von Gerichtsbezirken abzuhelfen. Im
Jahr 1834 wurde das Landgericht Elberfeld, im Jahr 1835 das Landgericht
Saarbrücken und im Jahr 1850 das Landgericht Bonn errichtet.

Mit der Gerichtsorganisation und dem Verfahrensrecht blieb auch die
Tätigkeit der Sachwalter zunächst am französischen Modell ausgerichtet.
Lediglich die Ämterbezeichnungen hatten die Generalgouverneure bereits
1814 „verdeutscht" und dabei den Begriff „*Avoué*" durch „Anwalt", anfangs in
der Schreibweise „Anwald", ersetzt.[67] Der Anwaltszwang, durch Art. 61, 75
des *Code de Procedure* eingeführt, wurde beibehalten; ausgenommen hiervon waren wie bisher die Verfahren vor den Friedens- und Handelsgerichten.[68] Die Immediatjustizkommission befasste sich mit Fragen der zukünftigen Organisation der Sachwalter nur am Rande und holte zunächst verschiedene Stellungnahmen ein. Dabei zeigte sich, dass die Unterscheidung zwischen Advokat und Anwalt, die schon unter der Herrschaft der Franzosen
verwischt worden war, niemandem mehr richtig einleuchtete und darum auf
wenig Verständnis stieß. So führte das Kreisgericht Saarbrücken aus, die Unterscheidung beruhe „bloß auf einer französischen Spitzfindigkeit".[69]

Wieder erwies sich Gottfried Daniels als genialer und weitsichtiger Vermitt-
ler zwischen widerstreitenden Standpunkten. Zusammen mit Bölling erstattete er am 30. September 1819 ein Gutachten, nach dem die Berufe des
Advokaten und des Anwalts so weit wie möglich miteinander verbunden
werden sollten. Der Anwalt müsse die Qualifikation des Advokaten haben,
als Advokat dürfe aber auch auftreten, wer nicht als Anwalt angestellt sei.[70]
Daraus resultierte der Beruf des „Advokatanwalts", der sich in der Praxis her-
ausbildete und den Hardenberg in seinem Erlass vom 16. April 1820 bereits
als bekannt voraussetzte. Hiernach wurde bei jedem Gericht eine bestimmte
Anzahl von Advokatanwälten durch das Justizministerium ernannt. Die bis-

---

67 Weißler, aaO, S. 406.

68 Weißler, aaO, S. 408.

69 Huffmann, aaO, S. 99.

70 Huffmann, aaO, S. 102 f.

her eingetragenen Advokaten erhielten das Recht, im Beistand eines dort zugelassenen Advokatanwalts vor allen Gerichten der Provinz aufzutreten. In die Advokatenliste wurde aufgenommen, wer drei Jahre studiert, anschließend zwei Jahre bei einem Advokaten oder Anwalt gearbeitet und eine Prüfung beim Appellationsgericht bestanden hatte.[71] In der Folgezeit wurden die Advokatanwälte nur noch aus dem Kreis der Advokaten ernannt, nachdem sie die leichte Anwaltsprüfung bestanden hatten. Ab 1822 wurde die Ausbildung neu geregelt. Der angehende Advokat musste nach dem Studium das Auskultatorexamen ablegen. Nach einer praktischen Ausbildung von zwei Jahren folgte die Referendarprüfung mit dem anschließenden „Examen rigorosum" vor der Immediat-Justizprüfungskommission. Dadurch entfiel die bisherige besondere Prüfung zur Qualifikation für die Anwaltschaft. Ab 1832 trat an die Stelle des „Examen rigorosum" die sogenannte dritte Prüfung, die nicht nur zum Advokaten, sondern auch zum Rat, Assessor oder königlichen Prokurator (Staatsanwalt) qualifizierte.[72] Damit war im Rheinland der „Einheitsjurist" eingeführt.

Die aus dem Kreis der Advokaten ausgewählten Advokatanwälte wurden bei einem bestimmten Gericht angestellt. Sie übten keinen freien Beruf aus, sie waren vielmehr Beamte, was der Stellung der im übrigen Preußen als Sachwalter fungierenden Justizkommissare entsprach. Hardenberg setzte 1820 die Zahl der Advokatanwälte im Rheinland vorläufig auf 121 fest[73], im Jahr 1837 waren 155 Advokatanwälte bestellt.[74] Nach 1820 wurden zunächst alle Anwärter als Advokatanwälte übernommen, bis 1835 die nach dem Bedürfnis der Rechtspflege erforderliche Anzahl erreicht war. Ab 1837 wurden die Absolventen der Ausbildung zunächst nur zu Advokaten ernannt; neue Advokatanwälte wurden nach dem Grundsatz der Anciennität angestellt.[75] Darüber entschied der Justizminister nach der Einholung von Voten des Gerichtspräsidenten und des Oberprokurators des Bezirks, in dem der Bewerber tätig werden wollte. Diese Stellungnahmen erstreckten sich auch auf das Privatleben und die politische Gesinnung. Wer sich für Demokratie und Republik einsetzte, hatte schlechte Karten.[76]

---

71 Weißler, aaO, S. 407.

72 Zu der gesamten Ausbildungsregelung vgl. Huffmann, aaO, S. 105 f. mit Angabe der einzelnen Reskripte und Verfügungen, die sich im wesentlichen in HStAD Rep. 11 Nr. 1015 finden.

73 Huffmann, aaO, S. 108.

74 Weißler, aaO, S. 411.

75 Für die Ernennung war auch hilfreich, wenn der Bewerber preußischer Reserveoffizier war, vgl. Hieronimie, Zur Geschichte der Koblenzer Rechtsanwaltschaft, S. 182.

76 Zu den Einzelheiten des Zulassungsverfahrens vgl. Huffmann, aaO, S. 109 ff..

Auch den Beruf des Advokaten durfte nicht jeder ausüben, der die Qualifikation dafür erworben hatte. Er musste in das beim Rheinischen Appellationsgerichtshof geführte Advokatenverzeichnis eingetragen werden, was die Genehmigung des Justizministers voraussetzte. Die Justizverwaltung konnte wie schon unter Napoleon den angehenden Advokaten auf seine politische Gesinnung, Sitten und Lebenswandel überprüfen. Allerdings ist aus der frühen Zeit kein Fall bekannt, in dem die Zulassung zur Advokatur verweigert wurde.[77] Dass auch der Advokat nach preußischem Verständnis keinen freien Beruf ausübte, sondern eine beamtenähnliche Stellung hatte, zeigte sich in der Mitte des 19. Jahrhunderts, als die Berufsangehörigen über zu geringe Einkünfte klagten. Da eine Erhöhung der Gebühren wegen der Gefahr der Abwanderung von Richtern in den Advokatenberuf ausschied und auch Warnungen vor dem juristischen Studium und eine Verlängerung der Ausbildung nichts fruchteten, verfügte der Justizminister Simons am 15. November 1855, Advokaten nur noch bei einem entsprechenden Bedürfnis neu zuzulassen. Diese Beschränkung wurde allerdings 1860 wieder abgeschafft.[78]

Die berufliche Stellung der Advokaten war problematisch und führte auch zu Differenzen mit den Advokatanwälten. Soweit Anwaltszwang bestand, konnte der Advokat nur unter Assistenz eines Advokatanwalts vor Gericht auftreten. Die Advokatanwälte gewährten diese Assistenz zunächst als unentgeltliche kollegiale Hilfestellung. Nach einiger Zeit verlangten sie für ihre Mitwirkung aber die Anwaltsgebühren, was zu ständigen Kooperationen, aber auch zu Abhängigkeiten führte. Schließlich gingen die Advokatanwälte dazu über, die Assistenz entweder generell zu verweigern oder von teilweise unzumutbaren Bedingungen abhängig zu machen. Missstände ergaben sich auch daraus, dass Richter gelegentlich Advokaten ohne den Beistand eines Advokatanwalts plädieren ließen.[79] Viele Advokaten gerieten in wirtschaftliche Bedrängnis. Die ihnen freigestellte Tätigkeit bei den Friedensgerichten, Handelsgerichten und Polizeigerichten, bei denen kein Anwaltszwang bestand, sicherte kein hinreichendes Einkommen.

Das Disziplinarrecht der Sachwalter blieb nach 1815 zunächst im Wesentlichen unverändert. Die „Kammern der Anwälte" bei den einzelnen Landgerichten bestanden fort, spielten aber keine große Rolle. Sie äußerten sich zu Gesetzesvorhaben wie der Errichtung einer Unterstützungskasse für

---

77 Huffmann, aaO, S. 105 ff.

78 Huffmann, aaO, S. 107.

79 Das Zusammenspiel zwischen Advokaten und Advokatanwälten schildert eingehend Huffmann, aaO, S. 112 ff.

Anwälte und ihre Angehörigen.[80] Auf Veranlassung von Daniels wurden gerichtliche Maßregelungen für das Verhalten in einer öffentlichen Sitzung äußerst selten. Auch der Justizminister machte von seinem Bestrafungsrecht nie Gebrauch.[81] Für den Advokatanwalt hatte die Doppelgleisigkeit des Disziplinarrechts seltsame Folgen. Wurde ihm die Anwaltsanstellung aberkannt, blieb er Advokat; die Aberkennung der Advokatenstellung führte aber gleichzeitig zum Verlust der Stellung als Advokatanwalt. Die für die Anwälte zuständige Kammer mit ihren sehr eingeschränkten Befugnissen verlor an Bedeutung; der Disziplinarrat der Advokaten wurde wichtiger.[82] Der Advokatanwalt unterstand der Berufsaufsicht beider Institutionen. Die entstandene Rechtsunsicherheit ermöglichte indessen eine flexible Handhabung der Bestimmungen, was den Neigungen der rheinischen Juristen entgegenkam. Sie sträubten sich darum hartnäckig gegen alle Bemühungen der preußischen Regierung, ein neues Disziplinarrecht einzuführen.

Dieser Widerstand hatte zur Folge, dass die Regierung schließlich am 7. Juni 1844 ohne vorherige Ankündigung und Diskussion eine „Verordnung betreffend die Ausübung der Disziplin über Advokaten und Anwälte im Bezirk des Appellationsgerichtshofes zu Köln" erließ. Die Angehörigen beider Berufe unterlagen nun der Aufsicht des Disziplinarrats, der vorher nur für die Advokaten zuständig war; die Kammern der Anwälte wurden aufgelöst. Die Mitglieder des Disziplinarrats wurde vom Generalprokurator aus einer Vorschlagsliste der Generalversammlung der Advokatanwälte ausgewählt und ernannt. Als Strafen verhängen konnte der Disziplinarrat Ermahnungen, Warnungen, Verweise und nun auch – im Gegensatz zu früher – die Suspension bis zu einem Jahr oder den Verlust der Eigenschaft als Advokat oder Anwalt. Die verfahrensrechtliche Position der Betroffenen verschlechterte sich. Die Gerichte konnten auch wieder wie zu napoleonischer Zeit ohne die Möglichkeit eines Rechtsmittels Vorfälle in der Sitzung bestrafen. Die vom Provinziallandtag unterstützten Proteste der rheinischen Juristen gegen diesen Überfall aus Berlin blieben indessen erfolglos.[83]

Obwohl die rheinischen Disziplinarräte, die auf das französische Vorbild zurückgingen, staatlichen Eingriffen unterlagen und nach späteren Maßstäben nicht als Selbstverwaltungsorgane angesehen werden konnten, galten sie in den anderen deutschen Staaten als fortschrittlich und demokratisch,

---

80 Der Landgerichtspräsident in Saarbrücken erwähnt ein solches Gutachten in einem Schreiben vom 22.1.1838, HStAD Rep. 11 Nr. 1265.

81 Huffmann, aaO, S. 116.

82 Huffmann, aaO, S. 119.

83 Wegen der Regelungen im Einzelnen vgl. Huffmann, aaO, S. 118 ff.

weil dort die Anwälte ausschließlich unter der Aufsicht des Staates standen.[84] Verschiedene Staaten erließen darum in den folgenden Jahren „Anwaltsordnungen" oder „Advokatenordnungen", die in unterschiedlicher Form gewählte und mit unterschiedlichen Befugnissen ausgestattete Organe schufen.[85] Dabei wurde auch häufig der Begriff „Kammer" verwendet, womit teilweise – wie nach 1879 – die Gesamtheit der Berufsangehörigen in einem bestimmten Bezirk, teilweise auch das gewählte Gremium gemeint war.

Die Rechtsverhältnisse der Justizkommissare und Advokaten in Alt-Preußen regelte die Gerichtsorganisationsverordnung vom 2. Januar 1849. Damit wurde in Preußen die offizielle Berufsbezeichnung „Rechtsanwalt" eingeführt, die sich beginnend mit der bayerischen Verordnung vom 13. August 1804 schon in einigen Ländern eingebürgert hatte. In Rheinpreußen war der Begriff „Rechtsanwald" erstmals in einer das Armenrecht regelnden Verordnung vom 16. Februar 1823 aufgetaucht.[86] Dort wurden die alten Bezeichnungen aber auch nach 1849 bis zum Inkrafttreten der Rechtsanwaltsordnung aus Stolz beibehalten. Noch in den Jahren vor dem ersten Weltkrieg antwortete ein berühmtes Mitglied des Kölner *Barreau* dem Senatspräsidenten, der ihn mit „Rechtsanwalt" angeredet hatte, er sei kein preußischer Rechtsanwalt, sondern ein „rheinischer Advokat".[87] Gegen den Ehrentitel „Justizrat", steigerungsfähig zum „Geheimen Justizrat",[88] wehrten sich die rheinischen Advokatanwälte und Advokaten allerdings nicht.

Die im Jahr 1819 angeordnete Fortgeltung des materiellen französischen Rechts blieb auch in den folgenden Jahren in Berlin umstritten. Als sich abzeichnete, dass die beabsichtigte Reform des preußischen Rechts noch viele Jahre in Anspruch nehmen würde, formierten sich erneut diejenigen, die das preußische Recht im Rheinland einführen wollten. Bereits durch eine Kabinettsorder vom 9. Dezember 1824 befahl der König, „die Einführung der preußischen Gesetzgebung, besonders der Kriminalgerichtsordnung in den Rheinprovinzen von dem Resultate der Revision des Landrechts und der Gerichtsordnung nicht länger abhängig zu machen".[89] Dies stieß aber erneut auf den erbitterten Widerstand der rheinischen Bevölkerung, die sich auf verschiedenen Wegen darum bemühte, den König umzustimmen. In dem erst-

---

84 Huffmann, aaO, S. 124

85 Diese Entwicklung schildert ausführlich Weißler, aaO, S. 541 ff.

86 Weißler, aaO, S. 421 f.

87 Bauer, Richter, Recht und Rechtsanwälte am Oberlandesgericht Köln, in: Recht und Rechtspflege in den Rheinlanden, S. 361 ff, 363.

88 Weißler, aaO, S. 531.

89 Huffmann, aaO, S. 96.

mals im Jahr 1824 zusammengetretenen Provinziallandtag sträubten sich vor allem die Abgeordneten des dritten und des vierten Standes, der Städte und Landgemeinden, gegen die Einführung des preußischen Rechts. Im Vertrauen darauf, dass bis etwa 1830 die Reform der wichtigsten preußischen Gesetze abgeschlossen sein werde, schob das Staatsministerium die Gesetzesänderung im Rheinland erneut auf. Die Fortgeltung des französischen Rechts war erst mit der Thronbesteigung Friedrich Wilhelm IV. im Jahre 1840 gesichert.[90] Der neue König entließ 1842 den Gesetzgebungsminister v. Kamptz und berief an seiner Stelle Friedrich Carl von Savigny, der die bisherigen Pläne zur Revision des preußischen Rechts grundlegend änderte, eine Entwicklung, die schließlich in die revolutionäre Epoche der Jahre 1848/49 überging.[91]

3. Die Paulskirche und Reformansätze in Preußen

Die Nationalversammlung, die am 18. Mai 1848 in die Paulskirche in Frankfurt einzog, wurde zu Unrecht als „Professorenparlament" bezeichnet; man hätte sie eher ein „Advokatenparlament" nennen können. Ihm gehörten nämlich nur 58 Professoren an, dagegen waren 90 und damit fast ein Sechstel seiner Mitglieder Anwälte.[92] Die rheinische Anwaltschaft war mit den Advokatanwälten Adams aus Trier, Compes aus Köln, Simon aus Trier, Venedey aus Köln, Werner aus Koblenz, Wesendonck, Widenmann und Zell aus Düsseldorf sowie Zitz aus Trier vertreten[93], die alle in der Versammlung auf verschiedene Weise bedeutende Rollen spielten. Einige bezahlten ihr Engagement mit dem Verlust ihrer beruflichen Existenz. Simon, der politisch weit links stand und mit dem Parlament nach Stuttgart umgezogen war, musste nach dessen gewaltsamer Auflösung in die Schweiz flüchten und wurde in Trier in Abwesenheit zum Tode verurteilt; sein Startversuch im Bankgewerbe in Paris war nicht erfolgreich. Wesendonck hatte mehr Glück; er wurde 1850 als Advokatanwalt entlassen, brachte es aber in New York noch zum Präsidenten einer Lebensversicherungsgesellschaft.[94]

---

90 Huffmann, aaO, S. 97 f.

91 Conrad, Preußen und das französische Recht in den Rheinlanden, S. 88.

92 Weißler, aaO, S. 471 ff. Klinge, Geschichte der Anwaltschaft im derzeitigen Bezirk des Landgerichts Koblenz von der Beendigung der Französischen Revolution bis zum Ende des Zweiten Weltkrieges, S. 14, geht unter Berufung auf Rollmann sogar von 106 Advokaten aus.

93 Huffmann, aaO, S. 175.

94 Weißler, aaO, S. 478 f.

Im Kampf um das französische Recht verkehrten sich nun die Fronten, denn die liberale bürgerliche Bewegung griff die freiheitlichen Elemente des französischen Rechts freudig auf. In der Mitte des Jahrhunderts setzte auch in der deutschen Rechtswissenschaft ein merklicher Stimmungswechsel ein. Nachdem u. a. von Savigny in der Zeit nach 1814 das französische Recht noch als Schritt in den Zustand der Revolution angesehen hatte, entdeckten nun plötzlich einige Autoren im *Code Civil* germanische Rechtsgrundlagen.[95] Mit diesem Sinneswandel war der Weg vorbereitet für den Einfluss des französischen Rechts auf die Kodifikationen der folgenden Jahre, zunächst in Preußen und den anderen deutschen Staaten und somit ab 1871 auch im Deutschen Reich. Viele sahen in dieser Entwicklung einen späten Sieg Napoleons über Deutschland, was durchaus als negatives Urteil gemeint war. Es ging in Wahrheit aber nicht um Sieg oder Niederlage, vielmehr hatte schlicht die Aufklärung das der allgemeinen gesellschaftlichen Entwicklung meist hinterher hinkende Rechtswesen endlich eingeholt.

Soweit das französische Recht im 19. Jahrhundert fortgalt, widmeten sich ihm die deutschen Juristen mit der ihnen eigenen Gründlichkeit und bereiteten es mit ihren Auslegungsmethoden vollständig wissenschaftlich auf.[96] Das von Zachariae v. Lingenthal begründete, von Carl Crome fortgeführte Handbuch des französischen Zivilrechts erschien 1894 in der 8. Auflage. Crome drückte das Selbstbewusstsein der rheinischen Juristen aus mit den Worten: „Wir haben den rohen Diamanten genommen und ihn dann geschliffen".[97]

In der zweiten Hälfte des Jahrhunderts regelte Preußen einzelne Rechtsmaterien neu, so durch die Allgemeine Deutsche Wechselordnung von 1850, das Preußische Strafgesetzbuch von 1851 und das Allgemeine Deutsche Handelsgesetzbuch von 1862. In das Strafgesetzbuch wurden nicht nur allgemeine Grundsätze, sondern Definitionen und Tatbestände sogar wörtlich aus dem *Code Pénal* übernommen.[98] Die Geltung des *Code Civil* im Rheinland endete erst mit dem Inkrafttreten des Bürgerlichen Gesetzbuchs am 1. Januar 1900. Einige Bestimmungen des *Code Civil* auf dem Gebiet des Nachbarschaftsrechts galten im Rheinland sogar noch im 20. Jahrhundert weiter, bis sie nach 1950 durch entsprechende Gesetze der Bundesländer ersetzt wurden.

---

95 Conrad, aaO, S. 78 f.

96 Vgl. dazu eingehend Ranieri, Französisches Recht und französische Rechtskultur in der deutschen Zivilrechtswissenschaft heute: Eine unwiderrufliche Entfremdung?

97 Carl Crome, Intensive und extensive Bedeutung des französischen Privatrechts, in: Rheinische Zeitschrift Band I, 1909, S. 6.

98 Becker, Das Rheinische Recht und seine Bedeutung für die Rechtsentwicklung in Deutschland im 19. Jahrhundert, S. 342 unter Berufung auf Landsberg.

4. Das wachsende Selbstbewusstsein der Anwaltschaft auf dem Weg zu einer neuen Ordnung

Im 19. Jahrhundert waren die Rechtsanwälte – wie die in den deutschen Staaten bis 1879 unter unterschiedlichen Berufsbezeichnungen vor Gericht tätigen Juristen im folgenden genannt werden – mit ihrer beruflichen Situation keineswegs zufrieden. Sie schlossen sich darum zu Vereinen zusammen, um ihre Lage gemeinsam zu verbessern. Der älteste Anwaltverein ist wohl der von Jena, gegründet 1801, gefolgt von dem seit 1821 bestehenden Verein der Hofgerichtsadvokaten im Großherzogtum Hessen. Hinzu kamen die Vereine in Hannover (1831), Gießen (1832), Gotha (1834), Celle (1837) und viele andere.[99] Sie forderten die Errichtung unabhängiger Rechtsanwaltskammern und auf dem Gebiet des Prozessrechts Mündlichkeit und Öffentlichkeit des Verfahrens sowie die Einführung von Schwurgerichten nach französischem Vorbild. Manche Vereine versuchten die fehlenden Kammern dadurch zu ersetzen, dass sie selbst das Fehlverhalten ihrer Mitglieder mit Ermahnungen, einfachen und verschärften Rügen und im schlimmsten Fall mit dem Vereinsausschluss sanktionierten.[100] Im Rheinland, wo ein wesentlicher Teil der Forderungen in Gestalt des fortgeltenden französischen Rechts erfüllt war, setzten die Vereinsgründungen erst später ein.

Bis zur Mitte des Jahrhunderts missfielen die Zusammenschlüsse der Anwälte in vielen Staaten der Obrigkeit.[101] Daran scheiterten auch zunächst die Bemühungen, die Anwaltschaft im gesamten Deutschen Bund zu organisieren. Eine für 1844 in Mainz geplante Versammlung aller deutschen Rechtsanwälte, erstmals als „Anwaltstag" bezeichnet, kam nicht zu Stande, weil die Regierungen überwiegend den Berufsangehörigen die Teilnahme verboten.[102] Die erste „Deutsche Anwaltversammlung" konnte dann aber doch im August 1846 in Hamburg stattfinden. Nach einem zweiten Anwaltstag in Hamburg im September 1847 wurde auf dem dritten Anwaltstag im August 1848 in Dresden der „Deutsche Anwaltverein" gegründet.[103] Dies geschah unter dem Eindruck der Bewegung von 1848[104], mit deren Scheitern auch dieser Verein sein Leben aushauchte. Nach Weißler war die Gründung das

---

99 Weißler, aaO, S. 502 f.

100 Weißler, aaO, S. 504.

101 Ostler, Die deutschen Rechtsanwälte 1871 - 1971, S. 502 f.

102 Ostler, aaO, S. 507 ff.

103 Ostler, aaO, S. 519 ff.

104 Ostler, aaO, S. 86

einzige Lebenszeichen, das der Verein von sich gegeben hatte.[105] Der deutschen Anwaltschaft fehlte in dieser Zeit auch eine publizistische Plattform; die 1844 von dem Advokaten Bopp in Darmstadt initiierte „Anwalts-Zeitung" stellte bereits Ende 1848 ihr Erscheinen wieder ein.[106] Die Anwaltschaft zog sich in regionale Organisationen zurück, wovon später der Preußische Anwaltverein und der Bayerische Anwaltverein, beide 1861 gegründet, die bedeutendsten Rollen spielten.[107]

Die Gründung des Deutschen Reichs im Jahr 1871 machte den Weg frei für Gesetze, die in ganz Deutschland galten. Schon dem ersten Reichstag gehörten namhafte Anwälte an. Aus dem Bezirk des Kölner Appellationsgerichtshofs kamen der Advokatanwalt Dr. Lingens aus Aachen und der Advokat Klöppel aus Köln.[108] Eine der vordringlichen Aufgaben des Parlaments bestand darin, das Justizwesen reichseinheitlich zu regeln. Dies dauerte aber noch einige Zeit. 1871 galt noch in einem Sechstel des Reichsgebiets französisches Recht. Der von dem Karlsruher Juristen Adrian Binger geleitete II. Zivilsenat des am 1. September 1879 eröffneten Reichsgerichts war hierfür zuständig.[109]

Die Reichsgründung gab auch den Bestrebungen der Anwaltschaft neuen Auftrieb, sich in einem großen Verein zu organisieren. Auf Initiative des preußischen und des bayerischen Anwaltvereins fand am 25. August 1871 in Bamberg ein Anwaltstag statt, auf dem die Gründung des „Deutschen Anwaltvereins" (DAV) beschlossen wurde. Schon der erste Vorsitzende, der 1816 in Schlesien geborene Karl Dorn, war dem rheinischen Recht verbunden, denn er war seit 1847 Advokatanwalt am Rheinischen Revisions- und Kassationshof in Berlin und später am Obertribunal.[110] Einer seiner frühen Nachfolger (1891 bis 1902) war der im Jahre 1834 in Koblenz geborene, seit 1864 beim Obertribunal und seit 1879 beim Reichsgericht zugelassene Hermann Mecke, der von Anfang an dem Vorstand des DAV angehört hatte.[111] Als publizistisches Organ des Vereins fungierte die „Juristische Wochenschrift", deren erste Nummer am 3. Februar 1872 erschien und die sich in den folgenden Jahren an der Diskussion der verschiedenen Gesetzgebungsvorhaben lebhaft beteiligte.[112]

---

105 AaO, S. 561.

106 Ostler, aaO, S. 505 f.

107 Die Geschichte dieser beiden Vereine schildert ausführlich Weißler, aaO, S. 547 ff.

108 Ostler, aaO, S. 3.

109 Fischer, Zur Rechtstradition der Stadt Karlsruhe, NJW 2002, Heft 38 S. XII f.

110 Weißler, aaO, S. 563.

111 Weißler, aaO, S. 565 f.

112 Vgl. dazu im Einzelnen: Ostler, Zum Geburtstag der Juristischen Wochenschrift vor 100 Jahren, NJW 1972, S. 567 ff.

Die Rechtsverhältnisse der Anwaltschaft wurden vor und nach der Reichsgründung als reformbedürftig angesehen. Die Aufteilung des Sachwalter-
berufs in Advokaten und Advokatanwälte im Rheinland hatte sich letztlich
nicht bewährt; die abhängige Stellung der Advokatanwälte und der Justizkommissare in Altpreußen widersprach liberalem Verständnis.

Der Anstoß für eine tiefgreifende Reform kam nicht von einem Anwalt,
sondern von Rudolf v. Gneist, der Richter, Hochschullehrer, Parlamentarier
und einer der bedeutendsten Rechtspolitiker seiner Zeit war. Schon in dem
Titel seiner im Jahr 1867 erschienenen Schrift „Freie Advocatur. Die erste Forderung aller Justizreform in Preußen"[113] war das Programm vorgezeichnet. Er
begründete seine Forderungen nicht etwa mit den Bedürfnissen der Justiz,
sondern mit denen des rechtsuchenden Publikums, er verlangte also nicht
weniger als eine nachfrageorientierte Ausrichtung des Anwaltsberufs. Das rechtsuchende Publikum müsse „an erster Stelle über die Gestaltung der Rechtsanwaltschaft entscheiden".[114] Die freie Advokatur bedeutete für v. Gneist
„nichts Geringeres als eine Vorbedingung für alle Selbständigkeit des Ge-
meinlebens, des Selfgovernment, des constitutionellen Verfassungslebens im
größten Maßstab".[115]

Der Begriff „Freiheit der Advokatur" hatte eine mehrfache Bedeutung.
Gemeint war zum einen das Recht der Anwälte, bei allen Gerichten aufzu-
treten, also die Aufhebung der Lokalisierung, ein erst seit dem Jahr 2000 im
Wesentlichen erreichtes Ziel. Viel wichtiger aber war die Beendigung des
Beamtenstatus des Rechtsanwalts, das Recht, sich nach bestandenen Examina ohne Beschränkungen an jedem gewünschten Ort in Deutschland als
Anwalt niederzulassen, und damit das Ende des *numerus clausus*. Vor allem
dieser Aspekt war Gegenstand heftiger Auseinandersetzungen. In der
Diskussion über eine neue Ordnung wurde immer wieder nachhaltig vor
einer Überfüllung des Anwaltsberufs gewarnt. Dies ist deshalb erwähnens-
wert, weil uns die Überlegungen, aus diesem Grund den Zugang zur
Anwaltschaft zu beschränken, bis in unsere Zeit immer wieder begegnen
werden.

Die Generalversammlung der preußischen Rechtsanwälte am 1. Februar
1862 sprach sich noch gegen die Freigabe aus.[116] Auf dem 4. Juristentag im
Jahr 1863 wurde das Thema in der 4. Abteilung kontrovers diskutiert. Die

---

113 Berlin: Springer 1867, Fotonachdruck der Bundesrechtsanwaltskammer 1979.

114 AaO, S. 58.

115 AaO, S. 70.

116 Huffmann, Kampf um freie Advokatur, S. 93.

Gutachter Faber und Euler votierten gegen die Freigabe, die Mehrheit der Abteilung befürwortete sie. Das Plenum des Juristentags nahm dieses Ergebnis aber nur zur Kenntnis, ohne darüber zu beschließen.[117] Der Preußische Anwaltverein forderte 1864 und 1867 die Freigabe,[118] die bayerischen Anwaltstage von 1867, 1868 und 1870 lehnten sie ab.[119]

Das Gesetzgebungsverfahren kam nur langsam voran. Im Jahr 1874 entstand Streit darüber, ob das Reich überhaupt die Gesetzgebungskompetenz für das Anwaltsrecht habe, was Preußen in Zweifel zog. Der Reichstag beschloss aber, das Anwaltsrecht in das Gerichtsverfassungsgesetz aufzunehmen. Der 1876 vorgelegte Entwurf sah u. a. die unbeschränkte Zulassung von Rechtsanwälten vor. In der Reichsjustizkommission hatte sich unter dem Einfluss Preußens der liberale Standpunkt nicht zuletzt im Blick auf die tatsächlichen Verhältnisse durchgesetzt. Damals bestand ein Juristenmangel, der vor allem nach einer Aufbesserung der Richtergehälter dazu führte, dass die jungen Juristen die Richterstelle dem aufreibenden Rechtsanwaltsberuf vorzogen, häufig sogar angesehene Rechtsanwälte in den Richterberuf wechselten und 200 Anwaltsstellen in Preußen unbesetzt waren.[120]

Der Gesetzentwurf wurde im Juni 1876 auf dem 5. Anwaltstag in Köln unter dem Vorsitz des Advokatanwalts Dr. Nacken aus Köln lebhaft diskutiert. Von den 191 abstimmenden Mitgliedern gehörten 83 der rheinischen Advokatur an. Die Freigabe des Berufs wurde nicht mehr in Frage gestellt; die Lokalisierung wurde befürwortet mit der Maßgabe, dass der Anwalt bei allen Gerichten des Oberlandesgerichtsbezirks auftreten durfte. Angenommen wurde auch der Antrag, dass jeder Rechtsanwalt vor dem Reichsgericht tätig werden konnte.[121] Ebenfalls im Jahr 1876 gab der bayerische Anwaltstag seinen Widerstand gegen die Freigabe auf, er forderte aber eine zusätzliche zweijährige Vorbereitungszeit nach dem Zweiten Staatsexamen.[122]

Das Anwaltsrecht wurde dann doch nicht im Gerichtsverfassungsgesetz geregelt; im Oktober 1877 legte die Regierung dem Bundesrat den Entwurf einer gesonderten Rechtsanwaltsordnung vor. Die Anwaltschaft diskutierte diesen Entwurf lebhaft, u. a. auf dem 6. Anwaltstag in Frankfurt/Main im März 1878, der ihn in wesentlichen Teilen ablehnte. Der Reichstag, der die Beratung des Entwurfs schon im Februar 1878 aufgenommen hatte, verwies ihn

---

117 Weißler, aaO, S. 574 f.

118 Weißler, aaO, S. 551.

119 Weißler, aaO, S. 559.

120 Weißler, aaO, S. 579 f.

121 Weißler, aaO, S. 582 f.

122 Weißler, aaO, S. 584.

an eine 21-köpfige Kommission, die verschiedene Änderungen vorschlug. In der abschließenden Beratung im Mai 1878 erhielt die Rechtsanwaltsordnung (RAO) dann nach weiteren lebhaften Diskussionen ihre endgültige Fassung. Der Reichstag nahm das Gesetz am 23. Mai 1878 mit großer Mehrheit an, es wurde am 1. Juli 1878 im Reichsgesetzblatt verkündet. Am 1. Oktober 1879 trat es in Kraft.[123]

Die wesentlichen Neuerungen waren

– die Einheitlichkeit des Berufs unter der Bezeichnung „Rechtsanwalt",

– die Freigabe der Anwaltschaft mit einem Rechtsanspruch auf Zulassung für jeden, der die Befähigung zum Richteramt erworben hatte, sofern nicht einer der im Gesetz aufgeführten Versagungsgründe vorlag,

– die Zulassung durch die Landesjustizverwaltung nach Anhörung des Vorstands der Rechtsanwaltskammer,

– die Bildung von Rechtsanwaltskammern für jeden Oberlandesgerichtsbezirk mit einem von den Rechtsanwälten des Bezirks gewählten Vorstand,

– die Disziplinargewalt der Kammervorstands, der in der Besetzung von fünf gewählten Vorstandsmitgliedern als Ehrengericht fungierte,

– die Bildung eines Ehrengerichtshofs als Berufungsinstanz bestehend aus vier Richtern des Reichsgerichts, darunter dessen Präsidenten, und drei beim Reichsgericht zugelassenen Rechtsanwälten,

– die Lokalisierung bei einem einzigen Gericht mit der nur beschränkten Möglichkeit der Simultanzulassung in Verbindung mit dem Anwaltszwang in Zivilsachen vor den Kollegialgerichten.

Ein Anspruch auf Zulassung bestand nur in dem Bundesstaat, in dem der Bewerber die Zweite Staatsprüfung abgelegt hatte. Im Rheinland war der Unterschied zwischen Advokaten und Advokatanwälten beseitigt; auch die rheinischen Advokaten durften den Anwaltsberuf uneingeschränkt ausüben. Damit hatte die Anwaltschaft 1879 nach allgemeiner Überzeugung einen freiheitlichen Status erlangt, die Anwälte übten einen freien Beruf aus, weitgehend emanzipiert von staatlicher Gängelung. Es blieb allerdings ein gehöriges Maß an Staatsnähe erhalten. Ausbildung und Prüfungen blieben weiter staatlich geregelt, die für die Ordnung der Berufsangelegenheiten zuständigen Kammern unterlagen staatlicher Kontrolle, über die Gebührenvorschriften beeinflusste der Staat die Einnahmen. Diese Einschränkungen bestehen

---

123 Ostler, aaO, S. 15.

bis heute. Andere, wie die Lokalisierung, der Ausschluss der Simultanzulassung beim Oberlandesgericht in vielen Ländern und die Zulassung der
Rechtsanwälte durch die Justizverwaltung wurden erst vor wenigen Jahren
überwunden.

Auch die Angst vor der Überfüllung des Anwaltsberufs stand an der Wiege
der neuen Regelung. Einer der entschiedenen Gegner der Freigabe war Adolf
Weißler, Rechtsanwalt und Notar in Halle/Saale, Verfasser u. a. der hier mehrfach zitierten „Geschichte der Rechtsanwaltschaft" aus dem Jahr 1905. Er
bezeichnete schon das französische System, das die Advokatur freigab, als
fehlerhaft, und zwar mit der Begründung, dass „in der geschlossenen Zahl
und der dadurch bedingten größeren Sicherheit der Existenz" die Unabhängigkeit des Berufs gelegen habe.[124]

Die Verhältnisse im Jahr 1879 rechtfertigten solche Befürchtungen noch
nicht, denn die Zahl der Anwälte war zu dieser Zeit gemessen an der Bevöl-
kerungszahl sehr gering. Im Bezirk des Rheinischen Appellationsgerichtshofs
hatte sich die Bevölkerung seit 1819 auf rund 3.233.800 Einwohner nahezu
verdoppelt. In diesem bei weitem größten preußischen Oberlandesgerichtsbezirk waren 1879 255 Rechtsanwälte zugelassen; damit kam ein Rechtsanwalt auf rund 12.680 Einwohner. Beim Oberlandesgericht Köln waren 1880
18 Rechtsanwälte zugelassen gegenüber 20 Advokatanwälten bei der Gründung des Appellationsgerichtshofs im Jahr 1819.[125] Die Mitglieder der nun
entstandenen Rechtsanwaltskammer Köln starteten also – vergleicht man die
damaligen Zulassungszahlen mit denen der folgenden Jahrzehnte oder gar
von heute – unter günstigen Bedingungen in die neue Zeit.

---

124 AaO, S. 404.

125 Klein, Die rheinische Justiz und der rechtsstaatliche Gedanke in Deutschland, S. 168.

Kapitel 2

Vom Anfang
bis zum Dritten Reich
1879 bis 1933

Justizgebäude Appellhofplatz
Sitz der Kammer bis 1944

1. Die ersten Jahrzehnte

Als der Präsident des neuen Königlich preußischen Oberlandesgerichts, Dr. Johann Heinrich Heimsoeth[1], am 22. November 1879 die erste Mitgliederversammlung der Rechtsanwaltskammer Köln eröffnete, konnte er von den 255 in dem vom Niederrhein bis nach Saarbrücken reichenden Kammerbezirk zugelassenen Rechtsanwälten 178 Kammermitglieder begrüßen, mit rund 70 Prozent eine in den folgenden 125 Jahren nie wieder erreichte Rekordpräsenz.

Aus dem Rheinischen Appellationsgerichtshof war Mitte 1879 das Oberlandesgericht Köln geworden. Es war für die gesamte Rheinprovinz mit Ausnahme der Kreise Duisburg, Essen und Rees (OLG Hamm) sowie der rechtsrheinischen Teile des Regierungsbezirks Koblenz (OLG Frankfurt) zuständig, also für die Landgerichtsbezirke Aachen, Bonn, Düsseldorf, Elberfeld, Kleve, Koblenz, Köln, Saarbrücken und Trier.[2] Die Rechtsanwaltskammer Köln entstand am 1. Oktober 1879, weil nach § 41 der an diesem Tag in Kraft getretenen Rechtsanwaltsordnung (RAO) die Rechtsanwälte eines Oberlandesgerichtsbezirks eine Kammer bilden. Über den Rechtscharakter der Rechtsanwaltskammern sagte die RAO nichts aus; es bestand aber von Anfang an Einigkeit darüber, dass sie Körperschaften des öffentlichen Rechts sind.[3]

Die Versammlung wählte neun Vorstandsmitglieder, wie dies die RAO vorsah, und zwar die Rechtsanwälte Frings (Düsseldorf), Goetz (Köln), Herbertz (Köln), Koenig (Elberfeld), Kyll (Köln), Lingmann (Koblenz), Dr. Nacken (Köln), Trüpel (Aachen) und Wenzel (Trier).[4]

Der Kammervorstand tagte erstmals am 29. November 1879 im Zimmer der Oberlandesgerichtsanwälte, in dem auch in der Folgezeit die Sitzungen stattfanden. Zum Vorsitzenden[5] wählte er Rechtsanwalt Herbertz, zu seinem Stellvertreter Dr. Nacken, beide aus Köln. Der Vorstand entwarf auch eine

---

1 Er war seit 1861 Präsident des Appellationsgerichtshofs und bei der Gründung der Kammer bereits 68 Jahre alt; zu seiner Person vgl. im Einzelnen Helmut Heimsoeth, Zum Wirken des letzten Präsidenten des Rheinischen Appellationsgerichtshofs und ersten Präsidenten des Oberlandesgerichts Köln, Dr. Johann Heinrich Heimsoeth, in: 175 Jahre Oberlandesgericht Köln, S. 487 ff.

2 Durch Staatsvertrag vom 20. August 1878 war noch das oldenburgische Fürstentum Birkenfeld dem Landgericht Saarbrücken unterstellt worden; vgl. Klein, Die rheinische Justiz und der rechtsstaatliche Gedanke in Deutschland, S. 170.

3 Friedländer, Kommentar zur Rechtsanwaltsordnung, 3. Aufl., § 41 Anm. 8.

4 HStAD Rep. 11/467 Blatt 12 f.

5 Die Bezeichnung „Präsident" erhielten die Vorsitzenden erst durch § 49 der Reichsrechtsanwaltsordnung in der Fassung vom 21. Februar 1936 (RGBl I S. 107 ff) zum Trost dafür, dass sie völlig entmachtet wurden.

Geschäftsordnung.[6] Er machte sich weiter Gedanken über die praktische Organisation der Kammerarbeit. Da keinerlei Akten und Unterlagen vorhanden waren, bat der Vorsitzende die Justizverwaltung darum, ihm die die Rechtsanwälte betreffenden Akten des Oberlandesgerichts einschließlich derjenigen der bisherigen Disziplinarräte zur Verfügung zu stellen, was auch geschah.[7] Er bat den Präsidenten des Oberlandesgerichts weiter, der Kammer einen Raum in seinem Gerichtsgebäude zur Verfügung zu stellen, was dieser ablehnte. Darüber beklagte sich Herbertz bitter in seinem ersten Tätigkeitsbericht vom 8. Januar 1881 mit dem Hinweis, die „Würde der Kammer" erfordere es, ihr für die Vorstandssitzungen ein „eigenes Lokal einzuräumen"; ohne einen geeigneten Raum könne die Kammer auch kein Archiv und keine Bibliothek einrichten.[8] Dies ließ den Oberlandesgerichtspräsidenten aber ungerührt; auch der Bitte, einen Sitzungssaal für die Kammerversammlungen zur Verfügung zu stellen, kam er nur unwillig nach.[9]

Die Kammer machte schon bald von der in der RAO eingeräumten Möglichkeit Gebrauch, die Zahl der Vorstandsmitglieder auf 15 zu erhöhen. Die Kammerversammlung vom 20. Dezember 1879 wählte zusätzlich die Rechtsanwälte Bloem (Düsseldorf), Boeking (Saarbrücken), Hagen (Bonn), Königs (Kleve), Lautz (Köln) und Peltzer (Aachen).[10] Der Oberlandesgerichtspräsident machte die Wahlergebnisse damals und auch in der Folgezeit jeweils im „Deutschen Reichs- und Königl. Preuß. Staats-Anzeiger" bekannt, selbstverständlich auf Kosten der Kammer, der erstmals am 5. Februar 1880 dafür 11,20 Mark in Rechnung gestellt wurden.[11] Die Versammlung am 20. Dezember 1879 verabschiedete auch die erste Geschäftsordnung[12].

Das Verhältnis zwischen dem Vorsitzenden der Rechtsanwaltskammer und dem Oberlandesgerichtspräsidenten, die sich in der Korrespondenz den Gepflogenheiten der Zeit entsprechend mit „Hochwohlgeboren" anredeten, war offenbar gut. Es wurde allerdings getrübt, als Präsident Heimsoeth auf die Idee kam, ihm stehe das Recht zu, an den Versammlungen der Kammer und vor allem auch an den Sitzungen des Kammervorstands teilzunehmen.

---

6 Vgl. das Protokoll in HStAD Rep. 11/467 Blatt 24 ff.

7 HStAD Rep. 11/467 Blatt 21.

8 HStAD Rep. 11/467 Blatt 72.

9 HStAD Rep. 11/467 Blatt 15 und 18 ff.

10 HStAD Rep. 11/467 Blatt 33 f.

11 HStAD Rep. 11/467 Blatt 42.

12 HStAD Rep. 11/467 Blatt 36.

Bericht
des
Vorsitzenden des Vorstandes der Anwaltskammer
des
Königl. Oberlandesgerichts zu Cöln.

Auf Einladung des Oberlandesgerichts-Präsidenten fand am 22. November 1879 die erste Versammlung der Anwaltskammer des Oberlandesgerichtsbezirks von Cöln Statt.

In dieser Versammlung wurden in den Vorstand gewählt die Herren:

Herbertz — Nacken — Götz — F. W. Kyll — Frings — König — Lingmann
Trüpel — Wenzel.

Am 29. November 1879 trat der Vorstand auf Einladung des Alters-Präsidenten, Herrn Justizrath **Lingmann**, zusammen und wählte Herrn Justizrath **Herbertz** zum Vorsitzenden, Herrn Justizrath Dr. **Nacken** zum stellvertretenden Vorsitzenden, den Herrn Justizrath **Götz** zum Schriftführer und den Herrn Rechtsanwalt **F. W. Kyll** zum stellvertretenden Schriftführer; dessgleichen bildete derselbe das Ehrengericht und bestimmte die Reihenfolge seiner Mitglieder.

Demnächst berieth der Vorstand eine Geschäftsordnung für die Kammer und den Vorstand.

Am 20. December 1879 fand die zweite Versammlung der Kammer statt, in welcher die Geschäftsordnung berathen und festgestellt und insbesondere in derselben bestimmt wurde, dass der Vorstand in Zukunft aus 15 Mitgliedern bestehen solle.

Gleichzeitig wurden zur Ergänzung folgende sechs Mitglieder gewählt:

Justizrath **Lautz** in Cöln,
Rechtsanwalt **Hagen** in Bonn,
Rechtsanwalt **Emil Bloem** in Düsseldorf;
Justizrath **König** in Cleve,
Justizrath **Boecking** in Saarbrücken,
Rechtsanwalt **Pelzer** in Aachen,

bezüglich welcher in der nächstfolgenden Vorstandssitzung die Reihenfolge, in der sie beim Ehrengericht mitzuwirken haben sollten, bestimmt wurde.

Am 14. Oktober 1880 fand eine Versammlung der Anwaltskammer Statt, in welcher Schriftführer Herr **Götz** die Rechnung legte und an Stelle des ausgeschiedenen Herrn Justizrath **Frings** Herr Rechtsanwalt **Holl** in den Vorstand gewählt wurde.

Bericht vom 8. Januar 1881
Quelle: Hauptstaatsarchiv

In der Vorstands-Sitzung vom 6. November 1880 fand in Gemässheit der Geschäftsordnung die Wahl des Vorsitzenden, stellvertretenden Vorsitzenden und der Schriftführer für das Jahr 1881 Statt. Hier wurden die früheren Mitglieder der Kammer in ihren Eigenschaften wieder gewählt und es erfolgte die Bildung des Ehrengerichtes.

Es fanden in der vergangenen Geschäftsperiode allmonatlich, mit Ausnahme der Ferien, regelmässige Vorstands-Sitzungen Statt, im Ganzen eilf.

Bei den Vorstands-Sitzungen schwankte die Zahl der anwesenden Vorstandsmitglieder zwischen 10—12.

Die Zahl der Geschäftseinläufe betrug an Beschwerden 263, an Anträgen auf Zulassung zur Rechtsanwaltschaft 29.

Personalstand der Kammer.

Im Augenblick der Constituirung der Kammer betrug die Zahl der beim Oberlandesgerichte und den 9 Landgerichtsbezirken der Rheinprovinz zugelassenen Rechtsanwälte 255. Neue Zulassungen seit Constituirung der Kammer erfolgten 28, wodurch sich die Maximalzahl der Kammer-Mitglieder auf 283 erhöhte. Im Laufe des Geschäftsjahres sind indess 6 Rechtsanwälte mit Tode abgegangen, ein Rechtsanwalt ausgeschieden und einer in einen andern Ober-Landesgerichtsbezirk übergesiedelt, so dass der Personalstand der Kammer am Schlusse des Jahres 275 Mitglieder gegen 255 am Beginn beträgt.

Lfde. Nro.		Zahl der Anwälte beiBeginn des Geschäftsjahres.	Im Laufe des Geschäftsjahres gestorbene Rechts-Anwälte.	Im Laufe des Geschäftsjahres ausgeschiedene od. an ein anderes Gericht versetzte Rechts-Anwälte.	Im Laufe des Geschäftsjahres neu ernannte Rechts-Anwälte.	Bei Schluss des Jahres noch thätige Rechts-Anwälte.	Zahl.
1.	Oberlandesgericht Cöln	19	1	-	-	Oberlandesgericht Cöln	18
2.	Landgericht Aachen .	38	-	-	3	Landgericht Aachen	41
3.	do. Bonn . .	20	1	vers. 1	3	do. Bonn .	21
4.	do. Cöln . .	68	1	-	8	do. Cöln .	75
5.	do. Cleve .	7	-	-	-	do. Cleve .	7
6.	do. Coblenz .	16	1	-	2	do. Coblenz	17
7.	do. Düsseldorf	42	1	ausgesch. 1	7	do. Düsseldorf	47
8.	do. Elberfeld	23	1	-	2	do. Elberfeld	24
9.	do. Saarbrücken	9	-	-	2	do. Saarbrücken	11
10.	do. Trier . .	13	-	-	1	do. Trier .	14
		255	6	2	28		275

Gesuche um Zulassung zur Rechtsanwaltschaft wurden 29 an die Kammer gebracht, von denen 28 auch durch Zulassung der Antragsteller erledigt wurden, dagegen eins noch abhängig ist.

Thätigkeit des Ehrengerichts.

Eine solche war in 2 Fällen veranlasst; der erste Fall wurde durch Abweisung des Antrages auf Einleitung des Verfahrens erledigt, der zweite Fall ist noch anhängig.

Beschwerde gegen Mitglieder.

Eine umfangreiche Thätigkeit für den Vorstand ergab sich aus dem Einlauf von 263 Beschwerden gegen Mitglieder der Kammer, wovon sich 198 durch Vermittelung der Mitglieder des Vorstandes, 16 durch Verweisung des Vorsitzenden des Vorstandes auf den Civil-Prozessweg erledigten und 49 bei den verschiedenen Vorstandsmitgliedern zur Vermittelung einer gütlichen Ausgleichung sich befinden.

Auf Ersuchen des Herrn Justizministers erstattete der Vorstand ein Gutachten über die Frage, ob ein wirthschaftliches Bedürfniss es erheische, den nicht zu den Kaufleuten gehörigen Grundbesitzern und Gewerbetreibenden, namentlich Handwerkern, die allgemeine Wechselfähigkeit zu erhalten, oder ob dasselbe eine Beschränkung derselben sowohl zulasse als erfordere.

Zum Schlusse sehe ich mich gezwungen, nochmals auf die grossen Unzuträglichkeiten hinzuweisen, welche durch den Mangel eines eigenen Lokals für den Vorstand hervorgerufen werden.

Abgesehen davon, dass die Würde der Kammer es erfordert, dass ihr zu den amtlichen Sitzungen ihres Vorstandes ein eigenes Lokal eingeräumt werde, ist es ganz unmöglich, ohne ein solches ein geordnetes Archiv zu bilden.

Ebenso wenig ist die Anlage einer Bibliothek, deren Bedürfniss sich bei den meisten Anwaltskammern geltend gemacht hat, ausführbar.

Ich habe mich desshalb gleich beim Beginn der Thätigkeit des Vorstandes um Zuweisung eines solchen sowohl an den Herrn Oberlandesgerichts-Präsidenten als an den Herrn Justizminister gewendet, bin aber beiderseitig dahin beschieden worden, dass den nicht verkannten Bedürfnissen zur Zeit wegen Mangels an geeigneten Räumlichkeiten im Justizgebäude nicht entsprochen werden könne.

Ich wiederhole daher den Antrag auf Zuweisung eines solchen Lokales, in der Erwartung, dass bei der bevorstehenden Umgestaltung des Justizgebäudes derselbe eine genügende Berücksichtigung finden werde.

Cöln, den 8. Januar 1881.

Der Vorsitzende des Vorstandes:
Herbertz,
Rechtsanwalt und Justizrath.

Druck, Franz Greven, Köln.

Diesem Ansinnen, gegen das sich der Kammervorstand verständlicherweise wehrte, erteilte dann auch der preußische Justizminister Friedberg in einem Schreiben vom 11. März 1884 eine gründliche Abfuhr. Er lehnte den Erlass einer entsprechenden Verfügung ab und bezeichnete die Auffassung von Heimsoeth mit höflichen, aber deutlichen Worten als unzutreffend.[13]

Der Kammervorstand war schon in den ersten Jahren sehr fleißig. So fanden im Jahr 1883 13 Vorstandssitzungen statt, mehr als heute üblich, bei der weiten Anreise vieler Vorstandsmitglieder, die mindestens eine Nacht in Köln verbringen mussten, eine sehr beachtliche Leistung.[14]

Ein weites Betätigungsfeld des Vorstands waren die im Verhältnis zur Zahl der Anwälte ungewöhnlich zahlreichen Beschwerden. 1879/80 gingen schon 263 Beschwerden ein, ihre Zahl bewegte sich in den folgenden Jahren in dieser Größenordnung; 1886 wurden sogar 332 neue Beschwerden erhoben[15]. In den Jahren 1881 und 1886 waren dies mehr als eine Beschwerde pro Kammermitglied. Die Rechtsanwaltskammer Köln nahm damit auch meist die Spitzenstellung unter allen 29 deutschen Rechtsanwaltskammern ein. 1901 übertraf sie sogar die etwa doppelt so große Berliner Kammer; in diesem Jahr gingen beim Kölner Kammervorstand bei 545 Mitgliedern 545 Beschwerden und Anträge auf Vermittlung ein, bei der Rechtsanwaltskammer Berlin mit 1042 Mitgliedern nur 538.[16] Da sicher die Mehrheit der Anwälte keinen Anlass zur Beschwerde gab und sich die meisten Beschwerden als unbegründet erwiesen, bleibt die ungewöhnliche Streitlust der rheinischen Bevölkerung ein Rätsel. Die Arbeitslast des Gesamtvorstands wurde allerdings dadurch gelindert, dass er, was § 49 Nr. 2 und 3 RAO zuließ, die einfach gelagerten Fälle einzelnen Vorstandsmitgliedern übertrug. Für jeden Landgerichtsbezirk und für das Oberlandesgericht beauftragte der Vorstand eines seiner Mitglieder als Schlichter; diese erledigten in der Regel mehr als die Hälfte der Beschwerden im Wege der gütlichen Einigung.

Die Stellungnahmen zu Gesetzgebungsvorhaben spielten zahlenmäßig noch keine sehr große Rolle, sie nahmen aber ebenfalls die Arbeitskraft des Vorstands in Anspruch. Im ersten Fall im Jahr 1880 ging es darum, ob die allgemeine Wechselfähigkeit, also die Berechtigung, Wechsel auszustellen, neben den Kaufleuten auch Grundbesitzer und Gewerbetreibende, insbesondere Handwerker, erhalten sollten.[17] Im Jahr 1883 äußerte sich der Kammer-

---

13 HStAD Rep. 11/467 Blatt 138 f.

14 Jahresbericht für 1883, HStAD Rep. 11/467 Blatt 143.

15 1881 waren es 296, 1882 253, 1883 259, 1884 277, 1885 276 Beschwerden; vgl. Jahresberichte HStAD Rep. 11/467 Blatt 92, 117, 143, 158, 173, 192.

16 Übersicht über die Jahresberichte der Anwaltskammern für 1901, Beilage zur JW 1903.

17 Jahresbericht für 1879/1880, HStAD Rep. 11/467 Blatt 72.

vorstand zu einem Gesetzentwurf, der die Veräußerung und Belastung von Grundstücken im Bereich des Rheinischen Rechts betraf; hier war der Sachverstand der in diesem Gebiet tätigen Anwälte besonders gefragt.[18] 1885 bat die oberste Justizverwaltung um ein Gutachten zu der Frage, ob die Zulassung eines Rechtsanwalts versagt werden solle, wenn nach übereinstimmender Auffassung von Kammervorstand und Oberlandesgerichtspräsident kein Bedürfnis bestehe. Der Vorstand sprach sich gegen eine solche Beschränkung aus.[19] 1888 erstattete der Vorstand ein Gutachten zu einem Gesetzentwurf, der die Vereinigung von Rechtsanwaltschaft und Notariat im Bereich des rheinischen Rechts vorsah, und befürwortete die Beibehaltung des bestehenden Zustands.[20]

Anders als heute war es noch nicht üblich, dass sich alle Kammern zu Gesetzgebungsvorhaben äußerten. So nahmen zur Zweckmäßigkeit der Erweiterung der amtsgerichtlichen Zuständigkeit in Zivilsachen, einem die Anwaltschaft durchaus interessierenden Thema, nur vier Kammern Stellung, darunter nicht die Kammer Köln.[21] Daraus darf aber nicht auf ein rechtspolitisches Desinteresse der Kammer geschlossen werden. Im Jahr 1896 beriet eine außerordentliche Kammerversammlung einen Gesetzentwurf über die Regelung der Rechtsverhältnisse und die Anstellung von Gerichtsassessoren.[22] Im Jahr 1898 erstattete der Vorstand ein Gutachten zu den preußischen Gesetzentwürfen betreffend die Gerichtskosten und Anwaltsgebühren.[23]

Auch berufsrechtliche Fragen, die später immer wieder auftauchten, waren schon in den ersten Jahren Gegenstand der Beratung und Beschlussfassung. Schreiben auswärtiger Anwälte, die Gebührenteilung vorschlugen, und das Inserat eines Kollegen, der in der Kölnischen Zeitung seine Praxis zum Verkauf anbot, beanstandete der Vorstand als „des Standes unwürdig". Dieses Verdikt traf auch einen Vertrag, mit dem ein Verein einem Anwalt sämtliche Gerichtsmandate zusagte mit der Auflage, dass dieser bei erfolglosen Klagen kein Honorar erhalten sowie den Verein und seine Mitglieder in „kaufmännischen Angelegenheiten" kostenlos beraten sollte. Jede Form der anwaltlichen Werbung wurde untersagt.[24] 1885 musste sich der Vorstand nach entsprechenden Presseberichten mit der Zusammenarbeit zwischen Anwälten

---

18 Jahresbericht für 1883, HStAD Rep. 11/467 Blatt 144.

19 Jahresbericht für 1885, HStAD Rep. 11/467 Blatt 173 ff.

20 Jahresbericht für 1887, HStAD Rep. 11/467 Blatt 208 ff.

21 Übersicht über die Jahresberichte der Anwaltskammern für 1904, Beilage zur JW 1905, S. 6.

22 Übersicht über die Jahresberichte der Anwaltskammern für 1896, Beilage zur JW 1897, S. 13.

23 Übersicht über die Jahresberichte der Anwaltskammern für 1898, Beilage zur JW 1900.

24 Jahresbericht für 1884, HStAD Rep. 11/467 Blatt 158 f.

und Winkelkonsulenten befassen, insbesondere der Vereinbarung der Zuständigkeit des Amtsgerichts in Sachen, die wegen der Höhe des Streitwerts vor das Landgericht gehört hätten.[25] 1886 wies der Vorstand darauf hin, dass die Mitglieder einer Bürogemeinschaft keine Mandate gegeneinander führen dürfen, und verwarf Vollmachtsformulare mit einer Haftungsbeschränkung und der Zusage eines Zusatzhonorars.[26]

Es gab allerdings auch schon damals Fälle, in denen dem Fehlverhalten von Rechtsanwälten mit den Mitteln des Berufsrechts nicht beizukommen war. Gegen Ende des Jahrhunderts hatten zwei Rechtsanwälte des Kölner Kammerbezirks zu vielfachen, begründeten Beschwerden Veranlassung gegeben; das Einschreiten des Kammervorstands half dem Treiben – Einzelheiten sind nicht überliefert – aber nicht ab. Das sich anschließende ehrengerichtliche Verfahren musste eingestellt werden, denn die Beweisaufnahme ergab, dass die beiden Rechtsanwälte „zur Erfüllung ihrer Pflichten nicht fähig waren". Dieses unbefriedigende Ergebnis veranlasste den Vorstand zu der Anregung, die RAO dahin zu ändern, dass in solchen Fällen die Zulassung zurückgenommen werden kann.[27]

Die Rechtanwaltskammer Köln kann sich rühmen, das Startzeichen für die Zusammenarbeit aller deutschen Rechtsanwaltskammern gegeben zu haben. Als im Jahr 1886 zu dem Entwurf einer neuen Gebührenordnung Stellung zu nehmen war, regte sie das Zusammenwirken aller Kammern an, was diese freudig begrüßten. Die erste Versammlung – die früheste Vorläuferin der heutigen Hauptversammlungen der Bundesrechtsanwaltskammer – fand am 11. Dezember 1886 in Berlin unter Beteiligung aller 29 Kammern und unter dem Vorsitz des Reichsgerichtsanwalts Dorn statt.[28]

Die ersten beiden Vorsitzenden des Kammervorstands schieden schon nach kurzer Zeit aus dem Amt. Herbertz verzichtete im Juli 1882 auf seine Anwaltszulassung; seine Geschäfte nahm zunächst sein Stellvertreter Dr. Nacken wahr. Am 5. Januar 1883 wählte der Vorstand Nacken zum Vorsitzenden, der aber bereits am 16. November 1883 verstarb.[29] Sein Nachfolger wurde Rechtsanwalt Goetz aus Köln, Jahrgang 1819, der bis 1893 Vorsitzender blieb. Ihm folgte bis 1898 der Kölner Rechtsanwalt Wilhelm Elven[30],

---

25 Jahresbericht für 1885, HStAD Rep. 11/467 Blatt 173 ff.

26 Jahresbericht für 1886, HStAD Rep. 11/467 Blatt 194.

27 Übersicht über die Jahresberichte der Anwaltskammern für 1900, Beilage zur JW 1901, S. 7.

28 Jahresbericht für 1886, HStAD Rep. 11/467 Blatt 192 ff.; die von der Versammlung erarbeitete ausführliche Stellungnahme an den Bundesrat findet sich in JW 1886, S. 427.

29 Jahresbericht für 1883, HStAD Rep. 11/467 Blatt 143.

30 Personalakte HStAD 108/230.

geboren am 1. Januar 1825 und gestorben am 4. Januar 1902, am 30. Mai 1851 zum Advokaten ernannt und 1896 zum Geheimen Justizrat befördert. Emil Blöm aus Düsseldorf war Vorsitzender von 1899 bis 1905; es dauerte dann 90 Jahre, bis wieder ein Nicht-Kölner die Führung der Kammer übernahm. 1905 begann die Vorsitzendentätigkeit von Arthur Heiliger, der das Amt 14 Jahre lang innehatte.

Die Kammer erhielt zu einem nicht mehr feststellbaren Zeitpunkt dann doch einen Raum im Gerichtsgebäude am Appellhofplatz, welchen sie bis gegen Ende des 2. Weltkriegs beibehielt. Die notwendige Korrespondenz dürften allerdings der jeweilige Vorsitzende und der Schriftführer in ihren Praxen erledigt haben. Der Rückblick aus der Welt der Computer auf die damaligen Arbeitsbedingungen eines Rechtsanwalts ist nicht ohne Reiz und Komik.

Weibliches Personal wurde in den Anwaltsbüros noch nicht beschäftigt. Der Bürovorsteher – auch als „Kanzleivorstand" bezeichnet – befehligte die meist älteren männlichen Mitarbeiter, die an hohen Pulten stehend arbeiteten und im besten Fall durch einen Drehsessel zeitweise entlastet wurden. Da es noch keine Schreibmaschinen gab, mussten Originale und Abschriften von Hand angefertigt werden. Fortschrittliche und wohlhabende Rechtsanwälte besaßen eine Kopierpresse, mit der durch Abklatsch des mit kräftiger Kopiertinte geschriebenen Originals auf nasses Kopierpapier einige Duplikate hergestellt werden konnten. Diese Abzüge wurden an langen durch das Büro gespannten Leinen wie Kleinkinderwäsche getrocknet.[31] Die ersten Anzeigen für Schreibmaschinen erschienen in der JW im Jahr 1897, und zwar der amerikanischen Firma Remington, deren Ungetüme als der Gipfel des Fortschritts und der letzte Schrei galten. Das erste deutsche Fabrikat, die „Empire-Schnell-Schreibmaschine" der Adler Fahrradwerke, erschien erst 1901 auf dem Markt.[32]

Die Rechtsanwälte und ihre Mandanten sahen es damals als selbstverständlich an, dass die Kanzlei an allen sieben Tagen der Woche geöffnet war. So lehnte noch im Jahr 1897 die Mitgliederversammlung der Rechtsanwaltskammer Hamm einen Antrag ab, die Anwaltsbüros an Sonn- und Feiertagen geschlossen zu halten.[33]

Frauen konnten als Mitarbeiterinnen in Anwaltspraxen nur mühsam Fuß fassen. Noch 1910 empfanden die Rechtsanwaltsgehilfen die weibliche Konkurrenz als besorgniserregend; der Verband der Rechtsanwaltsgehilfen ergriff

---

31 So die plastische Schilderung von Ostler, aaO, S. 97.

32 Ostler, aaO, S. 97 f.

33 Übersicht über die Jahresberichte der Anwaltskammern für 1897, Beilage zur JW 1899, S. 15.

Zwangsmaßnahmen gegen Rechtsanwälte, die weibliche Angestellte einstellten. Ostler, der dies berichtet, lässt ausdrücklich offen, ob etwa die Anwaltsgattinnen hinter dieser Besorgnis standen.[34]

2. Die Trennung von Düsseldorf

Die Gründung des Oberlandesgerichts Düsseldorf im Jahr 1906 erfüllte einen alten Wunsch der dortigen Politiker, Richter und Rechtsanwälte. Die Stadt blickte auf eine ruhmreiche Geschichte als Sitz von Obergerichten zurück, beginnend mit dem Hofrat der Herzöge von Berg. Im Rechtsprechungsbereich des neuen Oberlandesgerichts hatte es seit der Völkerwanderung – also über rund 1500 Jahre hinweg – eine obergerichtliche Tätigkeit gegeben.[35] Das 1769 errichtete Oberappellationsgericht behielt seine Funktion auch bei, als im Jahr 1806 Napoleons Schwager Murat die Regierungsgewalt übernahm und durch die Wiedervereinigung mit Kleve das Großherzogtum Berg entstand. 1812 wurde das Oberappellationsgericht durch einen Appellationsgerichtshof nach französischem Muster abgelöst, der auch nach dem Abzug der Franzosen in Funktion blieb. 1814 wurde in Düsseldorf weiter ein Kassationshof errichtet, der für die Tribunale erster Instanz in Essen, Dortmund, Hagen und Hamm zuständig war. Die Kabinettsorder vom 21. Juni 1819, die den Rheinischen Appellationsgerichtshof in Köln schuf, löste beide Gerichtshöfe zur Enttäuschung der Düsseldorfer auf.[36]

Die Entwicklung seit 1879 hatte zu einer Überlastung des Oberlandesgerichts Köln und damit zur erheblichen Verlängerung der Prozesse geführt. Die Zahl der Gerichtseingesessenen war von 1880 bis 1900 um 34,41 %, die Zahl der Verfahren von 1892 bis 1901 um 84 % gestiegen. Mit dem Arbeitsanfall wurde das Gericht auch wegen des strikt angewandten Prinzips der mündlichen Verhandlung nicht fertig. Die Rechtsanwälte durften den Inhalt ihres Plädoyers nicht schriftlich zu den Akten reichen, was sie veranlasste, sehr ausführlich vorzutragen. Hinderlich war auch das aus französischer Zeit überlieferte „Rollensystem". Zwar standen an jedem Sitzungstag 30 bis 40 Sachen an. In der Sitzungszeit von 9.00 bis 13.00 Uhr konnte der Senat wegen der Dauer der Plädoyers aber nur drei bis vier Sachen erledigen,

---

34 AaO, S. 169.

35 Fischer, Die Entwicklung der Düsseldorfer Obergerichte bis zur Gründung des Oberlandesgerichts Düsseldorf bis 1906, S. 3 ff, 26.

36 Dazu ausführlich Fischer, aaO, S. 18 ff.

wobei die Sitzung mit denjenigen begann, in denen beide Rechtsanwälte zuerst anwesend waren. Die übrigen Verfahren wurden um einige Wochen vertagt mit der Ungewissheit, ob sie dann verhandelt werden konnten.[37] Wegen dieser unbefriedigenden Situation schlug Oberlandesgerichtspräsident Dr. Hamm selbst im Jahr 1902 die Teilung seines Gerichtsbezirks vor.[38] Während die Kölner gegen die Gründung eines weiteren Oberlandesgerichts verständlicherweise Widerstand leisteten, förderte die Stadt Düsseldorf das Vorhaben durch die Bereitstellung eines wertvollen Grundstücks und eines Baukostenzuschusses von 800.000 Mark. Am 16. September 1906 eröffnete Justizminister v. Beseler das Oberlandesgericht Düsseldorf mit den bisherigen Landgerichtsbezirken Düsseldorf, Elberfeld und Kleve und den gleichzeitig neu errichteten Landgerichten Krefeld und Mönchengladbach.[39]

Als eine seiner ersten Amtshandlungen berief der Präsident des neuen Oberlandesgerichts, Max Hartmann, für den 29. September 1906 die Gründungsversammlung der Rechtsanwaltskammer Düsseldorf ein, ihr erster Vorsitzender wurde Dr. Robert Becker aus Düsseldorf.[40] Die Teilung des Bezirks der Rechtsanwaltskammer Köln machte die Aufteilung ihres Vermögens erforderlich. Köln behielt das „Pheifersche Vermächtnis", ein ererbtes Sondervermögen, und gab drei Achtel des sonstigen Vermögens an die Kammer Düsseldorf ab.[41] Diese erhielt 18.750 Mark in Schuldverschreibungen und 4.982,07 Mark Bargeld.[42]

Wie die Kammer dieses Vermögen angesammelt hatte, ist unklar. In den jeweiligen Berichten des Vorsitzenden über die Kammerversammlungen ist nur davon die Rede, dass der Schriftführer Rechnung gelegt habe; Zahlen wurden jedoch nicht genannt. Die 1879 beschlossene Geschäftsordnung hatte den Jahresbeitrag auf 15 Mark festgesetzt, der offensichtlich nicht nur zur Deckung der Unkosten ausreichte, sondern auch Ersparnisse ermöglichte.

Durch die Neugliederung schieden 232 Rechtsanwälte aus der Rechtsanwaltskammer Köln aus, darunter vier Vorstandsmitglieder. Die außerordentliche Kammerversammlung am 15. Dezember 1906 ergänzte den Vorstand und stimmte der Aufteilung des Kammervermögens zu.[43]

---

37 Huffmann, Geschichte der rheinischen Rechtsanwaltschaft, S. 142 f.

38 Zu dieser Entwicklung vgl. auch Becker, Hundert Jahre Kölner Anwaltverein: Zur Geschichte der Kölner Rechtsanwaltschaft 1887-1987, S. 67 f.

39 Vgl. Fischer, aaO, S. 24 f.

40 Lehne, 75 Jahre anwaltliche Selbstverwaltung, S. 253 ff.

41 Jahresbericht für 1906, HStAD Rep. 28 Nr. 331 Blatt 50 f.

42 Vgl. Lehne, aaO.

43 Jahresbericht für 1906, HStAD Rep. 28 Nr. 331 Blatt 50 f.

3. Die Arbeit der Kammer bis zum Ersten Weltkrieg

Die folgenden Jahre verliefen in relativ ruhigen Bahnen. Die wirtschaftliche Situation der Anwälte war nicht gut, aber auch nicht so schlecht, dass sie sich um – mit der Mindestvergütung honorierte – Pflichtverteidigungen rissen. Im Jahr 1908 veranstaltete der Kölner Landgerichtspräsident eine Umfrage, ob Interesse an der Übernahme solcher Mandate bestehe; er erhielt hierauf zahlreiche Absagen.[44] In dieses Jahr fiel auch der förmliche Zusammenschluss der deutschen Rechtsanwaltskammern. Am 7. Dezember 1907 beschloss die Kölner Kammerversammlung den Beitritt zu der von der Kammer Berlin vorgeschlagenen Vereinigung der Vorstände der deutschen Anwaltskammern.[45] Im Jahr 1909 ergriff die Kammer erstmals die Initiative, den Anwälten bei der Suche nach einer beruflichen Zusammenarbeit zu helfen; sie legte Verzeichnisse aus, in die sich diejenigen eintragen konnten, die Vertreter oder Sozien suchten und die an der Übernahme von Vertretungen und an einer Sozietät interessiert waren.[46] Wie viele Verbindungen hierdurch zu Stande kamen, ist nicht festzustellen, aber die Listen selbst fanden durchaus Zuspruch, und der Kammervorstand wies in den folgenden Jahren immer wieder auf sie hin. Aus dem Jahr 1910 ist der – abgesehen von dem bereits erwähnten „Pheiferschen Vermächtnis" – bisher einzige Fall zu vermelden, dass ein Mitglied der Kammer freiwillig Geld gab: aus dem Nachlass des Rechtsanwalts Georg Fischer in Köln erhielt sie 737,35 Mark für „Unterstützungszwecke".[47]

Zu einer zunehmenden Belastung wurden die Armenrechtssachen. Die deutsche Anwaltschaft hatte es stets als *nobile officium* angesehen, solche Mandate ohne jede Vergütung und sogar ohne Auslagenersatz zu führen. Nur im Erfolgsfall konnte der Rechtsanwalt die Gebühren von dem unterlegenen Gegner – dessen Zahlungsfähigkeit vorausgesetzt – erlangen. Selbst die Forderung nach der Einführung des Auslagenersatzes wurde noch vom 11. Anwaltstag abgelehnt und erst von dem Anwaltstag im Jahr 1909 mit knapper Mehrheit angenommen.[48] Diese noble Großzügigkeit kam die Rechtsanwälte teuer zu stehen. Im Jahre 1909 führte die Vereinigung der Vorstände der deutschen Anwaltskammern eine Umfrage bei den Kammern zur Feststellung der Belastungen durch Armensachen durch, an der sich auch die Rechtsanwalts-

---

44 HStAD Rep. 28 Nr. 331 Blatt 92 ff.

45 Jahresbericht für 1907, HStAD Rep. 28 Nr. 331 Blatt 79.

46 Jahresbericht für 1909, HStAD Rep. 28 Nr. 331 Blatt 152 f.

47 Jahresbericht für 1910, HStAD Rep. 28 Nr. 331 Blatt 164 f.

48 Vgl. dazu ausführlich Ostler, aaO, S. 79 f.

kammer Köln beteiligte.[49] Die Untersuchung ergab, dass das Gebühren-
volumen aller Armenrechtssachen pro Jahr rund 5,5 Millionen Mark aus-
machte. Dies waren etwa 550 Mark pro Anwalt, mehr als ein durchschnittliches Monatseinkommen.[50] Für die vielen, die dieses Durchschnittseinkommen nicht erreichten, war die Belastung fast unerträglich. Die zunehmenden
Bemühungen, den Gesetzgeber zur Abhilfe zu veranlassen, scheiterten an
fiskalischen Widerständen. Erst durch Gesetz vom 18. Dezember 1919 wurde
die Auslagenerstattung, schließlich durch Gesetz vom 6. Februar 1923 der
Gebührenanspruch gegen den Staat eingeführt.[51]

Die Kammern befanden sich auch schon vor dem Ersten Weltkrieg im Ab-
wehrkampf gegen die Rechtskonsulenten, weniger höflich auch als Winkel-
advokaten bezeichnet. Sie besaßen keine oder eine nur unzureichende juri-
stische Qualifikation; oft waren es in den Examina gescheiterte, verkrachte
Existenzen. Am 28. November 1911 trat der Kölner Kammervorstand einem
Beschluss des Düsseldorfer Kammervorstands bei, der jeden geschäftlichen
Verkehr des Rechtsanwalts mit Rechtskonsulenten für unzulässig erklärte.
Dies galt insbesondere für die Entgegennahme von Mandaten Dritter über
Rechtskonsulenten, die Vertretung einer Partei neben einem
Rechtskonsulenten und die Einreichung von Schriftsätzen, die ein
Rechtskonsulent entworfen hatte.[52] Diese Aktion fand übrigens nicht den
Beifall der Justiz. Auf eine Umfrage des Oberlandesgerichtspräsidenten
äußerten sich die Amtsrichter des Landgerichtsbezirks Köln dahin, sie hätten
keine Missstände festgestellt. In seiner Antwort vom 23. September 1912 trug
der Präsident des Landgerichts Köln Bedenken gegen den gemeinsamen
Beschluss der beiden Kammervorstände vor, den er für zu weitgehend
hielt.[53]

---

49 Jahresbericht für 1910, HStAD Rep. 28 Nr. 331 Blatt 164 f.

50 Ostler, aaO, S. 80.

51 RGBl I, S. 103.

52 Jahresbericht für 1911, HStAD Rep. 28 Nr. 331 Bl. 172 f.

53 HStAD Rep. 28 Nr. 331 Bl. 185 f.

4. Wirtschaftliche Probleme und der Streit um Zulassungs-beschränkungen

Zu den Errungenschaften der Rechtsanwaltsordnung von 1878 gehörte die Abschaffung des *numerus clausus*. Die Freigabe, bereits vorher umstritten, führte zu einer erheblichen Vermehrung der Rechtsanwälte.

Von 1879/80 bis 1900 erhöhte sich die Zahl der Rechtsanwälte in Deutschland von 4.091 auf 6.814 um 60 %. Der Zuwachs der Bevölkerung hielt damit nicht Schritt; 1880 kam ein Rechtsanwalt auf 11.057 Einwohner, 1900 auf 6.814 Einwohner.[54] Die Entwicklung war allerdings regional sehr unterschiedlich. In Berlin vervierfachte sich die Zahl der Rechtsanwälte, im Kammerbezirk Köln verdoppelte sie sich von 255 auf 516. Generell war der Zustrom zu den größeren Städten besonders groß, in ländlichen Gegenden war eine Zunahme kaum festzustellen. In der Zeit bis zum Ersten Weltkrieg verdoppelte sich die Gesamtzahl fast noch einmal auf 12.297 Anwälte im Jahr 1913. Im Kölner Bezirk stieg die Zahl bis 1906 auf 625 Rechtsanwälte an, verringerte sich dann durch die Verselbständigung von Düsseldorf und erhöhte sich von 425 im Jahr 1907 auf 615 Anwälte im Jahr 1913.

Dieser Zuwachs, auch im Zusammenhang mit der unbefriedigenden Gebührenregelung, brachte wirtschaftliche Probleme mit sich. Bereits die Neujahrsbetrachtung der Juristischen Wochenschrift 1884 berichtete über ein durchschnittliches Jahreseinkommen eines Rechtsanwalts von 3.500 Mark gegenüber 4.000 Mark eines älteren Oberamtsrichters. Das Durchschnittseinkommen der Düsseldorfer Rechtsanwälte im Jahr 1906 wurde auf etwa 5.000 Mark geschätzt.[55] Aus dem Kölner Kammerbezirk sind keine Zahlen überliefert, sie dürften sich aber in derselben Größenordnung bewegt haben. Auf dem Anwaltstag 1907 führte Hachenburg aus, dass der Durchschnitt der Rechtsanwälte über ein Jahreseinkommen von 5.000 Mark nicht hinauskomme.[56] Diese aus heutiger Sicht sehr geringen Beträge müssen allerdings im Blick auf die damalige Einkommenssituation der gesamten Bevölkerung gesehen werden. 1912 verdienten von den Einkommensbeziehern in Preußen ohne Berücksichtigung des Einkommens von Angehörigen 52 % unter 900 Mark pro Jahr, 95 % unter 3.000 Mark; nur 3,5 % lagen in der Einkommensstufe von 3.000 bis 6.000 Mark. Nur 1,5 % erzielten ein darüber hinausgehendes Einkommen. Die Einkommenssituation war auch innerhalb von Deutschland

---

54 Ostler, aaO, S. 60.

55 Hilger und Fischer, Die Rechtsanwaltschaft im Rechtsprechungsbereich des Oberlandesgerichts Düsseldorf, S. 263 ff., S. 274.

56 Ostler, aaO, S. 65.

sehr unterschiedlich. Das durchschnittliche Jahreseinkommen betrug 1913 in Berlin 1.254 Mark, in der Rheinprovinz 897 Mark und in Ostpreußen 486 Mark.[57]

Die Rechtsanwälte litten demnach – jedenfalls nach den Durchschnittszahlen – keine bittere Not. Diese Zahlen besagen allerdings über die konkrete Situation des Einzelnen wenig, weil sich die Mandate sehr ungleichmäßig auf die Rechtsanwälte verteilten. So bearbeiteten zu Beginn des 20. Jahrhunderts zwei beim Oberlandesgericht Köln zugelassene Rechtsanwälte ein Viertel aller Zivilsachen, sechs Siebtel verteilten sich auf zwölf Rechtsanwälte, und die restlichen vierzehn der insgesamt sechsundzwanzig OLG-Anwälte hatten eine ganz unbedeutende Praxis.[58] In den großen Städten gab es Rechtsanwälte, die mehr als 10.000 Mark jährlich verdienten, aber auch dort, und vor allem auf dem Land, lagen viele weit unter dem Durchschnitt.

Vor diesem Hintergrund setzte sehr früh die Diskussion über erneute Zulassungsbeschränkungen ein. Bereits in einem Erlass vom 19. März 1894 empfahl das preußische Justizministerium Eingriffe des Gesetzgebers in die Freiheit der Advokatur, u. a. die Wiedereinführung des *numerus clausus* und eine zweijährige Tätigkeit nach der Staatsprüfung bei einem Gericht oder einem Anwalt. Der Vorstand der Rechtsanwaltskammer Köln äußerte sich dazu in einem ausführlichen Schreiben an den Oberlandesgerichtspräsidenten vom 9. Juni 1894.[59] Er wies darauf hin, dass sich die Zahl aller Anwälte im Bezirk von 255 auf 415 erhöht habe, die der bei einem Amtsgericht zugelassenen Anwälte von 13 auf 166. Gleichzeitig sei aber die Bevölkerung um 800.000 Einwohner gewachsen. Die Erhöhung der Zahl der Anwälte konzentriere sich im übrigen auf die Gerichte in Köln. Der Vorstand lehnte die Einführung sowohl einer Bedürfnisprüfung als auch einer Karenzzeit ab. Er machte zwei Vorschläge, um gewissen Missständen abzuhelfen. Zum einen regte er die Versagung der Zulassung an, wenn Tatsachen die Überzeugung des Vorstands begründeten, dass der Antragsteller den Beruf nicht gewissenhaft ausüben oder sich der erforderlichen Achtung nicht würdig zeigen werde. Der Vorstand schlug weiter vor, dass Gerichtsassessoren zur Ausbildung auch Rechtsanwälten zugewiesen werden können. Von den anderen Anwaltskammern sprachen sich nur Celle, Hamm, Kassel und Naumburg für den *numerus clausus* aus.[60] Damit war das Thema aber nicht

---

57 Nipperdey, Deutsche Geschichte 1866 - 1918, Band 1 Arbeitswelt und Bürgergeist, 3. Aufl., S. 287 ff.

58 Huffmann, Geschichte der rheinischen Anwaltschaft, S. 144 f.

59 Die Stellungnahme ist in JW 1894, S. 336 f. veröffentlicht.

60 Ostler, aaO, S. 62 ff.

erledigt; es wurde vielmehr in einer Fülle von Veröffentlichungen immer wieder aufgenommen. Adolf Weißler, einer der glühendsten Verfechter des alten Systems, beklagte in seiner 1905 erschienenen „Geschichte der Rechtsanwaltschaft", die Freigabe habe zwar Talenten freie Bahn geschaffen, aber auch zahlreiche Existenzen vernichtet, die Großstädte überfüllt und die Ungleichheit in der Verteilung der Praxis verschärft.[61] Weißler meldete sich später noch einmal mit der energischen Forderung nach Zulassungsbeschränkungen zu Wort.[62] Zu den Anhängern des *numerus clausus* gehörte auch Hans Soldan, der bereits 1906 mit anderen hierfür eintrat. Er veranstaltete 1911 eine Umfrage, auf die 3.618 Antworten eingingen. Drei Fünftel befürworteten den *numerus clausus*, fast ebenso viele eine weitere Vorbereitungszeit und ein Drittel beide Maßnahmen.[63]

Trotz der nicht zu verkennenden Probleme und der Stimmung in der Anwaltschaft hielten die Berufsorganisationen die Fahne der Freiheit hoch. Die Vereinigung der Vorstände der deutschen Rechtsanwaltskammern lehnte 1909 die Einführung des *numerus clausus* und andere Zulassungsbeschränkungen ab[64]; auch der Anwaltstag im September 1911 in Würzburg blieb mit großer Mehrheit bei seiner Haltung.[65] Dies veranlasste den Solinger Rechtsanwalt Dr. Noest im Herbst 1912 zur Gründung der „Vereinigung der rheinisch-westfälischen Rechtsanwälte", deren erklärtes Ziel es war, die Anwälte in den Oberlandesgerichtbezirken Düsseldorf, Hamm und Köln gegen den Beschluss des Anwaltstags zu mobilisieren. Bereits Anfang 1913 war mehr als die Hälfte der Rechtsanwälte der drei Kammerbezirke der Vereinigung beigetreten.[66] Es ist nicht festzustellen, ob sich auch Mitglieder des Kölner Kammervorstands daran beteiligten. Im Sommer 1913 veranstaltete die Vereinigung eine Umfrage unter sämtlichen deutschen Rechtsanwälten. Darauf reagierten 6.434 – mehr als die Hälfte der rund 12.000 – Rechtsanwälte, von denen sich 5.400 für und nur 1.034 gegen Zulassungsbeschränkungen aussprachen. Den Befürwortern wurden noch die 1.048 Mitglieder der Vereinigung, die den Fragebogen nicht erhalten hatten, hinzugerechnet.[67]

---

61 Weißler, aaO, S. 614.

62 JW 1911, S. 474 ff, versehen mit der ungewöhnlichen Anmerkung der Redaktion, dass sie sich die Gedankengänge und Ausführungen des Aufsatzes keineswegs zu Eigen mache.

63 Ostler, aaO, S. 66.

64 DJZ 1909, S. 755 f.

65 Ostler, aaO, S. 67.

66 Noest in: JW 1913, S. 86 f.; in: JW 1913, S. 124 ff. präzisierte Noest seine Vorstellungen.

67 Noest in: JW 1913, S. 809 ff.

Diese Aktion stieß teilweise auf scharfe Kritik[68], aber auch auf lebhafte Zustimmung.[69] Die Vertreterversammlung des DAV und die Vereinigung der Vorstände der deutschen Rechtsanwaltskammern ließen sich aber nicht beirren; sie beschlossen 1913 und 1914, an ihrer Auffassung festzuhalten. Der Weltkrieg bereitete der Kontroverse ein vorläufiges Ende, denn die Neuzugänge zur Anwaltschaft ließen nach und viele Rechtsanwälte kamen nicht aus dem Krieg zurück.[70]

5. Die Amtsgerichtsanwälte

Ein Problem von erheblicher wirtschaftlicher Tragweite war das Schicksal der Amtsgerichtsanwälte, die 50 Jahre lang um ihre Simultanzulassung beim Landgericht kämpfen mussten.[71] Sie waren ohnehin die Stiefkinder des Berufsstands. Im 19. Jahrhundert leisteten viele Staaten Widerstand gegen die Zulassung von Rechtsanwälten auf dem Land; die Landesherrn befürchteten eine Aufwiegelung der Bauern. Bayern ernannte fast keine Untergerichtsanwälte, die Stadt Speyer war 70 Jahre lang ohne einen einzigen Anwalt.[72] Die bei einem Amtsgericht zugelassenen Anwälte durften nur dort, nicht aber auch bei dem übergeordneten Landgericht auftreten. Bei der Beratung der Rechtsanwaltsordnung im Reichstag gab es hierüber heftigen Streit. Der Abgeordnete Windthorst setzte sich vehement, aber vergeblich für die Simultanzulassung ein.[73] Die gesetzliche Regelung in § 9 RAO ging dahin, dass die Amtsgerichtsanwälte zwar auch beim Landgericht zugelassen werden konnten, aber nur dann einen Anspruch darauf hatten, wenn die Simultanzulassung nach übereinstimmender Auffassung von Rechtsanwaltskammer und Oberlandesgericht „dem Interesse der Rechtspflege förderlich" war. Die Amtsgerichtsanwälte waren damit der Willkür ihrer Kammer und der Justizverwaltung ausgeliefert.

Diese Ausgangssituation im Jahr 1879 bot den Rechtsanwälten wenig Anreiz, sich auf dem Land niederzulassen. Diejenigen, die sich gleichwohl

---

68 Z.B. Jacobsohn in: JW 1913, S. 252 f.

69 Vgl. Schwering in: JW 1913, S. 250 f., Schenck in: JW 1913, S. 972.

70 Ostler, aaO, S. 68.

71 Im Jahr 1878 erweiterte der preußische König die Zuständigkeiten der bisherigen Friedensgerichte und benannte sie in „Amtsgerichte" um.

72 Ostler, aaO, S. 68 f.

73 Weißler, aaO, S. 597.

dafür entschieden oder sich dort bereits betätigten, verdienten durchaus Respekt. Es waren häufig in ihrer ländlichen Umgebung verwurzelte, sozial engagierte Männer, die nicht die Aussicht auf eine lukrativere Praxis in der größeren Stadt in Konkurrenz mit zahlreichen Kollegen lockte, sondern die lieber der erste und einzige oder einer von wenigen Rechtsanwälten am Sitz des Amtsgerichts sein wollten. Dafür mussten sie erhebliche finanzielle Nachteile in Kauf nehmen. Beim Inkrafttreten der Rechtsanwaltsordnung war das Amtsgericht bis zu einem Streitwert von 300 Mark, ab 1909 durch eine Novellierung von ZPO und GVG[74] bis zu einem Streitwert von 600 DM zuständig. Auch diese Erhöhung änderte nichts daran, dass der Amtsgerichtsanwalt viermal so viele Prozesse wie ein Landgerichtsanwalt führen musste, um dessen Einkommen zu erreichen.[75] Die Amtsgerichtsprozesse machten ohnehin die weit überwiegende Mehrzahl der Zivilprozesse aus, nach der preußischen Justizstatistik für das Jahr 1912 wurden elf Zwölftel aller Zivilprozesse vor dem Amtsgericht ausgetragen.[76] Im Gegensatz zu anderen Staaten begünstigte Preußen die Niederlassung von Rechtsanwälten bei den Amtsgerichten, indem es diese ohne längere Wartezeiten zu Notaren ernannte, ein Anreiz, von dem die rheinische Anwaltschaft wegen der für sie geltenden Unvereinbarkeit von Notar- und Anwaltstätigkeit aber nichts hatte. Die Amtsgerichtsanwälte wurden als Rechtsanwälte zweiter Klasse angesehen. Wenn einer ihrer Mandanten einen Prozess beim Landgericht zu führen hatte, erwartete dieser gleichwohl, dass sein Anwalt die Schriftsätze anfertigte; diese Arbeit wurde praktisch nicht honoriert, zumal nach der ständigen Rechtsprechung des Ehrengerichtshofs die Gebührenteilung unzulässig war.[77]

Die Folge war, dass es an vielen Amtsgerichten überhaupt keinen Rechtsanwalt gab, ein Defizit, das sich erst im Laufe der Zeit minderte. Im Oberlandesgerichtsbezirk Köln gab es 1880 neun Landgerichte und 108 Amtsgerichte. Zieht man hiervon die großen Amtsgerichte am Sitz der Landgerichte ab, so verbleiben 99 „kleine" Amtsgerichte. Nur an 31 dieser Amtsgerichte war ein – oft nur ein einziger – Rechtsanwalt zugelassen, 68 Amtsgerichte waren also ohne Rechtsanwalt. Eine Sonderstellung nahm der Bezirk des Landgerichts Elberfeld ein, weil das benachbarte fast gleich bedeutende Barmen bei dem dortigen Amtsgericht 11 Rechtsanwälte hatte. Betrachtet man die heute noch

---

74 Gesetz vom 1. Juni 1909, RGBl S. 475. Diese Erhöhung der Streitwertgrenze hatte – wie alle späteren – rein fiskalische Gründe; eine Zivilabteilung des Amtsgerichts kostete schon damals sehr viel weniger als eine Zivilkammer.

75 Ostler, aaO, S. 74.

76 Raabe, Das Ende der Deutschen Amtsgerichtsanwaltschaft, JW 1924, S. 900 ff.

77 Seit EGH IV S. 151.

zum Oberlandesgerichtsbezirk Köln gehörenden Landgerichtsbezirke, so gab es im Bezirk Aachen an 11 von 15 kleinen Amtsgerichten keinen Anwalt; im Bezirk Bonn waren vier von sieben und im Bezirk Köln sechs von acht kleinen Amtsgerichten ohne Anwalt. An den 31 kleinen Amtsgerichten, an denen es überhaupt Anwälte gab, waren 1880 68 Rechtsanwälte zugelassen.[78] In den folgenden Jahrzehnten ging die Zahl der „anwaltlosen" Amtsgerichte allmählich zurück. Immerhin waren im Oberlandesgerichtsbezirk Köln 1907 noch 18 Amtsgerichte, 1913 noch 7 Amtsgerichte ohne Rechtsanwalt.[79]

Diese Unterversorgung der ländlichen Bevölkerung und die wirtschaftliche Bedrängnis der Amtsgerichtsanwälte hätten sich mühelos durch deren Simultanzulassung beim Landgericht beheben lassen. Sie wurde aber nur großzügig gehandhabt für die wenigen Amtsgerichtsanwälte, die ihre Praxis am Sitz des Landgerichts hatten, wenn sich dort also zugleich ein Amtsgericht befand[80]. Die allermeisten dort praktizierenden Anwälte waren nur beim Landgericht zugelassen, weil ihnen ohnehin die Tätigkeit vor den Amtsgerichten freistand.[81] Soweit es bei einem Amtsgericht eine auswärtige Kammer für Handelssachen des Landgerichts gab, durften die Amtsgerichtsanwälte auch dort in der Regel auftreten. Im übrigen verfuhr man sehr kleinlich. In Preußen und den meisten anderen Staaten[82] verneinten Oberlandesgericht und Rechtsanwaltskammer in aller Regel, dass die Simultanzulassung „dem Interesse der Rechtspflege förderlich" sei, und zwar vorwiegend mit der Begründung, dass es wegen der notwendigen Anreise des Amtsgerichtsanwalts zum Landgericht zu Verspätungen und Verzögerungen kommen werde. Dass dies ein Scheinargument war, liegt auf der Hand; wenn der am Sitz des Landgerichts zugelassene Anwalt einen Termin vor dem auswärtigen Amtsgericht wahrzunehmen hatte, musste er die gleiche Strecke zurücklegen. Die logische Folgerung hieraus wäre gewesen, die Landgerichtsanwälte von Verfahren vor den Amtsgerichten auszuschließen, was Weißler 1911 vorschlug[83], was aber er-

---

78 Die Zahlenangaben für das Jahr 1880 sind dem Handbuch über den königlich preußischen Hof und Staat, Ausgabe 1879/80, entnommen.

79 Huffmann, Geschichte der rheinischen Rechtsanwaltschaft, S. 146.

80 So ergibt sich aus einem Bericht des Kölner Landgerichtspräsidenten an den Oberlandesgerichtspräsidenten vom 28. November 1925, dass fast alle Kölner Amtsgerichtsanwälte auch beim Landgericht zugelassen waren; HStAD Rep. 28 Nr. 332 Blatt 38.

81 1911 waren ausweislich des Jahresberichts beim Amtsgericht Aachen kein und den Amtsgerichten Köln und Bonn nur je ein Rechtsanwalt zugelassen, in späteren Jahren gab es auch diese nicht mehr.

82 Rühmliche Ausnahmen waren Sachsen, Baden und Württemberg, vgl. Friedländer zu § 9 RAO.

83 JW 1911, S. 474 ff., S. 479.

wartungsgemäß keine Zustimmung fand.[84] Im Kölner Bezirk waren 1880 nur neun der 68 bei kleinen Amtsgerichten tätigen Anwälte auch simultan beim Landgericht zugelassen. 1894 gab es 16 simultan zugelassene Anwälte. 1925 soll es im Oberlandesgerichtsbezirk Köln überhaupt keine simultan zugelassenen Amtsgerichtsanwälte gegeben haben.[85] Ein wesentlicher Grund für die restriktive Handhabung lag darin, dass die Kammervorstände fast ausschließlich aus Landgerichtsanwälten bestanden, die die Konkurrenz und den Rückgang ihrer Mandate fürchteten. Die Amtsgerichtsanwälte mussten sogar darum kämpfen, in den Kammervorständen ihrer Zahl entsprechend vertreten zu sein. Die Zahl der simultan zugelassenen Amtsgerichtsanwälte war jedenfalls gering; im Jahr 1913 waren von rund 5.000 deutschen Amtsgerichtsanwälten nur rund 900 auch beim Landgericht zugelassen. Auf dem Anwaltstag 1913 empfahlen zwar die Berichterstatter die allgemeine Simultanzulassung der Amtsgerichtsanwälte; die – überwiegend von Landgerichtsanwälten besuchte – Versammlung konnte sich dazu aber nicht durchringen.[86]

Der durch den Krieg unterbrochene Kampf ging noch viele Jahre weiter. Noch 1926 gab es an 121 der 1.036 preußischen Amtsgerichte keinen Anwalt.[87] Erst nachdem sich die Amtsgerichtsanwälte in einem eigenen Verband organisiert hatten und eine Spaltung des Deutschen Anwaltvereins drohte, hatte eine politische Initiative im Reichstag Erfolg. Das Gesetz vom 7. März 1927[88] begründete einen Anspruch der Amtsgerichtsanwälte auf Simultanzulassung beim übergeordneten Landgericht. Damit war dieses für die deutsche Anwaltschaft unrühmliche Kapitel abgeschlossen.

---

84 Ostler, aaO, S. 77.

85 Diese Angaben sind dem Handbuch Simultanzulassung, herausgegeben vom Verein Deutscher Amtsgerichtsanwälte, Berlin: Vahlen 1931, S.46, entnommen. Die bei den auswärtigen Kammern für Handelssachen zugelassenen Anwälte sind dabei nicht berücksichtigt, vgl. Übersicht über die Jahresberichte der Anwaltskammern für 1903, Beilage zur JW 1905.

86 Vgl. Ostler, aaO, S. 77.

87 Handbuch Simultanzulassung, S. 35.

88 RGBl I, S. 71. Das Gesetz trat am 1. Januar 1928 in Kraft; auf Grund von Übergangsbestimmungen wurden die Amtsgerichtsanwälte erst nach und nach simultan zugelassen.

6. Die Ehrengerichtsbarkeit

Historisch betrachtet war die Ausübung der Disziplinargewalt die wesentliche Aufgabe der Rechtsanwaltskammern. Ihre Vorläufer, so auch die *Barreaux* nach französischem Recht und die späteren Disziplinarräte, waren mit wenig anderem befasst. Die durch die RAO von 1878 eingeführten Ehrengerichte waren darum keine vom Kammervorstand getrennte Organe, sondern mit ihm teilweise personell identisch. Das Ehrengericht bestand aus dem Vorsitzenden des Kammervorstands, seinem Stellvertreter und drei weiteren Mitgliedern, die der Vorstand aus seinen Reihen wählte; der Vorsitzende übernahm den Vorsitz des Ehrengerichts. Das Ehrengericht für den Oberlandesgerichtsbezirk Köln hatte wie die meisten anderen am Anfang nur wenige Fälle zu bearbeiten. In seinem ersten Bericht für das Geschäftsjahr 1879/80 erwähnte der Vorsitzende Herbertz zwei Verfahren, von denen das eine durch Zurückweisung des Antrags auf Einleitung erledigt und das andere noch anhängig war.[89] Im Jahr 1885 fanden neun Hauptverhandlungen[90], in den Jahren 1906 acht[91] und in den Jahren 1907 und 1908 je sechs Hauptverhandlungen[92] statt. In dieser Größenordnung hielten sich die Verfahren in der gesamten Zeit bis in die zwanziger Jahre. 1903 wurden von den erledigten zehn Verfahren neun durch Verurteilungen beendet, davon sechs Warnungen und Verweise, zwei Geldstrafen und eine Ausschließung.[93] 1909 beschloss die Kammerversammlung, Ordnungsstrafen und ehrengerichtliche Geldstrafen ausschließlich für „Unterstützungszwecke" zu verwenden.[94]

Auf die schwerste Strafe, den Ausschluss aus dem Beruf, erkannte das Kölner Ehrengericht nur sehr selten. Sie traf z.B. im Jahr 1921 einen Anwalt, der in zehn Fällen empfangene Gelder nicht weitergeleitet, Akten nicht zurückgegeben, keine Abrechnung erteilt und übermäßige Gebühren erhoben hatte. Ein anderer Anwalt, der mit seiner Angestellten Geschlechtsverkehr gehabt hatte, kam mit einem Verweis und 1.000 Mark Geldstrafe davon.[95]

Die personelle Verflechtung mit dem Ehrengericht brachte den Kammervorstand dann in Bedrängnis, wenn Rechtsanwälte bei ihm anfragten, wie sie

---

89 HStAD Rep. 11 Nr. 467 Blatt 74 ff.

90 Jahresbericht für 1885, HStAD Rep. 11 Nr. 467 Blatt 173 ff.

91 Jahresbericht für 1906, HStAD Rep. 28 Nr. 331 Blatt 50 f.

92 Jahresberichte für 1907 und 1908, HStAD Rep. 28 Nr. 331 Blatt 78 f. und 136 f.

93 Übersicht über die Jahresberichte der Anwaltskammern für 1903, Beilage zur JW 1905.

94 Jahresbericht für 1909, HStAD Rep. 28 Nr. 331 Blatt 153.

95 Jahresbericht für 1921, HStAD Rep. 28 Nr. 332 Blatt 20 f.

sich in einer bestimmten Situation verhalten sollten. Im Jahr 1921 beschloss darum der Vorstand, solche Anfragen überhaupt nicht mehr zu beantworten. Als Begründung führte er aus, zur Erteilung von Ratschlägen dieser Art sei der Vorstand nicht berufen und nicht im Stande; der Rechtsanwalt müsse selbst die Rechtslage gewissenhaft prüfen und dann entscheiden. Der Kammervorstand müsse vermeiden, durch solche Auskünfte der Auffassung des Ehrengerichts vorzugreifen oder sie zu beeinflussen.[96]

Berufungsinstanz war gemäß § 90 RAO der Ehrengerichtshof (EGH). Er war Teil des Reichsgerichts und bestand aus dessen Präsidenten als Vorsitzendem, drei weiteren Mitgliedern des Reichsgerichts und drei Mitgliedern der Anwaltskammer beim Reichsgericht. Dem Übergewicht der richterlichen Mitglieder schrieb man eine gewisse Großzügigkeit des EGH zu, der sich damit gelegentlich den Unmut der Anwaltschaft, insbesondere der Kammervorstände und der Ehrengerichte zuzog. Der Herausgeber der JW, Neumann, beklagte in seiner Neujahrsbetrachtung 1905, dass der EGH dem Anwaltsstand „Elemente erhalten" habe, die in erster Instanz ausgeschlossen worden waren, und warf die Frage auf, ob ein mehrheitlich aus Nichtanwälten bestehender Gerichtshof als höchster Wächter über die Integrität und Reinheit des Berufs überhaupt geeignet sei.[97] Auch Urteile des Kölner Ehrengerichts wurden gelegentlich durch den EGH abgemildert, z.B. im Jahr 1910 eine auf Ausschluss lautende Verurteilung in einen Verweis und 1.000 Mark Geldstrafe[98] und im Jahr 1928 ein Verweis mit einer Geldstrafe von 1.000 Mark wegen Trunkenheit vor Gericht, säumiger Arbeitsweise und Nichtbefolgen von Auflagen des Kammervorstands durch die Herabsetzung der Strafe auf 600 Mark.[99] Den Kölner Kammervorstand ärgerte weiter, dass der EGH 1928 die Zulassung eines angestellten Juristen befürwortete, die das Ehrengericht unter Hinweis auf die fehlende Unabhängigkeit abgelehnt hatte.[100]

---

96 Jahresbericht für 1921, aaO.

97 JW 1905, S. 2.

98 Jahresbericht für 1910, HStAD Rep. 28 Nr. 331 Blatt 164 f.

99 Jahresbericht für 1921, HStAD Rep. 28 Nr. 332 Blatt 63 f.

100 Jahresbericht für 1928, HStAD Rep. 28 Nr. 332 Blatt 63.

7. Der Erste Weltkrieg und seine Folgen

Auf den Beginn des Kriegs im August 1914 reagierte die Rechtsanwalts-kammer Köln mit einem ungewöhnlichen Akt der Hilfsbereitschaft und der Solidarität. Am 12. September 1914 ermächtigte eine außerordentliche Kammerversammlung den Vorstand, bis zu zwei Drittel des Kammervermögens den durch den Krieg in Not geratenen Kollegen und deren Familien zur Verfügung zu stellen. Die Kammer unterstützte in der Folgezeit verschiedene Organisationen, aber auch Einzelpersonen. Schon 1914 fielen sechs Kammermitglieder dem Krieg zum Opfer.[101] 1915 kamen neun, 1916 sechs und 1917 zwei Mitglieder hinzu.[102]

Viele Rechtsanwälte wurden als Soldaten eingezogen; der Kammer-vorstand war in erheblichem Umfang mit gutachtlichen Äußerungen zu Beurlaubungs- und Zurückstellungsgesuchen befasst.[103] Auch die Kommunalverwaltung litt unter dem Ausfall qualifizierter Mitarbeiter. Aufgrund einer Anregung des Preußischen Städtetags legte die Kammer eine Liste für Bewerber aus, die an einem Wechsel in die Verwaltung interessiert waren; bis 1918 trugen sich sechs Rechtsanwälte ein.[104] Da auch zahlreiche Mitglieder der Kammervorstände im Krieg waren, waren diese oft nicht beschlussfähig, denn nach § 55 Abs. 1 RAO musste die Mehrheit der Vorstandsmitglieder anwesend sein. Dieser Missstand veranlasste den Bundesrat zu einer Verordnung vom 9. März 1916, die das Quorum auf ein Drittel der Vorstands-mitglieder herabsetzte; dabei wurden diejenigen Mitglieder nicht mitgezählt, die „infolge des gegenwärtigen Krieges an der Teilnahme verhindert" waren.[105]

Der Krieg hielt den Kölner Kammervorstand nicht davon ab, sich mit aus späterer Sicht belanglosen Dingen zu befassen. So wurde er im Jahr 1917 in Berlin wegen der „Berücksichtigung des Anwaltsstandes bei der Zusammensetzung des Preußischen Herrenhauses" vorstellig. Der Krieg brachte für die Anwaltschaft aber auch dringende Probleme mit sich, die sich aus der Personalnot der Justiz und der wirtschaftlichen Situation ergaben. Charakteristisch sind dafür die Beschlüsse der Vereinigung der Vorstände der deutschen

---

101 Jahresbericht für 1914, HStAD Rep. 28 Nr. 331 Blatt 202 f.

102 Jahresberichte für 1915, 1916 und 1917, HStAD Rep. 28 Nr. 331 Blatt 203, HStAD Rep. 28 Nr. 332 Blatt 2 f. und Blatt 6.

103 Jahresbericht für 1918, HStAD Rep. 28 Nr. 332 Blatt 7.

104 Jahresberichte für 1916 und 1918, HStAD Rep. 28 Nr. 332 Blatt 2 f., 7 f.

105 Friedländer, JW 1916, S. 463 f.

Anwaltskammern vom 13. Mai 1917. Sie protestierte gegen die Besetzung der Zivilkammern mit Einzelrichtern, sprach sich gegen die Empfehlung einzelner Anwaltsvereine aus, regelmäßig höhere als die gesetzlichen Gebühren zu vereinbaren, und forderte eine Erhöhung der gesetzlichen Gebühren zur „Abwendung der Notlage im Anwaltsstande".[106] Diese Notlage traf insbesondere die zum Kriegsdienst eingezogenen Rechtsanwälte. Im Jahr 1918 bildete die Vereinigung der Vorstände der deutschen Anwaltskammern zusammen mit dem DAV einen „Kriegsfürsorgeausschuss" zur Beschaffung von Geldmitteln für die kriegsbeschädigten und wirtschaftlich bedrängten Anwälte. Sie forderte gleichzeitig die gesetzliche Einführung eines aus Vorstandsmitgliedern sämtlicher Kammern gebildeten „Anwaltskammerausschusses" mit dem Recht, Beiträge für allgemeine Zwecke der deutschen Anwaltschaft zu erheben.[107]

8. Die Anfänge der Weimarer Republik

Als im November 1918 der Waffenstillstand vereinbart wurde, das Kaiserreich zusammenbrach und Scheidemann die Republik ausrief, begann auch für die Anwaltschaft in Deutschland eine neue Zeitrechnung. Der am 28. Juni 1919 unterzeichnete Friedensvertrag von Versailles hatte für die Rechtsanwaltskammer Köln verschiedene negative Auswirkungen. Zum einen wurde ihr Bezirk verkleinert. Der Friedensvertrag unterstellte das Saargebiet für 15 Jahre einer Kommission des Völkerbunds mit der Folge, dass der Landgerichtsbezirk Saarbrücken dem internationalen Obersten Gerichtshof in Saarlouis zufiel. Allerdings kamen die Amtsgerichtsbezirke Baumholder, Grumbach und Oberstein, bis dahin zum Landgericht Saarbrücken gehörend, zum Landgericht Koblenz; das Landgericht Trier gab den Amtsgerichtsbezirk Merzig an Saarbrücken ab. Durch diese Gebietsänderungen und die Errichtung der Rechtsanwaltskammer Saarbrücken schieden 65 Rechtsanwälte aus der Kölner Kammer aus, aus dem Kammervorstand Rechtsanwalt August, der dort die Saarbrücker Anwaltschaft vertreten hatte.[108] Der Landgerichtsbezirk Aachen wurde um die bisherigen Amtsgerichtsbezirke Eupen und Malmedy verkleinert.[109] Der Friedensvertrag schrieb weiter die Besetzung des links-

---

106 Jahresbericht für 1917, HStAD Rep. 28 Nr. 332 Blatt 6 f.

107 Jahresbericht für 1918, HStAD Rep. 28 Nr. 332 Blatt 7 f.

108 Jahresbericht für 1921, HStAD Rep. 28 Nr. 332 Blatt 20 f.

109 Klein, Die rheinische Justiz und der rechtsstaatliche Gedanke in Deutschland, S. 202.

rheinischen Gebiets mit den rechtsrheinischen „Brückenköpfen" von Köln, Koblenz und Mainz durch die Alliierten als Sicherheit für die Vertragserfüllung fest. Der gesamte Oberlandesgerichtsbezirk Köln mit Ausnahme der außerhalb des Kölner Brückenkopfs gelegenen rechtsrheinischen Teile der Landgerichtsbezirke Köln und Bonn gehörte damit zum besetzten Gebiet. Die Rechtspflege blieb hierdurch zwar weitgehend unbeeinträchtigt. Allerdings unterstanden nicht nur die Streitkräfte der alliierten und assoziierten Truppen, sondern nach einer Gerichtsordnung vom 20. Januar 1920 auch deren deutsche Zivilangestellten ausschließlich den Militärgesetzen und der Militärgerichtsbarkeit. Wer sich durch ein deutsches Gericht ungerecht behandelt fühlte, konnte bei dem Gericht der Alliierten Rechtsmittel einlegen. Die in Koblenz ansässige Rheinlandkommission konnte Verordnungen mit Gesetzeskraft erlassen[110] und nahm für sich auch ein Prüfungs- und Vetorecht gegenüber allen deutschen Gesetzen in Anspruch.[111]

Auch im Rheinland waren viele Rechtsanwälte und ihre Familien durch den Krieg in Not geraten. Zahlreiche Rechtsanwälte hatten Verwundungen davon getragen, viele Praxen hatten unter der Abwesenheit des Inhabers gelitten. Die Familien der gefallenen Rechtsanwälte standen meist vor dem Nichts. Die Rechtsanwaltskammer Köln organisierte schnelle Hilfe. Eine Sammlung für die kriegsgeschädigten Kollegen und ihre Angehörigen im Jahr 1919 erbrachte die stolze Summe von 26.152,63 Mark, die von einer Kommission des Kammervorstands verwaltet wurde. Diese ging vorsichtig mit dem Geld um; noch im selben Jahr wurden 9.850 Mark an fünf Antragsteller vergeben, davon 8.400 Mark aber nur als langfristige zinslose Darlehen.[112]

Die erste Vorstandswahl nach dem Krieg im Dezember 1919 brachte einschneidende personelle Veränderungen. Einige langjährige Vorstandsmitglieder stellten sich nicht mehr zur Wiederwahl, darunter auch der Vorsitzende, Arthur Heiliger. Er war der erste Vorsitzende, der die Kammer während einer sehr langen Periode geführt und ihre Arbeit durch seine Persönlichkeit besonders geprägt hatte. Arthur Heiliger wurde 1848 geboren. Seine Kenntnisse der französischen Sprache und des ausländischen Rechts verhalfen ihm zu bedeutenden Beratungsmandaten im Zusammenhang mit internationalen Verträgen.[113] Heiliger war beim Oberlandesgericht zugelassen und gerichtlich wie außergerichtlich sehr erfolgreich. Um so bemerkenswerter ist

---

110 Hieronimie, Zur Geschichte der Koblenzer Rechtsanwaltschaft 1770-1970, S. 191.

111 Zu dem Vorstehenden vgl. Klein, aaO, S. 203.

112 Jahresbericht für 1919, HStAD Rep. 28 Nr. 332 Blatt 9 f.

113 Huffmann, Geschichte der rheinischen Rechtsanwaltschaft, S. 198.

seine umfangreiche ehrenamtliche Tätigkeit. Dem Kammervorstand gehörte er seit 1896 an; 1905 wurde er zum Vorsitzenden gewählt. Seit 1903 war er auch Vorstandsmitglied des DAV, seit 1910 Vorsitzender des Ausschusses für die Rechtsanwaltsordnung und die Rechtsanwaltsgebührenordnung.[114] Sein Einsatz wurde mit der Ernennung zum Geheimen Justizrat gewürdigt. Von 1918 bis 1920 übernahm er den Vorsitz des DAV; die dadurch bedingte Doppelbelastung war sicher der Grund dafür, dass er sein Kölner Amt aufgab. Arthur Heiliger verstarb am 27. Dezember 1922 in Köln.

Sein Nachfolger als Vorsitzender der Kölner Kammer wurde Dr. Josef Becker aus Köln. Er war eine der bedeutenden Persönlichkeiten der Kölner Anwaltschaft.[115] Geboren am 10. Dezember 1870 in Köln, ab 1. Januar 1898 am Amtsgericht Köln-Mülheim und ab 17. März 1903 am Landgericht Köln zugelassen, am 20. Juli 1917 zum Justizrat ernannt, gehörte er seit 1910 dem Kammervorstand an und war von Ende 1919 bis Ende 1923 dessen Vorsitzender. 1930 trat Dr. Walter Oppenhoff in seine Praxis ein[116]; Dr. Josef Becker ist damit der Stammvater einer der größten deutschen Anwaltssozietäten.

Die Errichtung der Republik setzte die Diskussion über verschiedene Rechtsmaterien in Gang, was sich im Tätigkeitsbericht der Kammer für 1920 widerspiegelt. Der Vorstand äußerte sich gutachtlich zu einer Reihe von Gesetzgebungsvorhaben, u. a. zur Strafprozessordnung, zum Jugendgerichtsgesetz, zum Gerichtsverfassungsgesetz, zur Reform der Zivilprozessordnung, dem Arbeitsgerichtsgesetz, zum Tarifvertragsgesetz, zu einer Schlichtungsordnung, dem Gesetz über die freiwillige Gerichtsbarkeit sowie zur Umsatzsteuer. Die Anwaltschaft versuchte weiter, sich gegen ihren Ausschluss vor Schlichtungsausschüssen sowie den Kaufmanns- und Gewerbegerichten zu wehren. Zu den Anliegen der Rechtsanwälte gehörte auch ihre Mitwirkung in Gnadensachen und ihre Vertretung in den Präsidien der Gerichte. Eingerissene Missstände bei Strafverteidigern veranlassten den Kammervorstand weiter, vor der Überlassung der Strafakten an Mandanten, der Erschleichung der Akteneinsicht durch die Vorspiegelung eines Mandats und vor der Übermittlung von Briefen und Sachen an Untersuchungsgefangene zu warnen.[117]

Die Einkommenssituation der Anwaltschaft war schon zu Beginn der Weimarer Republik unbefriedigend. Das Gesetz über Teuerungszuschläge zu den Gebühren der Rechtsanwälte und Gerichtsvollzieher vom 18. Dezember 1919

---

114   Ostler, aaO, S. 223.

115   Die nachfolgenden Angaben sind seiner Personalakte, HStAD 10176, entnommen.

116   Oppenhoff, Erfahrungen eines Kölner Anwalts, in: 100 Jahre Kölner Anwaltverein, S. 187 ff.

117   Jahresbericht für 1920, HStAD Rep. 28 Nr. 332 Blatt 13 f.

verdoppelte zwar die Sätze von 1879, aber nur für Werte ab 3.400 Mark.[118] Diese Gebührenerhöhung konnte die einsetzende Inflation nicht annähernd ausgleichen. Die Gebühren für Strafsachen blieben unverändert und waren mit Sätzen von 12 Mark, 20 Mark bzw. 40 Mark für die Tätigkeit vor Schöffengericht, Strafkammer bzw. Schwurgericht lächerlich niedrig; vor den bayerischen Volksgerichten war die Entschädigung der Zeugen höher als die Vergütung des Verteidigers. Ein weiteres Gesetz vom 8. Juli 1921[119] ermächtigte die Regierung, Teuerungszuschläge auf die Gebühren von 1919 festzusetzen; von Februar 1922 bis Juli 1923 ergingen nicht weniger als zehn Verordnungen.[120] Sie hinkten stets hinter der Entwicklung her.

Die fortschreitende Geldentwertung zwang im Jahr 1921 die Kammerversammlung, den Jahresbeitrag auf 200 Mark zu erhöhen. Der Kammervorstand wandte sich gegen den Ausschluss von Anwälten in Verfahren vor Sondergerichten und schaltete sich in die Vermittlung von Anwälten als – vom Reich honorierte – Verteidiger mittelloser Deutscher vor Gerichten der Besatzungsmächte ein. Berufsrechtliche Themen, zu denen sich der Vorstand äußerte, waren die Zurückbehaltung von Akten wegen Honorarforderungen in Armensachen, Honorarvereinbarungen bei Pflichtverteidigungen, die unangekündigte Zwangsvollstreckung wegen geringfügiger Restkosten und die Aufnahme in Verzeichnisse, in denen nicht alle Rechtsanwälte aufgeführt waren. Die Vereinigung der deutschen Anwaltskammervorstände beschäftigte sich mit dem Problem der Gebührenteilung, die sie nur dann für zulässig hielt, wenn die Anwaltsorganisationen des Landgerichtsbezirks oder mehrerer Bezirke dies vereinbarten, und verwarf die Gewinnbeteiligung von Angestellten als unzulässig.[121]

Der Jahresbericht für 1921 gab auch erstmals Aufschluss über die finanziellen Verhältnisse der Kammer. Einnahmen von 104.000 Mark standen Ausgaben in Höhe von 96.000 Mark gegenüber. Das Vermögen belief sich auf etwa 100.000 Mark.[122] Die wirtschaftliche Lage der Rechtsanwaltskammer Köln in den folgenden Jahren liegt im Dunkeln, weil die Jahresberichte keine Angaben darüber enthalten. Die weitere Entwicklung traf die Kammer aber offenbar nicht so hart wie die Rechtsanwaltskammer Düsseldorf, die 1923 aus Geldmangel ihren Telefonanschluss abmelden musste und ihr Büro nicht mehr unterhalten konnte.[123]

---

118 RGBl I, S. 2115.

119 RGBl I, S. 910.

120 Ostler, aaO, S. 155 f.

121 Jahresbericht für 1921, HStAD Rep. 28 Nr. 332 Blatt 20 f.

122 Jahresbericht für 1921, aaO.

123 Ostler, aaO, S. 160; Huffmann, Geschichte der rheinischen Anwaltschaft, S. 146.

9. Das Jahr 1923

Die Ereignisse des Jahres 1923 steuerten auf eine Katastrophe hin, und am Ende wunderten sich alle, wenn sie diese schlimme Zeit einigermaßen glimpflich überstanden hatten. Dies galt natürlich für alle Deutschen und nicht nur für die Mitglieder der Kölner Kammer, aber sie waren vor allem durch die Geschehnisse im Rheinland besonders betroffen.

Es begann mit der Besetzung des Ruhrgebiets durch Frankreich im Januar. Die Besetzung des linksrheinischen Gebiets mit den drei rechtsrheinischen Brückenköpfen von Köln, Koblenz und Mainz seit dem Vertrag von Versailles war ohnehin eine Belastung, auch wenn die Justiz in den besetzten Gebieten nicht behindert wurde. Am 9. Januar 1923 stellte die Reparationskommission gegen die Stimme Großbritanniens fest, dass Deutschland vorsätzlich seine Verpflichtung zur Lieferung von Kohle verletzt habe. Dies veranlasste Frankreich, mit fünf Divisionen in Essen und anschließend im gesamten Ruhrgebiet einzumarschieren. Die Briten verhielten sich abwartend und die Amerikaner benutzten die Gelegenheit, sich aus dem Rheinland zurückzuziehen. Die Rheingrenze wurde nun geschlossen. Dies hatte zur Folge, dass Richter und Anwälte der durch den Rhein geteilten Gerichtsbezirke sich nicht mehr frei in ihrem Bezirk bewegen konnten, was den Justizbetrieb erheblich beeinträchtigte.[124] Im Ruhrgebiet kam es zu heftigen Auseinandersetzungen, nachdem die Reichsregierung den „passiven Widerstand" ausgerufen hatte. Die Kohlelieferungen wurden völlig eingestellt, die Zechen stillgelegt, die Eisenbahner bestreikten die von den Franzosen besetzten Eisenbahnstrecken. Es kam zu blutigen Zusammenstößen zwischen den Besatzungstruppen und der Not leidenden Bevölkerung; die Zahl der Todesopfer lag weit über 100. Eine Verhandlungslösung zeichnete sich zunächst nicht ab. Die Situation beruhigte sich erst, als der neu gewählte Reichskanzler Gustav Stresemann Ende September 1923 die Bevölkerung zur Kooperation mit der Besatzung aufrief.

Das zweite einschneidende Ereignis des Jahres war die Inflation, die mit der Rheinlandbesetzung zusammenhing. Die Regierung versetzte, wie schon ihre Vorgängerinnen, die Notenpresse in immer höhere Umdrehungen, um die Reparationen und nun auch den „passiven Widerstand" im Ruhrgebiet zu finanzieren. Die Entwertung der Mark, die sich in ihrem Kurs zum US-Dollar manifestierte, hatte schon früher begonnen, aber sie war zunächst schleichend vor sich gegangen; Preise und Einkommen glichen sich mehr oder

---

124 Klein, Die Rheinische Justiz und der rechtsstaatliche Gedanke in Deutschland, S. 203.

weniger schnell aus. Der Kurs des Dollar betrug Anfang 1921 etwa 75 Mark, Anfang 1922 etwa 200 Mark und Anfang 1923 etwa 7.000 Mark. Nun setzte die Talfahrt der Mark erst richtig ein. Der Dollarkurs lag Anfang Februar bei 40.000 Mark, Anfang Juni bei 75.000 Mark, Anfang August bei 1,1 Millionen Mark und Anfang September bei 10 Millionen Mark.[125] Eine weitere Steigerung des Wahnsinns stand noch bevor. Am 1. Oktober war ein Kurs von 250 Millionen Mark pro Dollar, am 11. Oktober ein Kurs von rund 5 Milliarden Mark erreicht.[126] Am 29. Oktober kostete ein Dollar 65 Milliarden Mark[127] und etwa vier Wochen später, am 24. November, die aberwitzige Summe von über 4 Billionen Mark, eine Zahl mit zwölf Nullen.[128] Dann war der Spuk zu Ende. Die Reichsbank unter der Führung von Hjalmar Schacht löste das Problem mit einem schlichten Trick, den 35 Jahre später Ludwig Erhard in ähnlicher Form noch einmal erfolgreich anwandte. Sie tauschte das Papiergeld mit einem Kurs von einer Billion zu eins in die angeblich auf Gold gegründete Rentenmark um und versicherte den Bürgern, dies sei nun die neue stabile Währung, was diese auch glaubten.

Wie die Inflation in kurzer Zeit alle Ersparnisse und viele Existenzen vernichtete, wie sie Spekulanten blitzschnell reich machte, wie die Menschen damit umgingen, dass das Monatsgehalt am Tag nach der Auszahlung fast wertlos war, haben Zeitzeugen vielfach beschrieben. Eine gedrängte und sehr anschauliche Darstellung findet sich in den Erinnerungen von Sebastian Haffner an die Jahre 1914 bis 1933.[129] Auch den Rechtsanwälten war unter diesen Umständen kein normaler Broterwerb möglich. Die Gerichte konnten bei der Festsetzung der Streitwerte mit der Entwicklung kaum Schritt halten, woraus sich merkwürdige Auswüchse ergaben. Ein Berliner Anwalt berichtete, dass dieselbe Zivilkammer innerhalb einer Woche den Streitwert für die Herausgabe eines Kindes auf 25.000 Mark und für die Herausgabe eines Schweins auf 100.000 Mark festgesetzt hatte, und beschwerte sich bitter darüber, dass ausländische Mandanten die Zahlung von Kostenvorschüssen verzögerten, weil sie dann in ihrer eigenen Währung nur noch einen Bruchteil zu zahlen hatten.[130] Der Verfall der Währung hatte auch bizarre Auswirkungen auf die Streitwertgrenze zwischen Amtsgericht und Landgericht. Die Zuständigkeitsgrenze des Amtsgerichts, seit 1909 bei 600 Mark, wurde bereits

---

125 JW 1923, S. 806.

126 JW 1923, S. 871.

127 JW 1923, S. 968.

128 JW 1923, S. 1006.

129 Geschichte eines Deutschen, S. 55 ff.

130 Brandis in: JW 1923, S. 980.

1921 auf 3.000 Mark und 1922 auf 10.000 Mark erhöht. Als die Inflation dann richtig in Fahrt kam, stieg der Streitwert durch drei Verordnungen ab Ende März 1923 auf 300.000 Mark, ab Ende Juli auf 3 Millionen Mark und schließlich ab Mitte September auf 500 Millionen Mark an. Diese zögerlichen Anpassungen hielten mit dem tatsächlichen Geldwertschwund nicht Schritt, was zu absurden Ergebnissen führte. So konnte das Amtsgericht Rantzau in Holstein einen Prozess um eine Stopfnadel nicht entscheiden, weil der Beklagte mit Erfolg einwandte, dass die Zuständigkeit des Amtsgerichts im maßgebenden Zeitpunkt nur den Wert einer halben Stopfnadel erreichte.[131] Besonders ärgerlich war, dass für die Anwaltsgebühren der Wert des Streitgegenstands zu Beginn des Prozesses maßgebend war. Dies wurde erst durch das Gesetz über die Gebühren der Rechtsanwälte und die Gerichtskosten vom 18. August 1923[132] geändert, welches auch die Gebühren in gestaffelten Prozentsätzen des Streitwerts einführte. Im Umgang mit der Inflation zeigte sich der Reichstag aber auch hier hilflos. Das Gesetz ermächtigte zwar die Regierung, nach Anhörung der Vereinigung der Anwaltskammervorstände durch Rechtsverordnung die Gebühren im Falle einer „wesentlichen Änderung der wirtschaftlichen Verhältnisse" anderweitig festzusetzen. Damit, dass solche Veränderungen in der Endphase der Inflation nicht nur wöchentlich oder täglich, sondern fast stündlich eintraten, konnte die Regierung aber nicht Schritt halten. Durch Verordnung vom 13. September wurden die Prozentsätze erhöht, durch Verordnung vom 27. September die Gebühren an die wöchentlich vom Statistischen Reichsamt veröffentliche Teuerungszahl gekoppelt.[133] Erst ab Mitte Dezember 1923 setzte die Regierung die Streitwerte und die Anwaltsgebühren in Goldmark fest.[134]

Das Jahr 1923 brachte auch den Höhepunkt und das Ende des rheinischen Separatismus. Eine Gruppe unter Führung des früheren Wiesbadener Staatsanwalts Dorten hatte unter dem Schutz und mit Unterstützung der französischen und belgischen Besatzungsmacht bereits am 1. Juni 1919 eine „Rheinische Republik" bestehend aus der Rheinprovinz, Rheinhessen, Hessen-Nassau und der bayerischen Rheinpfalz ausgerufen. Im Oktober 1923 – so beschreibt es Adolf Klein – durchzogen aus Arbeitslosen, Kriminellen, Abenteurern und missbrauchtes Idealisten zusammengesetzte Horden die französisch und belgisch besetzten Gebiete, terrorisierten die Bevölkerung, bemächtigten sich mit Waffengewalt der öffentlichen Gebäude und schreckten

---

131 Raabe, Das Ende der Deutschen Amtsgerichtsanwaltschaft, JW 1924, S. 900 ff.

132 RGBl I, S. 813.

133 RGBl I, S. 881 und 912.

134 Verordnungen vom 13.12.1923, RGBl I S. 1186 und S. 1188.

auch vor Geiselerschießungen nicht zurück. Dem Einsatz der Schutzpolizei und dem Widerstand der Bevölkerung war zu verdanken, dass die separatistische Bewegung zusammenbrach und Dorten nach Paris fliehen musste.[135]

Im Süden des Reichs tat sich ebenfalls Unerfreuliches. Am Abend des 8. November 1923 gab Adolf Hitler an der Spitze seiner Schlägertruppen mit einem Pistolenschuss in die Decke des Bürgerbräukellers in München das Startzeichen für seinen von langer Hand geplanten Putsch und ernannte sich selbst zum Chef einer neuen Reichsregierung. Dem Marsch der von Hitler und seinen Gefolgsleuten aufgeputschten Massen zur Feldherrnhalle am folgenden Tag setzte die bayerische Landespolizei ein schnelles Ende. Der Mann aus Braunau am Inn war aber nun in die deutsche Geschichte eingetreten.[136]

10. Die Weimarer Republik und ihr Ende

Die Neuordnung der Währung führte zu einer vorübergehenden Konsolidierung der Verhältnisse in Deutschland. Es begann die Zeit, die man als die „goldenen" zwanziger Jahre bezeichnete, was unter wirtschaftlichen und kulturellen Aspekten die Situation durchaus traf. Diese Entwicklung trug aber den Keim des Untergangs, des Endes der Republik und des Übergangs in den Totalitarismus schon in sich. Die wilhelminischen Anschauungen und Strukturen hatten in den bürgerlichen Eliten, dem Beamtentum, dem Militär und auch unter den Angehörigen der Freien Berufe hartnäckig überlebt; die Vorstellung von einer Demokratie war diesen Kreisen weitgehend fremd. Gustav Stresemann, der die Politik Deutschlands in diesen Jahren entscheidend prägte, gehörte zu den wenigen, die – wie wir heute sagen würden – für eine freiheitliche demokratische Grundordnung eintraten, aber diejenigen, die ihn hätten unterstützen müssen, verweigerten ihm die Gefolgschaft. Für die Anwaltschaft waren die Jahre nach 1923 auch wirtschaftlich nicht ganz so „golden", und der Kölner Kammervorstand hatte mit den Problemen alle Hände voll zu tun.

Das Jahr 1924 begann mit zwei Paukenschlägen. Durch das bis zum 15. Februar 1924 befristete Ermächtigungsgesetz vom 8. Dezember 1923[137] hatte sich die Reichsregierung das Recht einräumen lassen, diejenigen Maß-

---

135 Klein, aaO, S. 203 ff.

136 Zu den Einzelheiten vgl. Fest, Hitler, S. 260 ff.

137 RGBl I, S. 1179.

nahmen zu treffen, die sie „im Hinblick auf die Not von Volk und Reich für erforderlich und dringend" erachtete. Diese Ermächtigung nutzte der nur wenige Monate amtierende Reichsjustizminister Emminger dazu, durch Verordnung vom 4. Januar 1924[138] eine neue Strafprozessordnung und durch Verordnung vom 13. Februar 1924[139] eine neue Zivilprozessordnung zu erlassen. Beide bisherigen Verfahrensordnungen konnten zwar eine Reform vertragen, worüber sich auch die Anwaltschaft Gedanken gemacht hatte. Die Diskussion war aber in keiner Weise auch nur halbwegs abgeschlossen. Die „Not von Volk und Reich" erforderte keineswegs einen solchen Handstreich. Die Reformen brachten tiefgreifende Änderungen für die Verfahrensbeteiligten, ohne dass die Anwaltschaft sich vorher damit befassen und sich dazu äußern konnte. Die Angriffe dagegen ebbten allerdings nach kurzer Zeit ab, weil die Anwaltschaft andere Sorgen hatte.

Das Arbeitsgerichtsgesetz vom 23. Dezember 1926[140] enthielt einen bedeutenden Eingriff in das Betätigungsfeld, denn nach § 11 waren Rechtsanwälte von der Vertretung der Parteien in erster Instanz ausgeschlossen. Als Prozessbevollmächtigte konnten wohl Vertreter der Gewerkschaften und der Arbeitgeberverbände auftreten, und es war offenkundig, dass zu Lasten der Anwaltschaft diesen Organisationen Zulauf verschafft werden sollte. In der Berufungsinstanz mussten sich die Parteien zwar vertreten lassen, aber hier konkurrierten die Anwälte mit den Verbandsvertretern.

Sorgen machte auch die Entwicklung des Gebührenrechts. Die Anwaltschaft konnte sich über die deutliche Erhöhung der Anwaltsgebühren durch die 13. Verordnung über die Gebühren der Rechtsanwälte vom 13. Dezember 1923[141] nicht lange freuen. Der Deutsche Industrie- und Handelstag beklagte sich über die hohen Prozesskosten und forderte beim Reichsjustizministerium die Herabsetzung. Nach heftigen Diskussionen stimmte der DAV sogar der Ermäßigung der Gebühren in den hohen Wertstufen zu, wenn zum Ausgleich die Gebühren für die niedrigen Wertstufen erhöht würden.[142] Das Gesetz vom 28. Januar 1927[143] brachte eine drastische Minderung der Anwaltsgebühren in Zivilsachen. Die Gebühren in Armensachen, die zunächst nach dem Gesetz vom 6. Februar 1923 in voller Höhe die Staatskasse getragen

---

138 RGBl I, S. 15.

139 RGBl I, S. 135.

140 RGBl I, S. 507.

141 RGBl I, S. 1188.

142 Die Entwicklung schildert eingehend Ostler, aaO, S. 190 f.

143 RGBl, I S. 53.

hatte, wurden bereits mit dem Gesetz vom 14. Juli 1925[144] durch die Einführung von Streitwertgrenzen und Gebühren, die unter der gesetzlichen Gebühr lagen, beschnitten.

1925 trat Karl Theodor Custodis die Nachfolge von Dr. Josef Becker als Kammervorsitzender an. Er wurde am 24. Januar 1875 in Köln geboren und am 26. April 1902 beim Landgericht Köln zugelassen; er verstarb am 4. Januar 1944.[145] Vom 12. bis 15. September 1926 fand in Köln der 34. Deutsche Juristentag statt; in dem Ortsausschuss unter Leitung des Oberbürgermeisters Dr. Adenauer wirkte auch Custodis mit.[146]

Die Kammerversammlung am 11. Dezember 1926 beschloss erstmals, nach dem Einkommen gestaffelte Beiträge zu erheben. Der „Grundbeitrag" belief sich auf 75 RM; er erhöhte sich bei einem Einkommen von mehr als 12.000 RM auf 150 RM und von mehr als 25.000 RM auf 250 RM.[147] An dieser Regelung hielt die Kammer auch in den folgenden Jahren fest.[148]

Der Bericht für 1927 spiegelt die alltäglichen Probleme wider, mit denen sich der Kammervorstand zu befassen hatte. Der Vorsitzende klagte darüber, dass die Mitglieder sowohl mit der Zahlung des Beitrags als auch mit Stellungnahmen häufig in Verzug gerieten, und gab die Beschwerde der Justiz über zu gute Referendarzeugnisse an die Mitglieder weiter. Der Vorstand lehnte weiter jede Art von Werbung ab und warnte vor der Unterschreitung der gesetzlichen Gebühren, ebenso davor, in Armensachen auf den Abschluss von Honorarvereinbarungen zu drängen.[149] Wegen des gestiegenen Arbeitsanfalls beschloss die Kammerversammlung am 14. Dezember 1929 die Erweiterung des Vorstands auf 20 Mitglieder.[150]

Was die Kammer 1928 und 1929 beschäftigte, wird deutlich an den Themen der Vereinigung der Kammervorstände auf ihrer Sitzung am 27. Januar 1929.

---

144 RGBl, I S. 136. Hiernach betrug eine Gebühr bei einem Streitwert von 200 bis 500 RM 12 RM, bei einem Streitwert von 500 bis 1.000 RM 20 RM und bei einem Streitwert von über 1.000 RM 30 RM. Bis 200 RM galt die gesetzliche Gebühr, die in diesem Bereich aber sehr niedrig war; unter dem Titel „Pflichtanwaltsherrlichkeit" berichtet Landau im AnwBl. 1925, S. 80 von dem Prozess mit einem Streitwert von 20 RM, für den der Armenanwalt 1,36 RM aus der Staatskasse erhielt.

145 Personalakte HStAD BR-PE 10788.

146 Becker, Hundert Jahre Kölner Anwaltverein: Zur Geschichte der Kölner Anwaltschaft 1887 - 1987, S. 77.

147 Jahresbericht für 1926, HStAD Rep. 28 Nr. 332 Blatt 55 f.

148 Eine außerordentliche Kammerversammlung am 7. Mai 1927 lehnte die Rückkehr zu einem einheitlichen Beitrag ab, vgl. Jahresbericht für 1927, HStAD Rep. 28 Nr. 332 Blatt 58.

149 Jahresbericht für 1927, aaO.

150 Jahresbericht für 1929, HStAD Rep. 28 Nr. 332 Blatt 66 f.

Sie behandelte den Entwurf eines Gesetzes zur Errichtung einer Reichsrechtsanwaltskammer, deren Gründung sie befürwortete. Die Zulassung von Fachanwaltschaften hielt die Vereinigung grundsätzlich für richtig. Sie sprach sich gegen die Gebührenteilung aus und hielt einen generellen Reisekostenverzicht der simultan zugelassenen Amtsgerichtsanwälte für unzulässig. Dem schon damals als ärgerlich empfundenen Zustrom ehemaliger Beamter zur Anwaltschaft versuchte die Vereinigung mit einem originellen Vorschlag zu begegnen: die Zulassung sollte versagt werden können, wenn der Beamte wegen des Eintritts in den Ruhestand oder wegen Dienstunfähigkeit aus dem Dienst ausgeschieden war und eine Pension erhielt, es sei denn, dass er auf sein Ruhegehalt verzichtete.[151]

Der Kölner Kammervorstand beteiligte sich auch an dem Abwehrkampf gegen die Einbeziehung der freien Berufe in die Gewerbesteuer. 1929 wurde in Köln die Arbeitsgemeinschaft der freien Berufe gegründet, deren Leitung der Vorsitzende der Anwaltskammer, Karl Custodis, übernahm.[152]

Es gab aber auch ein erfreuliches Ereignis. Am 1. Oktober 1929 fanden sich im Messehof in Köln 323 rheinische Anwälte ein, um den 50. Geburtstag der Rechtsanwaltskammer Köln zu feiern. Der Bericht hierüber vermeldet die Anwesenheit von Vertretern der hohen Geistlichkeit, sämtlicher Behörden und der Presse, von Mitgliedern des Reichstags und des preußischen Landtags und zahlreicher Konsuln, sowie die Festrede des Reichstagsabgeordneten Dr. Hermann Fuchs zum Thema „Freie Advokatur", das ganze umrahmt von „Orchestervorträgen". Bei dem anschließenden Festbankett wurden zahlreiche Gratulationsreden gehalten. Die Speisenfolge ist zwar nicht überliefert, die Bewirtung kann aber nicht schlecht gewesen sein, denn die euphorische Schilderung des Jubiläums gipfelt in dem Satz, dass „die Feier nach jeder Richtung hin einen ausgezeichneten Verlauf" genommen habe.[153]

Dies geschah an einem Freitag. Genau vier Wochen später, am 29. Oktober 1929, war der „schwarze Freitag" in New York, der die Weltwirtschaftskrise einläutete. Der rasante Anstieg der Arbeitslosigkeit, die seit dem Regierungsantritt von Brüning im März 1930 sich jagenden Notverordnungen mit tiefen Einschnitten in die Wirtschaft und das Rechtssystem verschlechterten auch die Arbeitsbedingungen und die wirtschaftliche Lage der Rechtsanwälte, die nicht nur höhere Einkommensteuern, sondern nun auch Gewerbesteuer zu zahlen hatten.[154] Schon in dem noch einigermaßen günstigen Jahr 1927

---

151 Jahresbericht für 1929, aaO.

152 Jahresbericht für 1929, aaO.

153 Jahresbericht für 1929, aaO.

154 Dazu ausführlich Ostler, aaO, S. 202 ff.

erzielten 13 % der Anwälte ein Jahreseinkommen von nur 3.000 RM, etwa ein Drittel kam über einen Umsatz von 10.000 RM nicht hinaus. 1932 war das Einkommen von 40 % aller Anwälte so gering, dass es für die Lebensführung nicht ausreichte.[155] In diesem Jahr häuften sich auch im Kölner Kammerbezirk Klagen und Vollstreckungsmaßnahmen gegen Rechtsanwälte, welche die Gerichtspräsidenten absprachegemäß dem Kammervorstand mitteilten. Allein in der Zeit vom 1. November bis 31. Dezember 1932 wurden gegen Anwälte des Bezirks 59 Zahlungsbefehle erlassen und 15 Klagen eingereicht. Die Gesamtzahl solcher Maßnahmen ist zwar nicht bekannt; der Kammervorstand griff jedenfalls in 56 Fällen ein und bemühte sich im übrigen, im Vorfeld solcher Probleme durch persönliche Gespräche zu helfen.[156] Das Ehrengericht – auch dies passt ins Bild – musste 1929 sechs und 1932 vier Rechtsanwälte wegen der Veruntreuung von Mandantengeldern aus dem Beruf ausschließen.[157]

Die Not der Anwälte lag u. a. an einem katastrophalen Rückgang der Zivilprozesse. Bei den Landgerichten des Oberlandesgerichtsbezirks Köln nahm die Zahl der erstinstanzlichen Verfahren („O-Sachen") von 24.602 im Jahr 1930 über 20.546 im Jahr 1931 auf 15.761 im Jahr 1932 ab. Diese Entwicklung wurde durch die Erhöhung der Streitwertgrenze des Amtsgerichts von 500 auf 1.000 RM durch die Notverordnung vom 6. Oktober 1931 nicht kompensiert. Bei den Amtsgerichten des Bezirks wurden 1930 179.116, 1931 186.557 und 1932 152.837 Zivilsachen („C-Sachen") anhängig.[158] Die Schwierigkeiten wurden aber auch durch den weiteren Zustrom zur Anwaltschaft verschärft. Die Zahl der Anwälte in Deutschland stieg von 1924 bis 1931 um 44 %.[159] Im Oberlandesgerichtsbezirk Köln waren Ende 1924 694, Ende 1931 855 Rechtsanwälte zugelassen, was einer Steigerung von 23,2 % entsprach.

Diese Vermehrung der Zahl der Rechtsanwälte löste erneut den Ruf nach Zulassungsbeschränkungen aus. Den Anfang machte der spätere DAV-Vorsitzende Dix auf dem Anwaltstag 1927. 1928 sprachen sich bei einer Umfrage von 106 abstimmenden Anwaltvereinen 93 für Beschränkungen aus, darunter auch die Vereine in Aachen, Bonn und Köln.[160] In den folgenden Diskussionen wurden zunächst der eingeschränkte Zugang zum Referendardienst,

155 Ostler, aaO, S. 208, Thalheim, JW 1931, S. 3497 ff.

156 Jahresbericht für 1932, HStAD Rep. 28 Nr. 332 Blatt 79 f.

157 Jahresbericht für 1929, HStAD Rep. 28 Nr. 332 Blatt 66 f. und Jahresbericht für 1932, aaO.

158 Jahresbericht für 1932, aaO.

159 Ostler, aaO, S. 207.

160 AnwBl. 1929, S. 323 ff.

Wartezeiten und andere vergleichsweise milde Maßnahmen erwogen, die die Berufsfreiheit zwar beeinträchtigten, aber nicht aufhoben. Zu den zahlreichen Kuriositäten gehörten die Vorschläge, maximale Mandatszahlen pro Anwalt festzulegen[161] oder Sozietäten zu verbieten.[162] Das hehre Prinzip der Freiheit fiel aber dann doch schnell der Not zum Opfer. Selbst überzeugte Anhänger der freien Advokatur kamen zu der Überzeugung, dass eine sofortige Zulassungssperre zur Anwaltschaft und die anschließende Einführung eines *numerus clausus* unausweichlich seien, was dann eine Abgeordnetenversammlung des DAV am 4. Dezember 1932 mit großer Mehrheit so entschied.[163] Diesen Forderungen schloss sich die Vereinigung der deutschen Anwaltskammern an. Die Vorsitzenden beider Organisationen trugen ihre Vorstellungen am 8. Februar 1933 dem Reichsjustizminister Gürtner vor[164], nicht ahnend, dass das neue Regime, das erst seit einigen Tagen im Amt war, wenig später Zulassungsbeschränkungen ganz anderer Art einführen würde.

11. Rechtsanwältinnen

Die Feststellung von Goethes Iphigenie, dass „der Frauen Zustand beklagenswert" ist[165], trifft besonders auf die Juristinnen in Deutschland bis weit in die erste Hälfte des vorigen Jahrhunderts hinein zu. Es ist beschämend, wie lange und mit welchen absurden Argumenten den Frauen der Zugang zu den juristischen Berufen vorenthalten wurde.

Auch in anderen Ländern mussten die Frauen um ihr Recht kämpfen, aber sie hatten früher Erfolg. Als erste Frau in den USA erstritt Belle A. Mansfield im Jahr 1869 ihre Anwaltszulassung in Iowa. 1905 gab es in den USA schon über 200 Rechtsanwältinnen, deren Zahl weiter stieg. Dies hielt bis in die dreißiger Jahr des 20. Jahrhunderts größere amerikanische Anwaltssozietäten nicht davon ab, Frauen die Aufnahme unter Hinweis auf fehlende sanitäre Einrichtungen *(„the potty problem")* zu verweigern.[166] In Europa machten Ende des 19. Jahrhunderts einige Schweizer Kantone den Anfang mit der Zulassung von Rechtsanwältinnen; 1901 folgte Frankreich, etwa zur gleichen Zeit

---

161 Löwenstein, AnwBl. 1928, S. 104 f.

162 Recken, AnwBl. 1928, S. 122.

163 Dazu ausführlich Ostler, aaO, S. 213 ff.

164 AnwBl.1933, S. 51f.

165 Iphigenie auf Tauris, 1. Aufzug, 1. Auftritt.

166 Paefgen, AnwBl. 1995, S. 278 ff., S. 285.

auch die Niederlande.[167] In Frankreich gab es allerdings eine längere und wenig charmante Diskussion darüber, ob die Berufsbezeichnung *„Maître"* oder *„Maîtresse"* lauten sollte, die zu Gunsten von *„Mme Maître"* ausging.[168]

In Deutschland wurde Frauen zunächst sogar der Zugang zum Studium versagt, dann die Teilnahme an den juristischen Examina und dem Vorbereitungsdienst. Als erstes Land eröffnete Bayern 1912 Frauen die Möglichkeit, das erste juristische Staatsexamen abzulegen; sie durften sich aber nicht Referendarin nennen und wurden auch nicht zum Vorbereitungsdienst zugelassen. Preußen führte eine entsprechende Regelung 1919 ein. Nur Württemberg, Baden und Sachsen ernannten Frauen zu Referendarinnen und ließen sie zum Vorbereitungsdienst zu.[169] Der Zugang zu den juristischen Berufen blieb ihnen auch dort weiter versperrt.

Wer sich von der Weimarer Reichsverfassung vom 11. August 1919[170], die in Artikel 109 Abs. 2 Frauen die gleichen staatsbürgerlichen Rechte gewährte wie den Männern, rasche Fortschritte versprochen hatte, sah sich enttäuscht. Dass der traditionell konservativ eingestellte Richterbund im Mai 1921 die Zulassung von Frauen zum Richteramt und zur Anwaltschaft ablehnte[171], war nicht verwunderlich. Unverständlich ist, dass auch die Organisationen der Anwaltschaft dieselbe Haltung einnahmen, und welche Argumente sie dafür vorbrachten. Die Vereinigung der Vorstände der deutschen Anwaltskammern beschäftigte sich mit dem Thema in einer Sitzung am 22. Juni 1919. In der lebhaften Diskussion wurden gegen die Zulassung von Frauen u. a. ins Feld geführt die Eigenschaften der weiblichen Natur, das Überwiegen des Gefühlslebens, der Einfluss von Schwangerschaft und Mutterschaft und – dies war der Gipfel – bei der verheirateten Frau auch „die Gefahr einer gewissen Abhängigkeit von der Geistesrichtung des Mannes".[172] Die Vertreterversammlung des Deutschen Anwaltvereins im Januar 1922 beschloss mit einer Mehrheit von zwei Dritteln, dass sich die Frau nicht zur Rechtsanwaltschaft oder zum Richteramt eigne.[173] Die Argumentation lag auf der gleichen Linie wie beim Richterbund, wozu auch wissenschaftliche Gutachten angeführt

---

167 Vgl. die Eingabe der weiblichen Studierenden des Rechts bei der Universität Leipzig vom März 1919, Anhang Nr. 1 der Dokumentation „Juristinnen in Deutschland", hrsg. vom Deutschen Juristinnenbund, 2. Aufl. 1989.

168 Vgl. Ostler, aaO, S. 174.

169 Dokumentation „Juristinnen in Deutschland", aaO, S. 2 f.

170 RGBl S. 1383.

171 Dokumentation „Juristinnen in Deutschland", aaO, S. 9 f.

172 JW 1919, S. 654 f.

173 Dokumentation „Juristinnen in Deutschland", aaO, S. 9 ff.

wurden. Ein Redner zitierte das Werk eines Psychologen, wonach „übermäßige Gehirntätigkeit das Weib nicht nur verkehrt, sondern auch krank" mache.[174] Zumindest unterschwellig spielte auch die Furcht vor einer Überfüllung des Anwaltsberufs durch Frauen eine Rolle.[175] Zur Ehrenrettung von Männern wie Dr. Martin Drucker, dem späteren Vorsitzenden des DAV, dem Abgeordneten Prof. Dr. Radbruch und vielen anderen muss ihr energischer Einsatz für die Gleichberechtigung der Frau erwähnt werden, nur fanden sie zunächst noch keine hinreichende Gefolgschaft. Im Reichstag setzte sich dann unter dem Einfluss vor allem der weiblichen Abgeordneten der liberale Standpunkt durch. Radbruch, inzwischen zum Justizminister ernannt, legte im April 1922 den Entwurf eines Gesetzes über die Zulassung von Frauen zu den Ämtern und Berufen der Rechtspflege vor, der zwar im Rechtsausschuss keine Mehrheit fand,[176] den der Reichstag aber am 1. Juli 1922 annahm.[177]

Die erste deutsche Rechtsanwältin wurde in Bayern zugelassen, und zwar am 11. Juli 1922 Dr. Maria Otto in München[178]. Die erste Rechtsanwältin in Preußen war seit März 1925 Margarete Berent.[179] Nach der Berufszählung des Statistischen Reichsamts im Jahr 1925[180] gab es in Deutschland 54 Rechtsanwältinnen, acht Jahre später übten 252 Frauen den Anwaltsberuf aus.[181] Wer die erste Rechtsanwältin im Oberlandesgerichtsbezirk Köln war und wann sie zugelassen wurde, lässt sich nicht genau feststellen. Nach Huffmann wurden in Köln bis 1928 drei Frauen zugelassen.[182] Becker[183] konnte ermitteln, dass 1924 und 1925 fünf und zwischen 1926 und 1930 weitere vier Juristinnen die Referendarausbildung begonnen hatten, die anschließend beim

---

174 Dokumentation „Juristinnen in Deutschland", aaO, S.10 f.

175 Vgl. dazu Ostler, aaO, S. 170 f.

176 JW 1922, S. 1267.

177 RGBl S. 573. Die juristische Fachwelt, die sonst rechtspolitisch bedeutsame Neuerungen nach Art der Hühner wie frisch gelegte Eier zu begackern pflegt, nahm von dem Gesetz kaum Notiz; in der Richterzeitung, der JW und dem Anwaltblatt des Jahres 1922 findet sich keine einzige Veröffentlichung.

178 Ostler, aaO, S. 174; er berichtet, dass Frau Dr. Otto bei Erscheinen seines Buchs – gemeint ist offenkundig die 1. Auflage von 1971 – noch tätig war.

179 Dokumentation „Juristinnen in Deutschland", aaO, 3. Aufl. S.20.

180 DJZ 1930, S. 486 f.; 43 von ihnen waren selbständig tätig, 11 als Syndikusanwältinnen.

181 Dokumentation „Juristinnen in Deutschland", aaO, 3. Aufl. S.21.

182 Geschichte der rheinischen Anwaltschaft, S. 142; Ostler, aaO, S. 174 bezieht die Zahl auf den gesamten Kammerbezirk.

183 Hans-Jürgen Becker, 100 Jahre Kölner Anwaltverein: Zur Geschichte der Kölner Rechtsanwaltschaft 1887 - 1987, S. 69 f. und Fußnote 58. Seine Angaben beruhen auf den Akten des LG und des OLG Köln.

Landgericht (sieben) und beim Oberlandesgericht (zwei) als Rechtsanwältinnen zugelassen wurden. Nach einer im Anwaltsblatt 1932 veröffentlichten Statistik waren im Kölner Kammerbezirk am 1. Januar 1931 vier, am 1. Januar 1932 fünf Rechtsanwältinnen zugelassen.[184] Ein nach den Zulassungsdaten geordnetes Mitgliederverzeichnis der Rechtsanwaltskammer auf dem Stand vom 1. Januar 1938 enthält die Namen von zwölf Rechtsanwältinnen, von denen Emma Baecker in Neuwied mit dem 19. September 1928 und Dr. Emmy Goerrig in Köln mit dem 5. November 1929 die frühesten Zulassungsdaten aufweisen.[185] Dies bedeutet aber nicht zwingend, dass Frau Baecker die erste Rechtsanwältin im Kammerbezirk war. Eines der frühen weiblichen Mitglieder der Rechtsanwaltskammer Köln mit einem ungewöhnlichen Lebenslauf war die am 24. Februar 1905 geborene Dr. Adeline Ritter-Rintelen. Sie wurde im September 1932 beim Amtsgericht Sinzig zugelassen und übernahm kurze Zeit später mit ihrem Mann eine Praxis in Neuwied. Obwohl sie sieben Kinder zur Welt brachte, übte sie ihren Beruf ununterbrochen aus; während des Kriegsdiensts und der Gefangenschaft ihres Mannes führte sie die Praxis mit großem Erfolg allein weiter. Am 9. September 2002, knapp 100 Jahre alt, konnte sie ihr 70-jähriges Berufsjubiläum bei guter Gesundheit und in vollständiger geistiger Frische feiern.[186]

In der Justiz hatten Frauen es nach wie vor schwer. Die ersten Richterinnen gab es in Preußen, nämlich Dr. Maria Munk und Dr. Maria Hagemeyer, die 1924 zu Gerichtsassessorinnen, letztere in Bonn, ernannt wurden. Einige Länder wie Bayern, Hamburg und Oldenburg beschäftigten selbst 1929 noch keine Juristinnen.[187]

12. Die rheinischen Rechtsanwälte jüdischen Glaubens bis 1933

Das römische und kanonische Recht stellte Juden den Ketzern gleich, die von der Advokatur ausgeschlossen waren.[188] In der Zeit vor dem Einmarsch der Franzosen gab es in den dann besetzten Territorien wohl keinen einzigen jüdischen Sachwalter. Dies änderte sich unter der Herrschaft des französi-

---

184 In ganz Deutschland gab es am 1.1.1931 55 und zum 1.1.1932 79 Rechtsanwältinnen, vgl. AnwBl. 1932, S. 72 ff.

185 Dieses Verzeichnis ist in HStAD Rep. 28 Nr. 333 Blatt 59 erhalten.

186 Stümper, Ein außergewöhnliches Berufsjubiläum, AnwBl. 2002, S. 707, vgl. auch das Interview von Marga Buschbell-Steeger mit der Jubilarin in BRAK-Magazin 6/2002, S. 12.

187 Dokumentation „Juristinnen in Deutschland", aaO, 3. Aufl., S. 20 f.

188 Weißler, aaO, S. 436 f.

schen Rechts. Zu den Errungenschaften der Revolution zählte u.a. das Dekret vom 27. September 1791, welches die Juden den übrigen Bürgern gleichstellte und alle bisherigen Beschränkungen aufhob. Am 30. Mai 1806 befahl Napoleon die Einberufung einer Versammlung von jüdischen Notablen, in der das Roer-Departement durch den Kölner Bankier Salomon Oppenheim jr. vertreten war. Ihr Ergebnis war die Konsistorialverfassung vom 17. August 1808, die den Juden in Frankreich eine weitgehende Selbstverwaltung in religiösen Angelegenheiten einräumte.[189] Sie stand der Zulassung von *Avoués* und *Advocats* jüdischen Glaubens nicht entgegen.[190] Dagegen war in Preußen den Juden der Beruf des Justizkommissars, der nach der Allgemeinen Gerichtsordnung (AGO) von 1793 als „wirklicher Staatsdiener anzusehen" war, verschlossen. Daran änderte auch das auf Hardenberg zurückgehende „Emanzipationsedikt" von 1812 nichts, weil sich der König vorbehalten hatte, den Zugang von Juden zu Staatsämtern erst später zu regeln. Nachdem das Rheinland Teil Preußens geworden war, galt das Edikt dort nicht. Die Behörden bemühten sich eifrig darum, die wenigen jüdischen Sachwalter aus dem Dienst zu entfernen. Heinrich Marx, der Vater von Karl Marx, der *Avoué* am Appellationshof in Trier war, einer angesehenen Gelehrten- und Rabbinerfamilie entstammte und eigentlich mit Vornamen Hirschel hieß, konnte seinen Beruf nur weiter ausüben, nachdem er sich 1816 christlich taufen ließ.[191] Andere neue Landesherrn der früher französischen Gebiete waren weniger engstirnig. Die Großherzoglich-Hessische General-Commission ließ 1816 Johann Heinrich Levita als ersten jüdischen Advokaten beim Landgericht Mainz zu mit der Begründung, die Religion dürfe nicht als Hindernis angesehen werden, die juristische Praxis auszuüben. Die Anwaltskammer hatte sich bezeichnenderweise unter Hinweis auf die Beschränkungen der Bürgerrechte des Bewerbers gegen die Zulassung ausgesprochen.[192]

Der preußischen Verwaltungspraxis, Juristen jüdischen Glaubens von der Justiz fernzuhalten, konnten weder das „Gesetz über die Verhältnisse der Juden" vom 23. Juli 1847[193] noch die „Verordnung über einige Grundlagen

---

189 Graumann, Französische Verwaltung am Niederrhein, S. 221. Im Roer-Departement lebten damals rund 5.500 jüdische Einwohner.

190 Krach, Die „Gleichschaltung" der Anwaltschaft 1933 und das Schicksal der beim Landgericht Mainz zugelassenen jüdischen Kollegen, Festschrift zum 50jährigen Bestehen der Rechtsanwaltskammer Koblenz, S. 183 ff, 184.

191 Krach, Jüdische Rechtsanwälte in Preußen, S. 3 ff.

192 Krach in der Festschrift zum 50jährigen Bestehen der Rechtsanwaltskammer Koblenz, aaO, S. 185. Der erste jüdische Anwalt in Sachsen war Isidor Kaim, vgl. Lang, BRAK-Mitt. 4/2000, S. 173 ff.

193 GS 1847, S. 263.

der Preußischen Verfassung" vom 6. April 1848[194] sehr viel anhaben, obwohl letztere bestimmte, dass die Ausübung staatsbürgerlicher Rechte von dem religiösen Glaubensbekenntnis unabhängig sein solle. Dem entsprach auch Art. 12 Abs. 2 der Verfassung vom 31. Januar 1851.[195] Die Justiz wehrte sich gegen die Einstellung von Juden als Richter mit den absurdesten Begründungen. So wurde ins Feld geführt, ein jüdischer Richter könne keine Eide mit der christlichen Beteuerungsformel abnehmen, seine Religion hindere ihn auch daran, samstags zu arbeiten. Die der jüdischen Bevölkerung wohl gesonnene Petitionskommission des preußischen Abgeordnetenhauses, die sich aber nicht durchsetzen konnte, hielt dem letzteren Argument entgegen, dass Juden schließlich auch am Sabbat ihren Militärdienst leisten mussten.[196] Nur wenige schafften die Aufnahme in die Richterschaft, wenn sie, was schwer genug war, überhaupt in den Vorbereitungsdienst gelangt waren.[197] Aussichten auf ein Beförderungsamt hatten sie praktisch nicht.[198] Auch der Zugang zum Anwaltsberuf war jüdischen Bürgern erschwert. In der Amtszeit des Justizministers Simons (1848–1860) erhielten nach inoffiziellen Angaben nur vier von 70 bis 80 Bewerbern in Preußen die Zulassung zur Anwaltschaft.[199]

Diese Diskriminierung knüpfte bis zum Ende des 19. Jahrhunderts nur an die Religionszugehörigkeit an. Getaufte Juden hatten dagegen in Preußen durchaus Karrierechancen, und zwar nicht nur in den unteren Rängen. So war Karl Rudolf Friedenthal von 1874 bis 1879 Landwirtschaftsminister. 1879 ernannte der König Heinrich Friedberg zum Justizminister, Martin Eduard Simson zum Präsidenten des Reichsgerichts; beide wurden 1888 geadelt. Erst seit den achtziger Jahren breitete sich die politische Bewegung der „Antisemiten" aus, welche die Zugehörigkeit zum Judentum an die „Abstammung" knüpften. Insbesondere im konservativen Bürgertum machte sich nun ein chauvinistisch-rassistischer Judenhass breit.[200]

Bis zum Inkrafttreten der Rechtsanwaltsordnung spielten die jüdischen Anwälte im Rheinland zahlenmäßig keine nennenswerte Rolle. Im Jahr 1872 waren in der ganzen Rheinprovinz nur zwei Rechtsanwälte jüdischen Glau-

---

194 GS 1848, S. 88.

195 GS 1851, S. 17.

196 Vgl. Krach, Jüdische Rechtsanwälte in Preußen, S. 13.

197 Nach Becker, Hundert Jahre Kölner Anwaltverein, S. 87, wurde zum ersten Mal 1851 ein nicht getaufter Jude zum Referendar ernannt, 1855 ein anderer zum Gerichtsassessor.

198 Vgl. dazu im Einzelnen Krach, aaO, S. 8 ff.

199 Krach, aaO, S. 11.

200 Krach, aaO, S. 16 ff..

bens zugelassen, in ganz Preußen waren es 75.[201] In der Folgezeit nahm ihre Zahl aber vor allem in den großen Städten stark zu. Der seit 1879 freie Zugang zum Anwaltsberuf förderte das Interesse junger Juden am Jurastudium. Von etwa 1890 bis 1911 stieg der Anteil der jüdischen Jurastudenten von 8,2 % auf 10,2 %, während der Anteil der Juden an der gesamten deutschen Studentenschaft im gleichen Zeitraum von 9 % auf 5,6 % zurück ging.[202] 1880 gab es in Preußen 147, 1893 885 und 1904 1.287 jüdische Rechtsanwälte. 1925 waren es 2.208, Anfang April 1933 3.370 Rechtsanwälte, davon allein 1.879 im Bezirk des Kammergerichts in Berlin.

Die schon vor 1900 verstärkt einsetzende judenfeindliche Propaganda hatte auf den Erfolg der jüdischen Rechtsanwälte zunächst keinen Einfluss. Selbst manche strammen Antisemiten vertrauten ihre Rechtsangelegenheiten weiter jüdischen Anwälten an. Nur Behördenmandate wurden ihnen allmählich entzogen, nachdem sich immer mehr nicht-jüdische Rechtsanwälte antisemitisch betätigten und sich für solche Mandate empfahlen.[203] Die Liste berühmter Rechtsanwälte jüdischer Abstammung ist lang. Der legendäre Kommentator Samuel Hermann Staub (1856–1904), Martin Drucker, Präsident des DAV von 1924 bis 1932, sein Nachfolger Rudolf Dix, Max Hachenburg, Max Alsberg, die Brüder Adolf und Max Friedländer, Julius Magnus, der Schriftleiter der Juristischen Wochenschrift seit 1915, Ernst Wolff, langjähriger Vorsitzender des Berliner Kammervorstands und der Vereinigung der Vorstände der Deutschen Anwaltskammern, der nach der Emigration nach England von 1952 bis 1958 als Professor in Köln wirkte, stehen hier stellvertretend für viele andere. 1932 waren von den 25 Vorstandsmitgliedern des DAV zwölf jüdischer Herkunft.[204] Diese sahen durchaus die mit ihrem Einfluss verbundenen Risiken. Im Mai 1930 beschwor Max Hachenburg in einem Brief den Kölner Rechtsanwalt Dr. Becker I, selbst Vorstandsmitglied des DAV und mehrjähriger Vorsitzender der Rechtsanwaltskammer Köln, die Wiederwahl von Martin Drucker zum DAV-Präsidenten zu verhindern. Das Vordringen von Personen jüdischen Glaubens werde in der Öffentlichkeit zu Reaktionen gegen Juden allgemein führen, und er sagte voraus, dass es in wenigen Jahren zu Pogromen gegen Juden kommen werde, denen gegenüber alle früheren Pogrome in Europa verblassen würden. Becker hielt ebenso wie wohl die ganze Kölner Anwaltschaft einschließlich der jüdischen Kollegen den

---

201 Krach, aaO, Anhang Tabelle 1 S. 414.

202 Krach, aaO, S. 36.

203 Krach, aaO, S. 28.

204 Krach, aaO, S.77.

Appell von Hachenburg für überzogen, weil sie sich eine solche Judenverfolgung nicht vorstellen konnten.[205]

Vor der Machtübernahme der Nationalsozialisten waren 28,5 % der Rechtsanwälte in Preußen, 48,3 % der Rechtsanwälte in Berlin und Umgebung jüdischer Religion.[206] Im Bezirk der Rechtsanwaltskammer Köln war der Anteil wesentlich geringer. Am 7. April 1933 waren dort 125 nichtarische Rechtsanwälte zugelassen,[207] dies waren 13,6 %. Ihre Zahl ist auch, wie die von Becker veröffentlichte Liste zeigt, nicht zu bestimmten Zeiten sprunghaft gestiegen, sondern in der Zeit von 1888 bis 1929 kontinuierlich gewachsen.[208] Die meisten jüdischen Rechtsanwälte waren hoch angesehen und vor allem sehr erfolgreich.[209] Der dadurch hervorgerufene Futterneid ihrer „arischen" Kollegen trug sicher zu der weiteren Entwicklung bei.

---

205 Von diesem Brief und der Reaktion hierauf berichtet Walter Oppenhoff, Erfahrungen eines Kölner Anwalts, in: 100 Jahre Kölner Anwaltverein, S. 187; Oppenhoff war damals in die Praxis von Becker eingetreten. Drucker war protestantisch und galt den Rasseideologen nur wegen seines jüdischen Großvaters als Jude, vgl. Krach, aaO, S. 159 Fn 5. Zu Drucker eingehend Unger, AnwBl. 1990, S. 3 ff.

206 Krach, aaO, Anhang Tabellen 2 und 3 S. 415 f.

207 Becker, Hundert Jahre Kölner Anwaltverein, S. 89.

208 Becker, aaO, S. 90 ff.

209 Oppenhoff, aaO.

Kapitel 3

Die Jahre der Barbarei
1933 bis 1945

1. Die Verfolgung der Rechtsanwälte jüdischer Abstammung

Zu Unrecht feierten die Nationalsozialisten den 30. Januar 1933 in den folgenden zwölf Jahren als den Tag ihrer „Machtergreifung". Der greise Reichspräsident Hindenburg hatte Adolf Hitler entgegen den damaligen Kräfteverhältnissen im Reichstag – der Stimmenanteil der Nationalsozialisten war bei der Wahl vom 6. November 1932 von 38% auf 33,5% gesunken – zum Reichskanzler berufen. Der neuen Regierung gehörten nur zwei nationalsozialistische Minister an, was bei vielen die Hoffnung nährte, die bürgerliche Rechte habe die Nazis „eingefangen".[1] In den folgenden Wochen bereiteten aber eine gewaltige Propagandamaschinerie und rohe Gewalt, psychologisch unterstützt durch den den Kommunisten angelasteten Reichstagsbrand am 27. Februar 1933, den Boden für die Machtübernahme der Nationalsozialisten. Am 1. Februar löste Hindenburg den Reichstag auf. Die Verordnung des Reichspräsidenten vom 28. Februar 1933 „zum Schutz von Volk und Staat"[2] setzte alle wichtigen Grundrechte der Bürger außer Kraft. Sie hob die Meinungsfreiheit und die Pressefreiheit praktisch auf, die Polizei erhielt umfassende Beschlagnahme- und Verhaftungsrechte. Sie ermöglichte auch der „Sturmabteilung", der berüchtigten SA, und der „Schutzstaffel" (SS) der NSDAP immer dreistere Übergriffe; „Schutzhaft" und Konzentrationslager wurden eingeführt. Den Linksparteien verbot die Regierung den Wahlkampf. Die Reichstagswahl am 5. März 1933 brachte den Nationalsozialisten zwar einen Stimmenzuwachs auf 44%, aber immer noch keine Mehrheit, obwohl ihre SA die Wahlversammlungen der anderen Parteien terrorisiert und durch zahllose Gewalttätigkeiten Furcht und Schrecken verbreitet hatte. Trotzdem glaubten die Führer der bürgerlichen Parteien noch Hitlers Zusicherungen, er werde die Macht nicht missbrauchen. Dem „Gesetz zur Behebung der Not von Volk und Reich" vom 24. März 1933[3], dem berüchtigten Ermächtigungsgesetz, stimmten unter dem Ausschluss der Kommunisten alle Parteien außer den Sozialdemokraten zu, obwohl Widerstand durchaus möglich gewesen wäre. Die Regierung erhielt damit einen Blankoscheck; ohne Beteiligung des Parlaments durfte die Regierung nun Gesetze erlassen, die sogar von der Verfassung abweichen konnten. Damit versetzte der Reichstag der Weimarer Republik den Todesstoß.

Diese Ereignisse waren begleitet von gewaltigen Propagandaveranstaltungen, von nationalistischem Hurra-Geschrei und Umzügen in den Straßen,

---

1   Haffner, Geschichte eines Deutschen, S. 103.

2   RGBl I, S. 83.

3   RGBl I, S. 141.

von Gewalt; dies alles schreckte zunächst viele Bürger ab. Dass es den Nationalsozialisten dann doch ziemlich schnell gelang, einen großen Teil der Bevölkerung für sich einzunehmen und hinter sich zu bringen, mag mit ihrem Versprechen zu erklären sein, die wirtschaftliche Lage zu stabilisieren und die Massenarbeitslosigkeit zu beseitigen, was ihnen in der Folgezeit sogar gelang. Viele Deutsche folgten der „Bewegung" und traten auch der NSDAP bei, Hunderttausende schon im März 1933. Die Mehrheit waren – die Entnazifizierung nach 1945 erfand dafür diesen sehr treffenden und anschaulichen Begriff – „Mitläufer". Dass die Nationalsozialisten sofort damit begannen, die ungeheuerlichsten Verbrechen gegen die Menschlichkeit zu begehen, nahmen die meisten Deutschen zunächst kaum wahr. Sie wollten es auch nicht wahrnehmen, und was sie mit ihren eigenen Augen sahen, verdrängten sie. Es begann die große Zeit des Wegsehens.

Der Antisemitismus in Deutschland hat vielfältige Quellen, von denen die wesentlichen in das 19. Jahrhundert zurückreichen. Damals gingen die Antisemiten dazu über, ihre jüdischen Mitbürger nicht wegen ihres Glaubens, sondern wegen ihrer Herkunft, ihrer „Rasse", zu verfolgen. Adolf Hitler, der in der „nordischen Rasse" die Krönung der Schöpfung sah, nahm bereits Mitte der zwanziger Jahre in seinem Buch „Mein Kampf"[4] verbal das meiste von dem vorweg, was er später in die Tat umsetzte. „Der Jude" – so Hitler – war „kein Deutscher" (S. 66), „immer nur Parasit im Körper anderer Völker" (S. 334), er war schuld an der Niederlage von 1918 (S. 359). Wer das deutsche Volk befreien wolle, müsse es von den Juden „erlösen" (S. 372). Der tief verwurzelte und gewalttätige Hass der Nazis auf die Juden war aber auch denen bewusst, die „Mein Kampf" nicht gelesen hatten. Rassenwahn und Antisemitismus hatten schon seit Jahren ihren festen Platz in den Reden des „Führers" und seiner Paladine sowie im Parteiprogramm der NSDAP.

Bevor hier von dem Schicksal der Juden, besonders der jüdischen Rechtsanwältinnen und Rechtsanwälte, zu reden ist, muss auch an die Verfolgung aller anderen dem Naziregime missliebigen und der Vernichtung ausgelieferten Minderheiten erinnert werden, an die Sozialisten, die Kommunisten, die Sinti und Romas, die geistig Behinderten, an die vielen anderen, die den Nationalsozialisten nicht passten. Die Verfolgung und Vernichtung der Juden stellt diese Verbrechen nicht in den Schatten; sie übertrifft sie aber in ihrer grauenhaften Konsequenz.

Bereits unmittelbar nach dem Reichstagsbrand verhafteten die Nationalsozialisten viele jüdische Anwälte[5]. Ihnen zuzurechnen war u. a. der junge

---

4 1. Band 1925, 2. Band 1927, 415./416. Auflage, München: Zentralverlag der NSDAP, 1939.

5 Krach, Jüdische Rechtsanwälte in Preußen, S. 165 ff.

Rechtsanwalt Hans Litten in Berlin, der wegen seines engagierten Eintretens für seine politisch verfolgten Mandanten verhaftet und 1938 im KZ Dachau nach unmenschlichen Qualen erhängt aufgefunden wurde.[6] Die Nationalsozialisten bereiteten einen „Boykotttag" vor. Die Entwicklung in Deutschland war im Ausland verständlicherweise heftig kritisiert worden, was die Nazis jüdischen Kreisen anlasteten. Unter dem Vorwand, dass dies angeblich den Zorn des deutschen Volkes gegen die Juden provoziert habe, riefen die Nazis dazu auf, am 1. April 1933 alle jüdischen Geschäfte und freiberuflichen Praxen zu boykottieren. Nach den Anweisungen des „Abwehrkomitees" der NSDAP sollten an diesem Tag Transparente u. a. mit der Aufschrift „Geht nicht zu jüdischen Rechtsanwälten" durch die Straßen gefahren werden.[7] In Koblenz und Köln stellten sich SA-Posten vor die Praxen jüdischer Rechtsanwälte.[8]

In Köln begann die Verfolgung jüdischer Juristen schon am 31. März 1933. SA- und SS-Gruppen drangen in das Gerichtsgebäude am Reichenspergerplatz ein, stürmten mit gezogenen Waffen die Sitzungssäle und Beratungszimmer und durchsuchten sie nach jüdisch aussehenden Rechtsanwälten und Richtern. Dr. Robert Ellscheid, Rechtsanwalt am Oberlandesgericht, hatte von einem hochrangigen Nazi vorher einen Hinweis auf die geplante Aktion erhalten und konnte den größten Teil der gefährdeten Kollegen und Richter warnen, aber nicht alle.[9] Versuche, die Polizei zu alarmieren, blieben erfolglos. Die zusammengetriebenen Opfer – einige in Roben – wurden auf einen offenen Müllwagen verladen und durch das Spalier der johlenden Menge zum Polizeipräsidium gefahren.[10] Die Frage, warum sich niemand ernsthaft gegen diesen Übergriff wehrte, ist hier wie auch bei anderen vergleichbaren Ereignissen müßig. Nach Helga Huffmann[11] beklagten fast alle, dass ihnen „die Hände gebunden" gewesen seien. Louis F. Peters[12] meint, die im Ge-

---

6   Litten war der Sohn eines konvertierten Juden. Seine Mutter, Irmgard Litten, setzte ihm in ihrem Buch „Eine Mutter kämpft gegen Hitler", Bonn: Deutscher Anwaltsverlag, 2000, ein bewegendes Denkmal.

7   Krach, aaO, S. 182.

8   Hieronimie, Zur Geschichte der Koblenzer Rechtsanwaltschaft 1770 - 1970, S. 197; Luig, …weil er nicht arischer Abstammung ist. Jüdische Juristen in Köln während der NS-Zeit, S. 31.

9   Aufzeichnungen von Prof. Dr. Robert Ellscheid, einem der angesehensten Kölner Rechtanwälte und mutigen Gegner des Nationalsozialismus. Er schrieb seine Erinnerungen 1967 nieder und stellte sie dem OLG zur Verfügung. Sie sind veröffentlicht als Anhang zu dem Beitrag von Laum und Pamp, Das Oberlandesgericht Köln und sein Bezirk im Nationalsozialismus, in: Rheinische Justiz, Geschichte und Gegenwart, 175 Jahre Oberlandesgericht Köln, S. 673 ff. und werden hier als „Aufzeichnungen Ellscheid" zitiert.

10   Klein, Die rheinische Justiz und der rechtsstaatliche Gedanke in Deutschland, S. 216 f.

11   Geschichte der rheinischen Rechtsanwaltschaft, S. 153.

12   Kunstschutz und Technik, Zum 100. Geburtstag des Kölner Rechtsanwalts Rudolf Callmann, MittRAK 3/1992, S. 19 ff, 21.

richtsgebäude anwesenden Männer – Anwälte, Richter und sonstige Justiz-
bedienstete – hätten ohne weiteres ausgereicht, um die Aggressoren in die
Flucht zu schlagen. Dies mag nach ihrer Zahl und ihrer addierten Muskelkraft
allenfalls theoretisch zugetroffen haben; gegen die gewalttrainierten Nazis
hätten die eher unsportlichen Juristen allerdings kaum Chancen gehabt. Dr.
Walter Oppenhoff, der unmittelbar nach den Vorgängen das Justizgebäude
betrat, bezeichnete die Vorstellung, dass Widerstand möglich gewesen sei,
als völlige Illusion.[13] Zur Gegenwehr wären vor allem Eigenschaften notwendig gewesen, die damals den meisten Deutschen bereits weitgehend abhanden gekommen waren, nämlich Mut und Zivilcourage. Zumindest zwei
Justizangehörige hatten sie aber an diesem Tag noch: ein Justizinspektor, der
die jüdische Rechtsanwältin Ruth Bodensteiner unter einem Vorwand in sein
Zimmer bat und durch den Keller aus dem Gebäude rettete[14], und der nicht-
jüdische Landgerichtsdirektor Liedgens, der sich den Eindringlingen in den
Weg stellte und ebenfalls abtransportiert wurde.[15] Dr. Hahne, der einzige
Senatspräsident, der als überzeugter Nationalsozialist galt, empörte sich immerhin lautstark über das Treiben von SA und SS.[16] Der Kölner Landgerichtspräsident Dr. Kuttenkeuler bezeichnete den Vorgang als die schlimmste
Tragödie seines Lebens und ließ sich im Lauf des Jahres 1933 vorzeitig pen-
sionieren.[17] Der Übergriff wurde übrigens keineswegs von allen Kölner Rechtsanwälten verurteilt. In einem Brief an das preußische Innenministerium vom
27. April 1933 berichtete ein nationalsozialistischer „Kollege" stolz, man habe
die jüdischen Juristen „wie Unrat" durch die Straßen gefahren.[18]

Diese unmenschlichen Vorgänge in Köln waren kein Einzelfall. Eine ähnliche Aktion gab es bereits am 11. März 1933 in Breslau, als uniformierte SA-
Leute mit dem Schlachtruf „Juden raus!" in die Sitzungssäle und Anwaltszimmer des Gerichts stürmten.[19] Das Gleiche geschah am 24. März in Glei-
witz. In Königsberg besetzten am 31. März SA-Abteilungen sämtliche Gerichte. Am selben Tag drang die SA in das Kammergericht in Berlin ein, um
jüdische Richter und Anwälte zu vertreiben.[20] Sie wurden auf dem Lichthof

---

13 Beitrag bei der Podiumsdiskussion des Bonner Anwaltvereins am 23.10.1992, veröffentlicht in
    der Dokumentation „Jüdische Rechtsanwälte im Dritten Reich", Bonn: Dt. Anwaltsverlag, 1994.

14 Becker, 100 Jahre Kölner Anwaltverein: Zur Geschichte der Kölner Rechtsanwaltschaft, S. 97.

15 Klein, aaO, S. 217.

16 Aufzeichnungen Ellscheid, aaO, S. 675, und Klein, aaO, S. 217.

17 Klein, 100 Jahre Akten, 100 Jahr Fakten, S. 133.

18 Zitiert von Krach, aaO, S. 183.

19 Ostler, aaO, S. 248.

20 Die Vorgänge, die er selbst miterlebte, schildert im Einzelnen Haffner, aaO, S. 143 ff.

zusammengetrieben und von Justizangehörigen des einfachen Diensts bespuckt.[21] Wie weit die Hysterie ging, zeigt ein Vorgang in einem kleinen Ort bei Goslar, wo eine randalierende Schar von SA-Leuten die Versteigerung einer Malzfabrik verhinderte, weil der amtierende – rein arische – Amtsgerichtsrat zu seinem Pech mit Nachnamen „Israel" hieß.[22] Zahlreiche jüdische Anwälte wurden in „Schutzhaft" genommen, z. B. der langjährige Vorsitzende des DAV Dr. Martin Drucker am 1. April 1933.[23] Im Frühjahr 1933 wurden auch die ersten jüdischen Rechtsanwälte ermordet.[24]

Die nachfolgenden Eingriffe in die Rechte jüdischer Rechtsanwälte waren deshalb besonders perfide, weil sie unter dem Schein der Legalität stattfanden. Sie standen alle in Form von Gesetzen und Verordnungen im Reichsgesetzblatt, und jeder Jurist, der das Gesetzblatt las oder es jedenfalls zu lesen hatte, konnte sie zur Kenntnis nehmen.[25] Der Widerspruch zwischen Gesetz und Recht, zwischen Recht und Gerechtigkeit, war offenkundig.

Die ersten administrativen Maßnahmen gegen jüdische Rechtsanwälte entbehrten jedoch noch jeder auch nur scheinbaren Rechtsgrundlage. Der am 27. März 1933 vom Justizoberrentmeister zum Reichskommissar für die preußische Justizverwaltung aufgestiegene Hanns Kerrl ordnete in einem per Polizeifunk den Oberlandesgerichtspräsidenten übermittelten Erlass vom 31. März 1933, dem berüchtigten „Kerrl-Erlass", an, alle jüdischen Richter zu beurlauben und den Anteil der als Prozessbevollmächtigte auftretenden jüdischen Rechtsanwälte auf den Prozentsatz der Juden an der Bevölkerung zu reduzieren. Er begründete dies mit dem „anmaßenden Auftreten amtierender jüdischer Rechtsanwälte und jüdischer Richter".[26] Darauf schrieb der Kölner Oberlandesgerichtspräsident Dr. Volmer am 3. April dem Vorsitzenden des Vereins der Oberlandesgerichtsanwälte, Dr. Hommelsheim, dass bis auf weiteres nur noch Rechtsanwalt Teutsch – einer von vierzehn – vor Gericht auftreten dürfe und allen anderen jüdischen OLG-Anwälten das Betreten des Gerichts untersagt sei.[27] Auch die Landgerichtspräsidenten gaben entsprechende Anweisungen, wobei in Köln nur vier von 76 jüdischen Rechtsanwälten

---

21 Krach, aaO, S. 180 ff.

22 Krach, aaO, S. 275

23 Knobloch, Deutsch das Recht und deutsch auch die Juristen, AnwBl. 1990, S. 483 ff., S. 484.

24 Ostler, aaO, S. 249; Königseder, Recht und nationalsozialistische Herrschaft, S. 21; Göppinger, Der Nationalsozialismus und die jüdischen Juristen, S 62 ff.

25 Darauf hat u.a. Redeker wiederholt, u.a. im Zusammenhang mit der Ausstellung „Anwalt ohne Recht", hingewiesen, vgl. seine in BRAK-Mitt. 6/2000, S. 270 ff. veröffentlichte Eröffnungsansprache.

26 Ausführlich zum „Kerll-Erlass" vgl. Krach, aaO, S. 184 ff., wo er auch wörtlich wiedergegeben ist.

27 HStAD Rep. 11 Nr. 1702 Blatt 122.

ausgenommen wurden, so dass fast allen die weitere forensische Tätigkeit unmöglich war.[28] Maßgeblich beteiligt an den Anordnungen aus Berlin war Dr. Roland Freisler, damals Ministerialdirektor im Preußischen Justizministerium, bald darauf Staatssekretär im Reichsjustizministerium und später berüchtigter Präsident des Volksgerichtshofs, der frühzeitig vom Kommunisten zum Nationalsozialisten mutiert und vor 1933 als Rechtsanwalt in Kassel tätig war.[29]

Am 7. April 1933 erließ die Regierung gleichzeitig mit dem Gesetz zur Wiederherstellung des Berufsbeamtentums[30] (GWBB) das Gesetz über die Zulassung zur Rechtsanwaltschaft.[31] Danach konnte die Zulassung nichtarischer Rechtsanwälte bis zum 30. September 1933 zurückgenommen werden. Ausgenommen waren nur Rechtsanwälte, die bereits am 1. August 1914 zugelassen waren, die Frontkämpfer im Weltkrieg waren oder deren Väter oder Söhne in diesem Krieg gefallen waren.[32] Obwohl die Rücknahmeregelung eine „Kann-Vorschrift" war, wurde sie rigoros fast ohne Ausnahmen angewandt.[33] Gegen Anwälte, die nach dem 1. August 1914 zugelassen wurden, konnte bis zur Entscheidung über die Zulassungsrücknahme ein Vertretungsverbot erlassen werden. Diese Regelung ging vielen Nazis, auch ihnen zugehörenden Rechtsanwälten, die ein sofortiges Berufsverbot für alle jüdischen Anwälte gefordert hatten, nicht weit genug.[34]

Nach Nr. 2 (1) der 1. Durchführungsverordnung zum GWBB[35], auf das das Rechtsanwaltsgesetz verwies, galt als nichtarisch, wer von „nicht-arischen, insbesondere jüdischen Eltern oder Großeltern abstammt", was insbesondere dann anzunehmen war, wenn der jeweilige Elternteil oder Großelternteil der jüdischen Religion angehört hatte. Dabei genügte es, wenn nur einer dieser Vorfahren nichtarisch war, so dass auch die jüdische Großmutter den Enkel zum Juden im Sinne des Gesetzes machte.

---

28 Becker, aaO, S. 88.

29 Klein, aaO, S. 218.

30 RGBl I, S. 175.

31 RGBl I, S. 188.

32 Die jüdischen Rechtsanwältinnen hatten von dieser Regelung naturgemäß nichts. Von den 1933 in Berlin zugelassenen 20 Anwältinnen waren 19 Jüdinnen, die ihre Zulassung verloren, vgl. Königseder, Recht und nationalsozialistische Herrschaft, S. 90 f.

33 Nach Knobloch, aaO, S. 484, Fußnote 23, wurden nur 20 Ausnahmen gemacht, davon die meisten in Berlin und Frankfurt/Main.

34 Knobloch, aaO, S. 485; auch einigen Landesjustizministern reichten die Maßnahmen nicht aus, Adam, Die Judenpolitik im Dritten Reich, S. 65 f

35 RGBl I, S. 195.

Aufgrund des Gesetzes vom 7. April 1933 wurde insgesamt 61 Rechtsanwälten des Kammerbezirks wegen ihrer „Rassezugehörigkeit" zwischen Anfang Juli und Anfang August 1933 die Zulassung entzogen.[36] Weitere sechs nichtarische Anwälte verzichteten auf die Zulassung, teils wegen der Verlegung des Wohnsitzes ins Ausland.[37] Damit war die Zahl der nichtarischen Rechtsanwälte im Kammerbezirk auf 64, dies waren 7,1 %, gesunken; rund die Hälfte war aus dem Beruf ausgeschieden. Im ganzen Reich behielten etwa 70 % der jüdischen Rechtsanwälte ihre Zulassung,[38] zum großen Bedauern des Präsidenten der Reichsrechtsanwaltskammer, Neubert.[39]

Den aus dem Beruf Ausgeschlossenen blieben nur wenige Möglichkeiten, sich juristisch zu betätigen. Eine selbständige beratende Tätigkeit wurde ihnen durch das Rechtsberatungsmissbrauchsgesetz vom 13. Dezember 1935[40] verboten.

Den im Beruf verbliebenen jüdischen Rechtsanwälten machten die Nazis in der Folgezeit das Leben auf jede erdenkliche Weise schwer. Die 2. Durchführungsverordnung zu dem Gesetz über die Zulassung zur Anwaltschaft vom 1. Oktober 1933[41] bestimmte zwar, dass die noch zugelassenen nichtarischen Anwälte „nicht nur im vollen Genuß ihrer Berufsrechte" bleiben sollten; sie hatten auch „Anspruch auf die Achtung, die ihnen als Angehörige ihres Berufsstandes zukommt". Die Praxis sah anders aus.

Die jüdischen Anwälte hatten große Probleme, ihre Mandanten und Mandate zu halten. Die Mandanten der vorübergehend von dem Vertretungsverbot betroffenen Anwälte mussten sich neue Prozessbevollmächtigte suchen.[42] Nachdem die Vertretungsverbote aufgehoben waren, wechselten die ehemaligen Mandanten schon aus Kostengründen nicht erneut den Anwalt. Viele Rechtsuchende hielten es im Hinblick auf die politische Lage auch nicht mehr für opportun, sich von einem jüdischen Anwalt vertreten zu lassen. Die

---

36 Becker, aaO, S. 89; Luig, ... weil er nicht arischer Abstammung ist, S. 65. Nach dem Jahresbericht des Kammervorstands für 1933, HStAD Rep. 28 Nr. 332 Blatt 106 ff. S. 6, wurde 52 Rechtsanwälten die Zulassung entzogen. Nach einer undatierten und nicht unterschriebenen Aufstellung, die sich in den Generalakten des Landgerichts Köln in HStAD Rep. 28 Nr. 332 Blatt 86 ff. findet, waren es 52 Rechtsanwälte, und zwar beim Oberlandesgericht Köln fünf, in den Landgerichtsbezirken Aachen zwei, Bonn vier und Koblenz acht und Köln 33.

37 Jahresbericht des Kammervorstands für 1933, aaO.

38 Luig, aaO, S. 65.

39 Becker, aaO, S. 93.

40 RGBl I, S. 1478.

41 RGBl I, S. 699.

42 Die Gerichte erkannten dies in Kostenfestsetzungsverfahren als Fall des notwendigen Anwaltswechsels an, vgl. Krach, aaO, S. 287.

Furcht, dass die Richter dem Nationalsozialismus folgen und verstärkt Vorbehalte gegen jüdische Anwälte haben würden, spielte sicher auch eine Rolle.[43] Der „Kerll-Erlass" vom 31. März 1933 verpflichtete alle staatlichen Stellen, jüdischen Rechtsanwälten keine Aufträge mehr zu erteilen und alle laufenden Mandate zu kündigen, was auch geschah. Im Bereich des Anwaltsnotariats waren die jüdischen Rechtsanwälte besonders betroffen, weil ihnen 1935 das Notariat entzogen wurde.[44] Nach einem Erlass vom 9. Oktober 1936 erhielten Behördenangehörige keine Beihilfen und Unterstützungen mehr, wenn sie einen jüdischen Rechtsanwalt in Anspruch genommen hatten.[45]

Der „Kerll-Erlass" hatte weiter angeordnet, dass jüdische Rechtsanwälte generell nicht mehr zu Pflichtverteidigern, zu Konkursverwaltern und zu Zwangsverwaltern bestellt und nicht mehr als Armenanwälte beigeordnet werden durften. Dies war, soweit es um Armenrechtsmandate ging, nicht das letzte Wort. Anschließend wurden aber arischen Prozessparteien, die das Armenrecht beantragten, grundsätzlich keine jüdischen Rechtsanwälte mehr beigeordnet, auch wenn die Mandanten dies ausdrücklich wünschten. Die Reichsrechtsanwaltskammer vertrat den Standpunkt, dass bei der Beiordnung die rassische Zugehörigkeit zu berücksichtigen sei, da „ein wirkliches Vertrauensverhältnis heute zwischen Angehörigen verschiedener Rassen regelmäßig zu verneinen sein wird".[46] Auch nachdem das Justizministerium in einer Anwandlung von rechtsstaatlicher Gesinnung durch eine Allgemeine Verfügung vom 22. Februar 1934[47] darauf hinwies, dass bei der Auswahl des beizuordnenden Anwalts in erster Linie der Wunsch der Prozesspartei zu berücksichtigen sei, reagierte der Kölner Kammervorstand leider unrühmlich mit einem Rundschreiben vom 14. März 1934, wonach er es „nicht für zweckmäßig (halte), die bisherige Übung bei der Verteilung der Armenrechtsmandate zu ändern".[48] Als eine weitere Verfügung vom 10. Dezember 1934[49] die Rechtslage bekräftigte, machte der Kölner Landgerichtspräsident in einer Richterbesprechung am 23. Mai 1935 deutlich, dass die Beiordnung jüdischer Rechtsanwälte „mit den Grundsätzen des Nationalsozialismus unvereinbar" sei.[50] Noack[51], der stellvertretende Präsident der Reichsrechtsanwaltskammer,

---

43 Nach Klein, 100 Jahre Akten, 100 Jahre Fakten, S. 135, traten fast alle Kölner Richter der NSDAP bei.

44 Vgl. dazu Krach, aaO, S. 384 ff.

45 Das gleiche galt bei der Inanspruchnahme eines jüdischen Arztes, vgl. Krach, aaO, S. 304.

46 Schreiben an das Preußische Justizministerium vom 22.1.1934, zitiert bei Krach, aaO, S 315.

47 DJ 1934, S. 273.

48 Krach, aaO, S. 318.

49 JW 1934, S. 3260.

50 Krach, aaO, S. 323 f.

51 JW 1935, S. 679 und in seinem Kommentar zur RRAO S. 159.

vertrat die Auffassung, es komme nicht in erster Linie auf die Interessen der rechtsuchenden Partei, sondern des „Volksganzen" an. Das Oberlandesgericht Köln versah einen Beschluss vom 21. Oktober 1937[52] mit dem Leitsatz, es sei ein Missbrauch des Armenrechts, wenn ein Deutscher als Arier, der einen nichtarischen Wahlanwalt bestellt hatte, das Armenrecht für die Gerichtskosten verlange. Zur Begründung führte das Gericht aus, es gehöre „zu den weltanschaulichen Grundsätzen der staatstragenden, nationalsozialistischen Bewegung und damit auch zu den Grundsätzen des Staates selbst, dass im deutschen Staate nur Mitglieder der deutschen Volksgemeinschaft an der Rechtsfindung und Rechtsprechung beteiligt sein können". Zu dieser Volksgemeinschaft gehörten, so heißt es in dem Beschluss weiter, die Juden nicht; der Kläger setze sich durch die Beauftragung eines jüdischen Anwalts „in bewußten Gegensatz zur Deutschen Volksgemeinschaft und zu den Grundsätzen und Bestrebungen, die heute Wesensbestandteile dieser Gemeinschaft darstellen", die er damit missachte.

Den jüdischen Rechtsanwälten wurde auch die Zusammenarbeit mit nichtjüdischen Kollegen erschwert. Die Richtlinien der Reichsrechtsanwaltskammer vom 27. Oktober 1933 „über den Verkehr mit Rechtsanwälten, deren Zulassung zurückgenommen ist"[53] erklärten zunächst jede berufliche Zusammenarbeit für unzulässig mit Personen, deren Zulassung zur Anwaltschaft versagt oder zurückgenommen wurde. Dies bedeutete, dass sich Anwälte, die die Zulassung nach dem Gesetz vom 7. April 1933 verloren hatten, auch nicht mehr als Mitarbeiter von Kollegen, etwa ihrer ehemaligen Sozien, betätigen durften. Die Richtlinien untersagten aber auch – über ihren in der Überschrift beschriebenen Inhalt hinaus – die Eingehung einer Sozietät oder Bürogemeinschaft zwischen arischen und nichtarischen Rechtsanwälten sowie die Aufrechterhaltung solcher Kooperationen, wenn sie nach dem 14. September 1930 begonnen hatten.[54] Diese Anordnung stand im krassen Gegensatz zur 2. DVO und musste darum abgemildert werden. Ziffer 21 der am 2. Juli 1934 von der Reichsrechtsanwaltskammer (RRAK) erlassenen „Richtlinien für die Ausübung des Anwaltsberufs"[55] bestimmte darum lediglich, dass eine „gemeinschaftliche Berufsausübung zwischen arischen und nichtarischen Rechtsanwälten grundsätzlich zu vermeiden" sei; auch sei „im sonstigen Verkehr ... beiderseits taktvolle Zurückhaltung geboten". In der Folgezeit nahm

---

52 JW 1937, S. 3053.

53 Abgedruckt bei Noack, Kommentar zur RRAO, S. 271.

54 Die vorausgegangenen Anordnungen der Kammern Berlin und Düsseldorf waren noch strenger, vgl. Krach, aaO, S. 292. Die Kammervorstände konnten Ausnahmen gestatten, vgl. Knobloch, aaO, S. 487.

55 Abgedruckt bei Noack, Kommentar zur RRAO, S. 259 ff..

der Druck auf die Anwaltschaft aber zu. Raeke, Rechtsamtsleiter und stell-vertretender Reichsjuristenführer, ordnete am 30. Oktober 1935 an, dass die Mitglieder des Bundes Nationalsozialistischer Deutscher Juristen (BNSDJ) Sozietäten mit Juden oder Halbjuden zum nächstmöglichen Zeitpunkt aufzu-lösen hatten.[56]

Viele Rechtsanwaltskammern führten seit 1934 jüdische und arische Anwälte in getrennten Anwaltsverzeichnissen auf.[57] Dies geschah aber nicht in Köln; das einzige aus dieser Zeit erhaltene Verzeichnis der Kammermit-glieder nach dem Stand am 1. Januar 1938 enthält ohne Differenzierung auch alle noch zugelassenen jüdischen Rechtsanwälte.[58]

Die jüdischen Rechtsanwälte und solche, die mit ihnen sympathisierten, wurden auch in ehrengerichtlichen Verfahren drangsaliert. Obwohl Ehe-schließungen zwischen Ariern und Nichtariern damals noch nicht verboten waren, schloss der Ehrengerichtshof 1936 in vorauseilendem Gehorsam ge-genüber dem Naziregime einen Kollegen aus dem Beruf aus, der 1935 seine jüdische Verlobte geheiratet hatte, weil er sich damit „in einen unüberbrück-baren Gegensatz zu den ihm bekannten Rassegrundsätzen des nationalsozi-alistischen Staates gesetzt" habe.[59] Andere Anwälte wurden ausgeschlossen, weil sie ihre jüdische Herkunft verheimlicht oder weil sie die Zusammen-arbeit mit ausgeschlossenen Juden fortgesetzt hatten. 1939 wurde einer Rechtsanwältin sogar nur deshalb die Zulassung aberkannt, weil sie mit einem in derselben Pension wohnenden jüdischen Arzt Schach gespielt und gemeinsam gegessen hatte.[60]

Eine einzige der gegen sie gerichteten Anordnungen dürfte für die jüdi-schen Rechtsanwälte einigermaßen erträglich gewesen sein, obwohl auch sie von den Nazis selbstverständlich als Mittel der Stigmatisierung gedacht war.[61] Mit der Begründung, der „Deutsche Gruß" (ausgestreckter rechter Arm ver-bunden mit dem Ausruf „Heil Hitler") sei der Gruß der deutschen Volks-genossen, wurde er „Juden im Verkehr mit den Justizbehörden, insbesonde-re in Gerichtssitzungen" untersagt.[62]

Zahlreiche jüdische Rechtsanwälte, die 1933 die Zulassung behalten hat-ten, wanderten in den folgenden Jahren aus Deutschland aus. Am 1. Januar

---

56   JW 1935, S. 3287.

57   Knobloch, aaO, S. 487.

58   HStAD Rep. 28 Nr. 333 Blatt 59.

59   Urteil vom 11.2.1936, EGE Band XXX S. 64 ff.

60   Knobloch, aaO, S. 488.

61   Krach, aaO, S. 299.

62   AV des Reichsjustizministers vom 4.11.1937, JW 1937, S. 3017.

1937 waren im Oberlandesgerichtsbezirk Köln unter Einschluss des Saarlands noch 54 nichtarische Anwälte zugelassen.[63] Ihre Zahl verringerte sich in der Folgezeit weiter. Auf eine entsprechende Anfrage des Oberlandesgerichtspräsidenten vom 18. Februar 1938[64] meldete der Kölner Landgerichtspräsident noch 33 dort zugelassene jüdische Rechtsanwälte; in den anderen Landgerichtsbezirken gab es insgesamt noch zehn jüdische Anwälte.[65] Ihnen stand das Schlimmste noch bevor. Die Fünfte Verordnung zum Reichsbürgergesetz vom 14. Oktober 1938[66], kurz vor den von den Nazis als „Reichskristallnacht" gefeierten Pogromen am 9. November 1938, bestimmte in § 1 lapidar, dass „Juden der Beruf des Rechtsanwalts verschlossen" und die Zulassung jüdischer Rechtsanwälte bis zum 30. November 1938 zurückzunehmen sei.[67] Dies bedeutete für die Betroffenen das berufliche Ende. Die Justiz wartete die förmliche Rücknahme der Zulassungen nicht einmal ab; das Reichsjustizministerium teilte in einem Schnellbrief vom 15.11.1938 allen Gerichtspräsidenten mit: „Jüdische Rechtsanwälte können nicht mehr vor Gericht auftreten".[68] Die Rechtsanwaltskammer Köln gab in den Mitteilungen der Reichsrechtsanwaltskammer die Namen der 41 Rechtsanwälte des Kammerbezirks bekannt, deren Zulassung zurückgenommen wurde.[69] Es waren fünf Rechtsanwälte am Oberlandesgericht, 28 im Landgerichtsbezirk Köln, zwei im Landgerichtsbezirk Aachen, drei im Landgerichtsbezirk Bonn und drei im Landgerichtsbezirk Koblenz. Im Trierer Bezirk gab es schon vorher keinen jüdischen Rechtsanwalt mehr.[70] Neubert, der Präsident der Reichsrechtsanwaltskammer, konnte befriedigt feststellen, dass durch das Ausscheiden der jüdischen Rechtsanwälte „die Anwaltschaft endlich vom artfremden Einfluß ganz befreit und damit für die Erfüllung ihrer Aufgaben im national-sozialistischen Staat bereit gemacht" sei.[71]

---

63 MdRRAK 1937, S. 73.

64 HStAD Rep. 11 Nr. 1636 Blatt 60.

65 Die Antwortschreiben befinden sich im HStAD Rep. 11 Nr. 1636 Blatt 61 ff. Die zehn Anwälte verteilten sich auf die Landgerichtsbezirke wie folgt: Aachen 2, Bonn 4, Koblenz 3, Trier 1.

66 RGBl I, S. 1403.

67 Wer Jude im Sinne dieser Verordnung war oder als solcher galt, richtete sich nach der 1. VO zur Durchführung des Reichsbürgergesetzes vom 14.11.1935, RGBl I, S. 1333. Nicht ausgeschlossen wurden „Mischlinge" ersten und zweiten Grades mit einem oder zwei jüdischen Großelternteilen; vgl. dazu Knobloch, AnwBl. 1990, S. 489.

68 HStAD Rep. 11 Nr. 1635 Blatt 76.

69 MdRRAK 1938, S. 232. Ostler, aaO, S. 266, bezeichnet die Liste der gelöschten Rechtsanwälte als „Totenliste".

70 In einem Schreiben vom 29.3.1940 – HStAD Rep. 11 Nr. 1635 Blatt 109 – teilte die Kammer dem OLG-Präsidenten mit, es seien noch zwei „Mischlinge 1. Grades (Halbjuden)" zugelassen.

71 MdRRAK 1939, S. 1.

Rechtsanwaltskammer

KÖLN a. Rh.

Geschäftsstelle: Köln, Justizgebäude, Burgmauer (II)

Nr. 21/38. **Strafurteil wegen Beleidigung von Rechtsanwälten**

Das AG. Bensberg hat am 5. April 1938 einen Angeklagten wegen fortgesetzter öffentlicher Beleidigung eines Rechtsanwalts und anderer Straftaten zu einem Monat und zwei Wochen Gefängnis verurteilt.

Nr. 22/38. **Ausscheiden jüdischer Rechtsanwälte**

Die Zulassung folgender jüdischer Rechtsanwälte ist zurückgenommen worden:

Oberlandesgericht:

JR. Bernhard Falk in Köln.
Dr. Siegmund Klein I in Köln.
Dr. Albert Haas in Köln.
Dr. Paul Rübenberg in Köln.
Ernst Loeb in Köln.

Landgericht Köln:

JR. Dr. Siegmund Mannheim in Köln.
JR. Dr. Alfred Cohen in Köln.
Dr. Ari Meyer in Köln.
Dr. Moritz Bing in Köln.
Dr. Alfred Brünnel in Köln.
Dr. Oskar Fraenkel in Köln.
Dr. Max Rhée in Köln.
Albert Friede in Köln.
Dr. Julius Faßbender in Köln.
Sally Jonas in Köln.
Dr. Richard Speyer I in Köln.
Julius Kohn in Köln.
Dr. Martin Levy in Köln.

Dr. Siegfried Kaufmann I in Köln.
Dr. Paul Cappel in Köln.
Dr. Richard Gatzert in Köln.
Dr. Ludwig Schweizer in Köln.
Dr. Wilhelm Dreyer in Köln.
Emil Meyer in Köln.
Dr. Albert Ikenberg in Köln.
Dr. Julius Kaufmann III in Köln.
Hans Israel in Köln.
Dr. Wilhelm Weinberg in Köln.
Dr. Kurt Simons in Köln.
Dr. Julius Speyer II in Köln.
Dr. Moritz Weinberg in Köln.
Dr. Richard Nathan II in Köln.
Dr. Arthur Heilborn in Köln.

Landgericht Aachen:

JR. Dr. Julius Gottschalk in Aachen.
Karl Löwenstein in Aachen.

Landgericht Bonn:

Dr. Ernst Herrmann in Bonn.
Siegmund Meyer II in Bonn.
Dr. Hans Wollstein in Bonn.

Landgericht Koblenz:

Dr. Isidor Treidel in Koblenz.
Dr. Arthur Salomon in Koblenz.
Dr. Georg Arfeld in Bad Kreuznach.

* **Personalnachrichten aus der Anwaltschaft**

Löschungen:

RA. Dr. Weil, Köln (auf eigenen Antrag).
RA. Dr. Voremberg, Trier (auf eigenen Antrag).
RA. Pinger, Grumbach (unter Ernennung zum Notar in Bedburg).

Mitteilungen der Reichs-Rechtsanwaltskammer vom 1. Dezember 1938

Nur einigen der bisherigen jüdischen Rechtsanwälten blieb noch in bescheidenen Grenzen die Möglichkeit, jüdische Rechtssuchende zu betreuen. Nach § 8 der Verordnung ließ die Justizverwaltung zur Beratung und Vertretung von Juden jüdische Rechtskonsulenten zu, soweit dafür ein Bedürfnis bestand. Ihnen wurde zur Berufsausübung ein bestimmter Ort zugewiesen; nur in einem festgelegten Bezirk durften sie vor Gerichten und Behörden auftreten (§ 11). Im gesamten Oberlandesgerichtsbezirk Köln war die Zulassung von nur 11 Konsulenten vorgesehen[72]; zugelassen wurden dann in Köln 14 bisherige Rechtsanwälte.[73] Den Rechtskonsulenten wurde die Berufsausübung in jeder Weise erschwert. Sie durften die Anwaltszimmer in den Ge-

---

72 Laum/Pamp, Das Oberlandesgericht Köln und sein Bezirk im Nationalsozialismus, S. 639.

73 Becker, aaO, S. 94, führt sie namentlich auf.

richten nicht benutzen, durften keine Robe tragen, sie mussten vor Verhand-
lungsbeginn vor dem Richtertisch erklären, dass sie Juden sind, und ihre
Judenkennkarte vorlegen, es gab auch besondere Vorschriften für Brief-
bögen und Praxisschilder. Ab dem 1. Januar 1939 mussten sie – wie alle
Juden – die jüdischen Vornamen Israel oder Sarah führen und ab September
1941 den Judenstern tragen.[74] Die gesetzlichen Gebühren standen den
Rechtskonsulenten zwar im eigenen Namen zu, jedoch für Rechnung einer
„Ausgleichsstelle"; ihnen selbst verblieb nur ein Bruchteil der Einnahmen.
Die Zahl der Rechtskonsulenten verringerte sich schnell, weil ihre Zulassung
befristet war und einigen noch die Flucht gelang. Der letzte Rechtskonsulent
war Dr. Moritz Weinberg, der im Juni 1943 deportiert und im Herbst 1944 in
Auschwitz ermordet wurde.[75] Fast alle jüdischen Rechtsanwälte, die Deutschland nicht mehr verlassen konnten, fielen dem Terror zum Opfer; nur ganz
wenige überlebten im Untergrund.

Dieser sachliche und damit notwendig nüchterne Bericht über die Verfolgung der jüdischen Rechtsanwältinnen und Rechtsanwälte wird naturgemäß
nicht dem unendlichen Leid gerecht, das die unmenschlichen, verbrecheri-
schen Handlungen der nationalsozialistischen Gewaltherrschaft jedem einzelnen der betroffenen Menschen im Kölner Kammerbezirk zufügten. Die
Schilderung der erschütternden Einzelschicksale bleibt hier deshalb ausgeklammert, weil seit Mai 2004 die von der Rechtsanwaltskammer Köln her-
ausgegebene umfassende Darstellung von Prof. Dr. Klaus Luig unter dem
Titel „... weil er nicht arischer Abstammung ist. Jüdische Juristen in Köln während der NS-Zeit" vorliegt.[76] Das Buch befasst sich zwar nicht mit den jüdischen Rechtsanwälten in den damals noch zu Köln gehörenden Landgerichtsbezirken Koblenz und Trier. Sie waren dort nicht sehr zahlreich, aber
jeder von ihnen verdient Anteilnahme und Erinnerung. Für Koblenz kann auf
die Abhandlung von Klinge in der Festschrift zum 50jährigen Bestehen der
Rechtsanwaltskammer Koblenz verwiesen werden.[77]

---

74 Vgl. dazu im Einzelnen Krach, aaO, S. 397 ff.

75 Luig, aaO, S. 78 ff.

76 Erschienen im Verlag Dr. Otto Schmidt, Köln.

77 Geschichte der Rechtsanwaltschaft im Oberlandesgerichtsbezirk Koblenz, S. 1 ff., insb. S. 27 ff.

2. Die „Gleichschaltung" der Rechtsanwaltskammer Köln und die Stellung der Rechtsanwaltskammern im Dritten Reich

Dem Versuch, die Frage nach der Einstellung der Kammer, der für sie handelnden Personen und ihrer Mitglieder zu den Ereignissen nach 1933 zu beantworten, muss zum besseren Verständnis die Beschäftigung mit diesen Themen vorausgehen.

Die Nationalsozialisten machten sich nach der Machtübernahme sofort daran, alle Organisationen im Sinne der „nationalen Erhebung" gleichzuschalten. Dies geschah durch die Absetzung der bisherigen Funktionsträger und, soweit es um die Vereine ging, durch die Überführung der Mitglieder in neue regimetreue Vereinigungen. Davon waren auch die Kölner Rechtsanwaltskammer und die Anwaltvereine im Kammerbezirk betroffen. Zunächst bewährte sich hier wieder einmal der sprichwörtliche rheinische Pragmatismus.

Um Juden und andere unliebsame Personen aus den Kammervorständen zu entfernen, enthielt der „Kerll-Erlass" vom 31. März 1933 auch die Anweisung an die Oberlandesgerichtspräsidenten, durch „entsprechende Verhandlungen" die Kammervorstände zum Rücktritt zu veranlassen und einen „Kommissar" mit der vorläufigen Weiterführung der Geschäfte und der Vorbereitung von Ersatzwahlen zu beauftragen.[78] Das einzige jüdische Kammervorstandsmitglied in Köln war Dr. Max Rhée.[79] Zum Kommissar wurde Dr. Josef Becker I, der frühere Vorsitzende des Kammervorstands, berufen.[80] Er genoss im Kreis seiner Kollegen hohes Ansehen und war kein Nationalsozialist. Becker berief für den 22. April 1933 eine außerordentliche Kammerversammlung zur Wahl eines neuen Vorstands ein. Durch einen Erlass war das Wahlverfahren dahin geändert worden, dass der Kammervorstand offen mit absoluter Stimmenmehrheit zu wählen war.[81]

Bereits vorher hatte Dr. Max Hommelsheim Kollegen, die der Deutschnationalen Volkspartei, der Nationalliberalen Partei, der Demokratischen Partei und dem Zentrum angehörten, in der „Nationalen Vereinigung deutscher Rechtsanwälte Schwarz-Weiß-Rot", auch kurz „Schwarz-Weiß-Roter Kreis" genannt, zusammengerufen. Diesem Kreis gehörten u. a. die Rechtsanwälte

---

78 Zur „Gleichschaltung" der Anwaltskammern vgl. die ausführliche Darstellung von Krach, AnwBl. 1990, S. 294 ff.

79 Er gehörte von 1929 bis 1933 dem Kammervorstand an, seine Zulassung wurde am 1.12.1938 gelöscht, vgl. Becker, aaO, S. 92. 1945 wurde er wieder zugelassen und war von 1945 bis 1953 Mitglied des Kammervorstands.

80 Jahresbericht für 1933, HStAD Rep. 28 Nr. 332 Blatt 106 ff.

81 Huffmann, Geschichte der rheinischen Anwaltschaft, S. 151.

Finck, Frenger, Dr. Fuchs, Dr. Küchen, Dr. Legers, Schulte und Weinand (alle Köln) sowie die Rechtsanwälte Franck (Koblenz), Guentzer (Trier) und Sonanini (Aachen) an. Sinn der Vereinigung war es, bei den Wahlen der Vorstände von Kammer und Anwaltverein ein Gegengewicht zu den Nationalsozialisten zu schaffen. Damit hatte sie einen nach den gegebenen Umständen durchaus beachtlichen Erfolg, denn es gelang ihr, mit dem Gaurechtsamt, der zuständigen Gliederung der NSDAP, eine Kandidatenliste auszuhandeln, die ihre Anhänger berücksichtigte. Frenger, der Sprecher der Vereinigung, hielt mit einem mutigen Telegramm den zuständigen Ministerialdirektor im Preußischen Justizministerium, Roland Freisler, von einem Eingriff ab.[82] Die Kammerversammlung am 22. April 1933 wählte die zwischen der Vereinigung und den Nazis ausgehandelte Einheitsliste, aber nicht einstimmig; Vorsitzender wurde Dr. Carl Diedrich, selbstverständlich ein Nationalsozialist, sein Stellvertreter Dr. Hommelsheim. Der Vorsitzende Dr. Becker hatte in seiner Ansprache ausgeführt, man müsse die Notwendigkeit der Neuwahl sachlich anerkennen, wenn „die Anwaltschaft … zu einer gedeihlichen Zusammenarbeit mit den anderen Organen der Rechtspflege imstande sein solle, nachdem in diesen die bekannten personellen … Änderungen vorgenommen worden seien". Zum Abschluss der Versammlung, die nur 20 Minuten dauerte, sangen alle das Deutschlandlied[83]. Es ist nicht auszuschließen, dass Angehörige der nationalsozialistischen Organisationen als „Gäste" an der Kölner Kammerversammlung teilnahmen; sie war aber nicht von dem gleichen nationalsozialistischem Imponiergehabe begleitet wie einige der entsprechenden Versammlungen in anderen Bezirken. In Berlin war jede zweite Stuhlreihe mit Uniformierten besetzt; die Düsseldorfer Versammlung fand unter einem großen Hitler-Bild in Anwesenheit von starken Abordnungen von SA, SS und Stahlhelm statt und endete mit dem Absingen des Horst-Wessel-Lieds.[84] Nach einer Ergänzungswahl am 16. Juni 1933 gehörten außer Hommelsheim von den erwähnten Mitgliedern des Schwarz-Weiß-Roten Kreises die Rechtsanwälte Finck, Franck, Guentzer, Dr. Küchen, Dr. Legers, Schulte, Sonanini und Weinand dem neuen Kammervorstand an[85], der nun aus elf Nationalsozialisten und neun Anhängern anderer Parteien, davon acht Deutschnationalen und einem Zentrumsmitglied, bestand.[86] Davon

---

82 Huffmann, aaO, S. 151 f.

83 Diese Darstellung beruht auf dem Versammlungsprotokoll, zitiert von Krach, aaO, S. 222, der die Argumentation von Becker mit Recht als „bemerkenswert defensiv" bezeichnet.

84 Krach, aaO, S. 222.

85 Jahresbericht 1933, aaO, HStAD Rep. 28 Nr. 332 Blatt 106 ff.

86 Krach, AnwBl. 1990, S. 296.

waren Guentzer, Hommelsheim, Schulte und Sonanini bereits Mitglieder des früheren Vorstands.[87] Die Anhänger der bürgerlichen Parteien konnten – etwas anderes zu erwarten wäre utopisch gewesen – die nationalsozialistische Mehrheit nicht verhindern, aber sie bildeten eine beachtliche Minderheit. Es lässt sich allerdings nicht feststellen, ob sie tatsächlich einen mäßigenden Einfluss ausüben konnten; zumindest zwei von ihnen folgten dann doch noch dem politischen Trend der Zeit.[88]

Beim Kölner Anwaltverein vollzog sich der Wandel weniger glimpflich. Am 31. März 1933 fand eine außerordentliche Mitgliederversammlung statt, zu der die jüdischen Kollegen geschlossen nicht erschienen waren, sondern um die Verlesung einer Erklärung gebeten hatten. Der bisherige Vorstand unter der Führung von Dr. Decker trat zurück, worauf Dr. Josef Becker den Vorsitz übernahm. Die von Dr. Hommelsheim mit dem Gaurechtsamt ausgehandelte Liste für die Wahl des Vorstands wurde einstimmig mit einigen Enthaltungen angenommen; von den neun Vorstandsmitgliedern waren vier keine Parteigenossen.[89] Die weitere Entwicklung besiegelte aber bald das Schicksal des Vereins. Im Mai 1933 forderten Freisler und der Führer des Bundes Nationalsozialistischer Deutscher Juristen (BNSDJ), Dr. Hans Frank, ultimativ die Überführung des DAV in den BNSDJ.[90] Die Abgeordnetenversammlung des DAV am 18. Mai 1933, auf der Frank gesprochen hatte, beschloss den korporativen Beitritt zum BNSDJ unter Beibehaltung seiner eigenen Rechtspersönlichkeit, was nur die Vorstufe zu seiner Auflösung war. Am 23. Oktober 1933 veröffentlichte die Juristische Wochenschrift, die nun als „Zeitschrift der Fachgruppe Rechtsanwälte im BNSDJ" firmierte, die Anordnung von Frank, alle juristischen Fachvereinigungen bis spätestens 31. Dezember 1933 zu liquidieren und in die zuständigen Fachgruppen des BNSDJ zu überführen.[91] Dies war das Todesurteil für alle Anwaltvereine auch des Kölner Kammerbezirks. Der Bonner Anwaltverein beschloss am 19. Dezember 1933 seine Auflösung, Aachen folgte am 22. Dezember 1933 und Köln am 30. Dezember 1933.[92]

---

87 Jahresbericht 1932 HStAD Rep. 28 Nr. 332 Blatt 79 f.

88 Sie sind in einer nach 1945 vom Oberlandesgericht im Zusammenhang mit der Entnazifizierung erstellten Liste – HStAD Rep. 11 Nr. 1722 – als Mitglieder der NSDAP aufgeführt.

89 Becker, Zur Geschichte der Kölner Rechtsanwaltschaft 1887-1987, S. 79 ff.

90 Der BNSDJ wurde 1936 in „Nationalsozialistischer Rechtswahrerbund" (NSRB) umbenannt.

91 Becker, aaO, S. 83.

92 Diese Daten ergeben sich aus einem Schreiben des Kammerpräsidenten an den OLG-Präsidenten vom 10.8.1937, HStAD Rep. 11 Nr. 1635 Bl. 47; danach beschloss auch der nicht rechtsfähige Verein der OLG-Anwälte am 29.12.1933 seine Auflösung.

Die Kammer konnte ihre Arbeit zunächst noch in relativer Selbständigkeit fortsetzen. In der ordentlichen Kammerversammlung am 16. Dezember 1933 wurden zehn Vorstandsmitglieder auf vier Jahre wiedergewählt, weil sie bei der Ersatzwahl an die Stelle von am 31. Dezember 1933 turnusmäßig ausscheidenden Mitgliedern getreten waren.[93] Dies war die letzte freie Wahl nach den Bestimmungen der Rechtsanwaltsordnung von 1878.[94]

Die Zentralisierung der Rechtsanwaltskammern fing recht harmlos an. Die durch die Verordnung des Reichspräsidenten vom 18. März 1933[95] errichtete Reichsrechtsanwaltskammer (RRAK) entsprach dem Streben der Nationalsozialisten nach zentralistischen Führungsstrukturen, aber zugleich dem Wunsch der beiden Anwaltsorganisationen. Bereits 1928 hatten namhafte Kollegen sie gefordert[96]; sie wurden von der Vereinigung der Vorstände der deutschen Anwaltskammern unterstützt.[97] Die RRAK hatte die Aufgabe, „eine ständige Verbindung unter den Vorständen der Anwaltskammern, deren Zuständigkeit unberührt bleibt, herzustellen". Der Vorstand der Vereinigung der Vorstände der deutschen Anwaltskammern und der Vorstand des Deutschen Anwaltsvereins hatten gemeinsam die erste Satzung der Reichsrechtsanwaltskammer zu beschließen. Diese bezeichnete den Vorsitzenden des Vorstands als „Präsidenten". Dieses Präsidentenamt übernahm ein strammer Parteigenosse, der Berliner Rechtsanwalt Dr. Neubert, der es bis 1945 behielt. Über das Wirken der RRAK in der ersten Zeit wurde wenig bekannt. Im Jahr 1933 meldete das Anwaltsblatt lediglich, das Präsidium habe ein auf der Großen Berliner Kunstausstellung gezeigtes Hitler-Bild erworben.[98]

Weitere Änderungen brachte das Gesetz der Reichsregierung vom 28. März 1934[99], wonach nun der Ehrengerichtshof bei der Reichsrechtsanwaltskammer als Berufungsinstanz gegen die Urteile des Ehrengerichts fungierte. Die Senate wurden mit vier anwaltlichen und drei richterlichen Mitgliedern besetzt; den Vorsitz führten der Präsident der Reichsrechtsanwaltskammer und die vom Präsidium dieser Kammer bestellten anwaltlichen Mitglieder.

---

93 Jahresbericht 1933, aaO.

94 Durch Gesetz vom 6.1.1934, RGBl I S. 21, wurden die Wahlen zum Kammervorstand, abgesehen von Ergänzungswahlen, bis zum 31.3.1935 ausgesetzt, durch Gesetz vom 30.3.1935, RGBl I S. 469, wurde die Geltungsdauer bis zum 30.9.1935, durch Gesetz vom 28.9.1935, RGBl S. 1183, noch einmal bis zum 31.3.1936 verlängert.

95 RGBl I, S. 109 Kapitel XIII.

96 Dix, AnwBl. 1928, S. 174 f.; Franke, AnwBl. 1928, S. 290 ff.

97 Beschluss vom 6. Oktober 1928, AnwBl. 1928, S. 290. Die Abgeordnetenversammlung des DAV äußerte sich zunächst zurückhaltend, vgl. AnwBl. 1928, S. 351 ff., S. 353.

98 AnwBl. 1933, S. 197.

Weniger als zwei Jahre später schafften die Nationalsozialisten die Selbstverwaltung der Anwaltschaft vollständig ab. Durch Gesetz vom 13. Dezember 1935[100] änderte die Reichsregierung das Anwaltsrecht grundlegend; die Neufassung wurde am 21. Februar 1936 als Reichsrechtsanwaltsordnung (RRAO) bekannt gemacht.[101] Zwar wurden weiter in den Oberlandesgerichtsbezirken Rechtsanwaltskammern gebildet, die aber keine Rechtsfähigkeit mehr besaßen (§ 54 Abs. 1 RRAO). Die Reichsrechtsanwaltskammer (RRAK) war nicht mehr – wie vorher und wie heute die Bundesrechtsanwaltskammer – die Dachorganisation der selbständigen Regionalkammern, vielmehr wurden alle deutschen Rechtsanwälte in der zentralen Organisation zusammengefasst (§ 46 Ans. 1 RRAO). Die Kammern mussten ihr Vermögen an die Reichsrechtsanwaltskammer abliefern (§112 RRAO).[102] Nur diese hatte Anspruch auf Mitgliederbeiträge (§ 48 RRAO).[103] Es war zwar nur eine Äußerlichkeit, aber doch bezeichnend für die Situation, dass in der Folgezeit im Dienstsiegel der Regionalkammern in der oberen Hälfte der Name „Reichsrechtsanwaltskammer" erschien, erst darunter der Name der jeweiligen Kammer. Zum ironischen Ausgleich für ihre völlige Entmachtung wurden die bisherigen Vorsitzenden nun mit dem klangvollen Titel „Präsident" geschmückt. Die Präsidenten hatten unter beratender Mitwirkung der nun als „Kammer" bezeichneten bisherigen Vorstandsmitglieder in ihrem Bezirk die Aufgaben der Reichsrechtsanwaltskammer, gebunden an die Weisungen von deren Präsidenten, zu erfüllen (§ 54 Abs. 2 RRAO). Den örtlichen Kammerpräsidenten verblieben so verantwortungsvolle Tätigkeiten wie die, Dringlichkeitsbescheinigungen für Auslandsreisen von Rechtsanwälten auszustellen.[104] Selbstverständlich wurden die Organe der Kammern auch nicht mehr gewählt. Den Präsidenten der Reichsrechtsanwaltskammer berief der Reichsjustizminister im Einvernehmen mit dem Reichsführer des Bundes Nationalsozialistischer Deutscher Juristen (BNSDJ) auf Vorschlag des Präsidiums der Reichsrechtsanwaltskammer auf fünf Jahre (§ 50 Abs. 2 RRAO), ebenso die Mitglieder des Präsidiums (§ 51 RRAO). Auch die Präsidenten der örtlichen Kammern bestellte der

---

99   RGBl I, S. 252.

100   RGBl I, S. 1470.

101   RGBl I, S. 107.

102   Dieses Vermögen wurde durch § 233 BRAO in der Fassung vom 13.1.1969, BGBl I, S. 25, der Bundesrechtsanwaltskammer übertragen; nur die Kammer Hamm konnte 1945 mit Hilfe ihres Oberlandesgerichtspräsidenten, bei dem damals die Gesetzgebungsgewalt lag, einen kleinen Teil des Vermögens für sich retten, vgl. BRAO mit amtlicher Begründung, 2. Aufl. 1973, zu § 233 BRAO.

103   Der Beitrag wurde auf 30 RM pro Jahr zuzüglich 2 % der Einnahmen mit nach dem Familienstand gestaffelten Freibeträgen festgesetzt, MdRRAK 1937, S. 50.

104   Anordnung des Präsidenten der RRAK in MdRRAK 1937, S. 25.

Reichsjustizminister auf Vorschlag des Präsidenten der Reichsrechtsanwaltskammer (§ 55 Abs. 1 RRAO). Die Mitglieder der Kammer, also nach der bisherigen Terminologie die übrigen Vorstandsmitglieder, bestimmte der Präsident der Reichsrechtsanwaltskammer mit Zustimmung des Reichsministers der Justiz auf vier Jahre mit der Maßgabe, dass alle zwei Jahre die Hälfte der Mitglieder ausschied (§ 55 Abs. 2 RRAO).

Von der Anwaltszulassung wurden die örtlichen Kammern völlig ausgeschlossen. Darüber entschied der Reichsjustizminister im Einvernehmen mit dem Reichsführer des BNSDJ nach einer gutachtlichen Anhörung des Präsidenten der RRAK (§ 16 RRAO). Selbst diese minimale Beteiligung am Zulassungsverfahren wurde der Anwaltschaft später genommen.[105] Gleichzeitig wurde ein Auswahlverfahren im Vorfeld der Anwaltszulassung eingeführt. Zunächst war ein einjähriger Probedienst zu absolvieren[106]; dem Probedienst schloss sich ein dreijähriger Anwärterdienst als „Anwaltsassessor" an. Über die Aufnahme entschied jeweils der Reichsjustizminister, ein Rechtsanspruch darauf bestand nicht (§§ 4, 9). Den Assessoren im Probe- und Anwärterdienst stand ein Jahresgehalt von 3.400 RM[107] zu, welches grundsätzlich der Ausbilder aufzubringen hatte. Durch dieses mehrstufige Verfahren war die Zulassung von dem Regime unwillkommenen Zeitgenossen ausgeschlossen.

Die RRAK und die örtlichen Kammern hatten nun mit den bisherigen Strukturen nur noch die Namen gemein. Folgerichtig bestimmte § 113 RRAO, dass – da die bisherigen Organisationen nicht mehr bestanden – die bisherigen Amtsträger die entsprechenden Aufgaben bis zur endgültigen Besetzung der Ämter wahrzunehmen hatten.

Einschneidender als alle organisatorischen Veränderungen war die Abschaffung der freien Advokatur. Dies geschah in § 15 Abs. 2 RRAO mit dem auf den ersten Blick eher beiläufigen Satz, dass bei einem Gericht nicht mehr Rechtsanwälte zugelassen werden sollen, „als einer geordneten Rechtspflege dienlich ist." Die Zulassungsbeschränkung als solche war allerdings keine Erfindung der Nationalsozialisten, sondern entsprach dem Ende 1932 artikulierten Wunsch des DAV und der Vereinigung der Vorstände der deutschen Anwaltskammern. Die Nationalsozialisten bezeichneten den *numerus clausus* sogar zunächst als unerträglich, weil sie in ihm eine nicht gerechtfertigte Privilegierung der im Beruf befindlichen Anwälte und eine Ungerechtigkeit gegenüber dem Nachwuchs sahen, auf den sie aus ideologischen Gründen

---

105 Verordnung vom 24.6.1941, RGBl I, S. 333.

106 Der Probedienst wurde durch die VO vom 24.6.1941 abgeschafft.

107 Noack, aaO, S. 279; das Gehalt erhöhte sich im 3. Dienstjahr um 550 RM, hinzu kamen ein Ortszuschlag und ein Wohngeldzuschuss.

offenbar große Hoffnungen setzten.[108] Die Regierung kam der Anwaltschaft zunächst nur dadurch entgegen, dass das Gesetz zur Änderung der RAO vom 20. Dezember 1934 eine Zuzugsperre für Städte mit über 150.000 Einwohnern vorsah; der Reichsjustizminister konnte die Sperre auch für kleinere Städte anordnen, wenn dort die Zahl der Rechtsanwälte „unverhältnismäßig groß" war.[109]

Die Anwaltschaft war nach neuem Recht weitgehend von Regierung und Partei abhängig. Es spricht für sich, dass Raeke, ein ergebener Diener des Nationalsozialismus, die RRAO begrüßte mit den Worten, dem Führer und Reichskanzler gelte „der unauslöschliche Dank der deutschen Anwaltschaft für die in der neuen Rechtsanwaltordnung begründete Gesundung und Neugestaltung ihres Berufsstandes".[110] Noack, regimetreuer Vizepräsident der Reichsrechtsanwaltskammer und Kommentator des neuen Gesetzes, verkündete treuherzig, weder die Zulassungsbeschränkung noch die Bestimmung, dass sich nur dort ein Anwalt niederlassen darf, wo die Bedürfnisfrage bejaht werden kann, noch das Ausleseprinzip sprächen gegen eine freie Anwaltschaft oder überhaupt gegen das Vorhandensein eines freien Berufs.[111]

3. Die Rechtsanwaltskammer Köln und ihr Präsident im Dritten Reich

Für die jüdischen Kolleginnen und Kollegen rührte die Kammer keinen Finger; der Druck aus Berlin ließ ihnen allerdings auch kaum Bewegungsspielraum. Neuzulassungen waren nach § 2 des Gesetzes vom 7. April 1933 nur theoretisch möglich, sie fanden nicht statt. Das „Frontkämpferprivileg" half nicht bei einem gewünschten Zulassungswechsel. Als am 17. August 1933 Dr. Jacoby, Anwalt in Nürnberg, die Zulassung beim Amts- und Landgericht Köln beantragte, begründete die Kammer ihre ablehnende Stellungnahme damit, dass der Antragsteller Nichtarier sei.[112] Aber auch ein positives Votum hätte dem Kollegen wohl kaum geholfen; als der 1932 von Köln nach

---

108 Noack, JW 1933, S. 2185 ff, 2188, der statt dessen eine Altersgrenze für Anwälte von 65 Jahren vorschlug.

109 RGBl I, S. 1258.

110 Dienst am Recht, JW 1936, S. 1 ff. Raeke war Reichsfachgruppenleiter Rechtsanwälte des BNSDJ.

111 Noack, Der freie Anwalt im Dritten Reich, JW 1936, S. 1746 ff., S. 1749.

112 HStAD Rep. 11 Nr. 1702 Blatt 71.

Düsseldorf gewechselte Rechtsanwalt Dr. Viktor Loewenwarter, ein bekannter Fachautor und beliebter Repetitor, im März 1933 seine Zulassung beim Oberlandesgericht Köln beantragte und die Kammer diese befürwortete[113], lehnte das Preußische Justizministerium in Gestalt von Roland Freisler den Antrag unter Hinweis auf das inzwischen erlassene Gesetz vom 7. April 1933 ab.[114] 1934 betrieb Dr. Ernst Loewendahl, dessen Zulassung am 27. Juni 1933 zurückgenommen worden war, seine Wiederzulassung unter Hinweis auf seine Teilnahme an Gefechten gegen die Separatisten. Der Vorsitzende der Rechtsanwaltskammer lehnte die erneute Zulassung in einem Schreiben an den Oberlandesgerichtspräsidenten vom 22. Oktober 1934 ab mit der Begründung: „Das Rasseprinzip als Grundsatz des Nationalsozialismus muss auch hier durchgeführt werden".[115]

Der neue Kammervorstand hatte im April 1933 Dr. Carl Diedrich I, Köln, zum Vorsitzenden gewählt. Schon sein Bericht über das Geschäftsjahr 1933 war von der *Lingua Tertii Imperii* durchtränkt. Das deutsche Volk habe „auf einen Druck von außen, der für Ehre und Leben vernichtend schien, mit einem gewaltigen Aufbäumen seines Ehrgefühls und aller seiner Kräfte geantwortet". Die „schöpferische Kraft der neuen Ideen" werde zu einem konstruktiven Umbau des deutschen Rechtsgebäudes führen, es sei „eine hohe Anforderung an die Anwaltschaft, die Neuschöpfungen und Rechtsänderungen geistig aus ihrer Grundlage heraus zu verarbeiten und in die Tat umzusetzen".[116] Nach dem Inkrafttreten der Reichsrechtsanwaltsordnung fungierten die bisherigen Vorsitzenden und damit auch Dr. Diedrich zunächst als „Geschäftsführende Präsidenten".[117] Der Reichsjustizminister ernannte ihn mit Wirkung ab 1. April 1938 zum ersten Präsidenten der Rechtsanwaltskammer Köln[118]; er behielt dieses Amt bis zum Kriegsende.

Diedrich, geboren am 8. Oktober 1874 in Köln und dort seit 1909 als Rechtsanwalt zugelassen, war seit September 1932 Mitglied der NSDAP. Am 9. Mai 1933 wurde er zum Leiter der Hauptstelle NS-Rechtsbetreuung des Gaurechtsamts Köln-Aachen und zum Gaugruppenwalter Rechtsanwälte im BNSDJ ernannt. Nach einer Stellungnahme des Kölner Landgerichtspräsidenten vom 22. März 1938 war er „dem nationalsozialistischem Staat aus innerster

---

113 HStAD Rep. 11 Nr. 1702 Blatt 130.

114 HStAD Rep. 11 Nr. 1702 Blatt 134. Zu weiteren Einzelheiten und zu Viktor Loewenwarter vgl. Becker, aaO, S. 93, und Luig, aaO, S. 265 ff.

115 Luig, aaO, S. 261 f.

116 Jahresbericht 1933, HStAD Rep. 28 Nr. 332 Blatt 106 ff.

117 Anordnung des Präsidenten der RRAK vom 13.12.1935, MdRRAK 1936, S. 46.

118 MdRRAK 1938, S. 49.

Jahresbericht

des Vorstandes der Anwaltskammer

für den Oberlandesgerichtsbezirk Köln

über das Geschäftsjahr 1933.

Das Jahr 1933 war so reich an Ereignissen wie kaum eines der Anwaltsgeschichte zuvor. Unser deutsches Volk hat auf einen Druck von außen, der für Ehre und Leben vernichtend schien, und auf eine unerträgliche Gestaltung seiner inneren Lebensverhältnisse mit einem gewaltigen Aufbäumen seines Ehrgefühls und aller seiner Kräfte geantwortet. Ein völliger Umbruch ist durch das gesamte öffentliche Leben gegangen. Davon ist

die Anwaltschaft

naturgemäß aufs Tiefste erfaßt worden. Eine so grundlegende geistige Umstellung wirkt sich auf das ganze Leben eines Berufs aus, der die Rechtsgrundlage des Volkes zu pflegen hat. Diese Auswirkung wird in dem Maße immer stärker sichtbar werden, in dem die schöpferische Kraft der neuen Ideen zu einem konstruktiven Umbau des deutschen Rechtsgebäudes führen wird. Es ist eine hohe Anforderung an die Anwaltschaft, die sämtlichen Neuschöpfungen und Rechtsänderungen geistig aus ihrer Grundlage heraus zu verarbeiten und in die Tat umzusetzen. Auch die

Organisation der Anwaltschaft

hat bereits eine Reihe von bedeutenden Aenderungen und Umgestaltungen erfahren. Die Anwaltskammern haben endlich die staatlich anerkannte einheitliche Spitze für das ganze Reichsgebiet in der Form einer juristischen Person des öffentlichen Rechtes erhalten, die Reichsrechtsanwaltskammer. Der Deutsche Anwaltsverein und die örtlichen Vereine sind in Fachgruppen der neu geschaffenen Organisation aller deutschen Juristen, des Bundes Nationalsozialistischer Deutscher Juristen, umgewandelt. Die Anwaltschaft ist in der Akademie für Deutsches Recht vertreten.

Zur Durchführung der nationalsozialistischen Idee

in den einzelnen Kammerbezirken

hat der Herr Justizminister durch Funkspruch vom 31. 3. 1933 den Rücktritt der Kammervorstände in ihrer früheren Zusammensetzung veranlaßt. Der Kölner Kammervorstand hatte damals im wesentlichen noch die Zusammensetzung, die im Jahresbericht 1932 aufgezählt ist. Zur vorläufigen Weiterführung der Geschäfte des Kammervorstandes und zur Vorbereitung von Ersatzwahlen ernannte der Herr Justizminister den bei allen Kollegen in höchstem Ansehen stehenden Herrn Justizrat Dr. Becker I, Köln, zum Kommissar. Ihm schuldet die Kollegenschaft des Bezirkes aufrichtigen Dank für die vorbildliche Art und Weise, in der er eine Ueberleitung von der alten zur neuen Zeit geschaffen hat.

1

Jahresbericht 1933
Quelle: Hauptstaatsarchiv

Am 22. 4. 33 fanden in einer außerordentlichen Kammerversammlung, nachdem der Kommissar dem früheren Kammervorstand den Dank der Kollegenschaft für die Führung der arbeitsreichen Ehrenämter ausgesprochen hatte, Ersatzwahlen statt. Diese hatten, ergänzt durch die Wahl in der Kammerversammlung am 13. 6. 33, folgendes Ergebnis:

Dr. Diedrich I, Köln

Dr. Max Hommelsheim, Köln (2)

JR. Dr. Gonanini, Aachen (1)

Schulte, Köln (2)

Bartels, Köln (2)

Dr. Krämer, Köln-Mülheim (1)

Weinand, Köln (2)

Dr. Wendehorst, Köln (2)

Dr. Küchen, Köln (1)

Paris, Köln (2)

Finck, Köln (2)

Dr. Schreiner, Köln (1)

Frank, Koblenz (2)

Dubelman II, Köln (2)

Günther, Trier (1)

Dr. Müller-Sanders, Köln (1)

Dr. Legers, Köln (1)

Führer, Aachen (2)

Meyers, Koblenz (1)

Dr. Schumacher I, Bonn (1)

Der Kammervorstand wählte zum Vorsitzenden Dr. Diedrich I, zum stellvertretenden Vorsitzenden Dr. Max Hommelsheim, zum Schriftführer und Kassierer Schulte und zu dessen Stellvertreter Dr. Müller-Sanders. Letzterer wurde auch zum Vorsitzenden der Abt. I und Dr. Hommelsheim zum Vorsitzenden der Abt. II gewählt.

Die Erledigung der Beschwerden gegen Rechtsanwälte ist in zwei Abteilungen verteilt. Der Vorsitzende gehört beiden Abteilungen an. Bei den übrigen Vorstandsmitgliedern ist die Abteilungszugehörigkeit aus der jeweils dem Namen zugefügten Ziffer erkenntlich.

In der ordentlichen Kammerversammlung vom 16. 12. 33 wurden mit Wirkung ab 1. 1. 1934 auf 4 Jahre wiedergewählt: Finck, Frank, Günther, Dr. Krämer, Dr. Legers, Meyers, Dr. Schreiner, Schulte, Dr. Schumacher I und Dr. Wendehorst. Bei der Ersatzwahl vom 22. 4. 33 waren sie nämlich — das Los entschied hierüber analog § 44 RAO. — an die Stelle

der bis zum 31. 12. 33 im Amt befindlichen Vorstandsmitglieder getreten.

Als Ersatz für den durch seine Ernennung zum Oberstaatsanwalt ausgeschiedenen Führer-Aachen wurde Dr. Besgen in der gleichen Versammlung gewählt. (Amtsperiode bis 31. 12. 35.)

Der neue Kammervorstand sah

die Grundlage aller Arbeit

des Standes im Rahmen des Volkes, aber auch aller Förderung des Standes selbst in der entschlossenen

Pflege der Vertrauenswürdigkeit

der Anwaltschaft. Diesem Zweck diente ein besonderes Rundschreiben an die Kollegen des Bezirks. Nach dessen Grundsätzen ist in der Folge die tägliche Arbeit des Kammervorstandes geleistet worden. Insbesondere wurde geachtet auf rasche Erledigung von Beschwerden und auf Bekämpfung jeglicher Saumseligkeit bei Abrechnung und Abführung fremder Gelder. Bei allem wurde der Satz beachtet, daß Rücksichtslosigkeit gegen den einzelnen, der sich gegen die Vertrauensgrundlage des Standes vergeht, die beste Rücksichtnahme auf den Stand ist. In der gleichen Richtung liegt auch die durch Notverordnung vom 18. 3. 33 eingeführte Suspension im ehrengerichtlichen Verfahren und die Ausweitung des Rahmens für die Geldstrafen auf RM. 5000.—.

Weitere Maßnahmen des Kammervorstandes, dargelegt im Rundschreiben vom 20. 9. 33, dienen der besseren Wahrung der

Würde

des Gerichts und der Anwaltschaft als Organ der Rechtspflege. Der Kammervorstand wird von Zeit zu Zeit die praktische Durchführung dieser Richtlinien nachprüfen und behält sich weitere Maßnahmen vor.

„Kein Deutscher darf wegen seiner Mittellosigkeit rechtlos gestellt werden."

Unter diesem Stichwort hat der Kammervorstand eine Aktion zur kostenlosen Erteilung von Rechtsrat an Unbemittelte aufgegriffen und vorwärts getrieben. (Rundschreiben vom 10. 6. 33.)

2

112

Überzeugung treu ergeben".[119] Am 30. Januar 1939 verlieh ihm Hitler den Titel „Justizrat".[120] Dr. Diedrich versah sein Amt sicher linientreu im Sinne des Nationalsozialismus und setzte die von oben kommenden Anordnungen durch. Die geschilderten Beispiele belegen auch seine antisemitische Gesinnung. Eine fanatische Haltung wurde ihm aber nicht nachgesagt.[121] Er war in seiner ersten Ehe mit einer Jüdin verheiratet, mit der er ein Kind hatte. Er hielt schützend die Hand über seinen Kollegen Dr. Robert Ellscheid, der durch regimekritische Äußerungen den Unmut der Partei auf sich gezogen hatte.[122] Weitere Beispiele bestätigen, dass sich Dr. Diedrich auf verschiedene Weise bemühte, seinen Kollegen zu helfen, auch wenn sie nicht der NSDAP angehörten. Zu der Anfrage des Vorsitzenden eines Strafsenats, ob gegen einen bestimmten Rechtsanwalt als Wahlverteidiger in einem Hochverratsverfahren Bedenken bestehen, äußerte sich Dr. Diedrich im April 1937 im Sinne des Kollegen mit dem ausdrücklichen Hinweis, dass er kein Parteigenosse sei[123]. 1939 befürwortete er die Ernennung des Kammervorstandsmitglieds Gustav Finck zum Justizrat, obwohl dieser nicht Parteimitglied war.[124] Auch im übrigen war er bestrebt, etwas für seine Kollegen zu tun. Am 7. August 1936 wandte er sich an den Kölner Landgerichtspräsidenten mit der Bitte, bei der Vergabe von „Offizialaufträgen", also bei Beiordnungen im Armenrecht oder als Pflichtverteidiger, bei der Bestellung zum Zwangsverwalter oder zum Konkursverwalter, kinderreiche Kollegen stärker zu berücksichtigen.[125] In einem Schreiben vom 24. April 1940 setzte sich Dr. Diedrich für die Erteilung von Armenrechtsmandaten ein an Praxen, deren Inhaber zum Wehrdienst eingezogen waren.[126]

---

119 Diese Angaben sind der Personalakte von Diedrich, HStAD 10792, entnommen.

120 MdRRAK 1939, S. 49.

121 Diedrich wurde bei der Entnazifizierung als Mitläufer eingestuft und am 19.10.1948 wieder als Anwalt zugelassen. Er übte den Beruf bis zu seinem Tod am 19.10.1959 aus. Der Präsident der Kammer, Finck, führte in einem Schreiben an den Oberlandesgerichtspräsidenten vom 4.2.1949 – Personalakte HStAD 10792 Blatt 205 – aus, dass Diedrich unter der RRAO zwangsläufig Vollstrecker der Anordnungen des Präsidenten der Reichsrechtsanwaltskammer gewesen sei, und dass nach einer Umfrage im Kollegenkreis von keiner Seite der beachtliche Vorwurf erhoben worden sei, er habe sein Amt missbraucht; er habe es in menschlich einwandfreier Weise ausgeübt und habe auch als Mitglied des Ehrengerichtshofs keinen Einfluss auf die Aburteilung politischer Vergehen zu nehmen versucht.

122 Aufzeichnungen Ellscheid, aaO, S. 679.

123 HStAD Rep. 11 Nr. 1635 Blatt 10.

124 Personalakte Finck, HStAD 11550; Finck wurde die Ehrung dann wegen seiner politischen Haltung verweigert.

125 HStAD Rep. 11 Nr. 1635 Blatt 153.

126 HStAD Rep. 28 Nr. 333 Blatt 251.

113

Publizistisches Organ der Reichsrechtsanwaltskammer waren seit 1936 die „Mitteilungen der Reichs-Rechtsanwaltskammer", die am Anfang monatlich erschienen. Darin wurden im Wesentlichen die „Anordnungen" des Präsidenten der Reichsrechtsanwaltskammer sowie der Präsidenten der örtlichen Kammern veröffentlicht.[127] Da diese Präsidenten keine messbaren Kompetenzen mehr hatten, beschränkten sie sich weitgehend auf die Mitteilung von Personalien. Im übrigen lagen die Anordnungen im Trend der Zeit. Dr. Diedrich wies wiederholt auf das Verbot der Vertretung von Juden durch Parteimitglieder und Angehörige der SA hin[128]. 1937 forderte er die Anwälte seines Bezirks dazu auf, für den Beitritt ihrer Angestellten zur Deutschen Arbeitsfront zu sorgen[129], 1938 dazu, ihre Mitgliedsnummer der NSDAP und das Datum ihres Eintritts in die Partei zu den Personalakten mitzuteilen.[130]

Die relativ vernünftige Einstellung von Dr. Diedrich zeigte sich u. a. im Umgang mit Zulassungen zur Anwaltschaft. Obwohl die örtlichen Kammern seit 1936 im Zulassungsverfahren formell kein Mitspracherecht hatten, ging die Praxis im Oberlandesgerichtsbezirk Köln dahin, dass die Gerichtspräsidenten, die gegenüber dem Reichsjustizminister Stellung zu nehmen hatten, den Kammerpräsidenten um seine Meinung fragten. Wenn dem durch die neue RRAO eingeführten „Ausleseprinzip" auch politische Motive zugrunde lagen, so lassen sich Auswirkungen auf die Zulassungspraxis im Oberlandesgerichtsbezirk Köln jedenfalls nicht feststellen. Den – allerdings nur unvollständig erhaltenen – Äußerungen der Gerichtpräsidenten und des Kammerpräsidenten zu Zulassungsgesuchen ist nicht zu entnehmen, dass linientreue Bewerber bevorzugt oder dem System wenig gut gesonnene Bewerber zurückgesetzt wurden. Generell ging die Tendenz dahin, aus wirtschaftlichen Gründen überhaupt keine neuen Anwälte zuzulassen.

Arischen Rechtsanwälten wurde die Vertretung jüdischer Mandanten zunehmend erschwert und schließlich verboten. Dies ließ sich allerdings nicht vermeiden in Haftpflichtprozessen gegen jüdische Bürger, hinter denen eine Haftpflichtversicherung stand, in denen es also letztlich um die Wahrnehmung der Interessen des Versicherers ging, der auch den Anwalt beauftragt hatte. Dasselbe galt, wenn arische Hausverwalter die Interessen jüdischer

---

127   Die Rechtsanwaltskammer Köln stellte 1936 ihr Mitteilungsblatt ein, ein weiteres sichtbares Zeichen ihrer Entmachtung.

128   MdRRAK 1936, S. 73 und S. 218, 1937, S. 101.

129   MdRRAK 1937, S. 150.

130   MdRRAK 1938, S. 77.

Hauseigentümer wahrnahmen. Dieses „Problem" beschäftigte sehr intensiv nicht nur die Justizverwaltung, sondern auch die Kammer. In einem Schreiben an den Oberlandesgerichtspräsidenten vom 20. Januar 1939 wies der Kammerpräsident darauf hin, dass der Anwalt zum Ausdruck zu bringen habe, er sei nicht für den Juden, sondern für dessen „deutschen" Versicherer oder Verwalter tätig; dessen Name war hinter dem der jüdischen Partei anzugeben. Der Name des Juden solle auf dem vor dem Sitzungssaal ausgehängten Terminzettel und auch beim Aufruf der Sache im Gericht „verschwinden".[131]

Die Einstellung der Rechtsanwälte des Kammerbezirks zum Nationalsozialismus, insbesondere auch zur Behandlung ihrer jüdischen Kollegen, lässt sich im Abstand von 70 Jahren sehr schwer beurteilen und vor allem nicht generalisieren. Dr. Walter Oppenhoff, der letzte im Jahr 2001 im Alter von 95 Jahren verstorbene Zeitzeuge, meinte 1992, es habe in der Kölner Anwaltschaft keinen Antisemitismus gegeben.[132] Becker berichtet, dass am 30. April 1937 nur 19 OLG-Anwälte (21,6%) und 137 Kölner Landgerichtsanwälte (36,9%) Parteimitglieder waren.[133] Nach Huffmann[134] blieben von den Rechtsanwälten am Oberlandesgericht 44% und den beim Landgericht Köln zugelassenen Rechtsanwälten fast 70% der NSDAP fern. Sie berichtet weiter, dass nirgendwo in Köln ein so offenes Wort geführt werden konnte wie im Anwaltszimmer des Oberlandesgerichts, und dass auch manche Rechtsanwälte treu zu ihren jüdischen Sozien hielten und sie entgegen dem Verbot beschäftigten. Prof. Dr. Robert Ellscheid erinnerte sich, dass 78% der OLG-Anwälte keine Parteigenossen waren und der Hitler-Gruß unter Kollegen während der ganzen Nazizeit nicht existierte.[135] Es gab aber auch eine beträchtliche Zahl von Opportunisten, die möglichst schnell den Anschluss an die neuen Herren suchten, was nach Oppenhoff „zu den unerfreulichsten Abschnitten der Geschichte der Kölner Anwaltschaft" gehört.[136] In den anderen Landgerichtsbezirken war dies sicher nicht anders. Der Versuch einer Quantifizierung bleibt schwierig. Insbesondere die Angaben von Ellscheid und Oppenhoff haben ohne Frage großes Gewicht. Es gibt aber auch Indizien, die deren

---

131 HStAD Rep. 11 Nr. 1636 Blatt 126 ff.

132 Diskussionsbeitrag bei der Veranstaltung des Bonner Anwaltvereins am 23.10.1992, wiedergegeben in „Jüdische Rechtsanwälte im Dritten Reich", S. 47.

133 100 Jahre Kölner Anwaltverein, S. 82.

134 Geschichte der rheinischen Rechtsanwaltschaft, S. 153.

135 Aufzeichnungen Ellscheid, aaO, S. 676.

136 Erfahrungen eines Kölner Anwaltes, in: 100 Jahre Kölner Anwaltverein, S. 187 ff., S. 189.

Erinnerungen relativieren. Rückschlüsse auf die Zahl der Parteigenossen erlauben nach 1945 erstellte Listen in den Akten des Oberlandesgerichts. Von den am 1. April 1950 im Bezirk zugelassenen 684 Rechtsanwälten hatten 447, also rund 65%, der NSDAP angehört, von denen inzwischen 297 „entnazifiziert" waren. Von den damals zugelassenen 58 OLG-Anwälten waren 30, also mehr als die Hälfte, Mitglieder der Partei.[137]

Zu denen, die sich nicht dem Nationalsozialismus ergeben hatten, gehörten viele der erfolgreichsten Anwälte, darunter Dr. Robert Ellscheid und Dr. Walter Oppenhoff in Köln sowie Dr. Hans Dahs in Bonn. Viele von ihnen berieten und vertraten wie schon vor 1933 weiter Juden und ihre Firmen, auch ausländische Unternehmen, die sich vermeintlich oder tatsächlich in jüdischem Besitz befanden, und solche, die dem Regime nicht passten, wobei ihnen die Nazis zunehmend Schwierigkeiten machten.[138] Auf die nicht der Partei beigetretenen OLG-Anwälte sollen sich etwa 70% aller Prozesse und 72% der Honorare konzentriert haben.[139]

Die allgemeine wirtschaftliche Situation der Anwaltschaft verschlechterte sich nach 1933 weiter. Der durchschnittliche Jahresumsatz verringerte sich in der Rheinprovinz von 21.900 RM im Jahr 1929 auf 12.400 RM im Jahr 1935, was ziemlich genau den für ganz Deutschland geltenden Zahlen entsprach. 54,7% erzielten einen Umsatz von unter 10.000 RM, 37,3% einen Umsatz von 10.000 RM bis 30.000 RM und nur 8% kamen auf über 30.000 RM.[140] Im Mai 1939 erwähnte Kammerpräsident Dr. Diedrich in einem Schreiben an den Kölner Landgerichtspräsidenten, dass das Einkommen der beiden beim Amtsgericht Kerpen zugelassenen Anwälte „weit unter dem Existenzminimum" liege[141], was offenbar kein Ausnahmefall war.

---

137 HStAD Rep. 11 Nr. 1722 ohne Blattzahl. Der 1965 zur Anwaltschaft zugelassene Verfasser, der fast alle noch tätigen Kollegen dieser Generation in Bonn und viele von ihnen in Köln kannte, erlebte bei der Durchsicht der Liste manche Überraschung.

138 Dies schildert sehr anschaulich Oppenhoff, aaO, S. 190 ff.

139 Huffmann, aaO, S. 153.

140 Siegmund, W., Die Rechtsanwälte und Notare in der Einkommensstatistik, MdRRAK 1938, S. 32 ff.

141 HStAD Rep. 228 Nr. 333 Blatt 212.

4. Der Zweite Weltkrieg

Der durch den Überfall der Wehrmacht auf Polen am 1. September 1939 ausgelöste, von vielen Deutschen freudig begrüßte Krieg brachte auch den Anwälten des Kölner Kammerbezirks erhebliche Probleme. Schon 1939 wurden 105 Kammermitglieder eingezogen.[142] 1940 waren es 203, 1941 252, 1942 292 und 1943 303 Anwälte[143]. Wer bleiben konnte, musste – was seine Berufsausübung erheblich behinderte – als Erstes sein Auto stilllegen, denn nach einem Schreiben des Reichsjustizministers an die Oberlandesgerichtspräsidenten vom 15. November 1939 konnte „das öffentliche Interesse an der Weiterbenutzung eines Kraftfahrzeugs durch einen Rechtsanwalt oder Notar nur ganz ausnahmsweise anerkannt werden".[144] Die kriegsbedingte Abwesenheit führte dazu, dass es an einigen kleinen Amtsgerichten überhaupt keinen Anwalt mehr gab. Dies veranlasste die Justizverwaltung aber in Übereinstimmung mit der Kammer nicht etwa dazu, ihre restriktive Zulassungspraxis zu ändern; nur bei der Genehmigung auswärtiger Sprechtage verfuhr man großzügiger. Als z. B. 1942 der einzige Anwalt in Monschau eingezogen wurde, hielt der Landgerichtspräsident in Aachen die Zulassung eines Kollegen nicht für erforderlich mit der Begründung, ein Aachener Anwalt besitze ein Wochenendhaus in Monschau, wo er sich sonntags und montags aufhalte und die dortigen Rechtsuchenden beraten könne.[145] Die wirtschaftliche Situation der Anwaltschaft verschlechterte sich weiter. Eine Verordnung vom 1. September 1939[146] hatte die Zuständigkeitsgrenze des Amtsgerichts von 500 RM auf 1.500 RM angehoben, so dass für einen weiten Streitwertbereich kein Anwaltszwang mehr bestand. Vor allem die verkehrsrechtlichen Mandate gingen drastisch zurück.[147]

Dass die Rechtsanwälte trotz aller kriegsbedingten Widrigkeiten die Interessen ihrer Mandanten insbesondere auch in Strafsachen weiter mit Nachdruck wahrnahmen, passte der Führung in Berlin nicht. Die Nationalsozialisten hatten ihre eigenen Vorstellungen von der Funktion des Rechtsanwalts.

---

142 MdRRAK 1940, S. 38. 1940 waren insgesamt 8.000 Rechtsanwälte, dies waren rund 50 % aller deutschen Anwälte, eingezogen, vgl. Königseder, Recht und nationalsozialistische Herrschaft, S. 186.

143 Becker, aaO, S. 99.

144 HStAD Rep. 11 Nr. 1635 Blatt 96.

145 HStAD Rep. 11 Nr. 1635 Blatt 187.

146 RGBl I, S. 1656.

147 Königseder, aaO.

Schon 1933 hatte Noack darauf hingewiesen, dass der nationalsozialistische Anwalt die Aufgabe habe, die Ideen des Nationalsozialismus in seiner Eigenschaft als Diener des Volkes zu vertreten; er dürfe den Endzweck seiner Tätigkeit nicht lediglich in der Vertretung seiner Mandanten sehen, sondern müsse „die sittliche Pflicht in sich fühlen, an der Neugestaltung des Rechts mitzuschaffen".[148] Nach den Standesrichtlinien aus dem Jahr 1934 musste der Anwalt jederzeit die Belange des deutschen Volkes beachten, wenn er einen „Schädling an Volk oder Staat" zu vertreten hatte.[149] In einem Schreiben an die Kammerpräsidenten vom 10. Juli 1942 kritisierte der Reichsjustizminister, dass viele Anwälte „Tatsachen zurechtbiegen" und Prozesse nur aus Rechthaberei führten. Die Kammerpräsidenten sollten zu „ständiger Beobachtung, laufender Belehrung und ähnlichen Dauermaßnahmen übergehen", Anwälte, deren Kräfte abnahmen, sollten zum Ausscheiden aus dem Beruf gezwungen werden, im übrigen sollten die Ehrengerichte strengere Strafen verhängen als bisher.[150] Am 19. Januar 1943 beklagte sich der Reichsjustizminister in einem Rundschreiben an alle Obergerichte über sich häufende Verfehlungen von Rechtsanwälten „auf politisch-weltanschaulichem Gebiet" und forderte die Richter auf, solche Vorfälle zu melden und auf harte ehrengerichtliche Maßnahmen hinzuwirken.[151]

Die im Jahr 1934 geschaffenen „Sondergerichte"[152], gegen deren Urteile es kein Rechtsmittel gab und vor denen die Angeklagten einen Verteidiger benötigten, waren auch für die Rechtsanwälte eine große Belastung.[153] Nach der Verordnung vom 21. Februar 1940[154] lag es praktisch in der Hand der Staatsanwaltschaft, welche Fälle sie dort anklagen wollte. Es konnte sich dabei auch um „Rassenschande", also den Geschlechtsverkehr zwischen Ariern und Nichtariern, oder so läppische Ereignisse wie das „Schwarzschlachten" oder das Abhören „feindlicher" Sender handeln. Die verhängten Strafen waren häufig drakonisch; allein die beiden Sondergerichte in Köln fällten

---

148 JW 1933, S. 2185 ff., S. 2189.

149 Richtlinien A Ziff. 5, abgedruckt bei Noack, Kommentar zur RRAO, 2. Aufl., S. 258 ff.

150 HStAD Rep. 11 Nr. 1635 Blatt 168.

151 HStAD Rep. 11 Nr. 1635 Blatt 220 f.

152 VO vom 21.3.1934, RGBl I, S. 136.

153 Zu den Sondergerichten gehörte auch der Volksgerichtshof, der unter Freisler allein im Jahr 1943 1.662 Todesurteile verkündete; während des Zweiten Weltkriegs wurden von den deutschen Gerichten insgesamt über 16.035 Todesurteile gefällt, während es im Ersten Weltkrieg „nur" 141 waren, vgl. Ostler, aaO, S. 289 f.

154 RGBl I, S. 405.

mindestens 110 Todesurteile.[155] Die Verfahren vor den Sondergerichten häuften sich so, dass die Justiz Schwierigkeiten hatte, genügend Pflichtverteidiger zu finden, was der Reichsjustizminister allen Kammerpräsidenten in einem Schreiben vom 11. März 1944 mitteilte.[156] Daraufhin richtete die Kölner Kammer einen Bereitschaftsdienst ein[157]; das Engagement der Kollegen für die armen Teufel, die in die Fänge der Sondergerichte geraten waren, verdient allen Respekt.

Makaber ist die im Jahr 1940 geführte Korrespondenz zwischen dem Kammerpräsidenten und dem Oberlandesgerichtspräsidenten darüber, ob ein auswärtiger Verteidiger verpflichtet sei, an der Hinrichtung seines zum Tode verurteilten Mandanten auf dessen Wunsch teilzunehmen, und ob die Staatskasse die dadurch anfallenden Kosten zu erstatten habe.[158] Eine entsprechende Anfrage von Präsident Diedrich vom 9. Januar 1940[159] beschied der Oberlandesgerichtspräsident, der ausführliche Stellungnahmen des Generalstaatsanwalts und der Landgerichtspräsidenten eingeholt hatte, am 14. Mai 1940 dahin, die Anwesenheit sei weder Pflicht noch *nobile officium* und der Pflichtverteidiger könne dafür auch nichts verlangen.[160]

Das Standesrecht wurde weiter dem „Führerprinzip" unterworfen. Eine Verordnung vom 24. Juni 1941[161] ermächtigte die Präsidenten der Rechtsanwaltskammern, Warnungen, Verweise und Geldstrafen bis zu 500 Mark durch Strafverfügung zu verhängen. Über die Beschwerde entschied der Präsident der Reichsrechtsanwaltskammer, der die Strafverfügung auch eigenmächtig abändern konnte. Die „Verordnung zur Änderung und Ergänzung der Reichs-Rechtsanwaltsordnung" vom 1. März 1943[162] schaffte die Ehrengerichtsbarkeit ab; die Disziplinargewalt wurde den Dienststrafgerichten übertragen. An die Stelle der Ehrengerichte traten Dienststrafkammern bei den Oberlandes-

---

155 Zu den Sondergerichten ausführlich Laum/Pamp, Das Oberlandesgericht Köln und sein Bezirk im Nationalsozialismus, in: Rheinische Justiz, Geschichte und Gegenwart, 175 Jahre Oberlandesgericht Köln, S. 625 ff., S. 648 ff., die auch nachweisen, dass nicht alle Richter der Sondergerichte sich den politischen Forderungen unterordneten.

156 HStAD Rep. 28 Nr. 334 Blatt 220.

157 Dies teilte der Kammerpräsident dem OLG-Präsidenten am 3.4.1944 unter Beifügung einer Namensliste mit, HStAD Rep. 28 Nr. 334 Bl. 222.

158 Seine Berechtigung zur Teilnahme war in § 454 StPO ausdrücklich geregelt.

159 HStAD Rep. 11 Nr. 1636 Blatt 153.

160 HStAD Rep. 11 Nr. 1636 Blatt 174 f. Während des Dritten Reichs wurden im Kölner Gefängnis „Klingelpütz" insgesamt 1.000 bis 1.500 Todesurteile vollstreckt, so Laum/Pamp, aaO, S. 651 unter Berufung auf Klein.

161 RGBl I, S. 333.

162 RGBl I, S. 123. Diese Verordnung übertrug auch die Aufsicht über die Kammerpräsidenten den Oberlandesgerichtspräsidenten.

gerichten mit einem richterlichen und einem anwaltlichen Beisitzer, der vom Reichsminister der Justiz bestellt wurde. Der Ehrengerichtshof wurde durch den Dienststrafsenat des Reichsgerichts ersetzt. Diese Verordnung ermächtigte auch den Reichsjustizminister, Rechtsanwälte nach Vollendung des 65. Lebensjahrs in den Ruhestand zu versetzen; eine Versorgung sollte aus Mitteln der Hülfskasse gewährt werden. Es ist nicht bekannt, ob von dieser Möglichkeit Gebrauch gemacht wurde.

Das Dritte Reich bescherte dem Oberlandesgerichtsbezirk Köln und damit der Kammer noch einige Gebietserweiterungen, die aber nicht von langer Dauer waren. Schon 1933 wurde der Landgerichtsbezirk Neuwied, bis dahin zum Oberlandesgericht Frankfurt am Main gehörend, auf die Oberlandesgerichte Hamm und Köln aufgeteilt; die Amtsgerichte Asbach, Dierdorf, Ehrenbreitstein, Linz und Neuwied kamen nun zum Landgerichtsbezirk Koblenz.[163] Durch die Volksabstimmung im Saargebiet am 13. Januar 1935 war der Landgerichtsbezirk Saarbrücken in die Zuständigkeit des Oberlandesgerichts Köln zurückgekehrt, welches am 1. April 1935 in Saarlouis eine Zweigstelle mit zwei Zivilsenaten und einem Strafsenat errichtete. Seit dem 1. Oktober 1938 gehörte Saarbrücken zum Oberlandesgericht Zweibrücken;[164] dadurch schieden 91 Rechtsanwälte aus der Rechtsanwaltskammer Köln aus.[165] Nach der Besetzung Belgiens wurden die Gerichte in Eupen, Malmedy und St. Vith als Amtsgerichte dem Landgericht Aachen zugeordnet; die deutsche Justizverwaltung ließ an jedem Gerichtsort einen deutschen Anwalt zu.[166] 1942 wurde in dem als annektiert behandelten Luxemburg ein Landgericht errichtet und der Dienstaufsicht des Kölner Oberlandesgerichtspräsidenten unterstellt.[167] Dort ließ die Justizverwaltung auch vier „reichsdeutsche" Rechtsanwälte zu.[168] Die Rechtsanwaltskammer Luxemburg blieb aber unverändert bestehen.[169] Die Orte Wissen, Daaden, Kirchen und Altenkirchen, bis dahin zum Oberlandesgerichtsbezirk Hamm gehörend, kamen ab 1. August 1943 zum Landgerichtsbezirk Koblenz.[170]

---

163 Klein, Die rheinische Justiz und der rechtsstaatliche Gedanke in Deutschland, S. 225.

164 Klein, aaO, S. 226.

165 Becker, aaO, S. 98.

166 MdRRAK 1940, S. 107.

167 Klein, aaO, S. 238.

168 HStAD Rep. 11 Nr. 1769 Blatt 25.

169 Dies ergibt sich aus einem Schreiben des Kölner Kammerpräsidenten an den Oberlandesgerichtspräsidenten vom 29.5.1942, HStAD Rep. 11 Nr. 1635 Bl. 256, vgl. auch HStAD Rep. 11 Nr. 1769 Blatt 26.

170 Klein, aaO, S. 245; der Grund war, dass Teile der Verwaltung des OLG Köln bei ihrem Rückzug vor den Amerikanern inzwischen in Wissen und Daaden einquartiert waren.

Ab 1941 häuften sich die Bombenschäden in Rechtsanwaltspraxen, die damit funktionsuntüchtig wurden. Der Kölner Landgerichtspräsident gab wiederholt die Bitte des Kammerpräsidenten an seine Richter weiter, auf die betroffenen Anwälte Rücksicht zu nehmen und keine Versäumnisurteile zu erlassen.[171] Diese Bitte richtete Dr. Diedrich auch in der Folgezeit immer wieder an die Kölner Anwälte unter Beifügung von Namenslisten.[172] Für viele gleiche Fälle steht die Mitteilung des Rechtsanwalts Dr. Rudolf Boden an die Präsidenten des Amts- und Landgerichts Köln vom 1. Juni 1942 über den „Totalverlust" seines Büros; er habe kein einziges Aktenstück und auch keinen Kalender mehr und bitte um Angabe der Gerichtstermine, zu denen er geladen sei.[173] Mandanten und Gerichte hatten Schwierigkeiten, die ausgebombten Rechtsanwälte, die ihre Praxen notdürftig in anderen Büros oder in ihrer Wohnung fortführten, aufzuspüren; die Kammer versuchte, mit immer wieder aktualisierten Listen zu helfen.[174] Soweit Anwaltspraxen überhaupt noch funktionierten, litten sie an dem allgemeinen Mangel an Material und Ausrüstung. Anfang 1944 ermahnte der Präsident der Reichsrechtsanwaltskammer seine Kollegen, ihre Schreibmaschinen abends und auch bei Tagesangriffen in den Luftschutzkeller zu verfrachten.[175] Justizverwaltung und Kammer achteten aber weiter streng darauf, dass die Rechtsanwälte ihrer Residenzpflicht nachkamen. Der Kammerpräsident gestattete in einem Schreiben an den Kölner Landgerichtspräsidenten vom 3. November 1944 zwei älteren Kollegen das Verlassen der Stadt Köln nur unter der Voraussetzung, dass für ihre Vertretung gesorgt sei.[176]

Die Reichsrechtsanwaltskammer beschäftigte sich sehr ernsthaft mit dem Problem, dass die zum Kriegsdienst eingezogenen Anwälte ihre Existenz verloren hatten, während die wenigen Glücklichen, denen der Kriegsdienst erspart blieb, weiter Geld verdienen konnten, was ihnen den Ruf der „Kriegsgewinnler" eintrug. Darum gründete die Reichsrechtsanwaltskammer 1942 einen „Kriegsausgleichstock", aus dem nach dem – in der Vorstellung seiner Erfinder selbstverständlich siegreichen – Ende des Kriegs dessen Teilnehmer entschädigt werden sollten. In diesen Fonds hatten alle Anwälte von ihrem über 20.000 RM hinausgehenden Einkommen einen bestimmten Prozentsatz einzuzahlen. Der Fonds war auch wieder ein Vehikel für den Antisemitismus;

---

171 Z.B. Rundschreiben vom 8.7.1941, HStAD Rep. 28 Nr. 334 Blatt 3 a.

172 HStAD Rep. 28 Nr. 334 Blatt 21 f.

173 HStAD Rep. 28 Nr. 334 Blatt 26.

174 HStAD Rep. 28 Nr. 334 Blatt 29, 31 b.

175 Anordnung Nr. 14/44, MdRRAK 1944, S. 6.

176 HStAD Rep. 28 Nr. 334 Blatt 274.

wer mit der Ausnahmegenehmigung der Anwaltskammer für einen jüdischen Mandanten tätig wurde, musste 40 % des Honorars aus diesem Mandat an den „Kriegsausgleichstock" abführen.[177]

Anfang 1942, als die Vernichtung der europäischen Juden bereits im Gange war, der Krieg mit der UdSSR in grauenhaften Formen tobte, viele Rechtsanwälte eingezogen waren und der Justizbetrieb nur mit größten Mühen aufrechterhalten werden konnte, hatte der Kölner Kammerpräsident Diedrich trotzdem noch Sinn für Stilfragen. Er hielt es „für angezeigt, die genaue Beachtung der Bestimmungen über die Amtstracht in Erinnerung zu bringen"; es sei „insbesondere darauf zu achten, dass die Robe geschlossen getragen wird, damit sie den Rock verdeckt".[178] Erst eine Allgemeinverfügung des Reichsjustizministers vom 8. Mai 1944[179] lockerte die Kleiderordnung, als der allgemeine Rohstoffmangel die Beschaffung von Roben erschwerte.

In dieser Zeit, als man für die gewöhnlichsten Dinge einer Ausnahmegenehmigung bedurfte, setzte sich die Kammer für ihre Mitglieder durch entsprechende Fürsprachen ein. So bescheinigte sie z. B. 1944 einem Kölner Kollegen, dass er „durch einen Terrorangriff seine Armbanduhr verloren" habe und einer neuen solchen bedürfe, und befürwortete für eine dringende berufliche Reise nach Hamburg die Benutzung des D-Zugs und eines Schlafwagens.[180]

Auf Grund eines „Führererlasses" vom 13. Januar 1943 sollten auch Rechtsanwältinnen und Rechtsanwälte zum Dienst für das Reich herangezogen werden, u. a. als Richter und Staatsanwälte, aber auch im Rüstungsbereich.[181] Von diesem „Heldenklau" ausgenommen waren nur diejenigen, die eine „überwiegend kriegswichtige Tätigkeit" ausübten. Der Reichsjustizminister forderte in einem Schreiben an die Reichsrüstungskommissare vom 18. März 1943, Rechtsanwälte und ihre Angestellten zu verschonen, da ihre Tätigkeit generell kriegswichtig sei.[182] Auch die Landgerichtspräsidenten des Kölner Bezirks und der Kammerpräsident protestierten, weil es inzwischen schon zu wenige Anwälte gebe.[183] Diese Fürsprache konnte aber die Aktion nicht ver-

---

177 Anordnung des Präsidenten der RRAK in MdRRAK 1942, S. 2 f.

178 MdRRAK 1942, S. 9.

179 Nr. 13/44 in MdRRAK 1944, S. 6.

180 Personalakte Dr. Mundorf, Kammerarchiv.

181 Schreiben des Reichsjustizministers an die OLG-Präsidenten vom 19. 2. 1943, HStAD Rep. 11 Nr. 1720 Blatt 1.

182 HStAD Rep. 11 Nr. 1720 Blatt 24.

183 LG-Präsident Trier am 11. 3. 1943, HStAD Rep. 11 Nr. 1720 Bl. 56 f., Kammerpräsident am 24. 3. 1943, HStAD Rep. 11 Nr. 1720 Blatt 58 und 73 ff., LG-Präsident Köln am 9. 4. 1943, HStAD Rep. 11 Nr. 1720 Blatt 113. Am LG Köln waren von 365 zugelassenen Anwälten noch 201 tätig, am LG Trier von 22 Anwälten noch 11 und am OLG von 79 noch 43.

hindern, die zu seltsamen Auswüchsen führte. Jeder Anwalt versuchte verständlicherweise, seine „Kriegswichtigkeit" in Form von Mandaten für kriegswichtige Betriebe darzutun. Als nicht kriegswichtig angesehen wurden von vorne herein u.a. „Mischlinge ersten Grades", „jüdisch-versippte" Personen und solche, die sich durch „staatsabträgliches Verhalten" hervorgetan hatten.[184] Zwei Aachener Kollegen wehrten sich heftig gegen die zwangsweise Zusammenlegung ihrer Praxis mit der von Kollegen, wodurch der Kriegseinsatz eines der Partner ermöglicht werden sollte.[185] Am 23. März 1943 gingen der Kammerpräsident und der Oberlandesgerichtspräsident eine vorbereitete Liste durch und wählten die zukünftigen Dienerinnen und Diener des Vaterlands aus, die „für den Arbeitseinsatz zur Verfügung gestellt" wurden; zu ihnen gehörten die Rechtsanwältinnen Emma Baecker, Dr. Grete Esch, Dr. Mathilde Friedrich und Dr. Emmy Göring.[186] Etliche Kandidaten erwiesen sich bei der anschließenden vertrauensärztlichen Untersuchung als nicht tauglich.[187]

Dieser Einsatz der Anwaltschaft konnte bekanntlich den Niedergang Deutschlands nicht aufhalten. Mit der Nummer 7/9 vom 30. September 1944 stellte die Reichsrechtsanwaltskammer ihr Mitteilungsblatt ein. In dieser letzten Ausgabe veröffentlichte sie die Namen der Präsidenten und die aktuellen Anschriften aller Kammern. Für die Rechtsanwaltskammer Köln findet sich die Adresse „z.Z. Au/Sieg, postlagernd".[188] Das Justizgebäude Appellhofplatz, wo sich die Geschäftsstelle der Kammer bis dahin befunden hatte, war wegen Bombenschäden schon im Juni 1943 vorübergehend und dann im Herbst 1944 endgültig geräumt worden.[189] Auch die Spitzen der Kölner Justiz hatten inzwischen die Stadt verlassen; der die Geschäfte des Oberlandesgerichtspräsidenten führende Vizepräsident Greeven residierte in Waldbröl, der Landgerichtspräsident in Wiehl.[190] Das zusammenbrechende Reich besann

184 Schreiben des Reichsjustizministers an die OLG-Präsidenten vom 19.3.1943, HStAD Rep. 11 Nr. 1720 Blatt 26.

185 Schreiben vom 16.3.1943, HStAD Rep. 11 Nr. 1720 Blatt 37 ff.

186 Ein Protokoll über die Besprechung gibt es nicht, wohl aber die Namensliste mit handschriftlichen Notizen. Die Besprechung wird auch erwähnt in den Schreiben des Kammerpräsidenten an den OLG-Präsidenten vom 10.5. und 31.5.1943, HStAD Rep. 11 Nr. 1720 Blatt 159 f und 172.

187 Schreiben des Arbeitsamts Köln an den OLG-Präsidenten vom 21.4.1943, HStAD Rep. 11 Nr. 1720 Blatt 134.

188 MdRRAK 1944, S. 16.

189 Klein, aaO, S. 239.

190 Dazu im Einzelnen Klein, aaO, 244 f. In den wenigen noch benutzbaren Räumen des Justizgebäudes Reichenspergerplatz schrumpfte die Tätigkeit des OLG auf einen einzigen Zivilsenat zusammen, dort amtierten auch die Zivilrichter des Landgerichts und das Amtsgericht; die Strafkammern und das Sondergericht waren nach Königswinter verlegt.

sich noch einmal darauf, dass Juristen vielfältig zu gebrauchen sind. In einem Schreiben an das Gauarbeitsamt Köln-Aachen vom 15. Dezember 1944 stellte der Oberlandesgerichtspräsident „im Einvernehmen mit dem Präsidenten der Rechtsanwaltskammer" als letztes Aufgebot 25 Rechtsanwälte für den Einsatz in der Rüstungsindustrie zur Verfügung.[191] In einem Schreiben vom 19. Januar 1945 bat die Kammer den Kölner Landgerichtspräsidenten um die Anschriften zahlreicher namentlich aufgeführter Anwälte, die ausgebombt und nicht mehr erreichbar waren, um eine Liste der „für die Rechtspflege zur Verfügung stehenden Rechtsanwälte" erstellen zu können.[192] Mit diesem letzten Brief verlieren sich die Spuren der Rechtsanwaltskammer Köln in den Wirren der letzten Kriegsmonate.

---

191 HStAD Rep. 28 Nr. 334 Blatt 303.

192 HStAD Rep. 28 Nr. 334 Blatt 312. Die letzten Briefe der Kammer waren von Rechtsanwalt Alfred Schneider als Geschäftsführer unterzeichnet, eine Funktion, die er seit etwa 1938 ausübte.

Kapitel 4

Die Rechtsanwaltskammer Köln nach dem Zweiten Weltkrieg 1945 bis 1963

Dr. h.c. Gustav Finck
Präsident der RAK Köln von 1945 - 1963

1. Der Neubeginn

Bevor der Zweite Weltkrieg am 8. Mai 1945 zu Ende ging, gab es in Köln bereits wieder eine Rechtsanwaltskammer und einen Kammervorstand. Die amerikanische Militärregierung setzte am 21. April 1945 eine vorläufige Stadtverwaltung ein, die in dem erhalten gebliebenen Verwaltungsgebäude der Allianz-Versicherungs-AG am Kaiser-Wilhelm-Ring residierte. Dorthin berief die Militärregierung für den 24. April 1945 Richter, Staatsanwälte und Rechtsanwälte, die nicht der NSDAP angehört hatten, zu einer Versammlung ein mit dem Zweck, die Gerichtsbarkeit und die Anwaltschaft auf örtlicher Ebene zu organisieren; die Einladung wurde durch einen Anschlag bekannt gemacht und auch mündlich weitergegeben. Zu der Veranstaltung erschienen etwa 10 Richter und 30 Rechtsanwälte. Der die Sitzung leitende Legal Officer, ein amerikanischer Oberst, forderte die versammelten Juristen zunächst auf, drei für die Position des Amtsgerichtspräsidenten geeignete Persönlichkeiten zu benennen. Von den vorgeschlagenen Richtern Dr. Lingemann, Dr. Floß und Dr. Korintenberg entschied sich der Versammlungsleiter für den Landgerichtsdirektor a.D. Dr. Lingemann, der der Älteste an Dienst- und Lebensjahren war, und ernannte ihn kurzerhand zum Amtsgerichtspräsidenten.[1] Zugleich sollte eine Rechtsanwaltskammer für den Landgerichtsbezirk Köln errichtet werden. Entsprechend der Aufforderung des Colonel wählte die Versammlung Rechtsanwalt Finck zum Präsidenten und die Rechtsanwälte Dr. Legers und Dr. Rhée zu weiteren Vorstandsmitgliedern.[2] Ihre Aufgabe war es, „Maßnahmen zu treffen, die sich für die Rechtsanwaltschaft unter Berücksichtigung der im Kölner Gerichtsbezirk bestehenden Lage aus der Wiederaufnahme der deutschen Gerichtsbarkeit ergeben".[3] Finck und Dr. Legers hatten bereits von 1933 bis 1938 dem Kammervorstand angehört und waren aus politischen Gründen ausgeschieden. Dr. Rhée, dem einzigen jüdischen Kammervorstandsmitglied von 1928 bis 1933, war 1938 die Zulassung entzogen worden. Er gehörte zu den ganz wenigen, denen es gelungen war, die folgenden Jahre im Untergrund zu überleben.[4] Dass er sich schon vor dem

---

1 Diese Angaben beruhen auf der Darstellung von Klein, Die Rheinische Justiz und der rechtsstaatliche Gedanke in Deutschland, S. 246, der sich auf Aufzeichnungen des Teilnehmers Dr. Floß stützen konnte, vgl. seine Fußnote 268. Nach Huffmann, Geschichte der rheinischen Rechtsanwaltschaft, S. 155, und Becker, 100 Jahre Kölner Anwaltverein, S. 99, mussten die Erschienenen zunächst einen Treueeid auf die Besatzungsmacht leisten, wovon Floß nichts berichtete.
2 Huffmann, aaO, und Becker, aaO.
3 So Finck in seinem Rundschreiben vom 1.5.1945.
4 Seine Biografie findet sich bei Luig, aaO, S. 309 ff. Er überlebte mit seiner arischen Frau die letzte Zeit der Naziherrschaft in einem Haus der Vinzentinerinnen in Bad Godesberg.

offiziellen Ende der Nazi-Herrschaft wieder der Berufsgemeinschaft zur Verfügung stellte, verdient besondere Bewunderung. Die Militärregierung wollte ursprünglich Anwaltskammern auch in Aachen und Bonn errichten, wovon Finck sie aber abbrachte.[5] Noch bevor das Oberlandesgericht Köln im September 1945 seine Tätigkeit wieder aufnahm, war die Anwaltschaft in seinem Bezirk in einer einzigen Kammer organisiert. Er war nun mit den Landgerichtsbezirken Köln, Bonn und Aachen deutlich kleiner als vorher; die Landgerichtsbezirke Koblenz und Trier lagen in der französischen Besatzungszone und wurden dem 1946 neu errichteten Oberlandesgericht Koblenz unterstellt.[6]

Der Kammervorstand erarbeitete sofort eine neue Anwaltsordnung und machte sie als „Verordnung" in einem Rundschreiben an die Rechtsanwälte des Oberlandesgerichtsbezirks vom 1. Mai 1945 bekannt.[7]

Die Anwaltsordnung wies in § 8 ausdrücklich darauf hin, dass der Vorstand die Geschäfte der Kammer (nur) so lange zu leiten hatte, bis von der Militärregierung zugelassene Neuwahlen entsprechend den Vorschriften der RAO stattfinden würden.[8] Das nationalsozialistische „Führerprinzip" wurde selbstverständlich aufgegeben; der Vorstand war wieder als Kollegium tätig. Ihres sich selbst verliehenen Rechts, die Rechtsanwälte zuzulassen, konnte sich die Kammer allerdings nicht lange erfreuen; die Militärregierung übertrug es Ende 1947 der Landesjustizverwaltung.[9]

Die Amerikaner übergaben das Rheinland im Sommer 1945 der britischen Militärregierung, die Finck das Leben recht schwer machte. Sie bestellte ihn und die Präsidenten Dr. Cüppers (Düsseldorf) und Kieserling (Hamm) in unregelmäßigen Abständen zu Besprechungen, wobei die Vertreter der Anwaltschaft bei den nicht aus juristischen Zivilberufen stammenden Rechtsoffizieren auf wenig Verständnis für ihre Probleme stießen. Noch mehr als zwanzig Jahre später sprach Finck von den „unvorstellbaren Demütigungen", die er und seine Mitstreiter auf sich nehmen mussten.[10] Er ließ sich dadurch aber nicht entmutigen, sondern setzte sein Aufbauwerk unbeirrt fort.

---

5 Huffmann, aaO, S. 155.

6 Der Landgerichtsbezirk Köln wurde 1981 um die Amtsgerichtsbezirke Leverkusen (vorher Landgericht Düsseldorf) und Wermelskirchen (vorher Landgericht Wuppertal) erweitert.

7 Obwohl ein Beleg dafür fehlt, ist selbstverständlich davon auszugehen, dass die Anwaltsordnung mit der Militärregierung abgestimmt war.

8 Mit den Einzelheiten der Bestimmungen befasst sich Huffmann, aaO, S. 160 f.

9 Anweisung Nr. 58 A, Legal Division vom 11.12.1947, vgl. Ostler, aaO, S. 317.

10 Huffmann, aaO, S. 155 f.

Vorstand der Anwaltskammer   Köln, den 1.Mai 1945

> An die
> Rechtsanwälte des
> Kölner Oberlandesgerichtsbezirks.

Jn der von der Militär-Regierung einberufenen, am 24.April 1945 stattgefundenen Versammlung der Rechtsanwälte, wurde ein Vorstand gewählt, der aus den Rechtsanwälten Finck, Dr.Rhée und Dr.Legers besteht. Diesen Vorstand beauftragte die Militärregierung, Maßnahmen zu treffen, die sich für die Rechtsanwaltschaft unter Berücksichtigung der im Kölner Gerichtsbezirk bestehenden Lage aus der Wiederaufnahme der deutschen Gerichtsbarkeit ergeben. Der Vorstand erlasst dementsprechend die nachstehende Verordnung:

§ 1

Die Rechtsanwaltsordnung wird in der Fassung wieder hergestellt die sie vor dem 30.1.1933 hatte, soweit diese Verordnung nichts anderes bestimmt.

§ 2

Wer die Befähigung zum Richteramte erlangt hat, muß auf seinen Antrag zur Rechtsanwaltschaft zugelassen werden, wenn nicht einer der in der Rechtsanwaltsordnung alter Fassung vorgesehenen Versagungsgründe vorliegt. Niemandem darf die Zulassung wegen seiner Rasse oder wegen seines Glaubens versagt werden.

§ 3

Ein Anwalt, der auf Grund nationalsozialistischer Gesetze oder Verordnungen nach dem 30.1.1933 ohne ehrengerichtliches Verfahren seine Zulassung verloren hat, hat grundsätzlich ein Recht auf Wiederzulassung. Es ist hierbei aber weiter zu prüfen,ob seit dem Verlust der Zulassung Versagungsgründe eingetreten sind.

§ 4

Wer seit dem 30.1.1933 durch Urteil des Ehrengerichts oder des Ehrengerichtshofes aus politischen Gründen aus dem Rechtsanwaltsstande ausgeschlossen worden ist, kann Wiederaufnahme des ehrengerichtlichen Verfahrens beantragen.

§ 5

Die Zulassung gilt für alle Gerichte, Behörden, Schiedsgerichte und sonstige Spruchstellen des Bezirkes des Oberlandesgerichtes Köln.

§ 6

Über den Antrag auf Zulassung und auf Wiederaufnahme des ehrengerichtlichen Verfahrens entscheidet der Vorstand der Anwaltskammer. Vor der Entscheidung ist die Militärregierung zu hören.

§ 7

Der Bescheid, welcher einem Antragsteller die beantragte Zulassung versagt, oder den Wiederaufnahmeantrag zurückweist,ist mit Gründen zu versehen. Auf Verlangen des Antragstellers ist über den Grund der Versagung im ehrengerichtlichen Verfahren zu entscheiden.

Anwaltsordnung vom 1.Mai 1945

- 2 -

§ 8

Die Rechtsanwaltskammer hat zur Zeit einen Vorstand von
3 Mitgliedern. Der erste Vorstand ist am 23.April 1945 in
der von der Militärs-Regierung einberufenen Versammlung der
Rechtsanwälte gewählt worden.
Es ist die Aufgabe des Vorstandes, die Geschäfte der Kammer
so lange zu leiten, bis eine den Vorschriften der Rechtsanwaltsordnung entsprechende Wahl des Vorstandes stattfinden
kann und von der Militär-Regierung zugelassen wird.

§ 9

Der Präsident der Anwaltskammer kann jedes Mitglied der Kammer zur Mitarbeit an den Aufgaben des Vorstandes heranziehen.
Der beauftragte Rechtsanwalt ist verpflichtet, die ihm übertragenen Aufgaben unentgeltlich auszuführen.

§ 10

Der Vorstand entscheidet in seiner gegenwärtigen Besetzung
von 3 Mitgliedern auch als Ehrengericht im ehrengerichtlichen
Verfahren. Bis zur Einrichtung der Staatsanwaltschaft am
Oberlandesgericht kann der Präsident der Kammer einen
Rechtsanwalt des Kammerbezirks mit der Führung der Voruntersuchung beauftragen. Nach geschlossener Voruntersuchung
reicht der Untersuchungsführer entweder die Anklageschrift
mit dem Antrage auf Eröffnung des Hauptverfahrens ein oder
er beantragt die Einstellung des Verfahrens.

§ 11

Solange keine Berufungsinstanz besteht gilt folgendes:
Ein freisprechendes Urteil ist sofort rechtskräftig.
    Erfolgt eine ehrengerichtliche Bestrafung, so hat der
Verurteilte das Recht, binnen einer Frist von 2 Wochen nach
Zustellung des Urteils Gegenvorstellungen gegen die recht-
liche und tatsächliche Begründung zu erheben.
Geben diese Vorstellungen dem Ehrengericht keine Veranlassung
von seinem Urteil abzuweichen, ist das Urteil rechtskräftig.
Die Entscheidung über die Gegenvorstellungen ist mit Gründen
zu versehen. Will das Ehrengericht von seiner Entscheidung
abweichen, so findet eine neue Hauptverhandlung statt.

§ 12

Urteile des Ehrengerichts sind der Militär-Regierung zur
Kenntnisnahme vorzulegen.

§ 13

Diese Verordnung tritt am 1.Juni 1945 in Kraft.

Köln, den 1.Mai 1945

                        Vorstand der Anwaltskammer Köln

        Finck   Dr.Rhée   Dr. Legers

Im Herbst 1945 beauftragte er Rechtsanwalt Dr. Manstetten mit der Neugründung des Kölner Anwaltvereins. In einer ersten Versammlung am 24. November 1945 berichtete der Kammervorstand über die bisher geleistete Arbeit. Nach weiteren zwei Gründungsversammlungen wurde der Verein schließlich am 15. März 1946 mit Dr. Walter Oppenhoff als dem Vorsitzenden aus der Taufe gehoben.[11] Auch die Anwaltvereine in Aachen und Bonn entstanden in dieser Zeit wieder.

Um ein Haar hätte die Rechtsanwaltskammer Köln, gerade aus den Trümmern auferstanden, schon bald wieder ihren Geist aufgegeben. Im April 1946 plante nämlich die britische Militärverwaltung, das Oberlandesgericht Köln aufzulösen; für die gesamte Niederrheinprovinz sollte nur noch das Oberlandesgericht Düsseldorf zuständig sein. Der Kölner Oberbürgermeister Dr. Pünder konnte dies durch seinen energischen Einsatz verhindern.[12] Auch Finck hatte sich in einer eingehenden Denkschrift, in der er Geschichte, Tradition und Bedeutung des Oberlandesgerichts Köln würdigte, für dessen Erhaltung eingesetzt.[13]

Der im April 1945 berufene, aus drei Anwälten bestehende Kammervorstand konnte die anfallenden Aufgaben nicht allein bewältigen. Darum wurde das Gremium bis Ende 1946 auf insgesamt 11 Vorstandsmitglieder erweitert, durch Beschluss des Vorstands vom 29.11.1947 auf 14 Mitglieder. Die Ergänzungs- und Ersatzwahlen konnten noch nicht in Vollversammlungen der Kammermitglieder stattfinden. Mit Billigung der Militärregierung schlugen die Anwaltvereine aufgrund von Wahlen Vereinsmitglieder als Vorstandsmitglieder vor, die dann vom Vorstand selbst hinzugewählt wurden.[14]

---

11 Wegen der weiteren Einzelheiten vgl. Becker, aaO, S. 105 ff.

12 Klein, aaO, S. 248.

13 Huffmann, aaO, S. 195.

14 Rechenschaftsbericht für 1947, HStAD Rep. 28 Nr. 336 Blatt 63 ff. Dr. Fuchs und Frh. von Gagern wurden in der Gründungsversammlung des Kölner Anwaltvereins am 24.11.1945 nominiert, vgl. Becker, aaO, S. 104 f.

2. Die schwierigen Jahre des Wiederaufbaus

Ein wichtiges Betätigungsfeld des Kammervorstands waren die Zulassungen zur Anwaltschaft. Die Regelung in § 15 Abs. 2 RRAO, dass nicht mehr Anwälte zugelassen werden sollten, als „einer geordneten Rechtspflege dienlich" war, wurde nicht dem nationalsozialistischen Gedankengut zugerechnet und galt darum weiter. Dass die Anzahl der Kammermitglieder zunächst stark gesunken war, lag u. a. daran, dass die Mitglieder der NSDAP entnazifiziert werden mussten und erst danach ihre Wiederzulassung betreiben konnten. Am 1. Januar 1947 waren im Kammerbezirk nur noch 359 Anwälte zugelassen gegenüber 881 vor dem Beginn des Zweiten Weltkriegs. Von den 137 Zulassungen im Jahr 1947 waren 106 Wiederzulassungen. Viele Referendare konnten ihre durch den Kriegsdienst unterbrochene Ausbildung nach 1945 fortsetzen und drängten nun als Anwaltsassessoren in den Anwärterdienst. Auch zogen vertriebene Rechtsanwälte aus dem Osten zu. Der Kammervorstand befürchtete darum einen starken Zuwachs. In einer Besprechung des Präsidenten beim Justizminister in Düsseldorf wurde als Richtlinie festgelegt, dass die Zahl der am 1. Januar 1940 zugelassenen Anwälte um 10 % erhöht werden könne, wobei allerdings die Zu- oder Abnahme der Bevölkerung zu berücksichtigen sei. Dies bedeutete – so heißt es in dem Rechenschaftsbericht für 1947 –, dass im Oberlandesgerichtsbezirk 696 Rechtsanwälte zugelassen werden konnten.[15] Obwohl diese Zahl bei weitem noch nicht erreicht war, gingen der Kammervorstand und auch die Justizverwaltung mit Zulassungsgesuchen sehr zurückhaltend um.

Der Aufsichtführende Amtsrichter in Bergheim machte sich im Mai 1948 darüber Gedanken, dass auch die Religionszugehörigkeit der Bewerber angemessen berücksichtigt werden müsse.[16] Sein Kollege in Gummersbach sprach sich im August 1948 gegen die Zulassung weiterer Anwälte aus mit der Begründung, die Zahl habe sich schon gegenüber 1939 von fünf auf sieben erhöht; der Bevölkerungszuwachs bestehe nur aus mittellosen Ostflüchtlingen, die keine Anwälte in Anspruch nähmen.[17] Das Amtsgericht Bergheim befürwortete die Zulassung eines weiteren Anwalts nur deshalb, weil es sich um einen „in Köln total ausgebombten und erblindeten" Kollegen handelte.[18]

---

15 Rechenschaftsbericht für 1947, HStAD Rep. 28 Nr. 336 Blatt 63. Die Rechnung kann nicht stimmen, weil am 1.1.1940 858 Anwälte zugelassen waren.

16 HStAD Rep. 28 Nr. 336 Blatt 72.

17 HStAD Rep. 28 Nr. 336 Blatt 100.

18 HStAD Rep. 28 Nr. 336 Blatt 88.

Für Flüchtlinge wurde eine Quote von bis zu 10 % der zugelassenen Anwälte festgesetzt.[19] Dieser Sonderregelung verdankte der spätere Kammerpräsident Dr. Heinrich Vigano seine Zulassung.[20] Bei der Bedürfnisprüfung war der Kammervorstand nur dann großzügiger, wenn der neu zugelassene Anwalt in eine bestehende Einzelpraxis oder Sozietät eintrat, und zwar mit der Begründung, dass dadurch keine Vermehrung der Zahl der Anwaltskanzleien eintrete und im übrigen dem „Hilfsarbeiterunwesen" entgegengewirkt werde.[21] Die restriktive Zulassungspraxis hatte nämlich dazu geführt, dass viele Juristen als Mitarbeiter in die Dienste gut beschäftigter Anwälte traten und auch Gerichtstermine wahrnahmen, was die Kammer bereits vorher beanstandet hatte.[22]

Die Zahl der Anwälte im Kammerbezirk stieg – die Zahlen gelten jeweils für den 1. Januar – von 490 im Jahr 1948 über 614 im Jahr 1949 und 772 im Jahr 1950 auf 739 im Jahr 1951.

Der Kölner Kammerpräsident spielte – damit wiederholte sich ein Vorgang aus dem Jahr 1886 – für die überregionale Zusammenarbeit der Kammern eine bedeutende Rolle. Im Januar 1946 beauftragte die britische Militärregierung Finck als den einzigen frei gewählten Kammerpräsidenten mit der Zusammenführung der Anwaltsorganisationen in der Britischen Zone[23], eine Aufgabe, die er sofort zusammen mit seinem Düsseldorfer Kollegen Dr. Cüppers in Angriff nahm. Am 1. Februar 1946 gründeten unter dem Vorsitz von Finck die Präsidenten Dr. Semler (Braunschweig), Dr. Cüppers (Düsseldorf), Kieserling (Hamm), Dr. Ruscheweyh (Hamburg), Dr. Müller (Celle) und Dr. von Busch (Oldenburg) in Bad Pyrmont die „Vereinigung der Rechtsanwaltskammern der Britischen Zone" mit Sitz in Köln. Die Vereinigung, zunächst eine Gesellschaft bürgerlichen Rechts, war ab 1. März 1948 eine Körperschaft öffentlichen Rechts.[24] Als die Militärregierung zum 1. Oktober 1946 das Zentraljustizamt für die Britische Zone in Hamburg errichtete, folgte ihr die Vereinigung mit ihrem Sitz. Finck gab den Vorsitz an den

---

19 Rechenschaftsbericht für 1947, HStAD Rep. 28 Nr. 336 Blatt 63.

20 Stellungnahme des Kölner Landgerichtspräsidenten an den OLG-Präsidenten vom 3.5.1949, HStAD Rep. 28 Nr. 337 Blatt 27.

21 MittRAK Nr. 1 (Dezember 1948) S. 6, MittRAK Nr. 5 (September 1949) S. 2, MittRAK Nr. 9 (Mai 1950) S. 3. Die Kammermitglieder wurden sogar verpflichtet, die Mitarbeiter dem Vorstand unter Angabe der Personalien zu melden.

22 MittRAK Nr. 6 (November 1949) S. 1.

23 Huffmann, aaO, S. 156; Rechenschaftsbericht für 1947, HStAD Rep. 28 Nr. 336 Blatt 63.

24 Verordnungsblatt für die Britische Zone 1948, S. 45.

Hamburger Kammerpräsidenten Prof. Dr. Fischer ab und blieb Vizepräsident.[25] Die Vereinigung war ungewöhnlich fleißig; allein im Jahr 1947 fanden sechs Tagungen statt, die jeweils mehrere Tage dauerten[26], was angesichts der damaligen Reiseschwierigkeiten und Versorgungsengpässe eine erhebliche Belastung war.

Das von der Militärregierung errichtete Zentraljustizamt für die britische Zone – die Bundesländer gab es noch nicht – übernahm die Funktion des Gesetzgebers, die bis dahin bei den Oberlandesgerichtspräsidenten gelegen hatte; auch die früheren Zuständigkeiten des Reichsjustizministeriums gingen auf diese Behörde über.[27]

Vorübergehend war Köln sogar der Sitz von zwei Rechtsanwaltskammern. Das Zentraljustizamt errichtete nämlich als Revisionsinstanz mit Wirkung ab 1. Januar 1948 in Köln den „Obersten Gerichtshof für die Britische Zone".[28] Das Gericht zog in das Justizgebäude am Reichenspergerplatz ein.[29] Bei diesem Gerichtshof durften – in Anlehnung an die frühere Regelung für das Reichsgericht – nur speziell zugelassene Anwälte auftreten, worüber der Präsident des Zentraljustizamts zu entscheiden hatte. Von den bisher im Kölner Kammerbezirk tätigen Anwälten wurden Dr. Hans Dahs (Landgericht Bonn) und Dr. Fritz Fuchs (OLG) beim Obersten Gerichtshof zugelassen; sie konnten ihre bisherigen Zulassungen beibehalten und darum auch Mitglieder des Kölner Kammervorstands bleiben.[30] Bei dem Obersten Gerichtshof waren insgesamt zehn Rechtsanwälte tätig, darunter Dr. Philipp Möhring, der später einer des prominentesten Anwälte beim BGH wurde. Sie bildeten eine eigene Rechtsanwaltskammer, deren Sitz sich in der Praxis des Rechtsanwalts Dr. Keil in Köln-Bayenthal befand.[31] Als nach der Gründung der Bundesrepublik der Bundesgerichtshof zu errichten war, machten sich die Kölner sogar Hoffnungen, die „Hauptstadt des Rechts" zu werden, eine Rolle, die dann Karls-

---

25 Huffmann, aaO, S. 156 f.

26 Rechenschaftsbericht der Kammer Köln für 1947, HStAD Rep. 28 Nr. 336 Blatt 63 ff.

27 Vgl. dazu Ostler, Die deutschen Rechtsanwälte 1891-1971, S. 318. Die Kammer Hamm verdankt es der vorübergehenden Gesetzgebungskompetenz ihres OLG-Präsidenten, dass dieser ihr einen Teil des Vermögens der Reichsrechtsanwaltskammer zukommen lassen konnte.

28 Verordnungsblatt für die Britische Zone 1947 S. 149.

29 Dort residierte nach der Errichtung der „Bizone", des Zusammenschlusses der britischen und amerikanischen Zone zum „Vereinigten Wirtschaftsgebiet", seit dem 9.2.1948 auch das „Deutsche Obergericht für das Vereinigte Wirtschaftsgebiet", das aber nur für bestimmte Gebiete des Wirtschaftsrechts zuständig war, vgl. Klein, aaO, S. 250, und anwaltsrechtlich keine Bedeutung erlangte.

30 Becker, aaO, S. 114.

31 MittRAK Nr. 1 (Dezember 1948) S. 2.

ruhe übernahm, wohin elf Richter und sieben Rechtsanwälte des Obersten Gerichtshofs umzogen.[32] Die Wiege des BGH stand jedenfalls in Köln.

Eine der vordringlichen Aufgaben der Vereinigung der Rechtsanwaltskammern der Britischen Zone war die Neuregelung des ehrengerichtlichen Verfahrens. Während die Kammer Köln in ihrer Anwaltsordnung vom 1. Mai 1945 sich die Zuständigkeit für die erste Instanz zurückgeholt hatte, blieben in anderen Kammerbezirken staatliche Gerichte verantwortlich. Schon in der ersten Versammlung beschloss die Vereinigung, dass in erster Instanz wie früher ein aus drei Kammervorstandsmitgliedern bestehendes Ehrengericht zuständig sein sollte. Ein besonderes Problem war die Organisation der Berufungsinstanz, welche die Kölner Anwaltsordnung notgedrungen ausgeklammert hatte. Dieses Thema regelte die Verordnung des Zentraljustizamts vom 8. Oktober 1946[33], wonach dem Ehrengerichtshof neben drei Rechtsanwälten ein Senatspräsident des Oberlandesgerichts angehörte. Die Vereinigung errichtete auf Grund der ihr erteilten Ermächtigung neben dem in Hamburg residierenden 1. Senat einen 2. Senat in Düsseldorf, der für die Kammerbezirke Düsseldorf, Hamm, Köln und Oldenburg sowie für die Anwälte am Obersten Gerichtshof der Britischen Zone zuständig war. Präsident des Ehrengerichtshofs wurde der Hamburger Kammerpräsident, Prof. Dr. Fischer, Vizepräsident und Vorsitzender des Düsseldorfer Senats wurde der dortige Kammerpräsident Dr. Cüppers.[34] Nach dessen Tod 1953 übernahm der Kölner Kammerpräsident Finck das Amt von Cüppers[35], das er bis zum Inkrafttreten der Bundesrechtsanwaltsordnung im Jahr 1959 beibehielt.

Die Vereinigung der Rechtsanwaltskammern der britischen Zone hatte auch die Aufgabe, eine Anwaltsordnung zu erarbeiten. Dies erwies sich als sehr mühselig, denn die gute Kooperation mit dem Zentraljustizamt endete mit der Entstehung der Bundesländer, die in ultimativer Form ihre eigenen Vorstellungen durchsetzen wollten.[36] Die am 10. März 1949 verkündete und am 1. April 1949, kurz vor der Verabschiedung des Grundgesetzes, in Kraft getretene neue Rechtsanwaltsordnung für die britische Zone war ein die Anwaltschaft in vielen Punkten nicht befriedigender Kompromiss. Für die Zulassung zur Anwaltschaft war entgegen den Forderungen der Anwaltschaft weiter die Justizverwaltung zuständig. Vor allem konnte sich die Anwaltschaft mit ihrer Forderung nach einer Beibehaltung der Bedürfnisprüfung nicht

---

32 Becker, aaO, S. 114.

33 Verordnungsblatt für die Britische Zone 1947, S. 4.

34 Hufmann, aaO, S. 163 f.

35 MittRAK Nr. 25 (Oktober 1953) S. 1.

36 Dazu im Einzelnen Ostler, aaO, S. 319.

durchsetzen. Nur als Übergangsregelung konnte bis zum 31. Dezember 1950 die Zulassung versagt werden, wenn die Zulassung weiterer Anwälte bei dem jeweiligen Gericht „einer geordneten Rechtspflege nicht dienlich" war.[37] Auch der einjährige Anwärterdienst, also das Anwaltsassessorat, wurde beibehalten. Das Ehrengericht erster Instanz bestand weiter aus drei Mitgliedern des Kammervorstands, der Ehrengerichtshof aus fünf Mitgliedern, davon einem Berufsrichter.[38] Damit war in der Britischen Zone die Rechtsanwaltsordnung im Wesentlichen in ihrer bis zum 30. Januar 1933 geltenden Fassung wieder hergestellt. Eine der wenigen Neuerungen der Reichsrechtsanwaltsordnung von 1935, auf die man nicht mehr verzichten wollte, war der den Kammervorsitzenden lieb gewordene Präsidententitel. In der amerikanischen und der französischen Besatzungszone gab es keine einheitlichen Anwaltsordnungen, sondern nur Einzelregelungen; in der französischen Zone erhielten die Kammern in der guten Tradition der Besatzungsmacht das Recht zur Anwaltszulassung.[39]

Die Tätigkeit des Kölner Kammerpräsidenten spielte sich nicht nur in den Höhen der überregionalen Gremien ab, sondern auch in den Niederungen des Tagesgeschäfts. Die Kammer hatte, da der sie bis 1944 beherbergende „Appellhof" zerstört war, im Justizgebäude Reichenspergerplatz einige Räume im ersten Obergeschoss erhalten. Der Kammervorstand bestellte 1948 Dr. Joachim Lingenberg zum Geschäftsführer. Der Vorstand nahm auch in dieser Zeit zu zahlreichen Gesetzgebungsvorhaben Stellung. Er hatte sich nicht nur mit Zulassungen zur Anwaltschaft zu befassen, sondern auch mit den Anträgen auf Übernahme in den Anwärterdienst. Auch mussten wieder Beschwerden über Rechtsanwälte bearbeitet werden.[40] Ein Anwaltsverzeichnis wurde in den ersten Jahren noch nicht publiziert. Im Dezember 1948 erschien die erste Ausgabe des im Jahr 1936 eingestellten „Mitteilungsblatts der Rechtsanwaltskammer Köln", das eine wertvolle Hilfe für die Darstellung der Kammergeschichte nach 1945 ist und hier als „MittRAK" zitiert wird. Dieses erste Mitteilungsblatt spiegelt die damaligen Tagesprobleme wider. Die Kammer bat um Angabe der persönlichen Daten für ein neues Anwaltsverzeichnis.

---

37 Verneinte der Kammervorstand ein Bedürfnis, war die Justizverwaltung hieran nicht gebunden, vgl. Huffmann, aaO, S. 167. Ausgenommen von der Bedürfnisprüfung waren selbstverständlich diejenigen, die die Zulassung aufgrund der antisemitischen Regelungen verloren hatten.

38 Ostler, aaO, S. 320.

39 Dazu im Einzelnen Ostler, aaO, S. 312 ff. und S. 321 ff.

40 Rechenschaftsbericht für 1949, HStAD Rep. 28 Nr. 336 S. 63 f. Die Zahl der Beschwerden nahm zunächst ständig zu (1947: 152; 1948: 187; 1949: 206; 1950: 273; 1951: 292; 1952: 357; 1953: 353; 1954: 370). In den folgenden Jahren sank sie auf etwa 300 Neueingänge ab.

Ein längerer Abschnitt beschäftigte sich mit dem Kammerbeitrag, der vor der Währungsreform 20 RM pro Monat betrug, anschließend vorübergehend auf 15 DM gesenkt und dann wieder auf 20 DM erhöht wurde. Auch standesrechtliche Pflichten wurden angesprochen; so wurden die Kammermitglieder davor gewarnt, inhaftierten Mandanten Lebensmittel oder Genussmittel zuzustecken.

Besonders verdienstvoll war der Einsatz der Kammer im Zusammenhang mit der Organisation der Strafverteidigung deutscher Angeklagter vor belgischen Kriegsgerichten. Da dort nicht übersetzt wurde, mussten Anwälte gefunden werden, die der französischen oder flämischen Sprache mächtig waren; sie benötigten auch gewisse Kenntnisse des belgischen und französischen Verfahrensrechts. Die Kammer konnte erreichen, dass die Verteidiger mittelloser Angeklagter aus der deutschen Staatskasse honoriert wurden. Die Verteidiger wurden in Aachen mit einem Omnibus abgeholt und „nach Offiziersmaßstäben" in Kasernen untergebracht und verpflegt; sie erhielten sogar ein Taschengeld in der Landeswährung.[41]

Das erste Mitteilungsblatt zeigt auch die erst im Laufe der Zeit nachlassende Abhängigkeit von der Besatzungsmacht, welche die Justiz und die Anwaltschaft ebenso wie die Verwaltung zunächst an der kurzen Leine führte. So bedurften z. B. Klagen aus Kriegslieferungsverträgen und gegen Gebietskörperschaften („Fiskal-Prozesse") der Genehmigung der Militärregierung. Behauptete in einem Räumungsprozess der Beklagte, aufgrund einer Anordnung der Militärregierung in den Besitz der Räume gelangt zu sein, musste diese das Verfahren genehmigen. Selbst die Beschäftigung juristischer Mitarbeiter war am Anfang von der Zustimmung der Militärregierung abhängig.[42] Dies alles erschwerte die Arbeit der Anwälte. Auch uralte Themen kamen wieder auf den Tisch; so musste der Vorstand im Februar 1949 die Kammermitglieder ermahnen, ihren Referendaren und Assessoren keine Gefälligkeitszeugnisse zu erteilen.[43] In die Bewältigung der Versorgungsschwierigkeiten war die Kammer ebenfalls eingebunden. Wer eine „Kohlenkarte" für seine Praxisräume erlangen wollte, musste das entsprechende Formular unter Angabe der Zahl seiner Beschäftigten und der Brennstoffart bei der Kammer einreichen, die es zu prüfen und abzuzeichnen hatte.[44]

---

41 MittRAK Nr. 1 (Dezember 1948) S. 3.

42 MittRAK, aaO, S. 4 f.

43 MittRAK Nr. 2 (Februar 1949) S. 3.

44 MittRAK Nr. 14 (April 1951) S. 5.

3. Auf dem Weg zur Bundesrechtsanwaltsordnung

Bald nach dem Inkrafttreten der Rechtsanwaltsordnung für die britische Zone entstand die Bundesrepublik Deutschland. Der Parlamentarische Rat verabschiedete am 8. Mai 1949 das Grundgesetz. Nach der ersten Bundestagswahl konnten im Herbst 1949 alle Organe des neuen Staates ihre Tätigkeit aufnehmen. Zu den vielfältigen Aufgaben des Bundestags zählte auch die Schaffung eines bundeseinheitlichen Anwaltsrechts, woran sich die Rechtsanwaltskammer Köln in Gestalt ihres Präsidenten Finck maßgeblich beteiligte. In einer Versammlung vom 18. bis 20. September 1949 auf dem „Rittersturz" bei Koblenz gründeten die Rechtsanwaltskammern die „Arbeitsgemeinschaft der Anwaltskammervorstände im Bundesgebiet". Die Leitung übernahm die Spitze der Vereinigung der Rechtsanwaltskammern der britischen Zone; deren Präsident Prof. Dr. Fischer (Hamburg) wurde zum Präsidenten, Finck zum Vizepräsidenten der Arbeitsgemeinschaft gewählt. Finck übernahm weiter die Funktion des Bevollmächtigten der Kammervorstände bei der Bundesregierung, was sich wegen der räumlichen Nähe von Köln und Bonn anbot. Er wurde damit zum Verbindungsmann der Arbeitsgemeinschaft zum Bundesjustizministerium und zum Bundestag.[45] Nach einer entsprechenden Aufforderung des Bundesjustizministers Thomas Dehler legte eine siebenköpfige Kommission der Arbeitsgemeinschaft bereits im Mai 1950 den Entwurf einer Anwaltsordnung vor. Damals ahnte niemand, dass bis zur Verabschiedung der Bundesrechtsanwaltsordnung (BRAO) fast zehn Jahre vergehen würden. Ihr mühseliger Werdegang kann und braucht hier nicht im Einzelnen nachvollzogen zu werden.[46]

Einer der wesentlichen Gründe für die Verzögerung war die ebenso vehement wie letztlich erfolglos vorgetragene Forderung der Anwaltschaft nach Zulassungsbeschränkungen. Da die Übergangsregelung für die britische Zone am 31. Dezember 1950 auslief, setzte sich die Arbeitsgemeinschaft zunächst dafür ein, die Bedürfnisprüfung bis zum Inkrafttreten der Bundesrechtsanwaltsordnung beizubehalten, und fand dafür auch die Unterstützung des Bundestags, der einen entsprechenden Gesetzentwurf annahm. Er scheiterte aber Anfang 1951 endgültig, nachdem der vom Bundesrat angerufene Vermittlungsausschuss verfassungsrechtliche Bedenken geäußert hatte.[47] Die Arbeitsgemeinschaft gab aber nicht auf. Im Auftrag der Vereinigung der

---

45 MittRAK Nr. 6 (November 1949) S. 1.

46 Vgl. dazu im Einzelnen statt aller Ostler, aaO, S. 340 ff.

47 MittRAK Nr. 14 (April 1951) S. 1.

Rechtsanwaltskammern der britischen Zone verfasste Prof. Dr. Georg Erler in Münster eine umfangreiche Denkschrift unter dem Titel „Rechtsnot durch Anwaltsnot".[48] Im *Numerus Clausus* sah Erler keinen Verstoß gegen Art. 12 GG. Die Wiedereinführung der unbeschränkten Zulassungsfreiheit „beseitige die letzte Sicherung nicht nur gegen den materiellen und ideellen Verfall der deutschen Rechtsanwaltschaft, sondern auch gegen eine tiefgreifende Erschütterung der gesamten deutschen Rechtspflege"[49]. Die Rechtspflege und die Anwaltschaft gingen – so Erler weiter – der „unaufhaltsamen Entwertung entgegen, wenn es nicht in letzter Minute gelingt, durch eine Beschränkung der Zulassungen die Anwaltschaft vor der völligen wirtschaftlichen Verelendung zu retten."[50] In der Tat war die wirtschaftliche Lage der Anwälte nach der Währungsreform sehr bescheiden. Nach einer Erhebung der Kammern der britischen Zone für den Zeitraum vom 1. Juli 1948 bis 30. Juni 1949 hatten 29,5 % der Rechtsanwälte ein Jahreseinkommen vor Steuern von unter 3.000 DM, 28 % von 3.000 DM bis 6.000 DM und 23,6 % von 6.000 DM bis 10.000 DM.[51] Allen Forderungen nach Zulassungsbeschränkungen stand aber letztlich Art. 12 GG entgegen.

Auch mit ihrem Wunsch, die Zulassung zur Anwaltschaft nach französischem Vorbild in die Hände der Kammern zu legen, konnte sich die Arbeitsgemeinschaft nicht durchsetzen.[52] Ein weiterer Streitpunkt war die Ehrengerichtsbarkeit, denn es konnte im Hinblick auf die in Art. 92 GG verankerte Gewaltenteilung nicht dabei bleiben, dass der Kammervorstand, ein Verwaltungsorgan, zugleich als Gericht fungierte. Daneben gab es unzählige Detailfragen, für die erst nach endlosen Beratungen eine Lösung gefunden werden konnte. In dem gesamten mühevollen Gesetzgebungsprozess kam dem Kölner Kammerpräsidenten eine Schlüsselrolle zu. Nach dem Tod von Fischer übernahm Finck im April 1954 das Amt des Präsidenten der Arbeitsgemeinschaft[53], die im März 1955 ihren Sitz von Hamburg nach Bonn verlegte.[54] Um ihre Bedeutung in der Außenwirkung zu verstärken, änderte die

---

48 Die undatierte Denkschrift findet sich in HStAD Rep. 28 Nr. 337 Hülle Blatt 179; aus ihrem Inhalt ergibt sich, dass sie nach der Verabschiedung der RAO für die britische Zone, wohl 1951, verfasst wurde.

49 Denkschrift, aaO, S. 10.

50 Denkschrift, aaO, S. 80.

51 Denkschrift, aaO, S. 71. Dort werden die Einzelzahlen für fünf Kammern mitgeteilt, ohne jeweils deren Namen anzugeben, so dass sich für den Kölner Bezirk keine genauen Zahlen feststellen lassen. Die hier gemachten Angaben sind als Durchschnitt errechnet.

52 Diese Regelung galt in der französischen Zone, vgl. Ostler, aaO, S. 322.

53 MittRAK Nr. 29 (August 1954) S. 1

54 MittRAK Nr. 33 (Juli 1955) S. 3. Die Vereinigung der Rechtsanwaltskammern der Britischen Zone, die noch als Trägerin des Ehrengerichtshofs fungierte, blieb in Hamburg.

Arbeitsgemeinschaft im Herbst 1955 ihren Namen in „Bundesrechtsanwaltskammer (Vereinigung der Rechtsanwaltskammern im Bundesgebiet)".[55] Finck fungierte also bereits als Präsident der „Bundesrechtsanwaltskammer", bevor es diese – erst durch die BRAO geschaffene – Institution überhaupt gab.

Die Bundesrechtsanwaltsordnung vom 1. August 1959[56] trat am 1. Oktober 1959 in Kraft. Damit hatte die deutsche Anwaltschaft einen einheitlichen rechtlichen Rahmen, die Zeit der Rechtszersplitterung war beendet. Die alte „Bundesrechtsanwaltskammer", die nur ein freiwilliger Zusammenschluss der 23 Kammern war, löste sich auf; zu ihrem Liquidator wurde der Kölner Kammergeschäftsführer Dr. Joachim Lingenberg bestellt. Gleichzeitig endete auch die Tätigkeit der Vereinigung der Rechtsanwaltskammern der früheren britischen Zone, die bis dahin Trägerin der zweitinstanzlichen Ehrengerichtsbarkeit war. Finck, inzwischen 79 Jahre alt, verzichtete auf die ihm angetragene Wahl zum Präsidenten der neu geschaffenen Bundesrechtsanwaltskammer (BRAK). Ihr erster Präsident wurde Dr. Waldeck, der Präsident der Kammer Karlsruhe.

4. Die Arbeit der Kammer von 1949 bis 1963

Während ihr Präsident einen großen Teil seiner Arbeitskraft seinen überregionalen Aufgaben widmete, ohne dabei seine Pflichten in Köln zu vernachlässigen, ging dort der Alltag der Kammer selbstverständlich weiter. Das „tägliche Brot" blieben die Stellungnahmen zu Zulassungsgesuchen, die Beschwerden und die Gebührengutachten; diese Aufgaben nahmen mit der Zeit zu, weil die Zahl der Kammermitglieder anstieg. Es häuften sich auch die Stellungnahmen zu den verschiedensten Gesetzgebungsvorhaben, weil der neue Staat Bundesrepublik Deutschland Fahrt aufnahm.

Die gestiegene Arbeitslast erforderte eine Vergrößerung des Kammervorstands. Die nach der Verabschiedung der Rechtsanwaltsordnung für die britische Zone im Mai 1949 beschlossene Geschäftsordnung legte die Zahl der Vorstandsmitglieder auf 18 fest;[57] die Kammerversammlung am 3. Mai 1953 beschloss die Erhöhung auf 23 Mitglieder.[58] Seither ist die Zahl der Vorstandsmitglieder unverändert.

---

55 MittRAK Nr. 35 (Januar 1956) S. 1; Ostler, aaO, S. 346.

56 BGBl I, S. 565.

57 MittRAK Nr. 4 (Juli 1949) S. 1 f.

58 MittRAK Nr. 24 (Juni 1953) S. 1.

Der Kammervorstand wachte streng über die Einhaltung der guten Sitten. 1950 wies der Vorstand die Mitglieder erneut auf die Verpflichtung hin, vor den Gerichten in der „Amtstracht" zu erscheinen, die mindestens aus der Robe und einem weißen Binder bestehe; nur von der Verwendung des Baretts könne vorläufig noch abgesehen werden. Es gehöre sich auch nicht, unter der Robe kurze Sporthosen oder Motorradgamaschen zu tragen.[59] Gegenstand der Erörterung war weiter wiederholt das Werbeverbot. Dabei ging es u. a. um die Problematik von Presseveröffentlichungen über den einzelnen Anwalt und die von ihm geführten Mandate. Der Vorstand verpflichtete denjenigen, der durch Informationen am Zustandekommen von Berichten mitgewirkt hatte, das Erscheinen von seiner vorherigen Prüfung und Billigung abhängig zu machen.[60] Mit einem sonderbaren, damals offenbar verbreiteten Brauch, nämlich der Gewährung von Darlehen durch Rechtsanwälte an Richter und andere Justizangehörige, ging der Kammervorstand dagegen sehr mild um; selbst wenn dies „in guter Absicht" geschehe, müsse der Vorstand davor im Blick auf die Unabhängigkeit der Justiz warnen.[61] Es hätte näher gelegen, solche „Bankgeschäfte" schlicht als standeswidrig zu untersagen. Hinweise in der Tagespresse auf Urlaubsabwesenheiten, wie bei den Ärzten üblich, sah der Vorstand als standeswidrig an.[62] 1952 erwartete der Kammerpräsident noch, dass sich neu zugelassene Rechtsanwälte bei ihm oder einem anderen Mitglied des Präsidiums vorstellten.[63] 1959 führte Finck darüber Klage, dass sich neu zugelassene Anwälte nicht mehr älteren Kollegen, mit denen sie beruflich zusammentrafen, bekannt machten, und appellierte an alle, „der Verwilderung anwaltlicher und gesellschaftlicher Sitten in unserem Berufsstand entgegenzuwirken".[64]

Zu dieser Zeit kam auch die Einführung des Anwaltsnotariats im Rheinland wieder einmal auf die Tagesordnung. Die Kammerversammlung am 11. Mai 1955 setzte eine Kommission ein, welche die Einführung befürwortete;[65] dem schloss sich eine außerordentliche Kammerversammlung vom 27. Juni 1959 an. Die Hauptversammlung der Bundesrechtsanwaltskammer am 29. Juni 1959 lehnte das Vorhaben indessen ab[66]. Damit war das Thema aber für die

---

59 MittRAK Nr. 7 (Januar 1950) S. 2.

60 MittRAK Nr. 27 (April 1954) S. 2 f.

61 MittRAK Nr. 31 (Februar 1955) S. 2.

62 MittRAK Nr. 43 (Januar 1958) S. 1.

63 MittRAK Nr. 18 (Februar 1952) S. 1.

64 MittRAK Nr. 47 (Januar 1959) S. 2.

65 MittRAK Nr. 35 (Januar 1956) S. 2.

66 Geschäftsbericht für 1959, MittRAK Nr. 2 (April 1960) S. 3.

Kölner Kammer nicht erledigt, denn der Ausschuss „Anwaltsnotariat" unter dem Vorsitz von Dr. Servatius setzte seine Arbeit gemeinsam mit den entsprechenden Ausschüssen der Kammern Düsseldorf, Koblenz und Neustadt unverdrossen fort. Eine außerordentliche Kammerversammlung am 1. Oktober 1960 beauftragte den Kammervorstand, sich weiter für die Einführung des Anwaltsnotariats einzusetzen, und beschloss zur Förderung dieser Bestrebungen eine Umlage von 20 DM je Kammermitglied.[67]

Ein zeitbedingtes Problem war die Honorarregelung in Wiedergutmachungssachen. Die Unübersichtlichkeit der Ansprüche erschwerte die Feststellung des richtigen Streitwerts. Die überwiegend im Ausland lebenden Mandanten waren häufig mittellos, sie konnten keine Vorschüsse zahlen und auch das Risiko eines erfolglosen Vorgehens nicht tragen. Viele von ihnen wohnten in den USA und waren es gewohnt, ihren Anwalt nur im Erfolgsfall zu bezahlen. Soweit sie sich amerikanischer Anwälte bedienten, waren entsprechende Vereinbarungen unproblematisch. Es war darum den in Deutschland ansässigen Anwälten nicht zu verdenken, dass sie in Wiedergutmachungsverfahren ebenfalls Erfolgshonorare, und zwar in Form einer prozentualen Beteiligung *(quota litis)* vereinbarten. Obwohl dies gegen geheiligte Grundsätze des deutschen Gebührenrechts verstieß, erkannten die Gerichte und auch die Kammern solche Vereinbarungen zunächst grundsätzlich als wirksam an. Nach Ziffer 32 Abs. 1 Satz 3 der Standesrichtlinien konnte die Vereinbarung eines Erfolgshonorars in Ausnahmefällen dann als zulässig erachtet werden, wenn die Partei erst durch den Erfolg in die Lage kam, ein angemessenes Honorar zu entrichten, eine für Wiedergutmachungssachen typische Situation. Bereits 1951 beschloss die Arbeitsgemeinschaft der Anwaltskammervorstände, diese Bestimmung zu streichen[68], was aber an der Praxis zunächst nichts änderte. Die Kammern waren indessen bestrebt, Missbräuchen entgegen zu wirken, die auch hier nicht ausblieben. Nach wiederholter Beratung schloss sich der Kölner Kammervorstand dem Votum der Rechtsanwaltskammer Berlin an, dass das Erfolgshonorar keinesfalls die Höchstgrenze von 10 % des wirtschaftlichen Erfolgs überschreiten dürfe.[69] Das Ansinnen des Bundesjustizministeriums, die Anwälte sollten ihre Honorarrechnungen ihrer Kammer vorlegen, lehnte die Anwaltschaft dagegen entschieden ab.[70] Der BGH verbot schließlich die Vereinbarung eines Erfolgshonorars auch in Wiedergutmachungssachen.[71]

---

67 MittRAK Nr. 5 (Januar 1961) S. 2 f.

68 MittRAK Nr. 16 (September 1951) S. 1.

69 MittRAK Nr. 50 (Oktober 1959) S. 2.

70 MittRAK Nr. 48 (April 1959) S. 2.

71 NJW 1961, S. 313.

Ein besonderes Ärgernis war der Ausschluss von Rechtsanwälten als Vertreter vor den Arbeitsgerichten im Verfahren erster Instanz. Im Auftrag der Arbeitsgemeinschaft verhandelte der Kölner Kammerpräsident Finck darüber bereits 1950 mit dem Arbeitsgerichtsverband, der aber nur einen ausgesuchten Kreis von spezialisierten Anwälten unter begrenzten Voraussetzungen zulassen wollte.[72] Erst das Arbeitsgerichtsgesetz vom 3. September 1953[73] schaffte diese im Blick auf das Grundgesetz unhaltbare Beschränkung ab.

Der Kölner Kammervorstand befasste sich in dieser Zeit auch ebenso wie alle anderen Kammervorstände vorher und nachher mit der unbefriedigenden Gebührenordnung und dem üblichen Widerstand der Bundesländer und der Wirtschaftsverbände gegen eine Gebührenerhöhung. Schließlich konnte mit dem Kostenmaßnahmengesetz vom 7. August 1952[74] eine Erhöhung um 20 % und eine Verbesserung der Streitwertvorschriften in Ehe- und Mietsachen durchgesetzt werden.

Die Interesselosigkeit der Kammermitglieder an der Arbeit ihrer Berufsvertretungen machte Präsident Finck große Sorgen. Er beklagte sich darüber bitter, nachdem nur eine „beschämend geringe" Zahl von Kölner Kolleginnen und Kollegen an der dort im Oktober 1952 abgehaltenen Mitgliederversammlung des Deutschen Anwaltvereins teilgenommen hatte, und sah darin eine „Gefahr für die Existenz und die Geltung" des Berufsstands.[75]

§ 213 der Bundesrechtsanwaltsordnung von 1959 befreite Rechtsanwälte und Bewerber, die sich in der Zeit vom 30. Januar 1933 bis 8. Mai 1945 aus rassischen, politischen oder religiösen Gründen ins Ausland begeben mussten und dort noch ansässig waren, von der Residenzpflicht. Diese Bestimmung, ein später Akt der Wiedergutmachung nationalsozialistischen Unrechts, ermöglichte es Emigranten, die früher Anwälte waren oder die Befähigung zum Richteramt erworben hatten, in ihrer alten Heimat zugelassen zu werden, obwohl sie dort nicht wohnten und keine Praxis unterhielten. Aufgrund dieser Bestimmung wurden im Kölner Kammerbezirk 1960 Dr. Frederic M. Alberti (New York)[76], Dr. Hans Philipp (Paris)[77], Dr. Ernst Dale (Johannisburg)[78], Dr.

---

72 MittRAK Nr. 19 (April 1952) S. 1.

73 BGBl I, S. 1267.

74 BGBl I, S. 401.

75 MittRAK Nr. 21 (November 1952) S. 1.

76 Früher Mayer-Alberti; Einzelheiten bei Luig, aaO, S. 98 ff.

77 Geboren am 28.6.1906, verstorben am 3.12.1981. Philipp war Landgerichtsrat a.D. und wurde am 5.3.1960 zugelassen (Eintragungen in der Personenkartei der Kammer).

78 Früher Ernst Loewendahl; Einzelheiten bei Luig, aaO, S. 260 ff.

Lionel Hillburn (New York)[79] und Dr. Herbert Salm (Buenos Aires)[80] zugelassen, 1962 kam Dr. Julius Kaufmann (Tel Aviv) hinzu.[81] Im Gegensatz zu anderen Kammern hatte die Rechtsanwaltskammer Köln schon vorher die Zulassung einer Reihe von im Ausland lebenden Kollegen unter Befreiung von der Residenzpflicht befürwortet, die sie auch erhielten, nämlich Dr. Max-Willy Cohen (Mahwar, New Jersey)[82], Dr. Max Mendel (Van Nuys, California)[83], Max (Moses) Pagener[84], Karl Rosenberg (Paris)[85], Dr. Julius Speyer (Buenos Aires)[86], Dr. Franz Stern (New York)[87] und Dr. Hans Strauss (Washington, D.C.)[88]

Die Rechtsanwaltskammer Köln beteiligte sich intensiv an Stellungnahmen der Bundesrechtsanwaltskammer zu verschiedenen Gesetzgebungsvorhaben. Besonders zu erwähnen ist der Referentenentwurf eines Gesetzes zur Änderung und Ergänzung der schadensersatzrechtlichen Bestimmungen aus dem Jahr 1961. Die Hauptversammlung der BRAK im Januar 1962 beauftragte die Kölner Kammer mit den vorbereitenden Arbeiten, die ihrerseits eine Kommission bestehend aus Dr. Vigano als Vorsitzenden und den Kollegen Hirtz, Dr. Heyl und Dr. Rüger einsetzte.[89] Deren Erkenntnisse waren die Grundlage für die von der Bundesrechtsanwaltskammer 1963 beschlossenen Äußerung, die im Bundesjustizministerium erhebliche Beachtung fand.[90]

---

79 Früher Leopold Heilberg; Einzelheiten bei Luig, aaO, S. 202 ff.

80 Er wurde am 21.11.1902 geboren und am 22.10.1960 wieder zugelassen (Eintragungen in der Personenkartei der Kammer).

81 Kaufmann wurde am 12.8.1890 geboren und verstarb im Jahr 1964. Er wurde erstmals am 5.3.1919 und erneut am 29.3.1962 zugelassen (Eintragungen in der Personenkartei der Kammer).

82 Cohen wurde am 25.2.1905 geboren und am 28.7.1952 erneut zugelassen.

83 Er wurde am 10.6.1906 geboren und verstarb am 20.6.1956. Erneut zugelassen wurde er am 10.4.1952 (Eintragungen in der Personenkartei der Kammer).

84 Er wurde am 10.4.1883 geboren und starb am 31.1.1962. Am 17.5.1951 wurde er erneut zugelassen (Eintragungen in der Personenkartei der Kammer).

85 Einzelheiten bei Luig, aaO, S. 314 ff.

86 Er wurde am 13.8.1894 geboren und am 30.5.1924 beim Landgericht Köln zugelassen. Die Zulassung wurde ihm zum 30.11.1938 entzogen. Am 24.3.1952 wurde er erneut zugelassen und verstarb am 9.10.1974 (Eintragungen in der Personenkartei der Kammer).

87 Er wurde am 16.8.1994 geboren und verstarb am 17.12.1960. Am 27.3.1954 wurde er erneut zugelassen (Eintragungen in der Personenkartei der Kammer).

88 Einzelheiten bei Luig, aaO, S. 343. Er wurde am 4.12.1953 erneut zugelassen und verstarb am 26.5.1955 (Eintragungen in der Personenkartei der Kammer).

89 MittRAK Nr. 10 (April 1962) S. 1.

90 MittRAK Nr. 16 (Januar 1964) S. 2.

5. Dr. h.c. Gustav Finck – der erste Präsident nach dem Zweiten Weltkrieg

Gustav Finck, der erste Kölner Kammerpräsident nach dem Zweiten Weltkrieg, der eine Vielzahl von Funktionen auf sich vereinigte und die Entwicklung maßgeblich gestaltete, war eine beeindruckende Persönlichkeit. Er wurde am 17. Juli 1880 in Overath geboren und am 7. April 1908 als Rechtsanwalt in Köln zugelassen. Vom Februar 1915 bis Dezember 1918 leistete er Kriegsdienst und widmete sich anschließend wieder seiner Praxis. Er engagierte sich als Mitglied der Deutschnationalen Volkspartei. 1933 wurde er als Vertreter der bürgerlichen Parteien in den Kölner Kammervorstand gewählt, dem er bis Ende 1938 angehörte; er wurde auf seinen eigenen Wunsch nicht wieder berufen. Er trat nicht der NSDAP bei und bekannte sich auch offen zu seiner Gegnerschaft gegenüber dem Regime. Den 9. November 1938, den Tag der Pogrome gegen Juden und jüdische Einrichtungen, bezeichnete er als „den größten Schandfleck auf dem Namen der deutschen Nation seit dem 30-jährigen Krieg", was ihm im Juni 1939 eine sehr negative politische Beurteilung der Partei einbrachte. Politisch unbelastet und am 6. Juni 1945 wieder als Anwalt zugelassen, wurde er bereits am 24. April 1945 zum Präsidenten der Rechtsanwaltskammer Köln gewählt; er übernahm damit das Amt, das er bis 1963 ausübte. Seine Verdienste um die Anwaltsorganisationen wurden bereits im Einzelnen geschildert. Er war auch vom 27. März 1945 bis zum 15. Mai 1946 Beigeordneter der Stadt Köln und leitete an der Seite von Oberbürgermeister Konrad Adenauer das Hauptamt Recht und Sicherheit; er begann mit dem Aufbau von Polizei, Feuerwehr und anderen Dienststellen zur Wiederherstellung der inneren Ordnung. Finck engagierte sich besonders für die Universität Köln. Er war viele Jahre Universitätsrichter und wurde dafür 1954 zum Ehrensenator ernannt. Im Juli 1960 verlieh ihm die juristische Fakultät der Universität die Ehrendoktorwürde. Finck erhielt auch staatliche Ehrungen; 1958 zeichnete ihn der Bundespräsident mit dem Großen Verdienstkreuz mit Stern aus, einer der höchsten Auszeichnungen, die die Republik zu vergeben hat. Dr. h.c. Gustav Finck verstarb am 1. August 1970 im gesegneten Alter von 90 Jahren.[91] In einem Nachruf rühmte sein Nachfolger nicht nur seine Verdienste, sondern vor allem auch seine menschlichen Eigenschaften: er war eine Persönlichkeit mit den liebenswürdigsten menschlichen Gaben, insbesondere einem nie versiegenden echten Humor.

---

[91] Diese Angaben sind im Wesentlichen der Personalakte von Finck, HStAD 11550, entnommen. Finck hatte sich eine ausgedehnte Anwaltspraxis aufgebaut, war daneben Justiziar der Darmstädter und Nationalbank und übte eine Reihe weiterer Funktionen aus, vgl. Huffmann, aaO, S. 195.

Kapitel 5

Die Ära Vigano
1963 bis 1985

Dr. Heinrich Vigano
Präsident der RAK Köln von 1963 - 1985

1. Dr. Heinrich Vigano

Heinrich Vigano war – dies setzt weder seine Vorgänger noch seine Nachfolger herab – neben Gustav Finck der bedeutendste Präsident der Rechtsanwaltskammer Köln. Er trat im Frühjahr 1963 die Nachfolge von Dr. Finck an und behielt das Amt fast zweiundzwanzig Jahre lang bis Anfang 1985.

Heinrich Vigano wurde am 19. Februar 1905 in Siegen geboren und wuchs in Berlin auf. Nachdem er beide Examina mit der Note „gut" absolviert hatte, war er seit 1934 als Rechtsanwalt am Kammergericht zugelassen. Er erwarb sich sehr schnell den Ruf eines versierten Baurechtlers, dem er seine Dienstverpflichtung und damit die Befreiung vom Kriegsdienst verdankte. Seine Praxis und seine Wohnung in Berlin fielen den Bomben zum Opfer. Nach dem Krieg fristete er zunächst – Einzelheiten sind nicht rekonstruierbar – ein bescheidenes Dasein. 1948 wurde er von der Universität Jena mit „*magna cum laude*" promoviert. 1949 entschloss er sich aus politischen Gründen, aus dem sowjetisch besetzten Teil Deutschlands nach Köln umzuziehen, wo er im September 1949 als Rechtsanwalt zugelassen wurde. Innerhalb weniger Jahre baute er seine Praxis erfolgreich aus, insbesondere auf dem Gebiet des Baurechts und der Wohnungswirtschaft. Er vertiefte auch – was ihm später noch besonders nützlich werden sollte – seine französischen Sprachkenntnisse; er absolvierte 1950 die Prüfung als Handelskorrespondent und war seit 1951 staatlich geprüfter Dolmetscher der französischen Sprache.

1959 wurde Dr. Vigano in den Vorstand der Rechtsanwaltskammer Köln gewählt. Schon sein erster Beitrag in der Kammerversammlung am 27. Mai 1959, ein Referat über Probleme der Altersversorgung, wurde, wie es in dem Bericht darüber heißt, „wegen seiner sachlichen Präzision außerordentlich beifällig aufgenommen."[1] Im März 1963 wählte der Kammervorstand Dr. Vigano zum Präsidenten als Nachfolger von Dr. h.c. Gustav Finck. Diesem Amt widmete er sich mit großer Hingabe. Seine Wohnung und seine Praxis befanden sich in einem Haus in der Merlostraße in unmittelbarer Nachbarschaft des Oberlandesgerichts, so dass er nur wenige Schritte zu seinem Büro in der Kammer zu gehen hatte, wo er immer einen wesentlichen Teil seines Arbeitstags verbrachte. Die Probleme und Aufgaben, die während der Zeit seiner Präsidentschaft die Anwaltschaft bewegten, erforderten seine ganze Kraft. Die Beziehungen zu den Anwaltsorganisationen im benachbarten Ausland lagen ihm besonders am Herzen; es war am Anfang keine leichte Aufgabe, das Vertrauen der Kolleginnen und Kollegen in Belgien, Frankreich und den Niederlanden zu gewinnen, wofür er sich unermüdlich einsetzte. Dr. Vigano

---

1 MittRAK Nr. 49 (Juli 1959) S. 1.

149

war auch Mitbegründer der Deutsch-spanischen Juristenvereinigung. An den Tagungen der Wiener Präsidentenkonferenz der Europäischen Anwaltsorganisationen nahm er seit deren Gründung teil.

1969 wurde er Vizepräsident und am 11. Mai 1974 Präsident der Bundesrechtsanwaltskammer. Er war damit der Nachfolger des Präsidenten der Rechtsanwaltskammer Koblenz und früheren Bundesjustizministers Dr. Karl Weber, den er in den beiden vorausgegangenen Jahren wegen dessen Erkrankung fast ständig vertreten hatte. Dr. Vigano trug nun die Verantwortung für die Lösung vielfältiger Probleme auf Bundesebene, zu denen u. a. die Abwehr von Änderungen der Prozessordnungen, die Fachanwaltschaften und die Reform der Bundesrechtsanwaltsordnung gehörten. Der Ausbau des Deutschen Anwaltsinstituts, der Fortbildungseinrichtung der BRAK und der einzelnen Kammern, ist sein Werk. Sein Engagement für die Auslandsbeziehungen der BRAK war mit einer intensiven Reisetätigkeit verbunden. Er war bei der Übernahme des Präsidentenamts bereits 69 Jahre alt; die doppelte Belastung durch die beiden Ämter in Bonn und Köln forderten von ihm einen Arbeitseinsatz, den sich die meisten Menschen in diesem Alter nicht mehr zumuten. Dr. Vigano blieb „Bundespräsident" bis 1983, als er 78 Jahre alt war. Es war kein Wunder, dass er zeitweise auch gesundheitliche Opfer bringen musste.

Dr. Vigano vernachlässigte während dieser Zeit nicht seine Aufgaben in Köln, aber es blieb nicht aus, dass ihm die Geschäftsführer, bis 1977 Dr. Joachim Lingenberg, anschließend Johannes Muhr, vieles abnehmen mussten. Immerhin versäumte er kaum eine der monatlichen Sitzungen des Kammervorstands. Er benutzte immer wieder den Tagesordnungspunkt „Mitteilungen des Präsidenten" dazu, in großer Ausführlichkeit über alle anstehenden berufspolitischen Themen zu berichten und dazu auch – sozusagen als *vox populi* – die Meinung der Vorstandsmitglieder zu erkunden. Es gab in dieser Zeit in Deutschland wohl keinen Kammervorstand, der besser informiert war als der in Köln.

Dr. Vigano wurden zahlreiche Ehrungen zuteil. An seinem 65. Geburtstag am 19. Februar 1970 erhielt er das Große Verdienstkreuz der Bundesrepublik Deutschland, im Januar 1980 als nächste Stufe den dazu gehörenden Stern und schließlich im Juli 1984 auch noch das Schulterband; kein anderer deutscher Anwalt ist bisher – soweit feststellbar – in der Skala des Verdienstordens so weit aufgestiegen. Im April 1970 verlieh Papst Paul VI. Dr. Vigano das Komturkreuz des Gregoriusordens für seine besonderen Verdienste für die katholischen Wohnungsbaugesellschaften, u. a. als stellvertretender Aufsichtsratsvorsitzender der Aachener Gemeinnützigen Siedlungs- und Wohnungs-GmbH. Für sein Engagement in der Wiener Präsidentenkonferenz wurde er mit dem Großen Silbernen Ehrenzeichen der Republik Österreich ausgezeichnet. Die Bundesrechtsanwaltskammer und die Rechtsanwaltskammer Köln ernannten ihn zum Ehrenpräsidenten.

Dr. Heinrich Vigano war ein unermüdlicher Streiter für die freie Advokatur. Er zeichnete sich durch seine klare Gedankenführung und die perfekte Handhabung der deutschen Sprache in Wort und Schrift aus; er war ein begabter Redner und hatte große Überzeugungskraft. Seine auch im hohen Alter noch fast unerschöpfliche Schaffenskraft, das Ergebnis eiserner Selbstdisziplin, war bewundernswürdig. Sein Charme und seine vollendeten Umgangsformen machten ihm den Zugang zu seinen Mitmenschen leicht. Er starb am 8. August 1985, wenige Monate, nachdem er 80 Jahre alt geworden war und sein Kölner Präsidentenamt niedergelegt hatte.[2]

2. Der Weg der praktischen Vernunft

Eine Reihe von wichtigen Ereignissen und Entwicklungen werden in den folgenden Kapiteln in verschiedenen Themengruppen zusammengefasst. Ihre Ursprünge liegen weitgehend in der Zeit vor Dr. Vigano, sie reichen auch über seine Amtszeit hinaus. Er beeinflusste sie aber in den mehr als zwanzig Jahren seiner Präsidentschaft teilweise entscheidend. Dazu gehören insbesondere die Altersversorgung und die Fachanwaltschaften.

Daneben hatte sich die Kammer mit einer Fülle von berufsrechtlichen Fragen zu befassen, bei deren Behandlung die liberale und pragmatische Einstellung von Dr. Vigano nachhaltige Spuren hinterließ. Dies soll hier an einigen Beispielen verdeutlicht werden.

Im Jahr 1963 kam die Problematik der Vereinbarung eines Erfolgshonorars in Form einer prozentualen Beteiligung des Anwalts *(quota litis)* in Entschädigungsverfahren nach dem Bundesentschädigungsgesetz (BEG) wieder auf. Bereits 1959 hatte sich der Kölner Kammervorstand der Auffassung der Rechtsanwaltskammer Berlin angeschlossen, dass solche Vereinbarungen zulässig seien. In der Hauptversammlung der Bundesrechtsanwaltskammer im Mai 1963 hielten insgesamt sechzehn der dreiundzwanzig Kammern dies für richtig; diese Mehrheit reichte aber für eine Änderung der Standesrichtlinien nicht aus, für die damals die Zustimmung von drei Vierteln der Kammern erforderlich war. Ebenfalls im Jahr 1963 erachtete der BGH die Vereinbarung eines Erfolgshonorars als standesrechtlich unzulässig und zivilrechtlich unwirksam, und zwar allein gestützt auf die geltende Fassung von § 40 der

---

2   Vgl. auch den Nachruf in MittRAK Nr. 86 (Dezember 1985) S. 1.

Richtlinien, ohne von dem Stand der berufsrechtlichen Diskussion Kenntnis genommen zu haben.[3] Die Bekanntgabe dieses Sachverhalts an die Kölner Kammermitglieder im Mitteilungsblatt war eine sprachliche Meisterleistung: da Standesrecht, soweit es sich als Gewohnheitsrecht entwickele, nicht dekretiert werden könne, werde jeder Kollege in eigener Verantwortung zu prüfen haben, ob er die künftige Vereinbarung eines Erfolgshonorars und die Herleitung von Rechten aus früheren Vereinbarungen dieser Art für vertretbar halte.[4] Jedem Leser war klar, dass er wegen solcher Vereinbarungen keine standesrechtlichen Sanktionen seiner Kammer zu befürchten hatte.

Auch bei einer anderen Gelegenheit förderte die Kammer den standesrechtlichen Ungehorsam, als zum Anfang der 70er Jahre wie so oft früher und später der Gesetzgeber eine längst fällige Gebührenerhöhung immer wieder hinausgeschoben hatte. Insbesondere die Armenrechts- und Pflichtverteidigergebühren waren unerträglich niedrig. Darauf beschloss die Kammerversammlung am 17. März 1971, dass gegen einen Rechtsanwalt, der die Übernahme von Pflichtverteidigungen ablehnt, bis zu einer Erhöhung der Gebühren nicht der Vorwurf des standeswidrigen Verhaltens erhoben werden könne.[5] Dieser Beschluss hatte zwar keinerlei rechtliche Wirkung, weil alleine der Vorstand über die standesrechtliche Beurteilung des Verhaltens von Kolleginnen und Kollegen zu entscheiden hat; es spricht aber nichts dafür, dass der Beschluss gegen den Willen des Präsidenten und des Vorstands gefasst wurde. Sein Zweck, ein Signal zu setzen, wurde jedenfalls durch die einige Zeit später verabschiedete Gebührenerhöhung erfüllt, für die sich der nordrhein-westfälische Justizminister, Dr. Posser, mit einem eindringlichen Schreiben an den Bundesjustizminister vom 18. Juni 1973 eingesetzt hatte.[6]

Mit der Vereinbarung eines über die gesetzlichen Gebühren hinaus zu zahlenden erfolgsabhängigen Zusatzhonorars befasste sich der Kammervorstand erneut im Jahr 1973. Er hielt eine solche Regelung in Ausnahmefällen nicht für unzulässig, wenn sie maßvoll war, die Unabhängigkeit des Anwalts nicht beeinträchtigte und wenn keine *quota litis* vereinbart wurde. Der Vorstand bat die Mitglieder um Meinungsäußerungen, weil er eine Meinungsbildung noch nicht habe beobachten können; diese könne auch dadurch beeinflusst werden, „ob die gesetzlichen Gebühren stets in ausreichendem Maße an die veränderten wirtschaftlichen Verhältnisse angepasst werden".[7]

---

3   NJW 1963, S. 1147.

4   MittRAK Nr. 15 (Oktober 1963) S. 29.

5   MittRAK Nr. 42 (April 1971) S. 12 f

6   MittRAK Nr 51 (Juli 1973) S. 1.

7   MittRAK Nr. 51 (Juli 1973), Beilage „Aus der Arbeit des Kammervorstands".

Eine nur auf den ersten Blick unscheinbare Änderung der BRAK-Satzung im Jahr 1976, die die Erstarrung des Berufsrechts zu lockern geeignet war, trägt die liberale Handschrift von Dr. Vigano, der inzwischen Präsident der Bundesrechtsanwaltskammer geworden war. Es ging um die Dreiviertelmehrheit, die für die Feststellung von Standesrecht erforderlich war. Diese Regelung hatte noch 1963 das Erfolgshonorar in Entschädigungsverfahren verhindert, welches sechzehn der dreiundzwanzig Kammer befürwortet hatten. Die Hauptversammlung am 15. Oktober 1976 beschloss, dass nicht mehr die Änderung einer bestehenden Richtlinie, sondern ihre Weitergeltung von dem Fortbestand der *communis opinio* und damit von der qualifizierten Mehrheit abhängig sei. Grundsätze des anwaltlichen Standesrechts konnten nun also mit einfacher Mehrheit geändert und vor allem aufgehoben werden.[8]

Ein leidiges Thema war lange Zeit die Gebührenteilung zwischen dem beim Prozessgericht zugelassenen Anwalt und dem Korrespondenzanwalt, der alle Schriftsätze anfertigte. Letzterer, der die Hauptlast der Arbeit und der Verantwortung trug, hatte an sich nur Anspruch auf die so genannte Korrespondenzgebühr, während alle anderen Gebühren bei dem Prozessbevollmächtigten anfielen. Diese allgemein als ungerecht empfundene Aufteilung glichen die Beteiligten oft in der Weise aus, dass alle anfallenden Gebühren – meist hälftig – geteilt wurden. Nach § 55 der Standesrichtlinien war diese Gebührenteilung unzulässig. Anwaltspraxen, die etwas auf sich hielten, beachteten dieses Verbot lange Zeit, aber es gehörte schon viel Prinzipientreue dazu, ein größeres Mandat, welches einem mit dem Vorschlag der Gebührenteilung angetragen wurde, abzulehnen. Allmählich lockerten sich die Sitten auch im Kölner Kammerbezirk, vor allem, nachdem ein angesehener Kollege, immerhin Vorsitzender einer Kammer des Ehrengerichts, sich offen zur Teilung der Gebühren bekannt hatte. Die Kammer unternahm keine ernsthaften Versuche, das Verbot durchzusetzen. Die Hauptversammlung der Bundesrechtsanwaltskammer trug schließlich im Jahr 1979 der gewandelten allgemeinen Überzeugung durch eine Änderung der Standesrichtlinien Rechnung.[9]

Rheinischen Pragmatismus zeigte der Kammervorstand auch im Umgang mit an sich unzulässigen Telefonbucheinträgen. Im amtlichen Telefonbuch wurden seit der Ausgabe 1983/1984 nicht mehr alle Nachnamen von Teilnehmern abgedruckt, die den gleichen Nachnamen trugen; vor den Vornamen und weiteren Angaben erschien nur ein Spiegelstrich. Denjenigen, die

---

8 MittRAK Nr. 62 (Januar 1977) S. 2. Diese Änderung hatte der damalige Präsident des DAV, Dr. Dr. Deuchler, schon 1972 gefordert, AnwBl. 1972, S. 376.

9 MittRAK Nr. 71 (November 1979) S. 1; der neue § 55 a erlaubte die Gebührenteilung, ausgenommen mit singular zugelassenen OLG-Anwälten und Rechtsanwälten beim BGH.

ihren Nachnamen gedruckt sehen wollten, boten die Telefonbuchverlage an, ihn gegen Entgelt in Fettdruck aufzuführen. Eine solche Hervorhebung verstieß gegen § 73 der Standesrichtlinien; der Vorstand beschloss indessen, deswegen keine Aufsichtsverfahren einzuleiten, weil es sich um „eine Suchhilfe ohne zusätzliche Werbeabsicht" handele.[10]

3. Justizreform

Die von den verschiedenen Bundesregierungen betriebenen Reformen der Zivilprozessordnung, die versehen mit dem Etikett der Vereinfachung, Beschleunigung und Kostenersparnis auf die Beschneidung wesentlicher Rechte der Bürger und der Anwaltschaft hinausliefen, waren ein Thema, das die deutsche Anwaltschaft und damit auch Dr. Vigano fast während seiner gesamten Zeit als Kammerpräsident, vor allem in seiner Zeit als Präsident der Bundesrechtsanwaltskammer, nachhaltig beschäftigte. Es war nicht zuletzt seinen Bemühungen zu verdanken, dass manches Unheil abgewendet oder zumindest abgemildert werden konnte.[11]

Eine 1955 vom Bundesjustizministerium eingesetzte Kommission legte im Oktober 1961 einen umfangreichen Bericht vor. Er sah die Erhöhung der Berufungssummen von 50 DM auf 300 DM beim Amtsgericht und auf 500 DM beim Landgericht vor. Das Amtsgericht sollte bis 2.000 DM zuständig sein. Anstelle der Streitwertrevision sollte die Grundsatzrevision eingeführt werden. Die Zulassung verspäteten Vorbringens in der ersten Instanz und neuen Vorbringens in der Berufungsinstanz sollten eingeschränkt werden. Kernpunkt der Reformbestrebungen war vor allem die Einführung der sogenannten Dreistufigkeit des Gerichtsaufbaus; Amtsgericht und Landgericht sollten zu einem einheitlichen „Eingangsgericht" zusammengefasst werden, bei dem in Zivilsachen nur noch ein Einzelrichter zu entscheiden hatte. Diese Pläne lösten den heftigen Widerstand der Anwaltschaft aus.

In die vom Bundesjustizministerium eingesetzte Kommission zur Reform der Zivilgerichtsbarkeit entsandte die Bundesrechtsanwaltskammer u.a. Dr. Helmut Dix aus Köln, in die Kommission „Gerichtsverfassungs- und Rechtspflegerecht" Dr. Helmut Heyl, Vorstandsmitglied und später Vizepräsident der Kölner Kammer.[12] Beide Kommissionen nahmen 1964 ihre Arbeit auf. In

---

10 MittRAK Nr. 79 (Januar 1983) S. 11.

11 Zur gesamten Entwicklung vgl. Zöller, ZPO, 24. Aufl., Einleitung Rn. 7 ff.

12 MittRAK Nr. 18 (Oktober 1964) S. 11.

der Hauptversammlung der BRAK am 30. September 1967 berichteten die anwaltlichen Mitglieder der Kommissionen über den Stand der Reformüberlegungen. Die zuständige Kommission hatte dem dreistufigen Gerichtsaufbau in Zivilsachen eine Absage erteilt; das Ministerium strebte nun u. a. eine
Erhöhung der amtsgerichtlichen Zuständigkeit auf 5.000 DM, der Revisions-
summe auf 25.000 DM und die Übertragung der Ehesachen auf das Amtsgericht an.[13] Die Hauptversammlung sprach sich in einer energischen Resolution gegen die Pläne der Regierung aus.[14] Auch die Kölner Kammerversammlung am 13. März 1968 fasste nach einem Vortrag von Dr. Heyl einen entsprechenden Beschluss.[15]

Die aus der Bundestagswahl im Herbst 1969 hervorgegangene sozial-libe-
rale Koalition schrieb in ihrer Regierungserklärung vom 28. Oktober 1969 die
Forderungen nach einem dreistufigen Gerichtsaufbau und der Zuständigkeit
des Einzelrichters neben anderen von der Anwaltschaft abgelehnten Änderungen erneut auf ihre Fahnen. Dagegen wandten sich mit großer Entschie-
denheit eine außerordentliche Hauptversammlung der BRAK am 10. Januar
1970 und auch die Kölner Kammerversammlung am 11. März 1970.[16] Dies
hielt den neuen Bundesjustizminister Jahn nicht davon ab, in der Mitgliederversammlung des DAV am 16. Mai 1970 seine Pläne zu bekräftigen.[17]
Darauf hin berief Dr. Vigano eine außerordentliche Kammerversammlung
zum 14. Juli 1970 ein, in der er einen umfassenden Bericht über die Reformpläne des Bundesjustizministeriums und deren Auswirkungen auf die Anwaltschaft gab. In einer Resolution schloss sich die Versammlung der Kritik
der BRAK, des DAV und von Teilen der Richterschaft an.[18] Weder die Notwendigkeit noch die Sinnhaftigkeit der geplanten Reformen waren bis dahin
durch wissenschaftliche Untersuchungen belegt. Die Hauptversammlung der
BRAK ermächtigte daher am 27. März 1971 das Präsidium, eine wissenschaftliche Institution „Justizreform" zu schaffen; eine außerordentlich Kammerversammlung in Köln am 26. Mai 1971 gab dem Vorstand die Zustimmung, sich
an den Kosten mit bis zu 50.000 DM zu Lasten des Kammervermögens zu
beteiligen.[19] In der Folgezeit vergab die Bundesrechtsanwaltskammer verschiedene Forschungsaufträge. Schließlich verabschiedete der Bundestag am

---

13 MittRAK Nr. 30 (Januar 1968) S. 7.

14 MittRAK Nr. 30 (Januar 1968) S. 2.

15 MittRAK Nr. 31 (April 1968) S. 9 f.

16 MittRAK Nr. 38 (April 1970) S. 9 ff.

17 AnwBl. 1970, S. 189 ff.

18 MittRAK Nr. 39 (Juli 1970) S. 1 f.

19 MittRAK Nr. 43 (Juli 1971) S. 1.

3. Dezember 1976 die ab 1. Juli 1977 geltende sogenannte „Vereinfachungs-novelle"[20], womit aber der Reformeifer der Bundesregierung noch keines-wegs gestillt war. Bereits im Dezember 1981 legte das Bundesjustizministe-rium den Entwurf eines Gesetzes zur Entlastung der Gerichte in Zivilsachen vor, zu dem sich der ZPO/GVG-Ausschuss der BRAK alsbald ausführlich und kritisch äußerte.[21] Aus dem Vorhaben wurde der Entwurf eines „Gesetzes zur Änderung der Zivilprozessordnung und anderer Gesetze". Dazu gab wieder-um der ZPO/GVG-Ausschuss der BRAK, jetzt unter der Leitung von Peter Topf, Freiburg, als Nachfolger von Dr. Helmut Heyl im Jahr 1985 eine gründ-liche Stellungnahme ab. Zwischen 1976 und 1985 war die Zivilprozessord-nung vierzehn Mal in mehr als 250 Paragrafen geändert worden.[22] Der Zivil-prozess wurde dadurch, sieht man von marginalen Verbesserungen ab, nicht schneller und einfacher. Nicht verwirklicht wurde die Dreistufigkeit, also die Zusammenlegung der Amtsgerichte und Landgerichte zu einem einheitlichen Eingangsgericht für die erste Instanz. Dies verhindert zu haben war allerdings nicht das Verdienst der Rechtsanwaltskammern, sondern war der Einsicht der Bundesländer zu verdanken. Allein das Land Nordrhein-Westfalen hätte für die erforderlichen baulichen Veränderungen 500 Millionen DM aufwenden müssen. Erhalten blieb auch die mit drei Richtern besetzte Zivilkammer beim Landgericht.

---

20 BGBl I, S. 3281.

21 BRAK-Mitt. 1983, S. 50 ff.

22 Vgl. Topf in: BRAK-Mitt. 1985, S. 178 ff.

Kapitel 6

Das Innenleben der Kammer
Organe,
Strukturen und Personen

1. Der Kammervorstand

Seit 1879 kamen und gingen die Mitglieder des Kammervorstands, manche mit kurzen Gastspielen, manche mit einer langen Verweildauer.[1] Die Anlage B ist der unvollkommene Versuch, die Vorstandsmitglieder seit der Gründung der Kammer aufzulisten. Die Hauptlast der Kammerarbeit lag sicher immer bei dem jeweiligen Vorsitzenden bzw. Präsidenten und den Mitgliedern des Präsidiums, aber die Fülle der Aufgaben wäre ohne den Einsatz jedes einzelnen Vorstandsmitglieds nicht zu bewältigen gewesen.[2]

Der erste Vorstand nach dem Zweiten Weltkrieg, unter der Ägide der amerikanischen Besatzungsmacht etabliert, bestand zunächst aus drei, dann aus fünf Rechtsanwälten, die 1946 weitere neun Vorstandsmitglieder kooptierten.[3] Nach dem Inkrafttreten der Rechtsanwaltsordnung für die britische Zone vom 10. März 1949 wählte die Kammerversammlung am 18. Mai 1949 die bisherigen 14 Mitglieder sowie vier weitere Vorstandsmitglieder; nach der gleichzeitig beschlossenen Geschäftsordnung bestand der Vorstand aus 18 Mitgliedern, davon drei Mitgliedern vom Oberlandesgericht und neun vom Landgericht Köln, je drei Mitgliedern von den Landgerichten Bonn und Aachen.[4] Die Kammerversammlung am 13. Mai 1953 erhöhte die Zahl der Vorstandsmitglieder auf 23 (Oberlandesgericht drei, Landgericht Köln elf, Landgericht Bonn fünf und Landgericht Aachen vier Mitglieder).[5] Seither ist die Zahl unverändert. Nach der Aufhebung der Singularzulassung verteilte die Kammerversammlung am 13. März 2002 die Sitze auf die in den einzelnen Landgerichtsbezirken ansässigen Mitglieder neu, nämlich Köln dreizehn, Bonn sechs und Aachen vier.[6] Erhöht wurde im Lauf der Jahre die Zahl der Vizepräsidenten; während die Geschäftsordnung von 1949 nur einen Vizepräsidenten vorsah, gab es seit 1957 zwei Vizepräsidenten, ein dritter Vize-

---

1 Den „Ausdauerrekord" hält bisher Dr. Alphons M. Kugelmeier, Bonn, der dem Vorstand von 1949 bis 1983, also 34 Jahre lang, angehörte. Das größte Revirement fand – abgesehen von 1933 – im Jahr 1959 statt, als von 13 turnusmäßig ausgeschiedenen Vorstandsmitgliedern nur 4 wiedergewählt wurden, MittRAK Nr. 49 (Juli 1959) S. 1.

2 Erst seit 1960 erhielten die Vorstandsmitglieder eine Aufwandsentschädigung, vgl. den Kassenbericht für 1960 MittRAK Nr. 5 (Januar 1961) S. 3.

3 MittRAK Nr. 1 (Dezember 1948) S. 1; an die Stelle des 1948 verstorbenen Dr. Franz Legers kam Dr. Hugo-Fritz Arnold hinzu.

4 MittRAK Nr. 4 (Juli 1949) S. 1 f.

5 MittRAK Nr. 24 (Juni 1953) S. 1.

6 KammerForum 2/2002, S. 116.

präsident kam 1973 hinzu.[7] Eine vollständige Liste der Präsidiumsmitglieder seit 1949, als die Rechtsanwaltsordnung für die Britische Zone in Kraft trat, findet sich in der Anlage C.

Die Bearbeitung von Beschwerden und Gebührengutachten lag seit 1949 in den Händen von zwei Abteilungen des Kammervorstands[8], deren Zahl der Vorstand wegen der gestiegenen Arbeitsbelastung durch Änderungen der Geschäftsordnung vom Dezember 1965[9] auf drei und vom Dezember 1984[10] auf vier erhöhte. Zum Ausgleich verkleinerte der Vorstand die Abteilungen, die Anzahl der Abteilungsmitglieder wurde im Lauf der Zeit auf fünf reduziert. Für die Androhung und Verhängung von Ordnungsstrafen ist seit 1961 eine gesonderte Abteilung des Vorstands zuständig.[11]

Ein besonderer Glücksfall für die Kammer war die Wahl von Dr. Gottfried Walther, der dem Vorstand von 1979 bis 1999 angehörte. Es war die Idee des damaligen Vizepräsidenten Dr. Helmut Heyl, einen Syndikusanwalt für die Vorstandsarbeit zu gewinnen. Obwohl der Anteil der Syndikusanwälte insbesondere in Köln und Bonn relativ hoch war, war ihre Stimme bis dahin im Vorstand nicht zur Geltung gekommen.[12] Der Kölner Anwaltverein griff die Anregung auf und setzte Dr. Walther auf seine Vorschlagliste. Er war Leiter der Rechtsabteilung im Bundesverband der Deutschen Industrie (BDI) und insbesondere mit allen europarechtlichen Themen durch seine tägliche Arbeit bestens vertraut. Er wurde darum sehr bald der unangefochtene Experte des Vorstands auf diesem Gebiet, zumal er auch auf die Ressourcen des BDI zurückgreifen konnte. Dr. Walther hatte die Gabe, in den Vorstandssitzungen selbst höchst komplizierte Sachverhalte mit logischer Gedankenführung und klarer Sprache konzentriert darzustellen. Damit beeindruckte er auch diejenigen Zuhörer, die die Details schnell wieder vergaßen. Vor allem schärfte er das Bewusstsein des Kammervorstands für die wachsende Bedeutung des europäischen Rechts für unsere gesamte Rechtsordnung schon zu einer Zeit, als diese Erkenntnis noch nicht weit verbreitet war. Von 1989 bis 1999 war Dr. Walther Vizepräsident. Nach seinem Ausscheiden wurden die Syndikusanwälte Klaus Strohner (1999 bis 2001) und Dr. Christoph Hack (seit 2001) in den Vorstand gewählt.

---

7   MittRAK Nr. 51 (Juli 1973) S. 1.

8   Schon 1928 hatte der Vorstand zwei Abteilungen gebildet; HStAD Rep. 28 Nr. 332 Blatt 63.

9   MittRAK Nr. 23 (Januar 1966) S. 3 f.

10   MittRAK Nr. 84 (Februar 1985) S. 7 ff.

11   MittRAK Nr. 5 (Januar 1961) S. 4 f.

12   Nach der erstmals 1983 veröffentlichten Altersstatistik waren im Oktober 1982 von den 3.047 Kammermitgliedern 534, dies sind 17,5 %, Syndikusanwälte, MittRAK Nr. 79 (Januar 1983) S. 7.

2. Die Kammerversammlung

Ein wichtiges Organ der Kammer ist selbstverständlich die Mitgliederversammlung, die mindestens einmal im Jahr zusammenzutreten hat. Sie erfreut
sich aber leider nur eines spärlichen Zuspruchs. Die 1949 beschlossene Geschäftsordnung der Kammer sah vor, dass die Versammlung nur mit mindestens erschienenen 50 Mitgliedern beschlussfähig ist; wenn dies nicht der Fall
war, musste eine zweite Versammlung stattfinden, die dann ohne Rücksicht
auf die Zahl der Erschienenen Beschlüsse fassen konnte.[13] Zu dieser zweiten
Versammlung, die 30 Minuten später begann, wurde vorsichtshalber gleich
mit eingeladen. Erst die Neufassung der Geschäftsordnung vom 25. Mai 1969
schaffte dieses Quorum ab.[14] Der Tiefpunkt der Beteiligung dürfte die Kammerversammlung des Jahres 1988 gewesen sein, zu der nur 44 Mitglieder,
dies waren knapp 1,1%, erschienen; als positive Ausnahme ist die Kammerversammlung 1977 zu erwähnen, an der 253 Mitglieder teilnahmen.[15] Die Zunahme der Zahl der Kammermitglieder hatte keinen proportionalen Einfluss
auf die Präsenz; die Zahl stagniert seit Jahren bei etwa 150 Teilnehmern. Zur
Diskussion und Beschlussfassung über besonders wichtige Fragen berief der
Vorstand gelegentlich außerordentliche Kammerversammlungen ein, so z. B.
am 14. Juli 1970 zum Thema „Justizreform und Anwaltschaft", zu der 142
Kolleginnen und Kollegen erschienen.[16] Die außerordentliche Versammlung
am 13. November 1972 zu dem für alle wirklich bedeutungsvollen Thema
„Öffnung der Rentenversicherung für die freien Berufe" war immerhin von
216 Mitgliedern, dies waren aber auch nur 15%, besucht.[17]

Die Kammerversammlungen wurden zunächst überwiegend in der Bürger-
gesellschaft, von 1956 bis 1967 im Gürzenich, von 1968 bis 1978 in der Flora,
anschließend jeweils für einige Jahre im Café Füllenbach im Zoo, im Sitzungssaal der Industrie- und Handelskammer und im Kolpinghaus International
veranstaltet; seit Mitte der 90er Jahre ist die Kammer wieder Stammgast in der
Flora. Die erste Kammerversammlung außerhalb von Köln war die am 21. März
1990 in Aachen. Seither werden die Versammlungen in den geraden Jahren,
in denen keine Wahlen zum Vorstand anstehen, abwechselnd in Aachen und
Bonn abgehalten.

---

13 MittRAK Nr. 4 (Juli 1949) S. 1 f.

14 MittRAK Nr. 3 (Juli 1960) S. 1 f.

15 Ob dies die „Rekordjahre" waren, ist nicht mit Sicherheit festzustellen; die Zahl der Teilnehmer
    wurde nicht in allen Berichten erwähnt.

16 MittRAK Nr. 39 (Juli 1970) S. 1 f.

17 MittRAK Nr. 49 (Januar 1973) S. 2.

Die Hoffnung, dass sich durch diesen Wechsel die Zahl der Versammlung-teilnehmer erhöhen würde, erfüllte sich indessen nicht. Damit, dass alle Appelle und auch die Aussicht auf Speis' und Trank nichts nutzen, muss sich der Vorstand abfinden.[18] Auch wenn zu den Kammerversammlungen nur etwa 1,5 % der Mitglieder erscheinen, vereinigen sie doch diejenigen, die sich für die Aufgaben und die Tätigkeit ihrer Selbstverwaltungsorganisation inter-essieren; sie sind ein Forum anregender Diskussionen und nach Erledigung der Tagesordnung auch des geselligen Beisammenseins.

3. Die Stellung der Rechtsanwältinnen

Nach dem Zweiten Weltkrieg waren Rechtsanwältinnen zunächst eine ver-schwindend kleine Minderheit, und es dauerte lange, bis sie den ihnen zu-kommenden Platz erhielten.

Die am 1. Januar 1938 im Bezirk der Rechtsanwaltskammer Köln zugelas-senen zwölf Anwältinnen machten 1,15 % der Mitglieder aus. Im Dritten Reich wurden am Anfang nur wenige und ab 1936 überhaupt keine Rechts-anwältinnen mehr zugelassen. Dazu machte sich das Regime ausnahmsweise nicht einmal die Mühe, ein Gesetz zu erlassen. Im August 1936 entschied Hitler, dass „Frauen weder Richter noch Anwalt werden sollen", was sein Stellvertreter Bormann dem Reichsjustizministerium in einem Schreiben vom 24. August 1936 mitteilte.[19] Die wenigen Anwältinnen standen vor allem während des Kriegs durchaus ihren „Mann". Diejenigen, die mit einem An-walt verheiratet waren, führten die Praxen während der kriegsbedingten Ab-wesenheit ihrer Männer weiter. Auch andere wurden zum alleinigen Ernäh-rer der Familie. Nach dem Krieg beteiligten sie sich tatkräftig am Wiederauf-bau. An der Gründungsversammlung des Kölner Anwaltvereins am 24. Novem-ber 1945 nahmen Frau Edda Mauel und Frau Elisabeth Schneider teil, an der weiteren Gründungsversammlung am 15. März 1946 Frau Mauel und Frau Dr. Elsbeth von Ameln.[20] Das erste Anwaltsverzeichnis für den Landgerichtsbezirk

---

18 Die Appelle aller Kammerpräsidenten in der Versammlung hatten naturgemäß die gleiche Wirkung wie die Klagen eines Pfarrers von der Kanzel herunter über den schlechten Kirchen-besuch.

19 Abgedruckt in „Juristinnen in Deutschland", herausgegeben vom Deutschen Juristinnenbund, 2. Aufl., Anhang Nr. 26; Hitler lehnte es 1942 sogar ab, die Witwen gefallener Rechtsanwälte zur Anwaltschaft zuzulassen, aaO, Anlage Nr. 44.

20 Becker, aaO, S. 103 ff. Elsbeth von Ameln, deren Vater aus einer jüdischen Familie stammte, ge-hörte zu den wenigen, die die letzten Kriegsjahre im Untergrund überlebten, vgl. Luig, aaO, S. 106.

Köln nach dem Krieg mit dem Stand vom 1. Juli 1948 wies acht Rechtsanwältinnen aus, wovon sieben in Köln und eine in Bensberg tätig waren.[21] Zu den ersten Rechtsanwältinnen nach dem Krieg in Bonn, die noch viele Jahre praktizierten, gehörten Dr. Helga Arnold und Dr. Ilse Dormagen.[22]

Den Wahrnehmungshorizont des Kölner Kammervorstands erreichten die Kolleginnen aber noch lange nicht. Daran änderte auch Art. 3 Absatz 2 Satz 1 des Grundgesetzes nichts, der in schlichter Klarheit feststellt, dass „Männer und Frauen … gleichberechtigt" sind. Diese eindeutige Formulierung ist einer Rechtsanwältin zu verdanken, Elisabeth Siebert, die eine der – oft vergessenen – vier Mütter des Grundgesetzes war und die sich gegen die überwältigende Mehrheit der 61 Verfassungsväter durchgesetzt hatte. Die Aufforderungen im Mitteilungsblatt der Kammer, dieses und jenes zu tun oder zu unterlassen, richteten sich bis Ende 1970 hartnäckig immer nur an die „Herren Kollegen". Erstmals im Mitteilungsblatt Nr. 41 von Januar 1971 wurden die „Damen und Herren Kollegen" angesprochen. In den Geschäftsberichten und den dazu gehörenden Statistiken suchte man nach den Anwältinnen aber noch viele Jahre vergeblich. Erst seit 1983 weist eine Altersstatistik die Zahl der weiblichen Kammermitglieder gesondert aus; nach dem Stand von Oktober 1982 waren von 3.047 Mitgliedern 289, dies sind 9,5 %, Frauen.[23]

Zur ersten Beisitzerin des Kölner Ehrengerichts wurde 1959 Marianne Schaumburg-Stangier aus Bonn berufen.[24] Im Kammervorstand waren die Rechtsanwältinnen aber noch lange nicht präsent. Während in Freiburg seit 1970 Dr. Karola Fettweis die erste Kammerpräsidentin Deutschlands war,[25] dauerte es in Köln noch 15 Jahre, bis die Kammerversammlung am 20. März 1985 die erste Kollegin, Gerlinde Kath-Zuhorst, in den Vorstand wählte, und noch einmal weitere 16 Jahre, bis am 17. März 2001 Ulrike Börger Vizepräsidentin wurde.

In der Versammlung am 24. März 1993 konnte Präsident Dr. Heidland als 5.000stes Mitglied der Kammer eine gut aussehende junge Kollegin mit einem Buchpräsent und einem großen Blumenstrauß herzlich willkommen heißen.[26] Die wievielte Rechtsanwältin sie war, lässt sich nicht genau feststellen.

---

21 HStAD Rep. 28 Nr. 336 Blatt 63 f.

22 Ilse Dormagen bestand auf der Berufsbezeichnung „Rechtsanwalt". Mit der „richtigen" Berufsbezeichnung der Kolleginnen hatte sich schon Friedlaender beschäftigt und für die männliche Form plädiert; in der NS-Zeit war die weibliche Form vorgeschrieben, vgl. Ostler, aaO, S. 174.

23 MittRAK Nr. 79 (Januar 1983) S. 7.

24 MittRAK Nr. 2 (April 1960) S. 5.

25 AnwBl. 1971, S. 7.

26 MittRAK 1993, S. 71. Nur wer an Zufälle glaubte, übersah die freundlich lenkende Hand der Geschäftsführung.

Am 1. Januar 1993 gehörten der Kammer 752 Kolleginnen an,[27] dies waren 15% der Mitglieder. Inzwischen (Stand 1. Januar 2004) sind es 2.805 Anwältinnen, ihr Anteil beträgt 28%.[28]

Was numerisch wie ein Siegeszug aussieht, ist bei näherer Betrachtung nur ein Teilerfolg auf dem Weg zur Gleichberechtigung. Eine Umfrage unter den zwischen 1980 und 1985 zugelassenen deutschen Rechtsanwältinnen und Rechtsanwälten im Jahr 1988 ergab, dass das durchschnittliche Einkommen der Kolleginnen je nach Anwaltstyp zwischen 34% und 50% unter dem der Kollegen lag.[29] Die Chancen von Rechtsanwältinnen, Partnerinnen in einer Sozietät zu werden und vor allem, wenn sie Kinder geboren haben, es auch zu bleiben, sind immer noch durch Vorurteile und mangelnde Fantasie eingeschränkt. Beurlaubung und Teilzeittätigkeit und ihre wirtschaftlichen Konsequenzen lassen sich nur mit sehr viel gutem Willen und Erfindungsgabe regeln, die viele Kollegen nicht aufbringen können oder wollen.

4. Die Geschäftsführung

Die Bundesrechtsanwaltsordnung enthält keine Bestimmung über Geschäftsführer der Kammern, nach dem Gesetz gibt es sie also nicht. Für die Rechtsanwaltsordnung von 1879 und die Reichsrechtsanwaltsordnung von 1936 galt nichts anderes. In § 82 Satz 2 BRAO in der noch heute gültigen Fassung heißt es, dass der Schriftführer „den Schriftwechsel des Vorstands (führt), soweit es sich nicht der Präsident vorbehält". Dieser an Satzungen von Kegelclubs oder Kaninchenzüchtervereinen erinnernde Regelung liegt die idyllische Vorstellung zu Grunde, dass Präsident und Schriftführer ehrenamtlich die Geschäfte der Kammer führen und sich um alles und jedes kümmern. Die Wirklichkeit sieht selbstverständlich anders aus. Die Kammern – vor allem die großen wie die Rechtsanwaltskammer Köln mit inzwischen über 10.000 Mitgliedern – sind bedeutende Berufsorganisationen geworden mit einem regelrechten Geschäftsbetrieb, mit einer Vielzahl von Aufgaben und einer mehr oder weniger großen Anzahl von Mitarbeitern. Dies lässt sich nicht ehrenamtlich bewerkstelligen. Darum sind die Kammern seit langem auf die professionelle Hilfe von angestellten Volljuristen angewiesen. Die Geschäftsführer, die sich auch zu regelmäßigen Konferenzen treffen, bilden inzwischen

---

27 MittRAK 1993, S. 23.

28 KammerForum 1/2004, S. 53.

29 BRAK-Mitt 1/1988, S. 30.

das Rückgrat der Kammerorganisation, und jeder ehrliche Kammerpräsident wird einräumen müssen, dass die Arbeit seiner Kammer weniger durch seine eigene Abwesenheit als durch die der Geschäftsführerin oder des Geschäftsführers beeinträchtigt wird. Folgerichtig widmete der damalige Präsident der Bundesrechtsanwaltskammer, Dr. Eberhard Haas, seine Festansprache nach der Hauptversammlung im Herbst 1992 ausschließlich den Geschäftsführerinnen und Geschäftsführern.

Der erste in den Annalen rudimentär nachweisbare Geschäftsführer der Rechtsanwaltskammer Köln war Rechtsanwalt Alfred Schneider, der seit 1930 am Amts- und Landgericht Köln zugelassen war. Sein Name taucht erstmals 1938 in den Akten des Oberlandesgerichts als dessen Ansprechpartner und in Briefen der Kammer auf, die er „i. A." unterschrieb. Er erwarb sich wohl besondere Verdienste, indem er den Kontakt mit den im Krieg befindlichen Anwälten aufrecht erhielt. Mehr ließ sich über ihn nicht in Erfahrung bringen, auch nicht über sein Schicksal nach 1945.

Der erste Geschäftsführer nach dem Zweiten Weltkrieg war seit 1948 Dr. Joachim Lingenberg. Er wurde am 13. Juli 1910 geboren und war in Berlin Sozius der angesehenen Rechtsanwälte Dres. Dix und Bartmann. Kurz vor dem Zusammenbruch verließ er die Stadt und zog mit seiner Familie nach Alfeld/Leine; aus politischen Gründen konnte er später nicht nach Ostberlin zurückkehren. Von Mitte 1947 bis Mitte 1948 war er Verteidiger im IG-Farben-Prozess vor dem Amerikanischen Militärgerichtshof in Nürnberg. Präsident Finck war durch befreundete Kollegen auf ihn aufmerksam geworden und setzte sich nachhaltig für seine Zulassung beim Landgericht Köln ein, die er im November 1948 erhielt. Dr. Lingenberg, der von 1948 bis 1963 unter Präsident Finck und anschließend unter Präsident Dr. Vigano die Geschäfte der Kammer führte, war für sie eine unschätzbare Hilfe. Mit seinem Fleiß und seiner Sachkunde machte er sich schnell unentbehrlich. Vor allem für Dr. Vigano war er im Bereich der Bundesrechtsanwaltskammer, insbesondere durch seine Tätigkeit im Richtlinienausschuss seit 1962, unverzichtbar. Die letzte vollständige Überarbeitung der Richtlinien im Jahr 1973 lässt seine Handschrift erkennen; die Neufassung von 1981 beeinflusste er maßgeblich.[30] Er bewältigte die wachsenden Aufgaben der Kammer mit großer Zielstrebigkeit und Energie; auch in den Vorstandssitzungen bewies er immer wieder seine überragende Kompetenz. Unter den Kammergeschäftsführern der Bundesrepublik wurde er im Lauf der Jahre zur anerkannten Autorität. Er war Mitautor des Kommentars „Grundsätze des anwaltlichen Standesrechts", der 1981 in der ersten und 1988 in der zweiten Auflage erschien. Dr. Lingenberg war

---

30 Vgl. den Nachruf von Weigel in BRAK-Mitt 2/1984, S. 64.

ein Grandseigneur, ohne als solcher aufzutreten; er war bescheiden und immer liebenswürdig. Seit 1965 beim Oberlandesgericht zugelassen, genoss er auch als Anwalt hohes Ansehen. Dr. Lingenberg schied 1977 aus dem Dienst der Kammer aus und verstarb am 22. Februar 1984 im Alter von 73 Jahren.[31]

Sein Nachfolger wurde 1977 Johannes Muhr. Er wurde am 21. April 1931 in Köln geboren und im April 1962 beim Amts- und Landgericht Köln als Anwalt zugelassen. Seit März 1973 gehörte er dem Vorstand der Rechtsanwaltskammer an. Es erwies sich als optimale Lösung, dass die Kammer einen gestandenen Anwalt mit einer Berufserfahrung von 15 Jahren und einer vierjährigen Erfahrung als Kammervorstandsmitglied als Geschäftsführer gewinnen konnte. Die immer rascher steigende Zahl der Kammermitglieder, die sich während seiner Geschäftsführerzeit verdreifachte, forderte von ihm große organisatorische Leistungen. Es gelang ihm immer hervorragend, die wachsende Schar der Mitarbeiterinnen und Mitarbeiter zu motivieren. Neben seiner Arbeit für die Kammer engagierte er sich u.a. als Vizepräsident der Hülfskasse, im Kreis der Gebührenreferenten der Kammern, in der Satzungsversammlung. Er gehörte gemeinsam mit seinem Düsseldorfer Geschäftsführerkollegen Wolfering zu den treibenden Kräften bei der Errichtung des Versorgungswerks. Seine besondere Fürsorge galt immer dem „durchschnittlichen" Anwalt, dem Einzelkämpfer, auch dem Anwalt auf der Schattenseite des Marktes. Gerade im Blick auf diesen Personenkreis setzte er an manche Neuerung wie die der Fachanwaltschaften und der Aufhebung des Werbeverbots ein Fragezeichen.[32] Als Urkölner besaß er die Gabe, Probleme durch vernünftige Kompromisse zu lösen. Seine zutiefst menschliche Haltung befähigte ihn, den vielen Kolleginnen und Kollegen, die seinen Rat suchten, geduldig zuzuhören. Er war für sie nicht nur Ratgeber, sondern auch Beichtvater und Seelsorger. Muhr war immer ein wortgewaltiger Redner; auch wer seiner Argumentation nicht zustimmte, konnte sich seiner Eloquenz nicht entziehen. Er beendete seine Tätigkeit nach Vollendung des 65. Lebensjahrs am 30. April 1996. Ein schönes Selbstportrait hinterließ er in Gestalt eines bei seiner Verabschiedung am 10. Mai 1996 vorgetragenen Gedichts.[33]

Bereits Anfang der 80-er Jahre zeichnete sich ab, dass zur Bewältigung der gewachsenen Aufgaben ein einziger Volljurist nicht mehr ausreichte. Zur Entlastung von Johannes Muhr trat am 1. März 1983 – die Kammer hatte inzwi-

---

31 Die Daten sind der Personalakte von Dr. Lingenberg entnommen.

32 Vgl. dazu sein Referat in der Kammerversammlung am 20.3.1996 zum Thema „Anwaltliches Berufsrecht im Umbruch", MittRAK 2/1996, S. 50 ff.

33 MittRAK 2/1996, S. 56 ff.; der Verfasser würdigte das Wirken von Johannes Muhr ausführlich in dem Bericht über die Abschiedsveranstaltung am 30.4.1996 in MittRAK 2/1996, S. 55.

schen über 3.000 Mitglieder – Claudia Herstatt, Jahrgang 1954, als halbtags tätige juristische Mitarbeiterin in die Dienste der Kammer. Sie bereitete Stellungnahmen zu grundsätzlichen Fragen vor; ein weiterer Schwerpunkt ihrer Tätigkeit war die administrative Vorarbeit für die Beschwerdeabteilungen. Aus familiären Gründen – sie war inzwischen Mutter geworden – kündigte sie zum 30. September 1985.

Ihr folgte mit einer vollen Stelle am 1. Oktober 1985 Dr. Franz Dieblich, geboren am 6. Mai 1953. Sein Aufgabenbereich erweiterte sich in der Folgezeit ständig. Er war ab dem 1. August 1986 stellvertretender Geschäftsführer und ab 1. Januar 1989 Geschäftsführer der Kammer neben Johannes Muhr. Neben der Tagesarbeit in der Kammer widmete er sich intensiv berufspolitischen Themen. Er nahm auch an verschiedenen internationalen Tagungen teil und vertrat die Kammer insbesondere in Belgien und Frankreich. Dr. Dieblich engagierte sich vor allem auf dem Gebiet des Ausbildungswesens. Die seit 1987 durchgeführten Bürovorsteherlehrgänge waren sein Verdienst. Er war weiter verantwortlich für die seit 1987 obligatorischen einwöchigen Einführungslehrgänge für Referendare. Ende März 1994 wandte sich Dr. Dieblich einer anderen beruflichen Aufgabe zu.

Seit dem Ausscheiden von Johannes Muhr im Frühjahr 1996 bestand das „Management" der Kammer aus Dr. Susanne Offermann-Burckart und Albert Vossebürger. Beide waren ab Januar 1994 unter gleichzeitiger Berufung von Johannes Muhr zum Hauptgeschäftsführer zu Geschäftsführern bestellt worden.[34] Seit Mai 1996 waren sie als gleichberechtigte Geschäftsführer für den Betrieb der Kammer verantwortlich, Dr. Offermann-Burckart mit der Zuständigkeit für das Fachanwaltswesen, die Referendarausbildung, die Öffentlichkeitsarbeit und das Mitteilungsblatt, Vossebürger zuständig für das Ausbildungswesen unter Einschluss der Bürovorsteherkurse und für die Hülfskasse. Die Personal- und Beschwerdeangelegenheiten wurden, nach Buchstaben aufgeteilt, von beiden Geschäftsführern bearbeitet.[35] Diese Form der Geschäftsführung erwies sich als eine außerordentlich glückliche Lösung.[36]

Die am 21. Februar 1960 geborene Susanne Offermann-Burckart trat schon als wissenschaftliche Hilfskraft am Lehrstuhl von Prof. Dr. Hirsch in Köln mit einer Reihe von Veröffentlichungen hervor. Am 1. April 1990 stellte die Kammer sie als Assistentin für Präsident Dr. Heidland ein, der für die Aufarbeitung der vielfältigen berufspolitischen Themen der wissenschaftlichen Unterstützung

---

34 MittRAK 1/1994, S. 10.

35 Beide wurden in MittRAK 2/1996, S. 64 mit dieser Aufgabenverteilung den Mitgliedern vorgestellt.

36 Die sicher gut gemeinten Warnungen einiger Präsidentenkollegen vor der Bestellung von zwei gleichberechtigten Geschäftsführern, die angeblich zu Reibereien führen muss, hat der Verfasser, von der Richtigkeit seiner Entscheidung überzeugt, überhört.

bedurfte. Im Jahr 1993 von der Universität Köln mit dem Prädikat *magna cum laude* promoviert, war ihre Arbeitsweise immer durch besondere wissenschaftliche Gründlichkeit gekennzeichnet. Von Anfang an galt ihr geradezu liebevoller Einsatz dem Mitteilungsblatt, das unter ihrer Verantwortung seine heutige Gestalt erhielt. Sie gehört seit 1998 dem Vorstand des Landesverbands der Freien Berufe an und ist Autorin des 2003 erschienenen Buchs „Fachanwalt werden und bleiben".

Albert Vossebürger, geboren am 13. Mai 1961 in Lippstadt und bekennender Westfale, war zunächst Rechtsanwalt in seiner Vaterstadt und nahm seine Tätigkeit bei der Kammer am 1. Oktober 1991 auf. Auch er entlastete von Anfang an Johannes Muhr in verschiedenen Bereichen. Ihn zeichnen besonders pragmatisches Denken und Beharrlichkeit aus. Er ist Mitglied des Vorstands der Hülfskasse.

Beiden Geschäftsführern gemeinsam war immer ein hohes Maß an Einsatzbereitschaft, großer Fleiß, Zuverlässigkeit, Loyalität, Organisationstalent sowie Geschick im Umgang mit Menschen. Für den Kammervorstand, das Präsidium und vor allem für den Präsidenten waren sie ein unverzichtbares Team. Das gute Betriebsklima und das harmonische Verhältnis der Mitarbeiter untereinander waren nicht zuletzt ihr Verdienst. Sie gaben dafür durch ihren kollegialen und freundschaftlichen Umgang miteinander ein Vorbild.[37] Leider schied Frau Dr. Offermann-Burckart im Frühjahr 2004 auf eigenen Wunsch aus dem Dienst der Kammer aus. Am 1. Juni 2004 trat Dr. Markus Rick, geboren am 31. Dezember 1965 in Düsseldorf, der nach dem Studium in Köln und der Promotion bei Prof. Dr. Henssler für den Verlag C.H. Beck in München tätig war, in die Geschäftsführung ein.

5. Die Mitarbeiterinnen und Mitarbeiter der Kammer

Darüber, seit wann und in welchem Umfang die Kammer hauptberufliche Mitarbeiter beschäftigte, gibt es keine verlässlichen Quellen. Nach dem Zweiten Weltkrieg veröffentlichte der Vorstand erstmals einen „Kassenbericht" für die Zeit vom 21. Juni 1948 (Tag der Währungsreform) und dem 31. März 1949.[38]

---

37 Der Verfasser erwähnt hier erstmalig, dass er mehrfach mit einem Unterton des Neids von anderen Kammerpräsidenten auf die Qualitäten der beiden Kölner Geschäftsführer angesprochen wurde; von Abwerbungsversuchen ist ihm während seiner Amtszeit nichts bekannt geworden.

38 Er ist in dem Rechenschaftsbericht für das Geschäftsjahr 1948 vom 25.4.1949 enthalten, der offenbar mit dem Mitteilungsblatt Nr. 3 (April 1949) den Mitgliedern übersandt wurde. Nach der Geschäftsordnung lief das Rechnungsjahr vom 1.4 bis zum 31.3. des Folgejahres; erst die Geschäftsordnung vom 25.5.1960 brachte die Umstellung auf das Kalenderjahr, MittRAK Nr. 3 (Juli 1960) S. 1.

Darin finden sich „Gehälter und Löhne" für „Geschäftsführer, Angestellte und Fahrer" in Höhe von rund 18.600 DM einschließlich der Arbeitgeberanteile, dies waren 2.000 DM pro Monat.[39] Der Fahrer stand nebst einem kammereigenen Fahrzeug dem Präsidenten zur Verfügung.[40] Als die einzige noch lebende Zeitzeugin der frühen Jahre, Frau Edith Hensen, 1956 ihre Tätigkeit bei der Kammer aufnahm, waren dort Frau Esser, Frau Laubach und Frau Reusch tätig.[41] In den folgenden Jahren waren es neben Frau Hensen Frau David und der für das Ehrengericht zuständige Herr Becker. Mit dem Zuwachs an Arbeit stellte die Kammer immer mehr Mitarbeiterinnen und Mitarbeiter ein. Der Haushaltstitel „Personalkosten" ist seit vielen Jahren die größte Einzelposition. Am 1. Januar 2004 beschäftigte die Kammer (ohne die Geschäftsführer) elf weibliche und drei männliche Angestellte, viele von ihnen mit einer langjährigen Betriebszugehörigkeit. Die Personalpolitik aller Präsidenten und Geschäftsführer war immer darauf gerichtet, Frauen und Männer zu gewinnen, die sich gut in das Team einfügten; dies ist in aller Regel auch gelungen. Alle fanden sich nach einer Einarbeitungsphase in dem für sie neuen Arbeitsgebiet gut zurecht. Menschliche und fachliche Qualitäten waren und sind mit besonderer Einsatzbereitschaft verbunden, die vor allem in Zeiten außergewöhnlicher Belastungen der Kammerverwaltung gefordert war, z. B. bei der Übernahme der Anwaltszulassungen zum 1. Juli 1999 und den Simultanzulassungen zum Oberlandesgericht ab 1. Juli 2002.

6. Das Büro der Kammer

Nach dem Zweiten Weltkrieg stellte die Justiz der Rechtsanwaltskammer drei nebeneinander gelegene Räume im Justizgebäude Reichenspergerplatz zur Verfügung. In den beiden äußeren relativ kleinen Zimmern residierten der Präsident und der Geschäftsführer; in dem mittleren größeren Raum mit der Nummer 140 saßen die Mitarbeiterinnen und Mitarbeiter. Der Vorstand tagte

---

39 Dass die Kammer neben dem Geschäftsführer drei Mitarbeiterinnen und einen Fahrer beschäftigte, ergibt sich auch aus einem Schreiben der Kammer an den OLG-Präsidenten vom 20.5.1949.

40 Der Pkw diente Präsident Finck viele Jahre vor allem für seine überregionalen Aufgaben, die er unter den damaligen Verkehrsverhältnissen mit öffentlichen Verkehrsmitteln kaum hätte wahrnehmen können. Das zwischenzeitlich erneuerte Kammerfahrzeug wurde aber auch noch von seinem Nachfolger benutzt; die Position „Kosten des Autos" erscheint zum letzten Mal im Kassenbericht für das Jahr 1978.

41 Frau Hensen stand vorher in den Diensten von Präsident Finck; sie schied aus Altersgründen 1986 bei der Kammer aus. Zu ihrem 30-jährigen Berufsjubiläum vgl. die Würdigung von Präsident Dr. Heidland in MittRAK Nr. 87 (Januar 1986) S. 11.

in dem benachbarten Zimmer der Oberlandesgerichtsanwälte. Im Oktober 1981 zog die Kammer innerhalb des Gebäudes in neue größere Räume um[42]; für die Vorstandssitzungen stand nun der Raum in der Rotunde zur Verfügung. Auch diese Erweiterung reichte aber angesichts des ständig steigenden Raumbedarfs nicht aus, so dass der Vorstand entschied, nach einer Alternative Ausschau zu halten.

Justizgebäude Reichenspergerplatz
Sitz der Kammer von 1945 - 1985

Eine außerordentliche Kammerversammlung am 12. Mai 1982 beschloss den Erwerb des gegenüber dem Oberlandesgericht gelegenen Grundstücks Riehler Straße 30 und die Errichtung eines Büro- und Wohngebäudes zum Gesamtpreis von ca. 2.350.000 DM. Der Vorschlag fand nach kontroverser Diskussion nur deshalb eine Mehrheit, weil das Vorhaben ohne eine Beitragserhöhung und ohne Inanspruchnahme des Sozialfonds (auch danach wurde

---

42 MittRAK Nr.76 (August 1981) S. 3.

gefragt!) finanziert werden konnte.[43] Die veranschlagten Kosten wurden nur um 4,66 % überschritten.[44] Die Regie über das Bauvorhaben führte Dr. Heidland, der über umfangreiche Erfahrungen in Bausachen verfügte. Der ungünstige Zuschnitt des Grundstücks und die Tücken der Abstandsflächenverordnung erzwangen manchen gestalterischen Kompromiss. Am 14. September 1984 konnte in Anwesenheit vieler Gäste aus der Justiz das Richtfest gefeiert werden[45], im Frühjahr 1985 zog die Rechtsanwaltskammer in das neue Gebäude um, das mit einem „Tag der offenen Tür" am 14. Juni 1985 den Kammermitgliedern und der Öffentlichkeit vorgestellt wurde.[46]

Das Haus war so dimensioniert, dass der damalige Vorstand glaubte, auf absehbare Zeit nicht alle Flächen zu benötigen; darum vermietete er das vierte Obergeschoss langfristig als Zahnarztpraxis und gestaltete die beiden obersten Geschosse als Wohnungen. Im Erdgeschoss wurden zwei Tagungsräume eingerichtet, welche die Kammer für die Einführungskurse der Referendare, die Bürovorsteherkurse und andere Veranstaltungen intensiv nutzte und auch dem Kölner Anwaltverein für die Fachanwaltslehrgänge zur Verfügung stellte. Die rasante Vermehrung der Zahl der Kammermitglieder sowie der damit verbundene Zuwachs an Mitarbeitern und Akten erhöhten aber sehr schnell den Raumbedarf. Ihm fielen schon bald die beiden Tagungsräume zum Opfer. 1995 wurde das großzügige Präsidentenzimmer in zwei Büros aufgeteilt, 1996 das geräumige Zimmer des bisherigen Hauptgeschäftsführers von drei Mitarbeiterinnen in Besitz genommen. Umfangreiche Renovierungsarbeiten in den Jahren 2001 und 2002 brachten das Gebäude innen und außen in einen optimalen Zustand.[47] Im Laufe des Jahres 2004 wird die Kammer auch über die bisher vermieteten Praxisräume verfügen können.

---

43 MittRAK Nr. 78 (Juli 1982) S. 3.
44 MittRAK Nr. 88 (Mai 1986) S. 1.
45 MittRAK Nr. 83 (Oktober 1984) S. 6.
46 MittRAK Nr. 85 (Mai 1985) S. 1
47 KammerForum 1/2003, S. 9.

Kammergebäude
Riehler Straße 30

171

7. Die Finanzen der Kammer

Die finanziellen Verhältnisse der Kammer waren schon unmittelbar nach dem Zweiten Weltkrieg gesund.[48] Der bereits erwähnte Rechenschaftsbericht für das Geschäftsjahr 1948 weist für die Zeit vom 21. Juni 1948 bis 31. März 1949 Einnahmen von rund 62.100 DM und Ausgaben von rund 57.500 DM aus. Obwohl das Vermögen der einzelnen Kammern durch die Reichsrechtsanwaltsordnung auf die Reichsrechtsanwaltskammer übergegangen war, hatte die Rechtsanwaltskammer Köln ebenso wie andere Kammern auf wundersame Weise nach dem Krieg noch eigenes Vermögen, welches zunächst von der Besatzungsmacht gesperrt wurde. In einem Antrag auf Aufhebung der Vermögenssperre vom 27. August 1949 gab Präsident Finck das Vermögen am 1. April 1945 mit 19.597 RM, am 20. Juni 1948 mit 126.561 RM an. Wie es sich zwischen Kriegsende und Währungsreform mehr als verfünffachte sowie ob und wann es freigegeben wurde, lässt sich nicht feststellen.[49]

Die bei weitem wichtigste Einnahmequelle der Kammer sind die Mitgliedsbeiträge.[50] Der Beitrag belief sich vor und nach der Währungsreform auf 20 RM bzw. DM pro Monat; lediglich für das dritte Quartal 1948 senkte ihn der Vorstand wegen der schweren Auswirkungen der Währungsumstellung vorübergehend auf 15 DM.[51] Seit 1968 erhob die Kammer einen Zuschlag von 5 DM pro Monat für den Sozialfonds, so dass 25 DM zu zahlen waren. Die Kammerversammlung beschloss am 21. März 1973 die Erhöhung des Monatsbeitrags auf 30 DM und am 19. März 1980 die Erhöhung auf 40 DM.[52] Die Beitragsordnung vom 21. März 1984 machte daraus einen Jahresbeitrag, der je zur Hälfte am 1. April und am 1. Oktober fällig wurde.[53] Am 16. März 1994 erhöhte die Kammerversammlung den Jahresbeitrag auf 600 DM, der nun in einer Summe am 1. April zu zahlen war.[54]

Die rasche Vermehrung der Anwaltschaft erhöhte die Kosten der Kammer nicht im gleichen Maße, wie durch sie das Beitragsaufkommen stieg. Ein Be-

---

48 Rechenschaftsbericht für 1947, HStAD Rep. 28 Nr. 336 Blatt 63 ff.

49 Die bei der Kammer nur rudimentär vorhandenen Unterlagen vermitteln kein klares Bild. In Braunschweig, Hamburg und Oldenburg wurde die Sperre jedenfalls aufgehoben; allerdings lauteten dort die Konten auf die Namen des Präsidenten bzw. des Schatzmeisters. Die Kammer in Celle erhielt ihr Geld ebenfalls zurück. Es spricht alles dafür, dass auch die Kammer Köln wieder über ihre Bankguthaben verfügen konnte.

50 Hinzu kommen Zinserträge und (seit 1985) Mieteinnahmen, die aber nicht ins Gewicht fallen.

51 MittRAK Nr. 1 (Dezember 1949) S. 2.

52 MittRAK Nr. 50 (April 1973) S. 1 und MittRAK Nr. 73 (Juni 1980) S. 1.

53 MittRAK Nr. 83 (Oktober 1984) S. 1 f.

54 MittRAK 2/1994, S. 38 f.

schluss der Kammerversammlung vom 19. März 1997 senkte darum den Beitrag auf 550 DM.[55] Er wurde im Jahr 2000 – nochmals leicht herabgesetzt – auf 276 Euro umgestellt.

Dass die Rechtsanwaltskammer Köln nicht arm ist, war ihren Mitgliedern sicher immer bewusst. Die Frage, wie reich sie ist, welches Vermögen sie hat, wurde zwar von Zeit zu Zeit in der Kammerversammlung gestellt, von den jeweiligen Präsidenten und Schatzmeistern aber immer nur mit größter Zurückhaltung beantwortet. Die kameralistische Buchführung der Kammer verpflichtete sie auch nicht unbedingt zur Offenlegung. Jedes Mitglied konnte den jährlich veröffentlichten Kassenberichten die Überschüsse, aber auch die nicht seltenen Unterdeckungen entnehmen.[56] Die Mehreinnahmen versetzten die Kammer immerhin in die Lage, den Hausbau in den Jahren 1983 bis 1985 zum größten Teil aus Ersparnissen zu finanzieren. Selbstverständlich hat der Vorstand keinen Grund und gegenüber seinen Mitgliedern auch kein Recht, aus der Finanzlage der Kammer ein Geheimnis zu machen. Seit 1997 enthält der Haushaltsabschluss auch eine Gegenüberstellung des Vermögens zum Jahresbeginn und zum Jahresende.[57]

8. Die Gerichtsbarkeit der Anwaltschaft

Obwohl die Anwaltsgerichte keine Organe der Kammern sind, sondern staatliche Gerichte, sollen sie im vorliegenden Zusammenhang behandelt werden, weil sie im weitesten Sinn der inneren Verfassung der Anwaltschaft zuzurechnen sind.

Zu den Neuerungen der BRAO gehörte die Trennung des Ehrengerichts vom Kammervorstand. Für den Bezirk jeder Rechtsanwaltskammer wurde ein Ehrengericht und für jedes Bundesland ein Ehrengerichtshof gebildet, deren Mitglieder der Landesjustizminister aus Vorschlagslisten der Kammervorstände ernannte. Aufgrund der ihr übertragenen Ermächtigung errichtete die Landesregierung 1959 für die drei nordrhein-westfälischen Oberlandesgerichtsbezirke Düsseldorf, Hamm und Köln den Ehrengerichtshof mit Sitz in Hamm und für jeden Kammerbezirk ein Ehrengericht mit je zwei Kam-

---

55 MittRAK 2/1997, S. 55; der Schatzmeister und weitere 28 Mitglieder stimmten dagegen.

56 Eine Zusammenstellung für die Jahre 1980 bis 1994 findet sich in MittRAK 1/1997, S. 4.

57 MittRAK 1/1998, S. 32. Da der Mitgliedsbeitrag am 1.4. fällig ist, muss der Schatzmeister die vor allem wegen der Beiträge zu anderen Organisationen besonders hohen Ausgaben des 1. Quartals aus der Rücklage vorfinanzieren.

mern.[58] Es war nicht einfach, für die Besetzung dieser Gerichte im Berufsrecht erfahrene Kollegen zu gewinnen, die solche Kenntnisse nur im Kammervorstand erworben haben konnten. Aus dem Kölner Vorstand schieden
drei Mitglieder aus, um Funktionen in der Ehrengerichtsbarkeit zu übernehmen. Dr. Söhling und Dr. Decker I, beide aus Köln, wurden die beiden Kammervorsitzenden des Kölner Ehrengerichts. Dr. Heusch, Aachen, wurde zum
stellvertretenden Vorsitzenden am Ehrengerichtshof ernannt,[59] von 1963 bis
1975 war er dessen Präsident. Auch später wurden wiederholt ausgeschiede-
ne Vorstandsmitglieder an den Ehrengerichtshof berufen.[60] Besonders zu erwähnen ist Dr. Gert Cornelius, Köln, der von 1967 bis 1979 dem Kammervorstand angehörte und seit 1971 Schatzmeister war; er wurde 1979 zum
Richter am Ehrengerichtshof ernannt und war von August 1995 bis August
1999 dessen Präsident.[61] Die Gerichte erster und zweiter Instanz wurden
durch Gesetz vom 2. September 1994 in Anwaltsgericht und Anwaltsgerichts-
hof umbenannt.[62]

Die Kosten des Anwaltsgerichts hat die Kammer zu tragen, ihr stehen dafür
die vereinnahmten Verfahrenskosten und Geldstrafen zu. Diese glichen nur
in den frühen Jahren gelegentlich einmal die Kosten aus. Die Kammer musste der Justizverwaltung die Raumkosten erstatten; die Geschäftsstelle des
Gerichts nahm und nimmt auch die Arbeitskraft einer Mitarbeiterin oder eines
Mitarbeiters der Kammer in Anspruch.

Die Arbeitsbelastung des Gerichts stieg zwar nicht im gleichen Verhältnis
wie die Zahl der Kammermitglieder, aber doch so, dass weitere Kammern
gebildet werden mussten; ab 1981 wurden die Verfahren auf drei Kammern,
ab 1985 auf vier Kammern verteilt.[63] 1960 wurden 17 und 1970 13 neue Verfahren anhängig, zwischen 1980 und 1990 stiegen die Neueingänge auf etwa
50 pro Jahr an; im Jahr 2001 waren es 45, 2002 39 und 2003 25 neue Verfahren.

Geschäftsleitende Vorsitzende des Kölner Ehrengerichts, seit 1995 Anwaltsgericht, waren die Rechtsanwälte Dr. Wilhelm Söhling (1960 bis 1963),
Dr. Richard Decker I (1964 bis 1967), Dr. Fritz Wiese (1968 bis 1972), Dr.
Eduard Bauer (1973 bis 1988) und Julius Herwegh (1989 bis 1991); seit 1992
hat Dr. Adolf Andörfer dieses Amt inne.

---

58 MittRAK Nr. 1 (Januar 1960) S. 1.

59 MittRAK Nr. 1 (Januar 1960) S. 1.

60 Z.B. Dr. Winfried Schmitz, OLG Köln, vgl. MittRAK 2/1989, S. 19, und Alex Meyer-Köring, Bonn.

61 MittRAK Nr. 3/1995, S. 158 und Nr. 3/1999, S. 218. Dr. Cornelius war bereits seit 1987 Vorsitzender
    des 1. Senats und Stellvertreter des Präsidenten.

62 BGBl I, S. 2278.

63 MittRAK Nr. 75 (Januar 1981) S. 5 und MittRAK Nr. 84 (Februar 1985) S. 8.

Kapitel 7

Die Rechtsanwaltkammer Köln in ihrem Umfeld

1. Die Zusammenarbeit mit der Justiz

Die harmonische Zusammenarbeit zwischen Rechtsanwaltskammer und Justiz hat im Kölner Bezirk eine lange Tradition. Es gab, soweit feststellbar, zu keinem Zeitpunkt ernsthafte Differenzen. Selbst der an anderer Stelle erwähnte Disput zwischen dem Oberlandesgerichtspräsidenten Dr. Heimsoeth und dem damaligen Vorsitzenden der Kammer in den Jahren 1883/84 blieb folgenlos. Nach dem Zweiten Weltkrieg standen bisher sieben Präsidenten an der Spitze des Oberlandesgerichts[1], sehr unterschiedliche Persönlichkeiten, denen aber gemeinsam war, dass sie immer ein offenes Ohr für die Belange der Anwaltschaft hatten. Es war eine Selbstverständlichkeit, dass der Kammerpräsident den Oberlandesgerichtpräsidenten jederzeit sprechen konnte, wenn dafür ein Bedürfnis bestand. Die meisten Fragen konnten auf diesem Weg geklärt werden. Gab es einmal Meinungsunterschiede und fachliche Probleme, wurden sie sachlich und in angenehmer persönlicher Atmosphäre gelöst. Das gleiche gute Gesprächsklima bestand immer auch auf der „Arbeitsebene" zwischen den für Anwaltsangelegenheiten zuständigen Dezernenten des Oberlandesgerichts und den Geschäftsführern der Kammer. Die Beziehungen der Kammer zu den drei Landgerichtspräsidenten und ihren Mitarbeitern waren ebenfalls stets vertrauensvoll und unkompliziert.

Auch die regelmäßigen Besprechungen der drei nordrhein-westfälischen Kammerpräsidenten mit dem Landesjustizminister und seinen leitenden Mitarbeitern reichen sehr weit zurück. So fanden im Jahr 1948 mehrere Treffen in Düsseldorf statt, in denen es u. a. um die Zulassungspraxis und die gerechte Handhabung der Bedürfnisfrage ging.[2] Auch zwischen den Geschäftsführern und den Beamten des Ministeriums bestanden immer vielfältige Kontakte. Jeder neue Justizminister gab den Kammerpräsidenten Gelegenheit, ihn persönlich kennen zu lernen. In der Kammerversammlung am 13. März 2002 sprach Justizminister Jochen Dieckmann über aktuelle justizpolitische Fragen.[3] Am 17. Februar 2003 besuchte der neue Justizminister Wolfgang Gerhards die Rechtsanwaltskammer Köln[4], sein Staatssekretär Dieter Schubmann-Wagner hielt in der Kammerversammlung am 19. März 2003 einen Vor-

---

1 Dies waren Dr. Rudolf Schetter (1945-1948), Prof. Dr. Werner Korintenberg (1948-1962), Josef Wolframm (1962-1975), Herbert Asselborn (1975-1978), Herbert Weltrich (1978-1983), Dr. Dieter Laum (1984-1996) und Dr. Armin Lünterbusch (1997-2003); über seine Nachfolge war bei Fertigstellung des Manuskripts noch nicht entschieden.

2 Rechenschaftsbericht des Kammerpräsidenten in MittRAK Nr. 3 (April 1949).

3 KammerForum 2/2002, S. 119 ff.

4 KammerForum 2/2003, S. 146.

trag über justizpolitische Themen.[5] Im April 2003 stellte sich Minister Gerhards zu einem Gespräch für das Kammerforum zur Verfügung.[6] Dies alles findet seine Erklärung nicht zuletzt in dem Interesse der Spitze der Justizverwaltung an den Sorgen der Anwaltschaft und in der Offenheit der Beziehungen zu deren Repräsentanten.

2. Die Beziehungen zu anderen Organisationen

Hier ist selbstverständlich an erster Stelle die Bundesrechtsanwaltskammer (BRAK) zu nennen. Wie bereits erwähnt war Dr. h.c. Gustav Finck, der erste Kölner Kammerpräsident nach dem Zweiten Weltkrieg, einer der maßgeblichen Geburtshelfer der Bundesrechtsanwaltsordnung und langjähriger Präsident der Vorgängerorganisationen. Dr. Heinrich Vigano, seit 1963 sein Nachfolger im Amt des Kölner Kammerpräsidenten, war ab 1969 Vizepräsident und von 1974 bis 1983 Präsident der BRAK. Zahlreiche Mitglieder des Kölner Kammervorstands wirkten in den Ausschüssen der BRAK mit. Unter ihnen nahm und nimmt der 1948 von dem Düsseldorfer Kammerpräsidenten Cüppers gegründete Strafrechtsausschuss eine herausragende Stellung ein; ihm gehören seit jeher maßgebliche Vertreter des Bundesjustizministeriums und Rechtslehrer als ständige Gäste an, und viele wichtige Änderungen des materiellen Strafrechts sowie des Strafverfahrensrechts gehen auf seine Initiative und auf von ihm formulierte Gesetzentwürfe zurück.[7] Dem Ausschuss gehörte seit 1948 Prof. Dr. Hans Dahs sen., Bonn, an, Mitglied des Kammervorstands von 1946 bis 1973 und ab 1957 Vizepräsident; er leitete den Strafrechtsausschuss von 1953 bis 1970. Sein Sohn Prof. Dr. Hans Dahs jr. war von 1976 bis 2003 Mitglied des Ausschusses und von 1991 bis 1995 sein Vorsitzender. Dr. Helmut Heyl, Köln, von 1961 bis 1985 Vorstandsmitglied und ab 1973 Vizepräsident, war mehr als zehn Jahre Vorsitzender des BRAO-Ausschusses und des ZPO/GVG-Ausschusses; er vertrat die Bundesrechtsanwaltskammer in der Reformkommission des Bundesjustizministeriums über das Gerichtsverfassungs- und Rechtspflegerecht. Dr. Joachim Lingenberg, der Geschäftsführer der Kammer, gehörte viele Jahre dem Richtlinienausschuss

---

5 KammerForum 2/2002, S. 101 ff.

6 KammerForum 2/2003, S. 109 ff.

7 Nach dem Inkrafttreten der BRAO im Jahr 1959 sah entgegen der allgemeinen Meinung eine norddeutsche Kammer die Fortführung des Ausschusses als mit dem Gesetz unvereinbar an, ein Streit, den der Anwaltssenat des BGH durch Beschluss vom 7.11.1960 im Sinne der Mehrheit entschied, vgl. MittRAK Nr. 5 (Januar 1961) S. 2.

an, Dr. Gottfried Walther dem BRAO-Ausschuss. Lothar Schmude, Köln, ist seit einigen Jahren Mitglied des ZPO/GVG-Ausschusses, Dr. Peter Krumbiegel gehört dem BRAO-Ausschuss und dem Ausbildungsausschuss an. Eine enge Verbindung zwischen der Kölner Kammer und der BRAK resultierte auch daraus, dass diese bis zum Jahr 2001 ihren Sitz in Bonn hatte und sämtliche Geschäftsführer der BRAK Mitglieder der Rechtsanwaltskammer Köln waren. Die Kammer war viermal Gastgeberin der Hauptversammlungen der BRAK, nämlich der 18. Hauptversammlung am 20./21. Mai 1966[8], der 37. Hauptversammlung am 24./25. April 1975[9], der 59. Hauptversammlung am 22./23. Mai 1986[10] und der 87. Hauptversammlung am 11./12. Mai 2000.[11]

Ein besonders enges und vertrauensvolles Verhältnis besteht seit jeher zwischen den drei nordrhein-westfälischen Rechtsanwaltskammern, was sich vor allem für ein gemeinsames Handeln gegenüber der Landesregierung als nützlich erweist. Die Präsidenten aus Düsseldorf, Hamm und Köln sehen sich ohnehin mehrmals im Jahr bei den Veranstaltungen der BRAK, in unregelmäßigen Abständen treffen sich auch die Präsidien zu gemeinsamen Sitzungen. Die Geschäftsführer der drei Kammern stehen ebenfalls ständig miteinander in Verbindung.

Dem Wohl der Rechtsanwältinnen und Rechtsanwälte des Bezirks dient vor allem die gute Zusammenarbeit zwischen der Kammer und den örtlichen Anwaltvereinen. Da sich die Anwaltschaft der Rheinprovinz schon vor 1879 relativ großer Freiheit erfreuen konnte, setzte die Gründung von örtlichen Anwaltvereinen dort später ein als in anderen Teilen Deutschlands. Von den Vereinen in den Landgerichtsbezirken des heutigen Oberlandesgerichtsbezirks Köln ist der älteste der 1887 gegründete Kölner Anwaltverein[12], der sich seit Jahrzehnten rühmen kann, der größte Anwaltverein in der Bundesrepublik zu sein. Es folgten die Vereinsgründungen in Aachen (um 1890) und in Bonn (1906). Eine Sonderstellung nahm der kleine, aber feine Verein der Rechtsanwälte beim Oberlandesgericht ein, der so alt ist wie dieses Gericht selbst.[13] Das Ansehen dieses Vereins bei der Justiz war so hoch, dass seine

---

8 MittRAK Nr. 27 (Januar 1967) S. 1.

9 MittRAK Nr. 59 (Januar 1976) S. 1.

10 MittRAK Nr. 90 (Februar 1987) S. 3.

11 MittRAK 2/2000, S. 147.

12 Vgl. dazu im Einzelnen Becker, 100 Jahre Kölner Anwaltverein, Zur Geschichte der Kölner Rechtsanwaltschaft 1887-1987, in Festschrift 100 Jahre Kölner Anwaltverein, S. 17 ff.

13 Vgl. Hirtz, Die Rechtsanwaltschaft bei dem Oberlandesgericht Köln, in: Rheinische Justiz, 175 Jahre Oberlandesgericht Köln, S. 319 ff., S. 324. Nach dem Ende der Singularzulassung im Jahr 2002 besteht der Verein nur noch als unselbständige Gliederung des Kölner Anwaltvereins fort.

Vorsitzenden bis in die 60er Jahre des vorigen Jahrhunderts bei der Besetzung der Senate und der Beförderung der Richter angehört wurden.[14]

Die Zusammenarbeit zwischen der Kammer und den Anwaltvereinen war fast immer reibungslos. Die Rechtsanwaltskammer Köln hat den Vorzug, es mit drei gut organisierten, der Bedeutung der Landgerichtsbezirke entsprechend großen Anwaltvereinen zu tun zu haben.[15] Konkurrenzdenken und Eifersüchteleien waren seltene Ausnahmeerscheinungen und gehören endgültig der Vergangenheit an. Nach dem Selbstverständnis der Vereine sind Kammer und Anwaltverein die Eltern des Anwalts, der Verein die treu sorgende Mutter, die Kammer der gestrenge Vater[16], ein nicht nur deshalb schiefes Bild, weil der Verein männlich und die Kammer weiblich ist. Kammer und Vereine sind inzwischen moderne Dienstleistungsorganisationen, die sich gleichrangig um die Belange ihrer Mitglieder kümmern. Dies geschieht mit unterschiedlichen Schwerpunkten und auch gelegentlichen Überschneidungen. Manche Aufgaben, die die Kammer an sich ziehen könnte, teilt sie sich mit den Vereinen; dazu gehört die Organisation der Ausbildung der Rechtsanwaltsfachangestellten und die außergerichtliche Streitschlichtung. Die Harmonie wird gefördert durch die engen personellen Verflechtungen. Die Vereinsvorsitzenden gehörten mit ganz seltenen Ausnahmen immer dem Kammervorstand an, was die Kommunikation und die Zusammenarbeit erheblich erleichterte. Die Mitgliederversammlungen der Vereine haben traditionsgemäß durch „Vorwahlen" Einfluss auf die Auswahl der Kandidaten für die Wahl zum Kammervorstand.[17] Kammer und Vereine wirken weiter bei der Aufstellung der Kandidatenlisten für die Satzungsversammlung und die Vertreterversammlung des Versorgungswerks eng zusammen. Die freundschaftlichen Beziehungen kommen schließlich in den „Kammerausflügen" zum Ausdruck, zu denen abwechselnd die einzelnen Vereine den Kammervorstand und die Geschäftsführer einladen.

Auch der Landesverband Nordrhein-Westfalen des Deutschen Anwaltvereins, der früher „Landesgruppe" hieß, hielt immer engen Kontakt zu den Kammern. Die Landesgruppe wurde 1957 unter Mitwirkung der Rechtsanwälte Dr. Walter Oppenhoff, Köln, und Franz Prévot, Bonn, gegründet und wählte Dr. Anton Roesen, Düsseldorf, zu ihrem Vorsitzenden. Sie führte zunächst ein

---

14 E. Bauer, Richter, Recht und Rechtsanwälte am Oberlandesgericht Köln, in: Recht und Rechtspflege in den Rheinlanden, S. 361 ff., S. 363.

15 In den anderen Kammerbezirken des Landes NRW bestehen in den Amtsgerichtsbezirken viele kleine Vereine, die oft nicht größer sind als Kegelclubs.

16 Aus einem Werbebrief des Kölner Anwaltvereins, zitiert bei Ostler, aaO, S. 333.

17 § 12 der Geschäftsordnung vom 18.5.1949, MittRAK Nr. 4 (Juli 1949) S. 1 f. Die Kammerversammlungen sind, soweit ersichtlich, immer den Vorschlägen der Vereine gefolgt.

Schattendasein, wurde aber ab 1973 recht aktiv.[18] Das Beratungshilfegesetz, das die Mitwirkung der Anwaltschaft an der Rechtsberatung minderbemittelter Bürger sicherte, geht zum guten Teil auf die Vorarbeiten und die Initiative des Landesverbands zurück, wobei sich der damalige Vorsitzende des Kölner Anwaltvereins, Ludwig Koch, besondere Verdienste erwarb. An den Verhandlungen mit der Landesregierung waren auch die drei Kammerpräsidenten beteiligt.[19] Die Nachfolger von Dr. Anton Roesen wurden Dr. Ekkehard Krömer (1978-1992), Dr. Hanno Friebertshäuser (1992-1994) und Dr. Klaus E. Böhm (seit 1994). Die Kammerpräsidenten aus Düsseldorf, Hamm und Köln nehmen regelmäßig an den Mitgliederversammlungen des Landesverbands teil. Seit 1977 veranstaltet er jährlich parlamentarische Abende, zu denen er die Mitglieder des Landtags-Rechtsausschusses, den nordrhein-westfälischen Justizminister, seinen Staatssekretär und die leitenden Beamten seines Hauses einlädt. Zu den Gästen gehören auch die Präsidenten und Geschäftsführer der Kammern, denen damit dieses interessante Diskussionsforum mit den maßgeblichen Damen und Herren der Landesjustiz zugänglich ist.

Der Deutsche AnwaltVerein (DAV) rekrutierte eine ungewöhnlich große Zahl von Vorsitzenden bzw. Präsidenten aus dem Bereich der Rechtsanwaltskammer Köln. Bisher standen fünf Rechtsanwälte aus dem Kammerbezirk an der Spitze des DAV, nämlich Arthur Heiliger (1918-1920), Dr. Walter Oppenhoff (1959-1963), Dr. h.c. Ludwig Koch (1983-1988), Felix Busse (1994-1998) und Dr. Michael Streck (1998-2003). Bis auf Busse gehörten alle mehr oder weniger lange dem Kammervorstand an.[20] Solange der DAV seinen Sitz in Bonn hatte, bestanden zwischen seinen Geschäftsführern und den Geschäftsführern und Vorstandsmitgliedern der Kammer auch enge persönliche Kontakte.

Die Kammer pflegt weiter die Verbindungen zu den Organisationen der verwandten Berufe. Ihr Präsidium trifft sich in unregelmäßigen Abständen mit den Präsidien der Rheinischen Notarkammer und der Steuerberaterkammer Köln, um sich über gemeinsame Probleme auszutauschen.[21] Am 3. Dezember 2003

---

18 Dem am 10.1.1976 erstmals gewählten dreiköpfigen Vorstand gehörten außer Dr. Roesen der Vorsitzende des Essener Anwaltvereins, Dr. Wilhelm Greve, sowie der Verfasser an, der bis 1988 Schatzmeister war; vgl. im Einzelnen Kähler, Die Geschichte der Landesgruppe (jetzt: Landesverband) Nordrhein-Westfalen 1957-1978, S. 77 ff.

19 Vgl. Kähler. Initiative und Mitwirkung der Anwaltschaft in Nordrhein-Westfalen zur Einführung der Beratungshilfe, S. 189 ff.

20 Heiliger gehörte dem Vorstand seit 1896 an und war von 1905 bis 1919 Vorsitzender der Kammer; Oppenhoff war von 1949 bis 1959 Vorstandsmitglied, Koch von 1971 bis 1979 und Streck von 1989 bis 1997.

21 Die erste gemeinsame Präsidiumssitzung von Anwaltskammer und Steuerberaterkammer fand am 27.4.1988 statt, MittRAK 1/1989, S. 6.

fand erstmalig ein „Runder Tisch" von Vertretern der Rechtsanwaltskammer Köln, der Steuerberaterkammer Köln, der Rheinischen Notarkammer, der Wirtschaftsprüferkammer und Abgeordneten der Region statt.[22] Die frühere Kammergeschäftsführerin Dr. Susanne Offermann-Burckart gehört seit 1998 dem Vorstand des Landesverbands der Freien Berufe an.

Ein Patenkind der Kammer besonderer Art ist das Institut für Anwaltsrecht an der Universität zu Köln, dem ersten Institut dieser Art in Deutschland. Seine Aufgaben sind die praxisorientierte wissenschaftliche Bearbeitung des Anwaltsrechts sowie die Vertiefung der Kommunikation und Kooperation von Rechtswissenschaft und anwaltlicher Rechtspraxis mit unmittelbaren Auswirkungen auf die Juristenausbildung. Das am 18. Januar 1989 errichtete Institut für Anwaltsrecht nahm unter der kommissarischen Leitung von Prof. Dr. Hanns Prütting am 12. April 1989 mit einer großen Vortrags- und Seminarveranstaltung in Anwesenheit zahlreicher Ehrengäste seine Tätigkeit auf. Seit dem Wintersemester 1991/92 war Prof. Dr. Martin Henssler Geschäftsführender Direktor des Instituts.[23] Neben seiner eigenen intensiven Lehr- und Forschungstätigkeit auf dem Gebiet des Anwaltsrechts regte er eine Fülle von Publikationen an, die dem Institut zu einem hervorragenden Ruf verhalfen. Weiterer Institutsdirektor blieb Prof. Dr. Prütting. Seit dem 1. April 1999 ist Frau Prof. Dr. Barbara Grunewald Geschäftsführende Direktorin.[24] Teil des Konzepts des Instituts war von Anfang an die Errichtung eines Fördervereins. Der Verein zur Förderung des Instituts für Anwaltsrecht der Universität zu Köln e.V. wurde am 13. April 1988 gegründet. Zu den Gründungsmitgliedern gehörten aus dem Kreis des Kammervorstands Präsident Dr. Heidland, Dr. van Bühren und Dr. Bürglen, die in den ersten Vorstand gewählt wurden.[25] In der Folgezeit war die Kammer durch ihren jeweiligen Präsidenten im Vorstand vertreten. Auch die Rechtsanwaltskammer Köln selbst war Gründungsmitglied und leistet einen beachtlichen Jahresbeitrag.[26]

---

22 KammerForum 1/2004, S. 6.

23 Zur Gründungsgeschichte vgl. Hamacher, Gründung und Arbeit des Instituts für Anwaltsrecht an der Universität zu Köln, S. 289 ff.

24 MittRAK 1/2000, S. 31; vgl. auch das Gespräch mit Prof. Grunewald in MittRAK 2000, S. 94 ff.

25 Hamacher, aaO, S. 290.

26 MittRAK 1/1989, S. 16.

3. Auslandsbeziehungen

Wann die ersten offiziellen Kontakte der Kammer zu den Anwaltsorganisationen im benachbarten Ausland zustande kamen, lässt sich nicht genau feststellen. Präsident Dr. Vigano, mit der französischen Sprache gut vertraut, pflegte jedenfalls die Beziehungen zu den Anwaltsorganisationen in den Nachbarländern in zäher Kleinarbeit. Er wurde tatkräftig unterstützt durch den für den Kölner Anwaltverein auf diesem Gebiet aktiven Dr. Heinz Koll, der die ersten Verbindungen zu den Kollegen in Flandern aufnahm. Es kam zu ersten Begegnungen und gegenseitigen Einladungen insbesondere mit den belgischen Kollegen in Brügge, Gent und Lüttich.[27]

Die Anwaltsorganisationen in Belgien, Frankreich, Luxemburg und den Niederlanden luden jedenfalls schon recht früh Vertreter der Rechtsanwaltskammer Köln zu ihren Veranstaltungen ein. Die Feier zum 150-jährigen Bestehen des Oberlandesgerichts Köln am 21. Juni 1969 war für die Kammer eine willkommene Gelegenheit, sich für diese Einladungen mit herzlicher Gastfreundschaft zu bedanken. Die Anwälte aus Lille, einer Partnerstadt von Köln, schlugen bereits damals eine Verbrüderung, eine *Jumelage*, zwischen den Kammern Köln und Lille vor, die am 7. Dezember 1969 in einem glanzvollen Rahmen durch den Austausch entsprechender Urkunden besiegelt wurde.[28]

Am 9. Juni 1972 bereitete der Bürgermeister von Charleroi den Vertretern der *Barreaux* von Charleroi und Lille sowie der Rechtsanwaltskammer Köln einen festlichen Empfang und gab die *Jumelage* dieser drei Anwaltsorganisationen bekannt. Die Kollegen in Charleroi hatten die Initiative ergriffen und den beiden anderen Kammern eine solche Kooperation vorgeschlagen. Zweck der engeren Verbindung sollten u. a. der Austausch von jungen Anwälten, gemeinsame Vortragsveranstaltungen, die Einrichtung von Auskunftsstellen und die Zusammenarbeit in Schiedsgerichtsfragen sein. Das Zusammenwachsen Europas erforderte auch gemeinsame Vorstellungen der Anwaltschaft zu vielen praktischen Themen. Um diese hoch gesteckten Ziele zu verwirklichen, setzten die Gründer der *Jumelage* eine Kommission ein, der für Köln die Rechtsanwälte Dr. Heidland und Merkt angehörten.[29]

Dr. Heidland, der seit 1971 dem Vorstand angehörte, war für die Kammer in allen folgenden Jahren die tragende Säule und die treibende Kraft der Auslandsbeziehungen. Er war der einzige im Vorstand, der die französische

---

27 MittRAK Nr. 84 (Februar 1985) S. 2.

28 MittRAK Nr. 37 (Januar 1970) S. 4.

29 MittRAK Nr. 47 (Juli 1972) S. 1.

Sprache dank seiner Luxemburger Herkunft perfekt beherrschte. Die Verständigung mit den früheren Gegnern Deutschlands hatte für ihn, den ehemaligen Kriegsteilnehmer, nicht nur eine rationale, sondern auch eine große emotionale Bedeutung. Er hatte auch das nötige Gespür dafür, dass vor allem für die belgischen und französischen Kollegen gesellschaftliche und gesellige Veranstaltungen einen höheren Stellenwert haben als für den durchschnittlichen deutschen Anwalt. Dr. Heidland brachte es fertig, nach einem langen Arbeitstag mit dem Auto nach Charleroi, Lille oder in eine andere Stadt jenseits der Grenzen zu fahren, dort an einem festlichen Bankett teilzunehmen und in derselben Nacht wieder nach Hause zurückzukehren.

Der fachliche Ertrag der *Jumelage* und ähnlicher Kontakte hielt sich in Grenzen. So war z. B. die Kölner Kammerversammlung am 21. März 1973 mit einem Vortrag von *Maître* Bernard Francq aus Charleroi über die Organisation des belgischen Gerichtswesens und der Anwaltschaft nur von 54 Mitgliedern besucht.[30]

Die guten Beziehungen zu den Partnerorganisationen in Frankreich und Belgien und zu einer Vielzahl von anderen Anwaltsvereinigungen in den Nachbarländern trugen aber andere Früchte. In den Ländern mit romanischer Rechtstradition besteht der alte Brauch, den Beginn des Gerichtsjahrs nach den Gerichtsferien, die so genannte *Rentrée*, festlich zu begehen. An eine Sitzung im Gerichtsgebäude mit feierlichen Reden und fachlichen Vorträgen schließt sich ein häufig von heiteren Darbietungen umrahmtes Bankett an. Dazu werden Vertreter ausländischer Anwaltsorganisationen eingeladen, wobei der Kreis der Gäste von der Bedeutung der jeweiligen Gastgeberorganisation abhängt. So reisen zur *Rentrée* in Paris, einem jährlichen Weltereignis der internationalen Anwaltsgemeinschaft, mehrere hundert Gäste aus aller Herren Länder an. Auch die Rechtsanwaltskammer Köln steht auf den Einladungslisten einer Vielzahl von Anwaltsorganisationen, ebenso der Kölner Anwaltverein. Natürlich kann der jeweilige Kammerpräsident nicht selbst allen Einladungen folgen, die nicht nur mit einem erheblichen Zeitaufwand verbunden sind, sondern auch gesteigerte Anforderungen an Magen und Leber stellen. Darum nehmen auch andere Vorstandsmitglieder regelmäßig an den Veranstaltungen im Ausland teil; aus diesen Begegnungen entwickelten sich vielfältige persönliche Kontakte und Freundschaften.

Die Kammer revanchiert sich für die Gastfreundschaft, indem sie die Vertreter der ausländischen Anwaltsorganisationen am Tag nach dem Kölner Juristenball, an dem sie auf Einladung des Kölner Anwaltvereins teilnehmen,

---

30   MittRAK Nr. 50 (April 1973) S. 1.

zu einem kulturellen Programm und einem festlichen Mittagessen emp-
fängt.[31] Zu diesen Veranstaltungen, an denen auf der Gastgeberseite neben
den Vorstandsmitgliedern auch die Mitglieder des Anwaltsgerichts teilnehmen, lädt die Kammer seit vielen Jahren auch die Gerichtspräsidenten und
die Leiter der Staatsanwaltschaften des Bezirks ein, was die gute Zusammenarbeit auf rheinische Art fördert.

Dr. Heidland blieb unermüdlich in seinen Bemühungen, auch den fachlichen Austausch mit den Nachbarländern zu fördern. Im Jahr 1987 organisierte die Rechtsanwaltskammer Köln zusammen mit den *Barreaux* von
Charleroi, Genua und Versailles eine Tagung zum Thema „*Droit de l'Infor-
matique/Droit et Informatique*", die am 8. Oktober 1987 in Versailles statt-
fand und in der u.a. Dr. Heidland über den Stand des Computerrechts in
Deutschland referierte.[32] Zur Kammerversammlung am 21. März 1990 in
Aachen waren zahlreiche Vertreter ausländischer Anwaltsorganisationen als
Gäste eingeladen.[33] Im Rahmen dieser Versammlung fand eine Diskussions-
veranstaltung zum Thema „Europäisches Standesrecht" statt mit einem Ein-
führungsvortrag von Dr. Heidland über „Entwicklungsdifferenzen zwischen
‚europäischem' und deutschen Standesrecht" und Beiträgen von *Maître*
Mauro (Paris), Maître Francq (Charleroi), Maître Matray (Lüttich), Meester
Dahmen (Maastricht), *Maître* Schlitz (Luxemburg) und *Maître* Rosewick
(Verviers).[34] Am 19./20. April 1991 stand ein Kolloquium zum Thema „*Télé-
communication et Droit*" in Charleroi auf dem Programm, organisiert von
dem dortigen *Barreau*, den *Barreaux* von Versailles und Genua und der
Kammer Köln. Dr. Heidland konnte in seinem Bericht über das Jahr 1990
ohne Übertreibung darauf hinweisen, dass von allen Rechtsanwaltskammern
Deutschlands die Kammer Köln die meisten und engsten Beziehungen zu
ausländischen Kolleginnen und Kollegen unterhält.[35]

Am 23. und 24. April 1993 wurde in Köln der 20. Geburtstag der *Jumelage*
gefeiert. Bei einem Empfang im Historischen Rathaus durch die Bürger-
meisterin Canisius trugen sich die *Bâtonniers* Jean Brochen und Michel Roels
in das Goldene Buch ein, alle drei Präsidenten würdigten in ihren An-
sprachen die Wichtigkeit und den Erfolg der *Jumelage*. Anschließend hielt
Rechtsanwältin Dr. Susanne Thiemann, die Vorsitzende des Wirtschafts- und

---

31 Die Position „Einladung ausländischer Anwälte" findet sich erstmals im Kassenbericht für 1968,
MittRAK Nr. 33 (Januar 1969) S. 3.

32 MittRAK 1/1988, S. 5.

33 MittRAK 2/1990, S. 1.

34 MittRAK 2/1990, S. 3 ff.

35 MittRAK 1/1991, S. 3.

Sozialausschusses des Europäischen Parlaments, einen Vortrag über die Bedeutung der Gemeinschaft für die europäischen Anwälte.[36] Zu der Veranstaltung waren etwa 120 Gäste aus Lille und Charleroi angereist; die Beteiligung auf der deutschen Seite war, sieht man von dem nahezu vollständig erschienenen Kammervorstand ab, eher spärlich.

Einen neuen Anlauf unternahm die Kammer gemeinsam mit dem Aachener Anwaltverein mit der Veranstaltung der „Aachener Regio-Advocaten-Tage", an denen sich vor allem Rechtsanwältinnen und Rechtsanwälte aus Belgien und den Niederlanden beteiligten. Die erste Tagung am 28. Oktober 1995 befasste sich mit dem Thema „Anwaltliche Werbung" mit einem Vortrag von Prof. Dr. Martin Henssler. Die zweite Veranstaltung am 26. Oktober 1996 stand unter dem Thema „Die Bedeutung der Rechtsschutz-Versicherungen" mit Vorträgen von Dr. Hubert van Bühren aus Köln und W.C.G.J. Sterk aus den Niederlanden.[37] Bei dem dritten Regio-Advocaten-Tag am 31. Oktober 1997 ging es um „Strafverteidigung in Europa" mit einem Vortrag von Dr. Ulrich Sommer, Köln, und Kurzreferaten der Kollegen Heidrichs aus Belgien und Sterk aus den Niederlanden.[38] Weitere Tagungen folgten am 23. Oktober 1998, am 29. Oktober 1999 und am 20. Oktober 2000. Der siebte Regio-Advocaten-Tag am 16. November 2001, dem Thema „Mediation" mit einem Vortrag von Dr. h.c. Ludwig Koch gewidmet, war die letzte Veranstaltung dieser Art.

Die Kammer engagiert sich auch in internationalen Anwaltsorganisationen. Sie ist Mitglied der *Union Internationale des Avocats* (UIA), der ältesten, seit 1927 bestehenden Vereinigung, in der mehr als 200 nationale und örtliche Anwaltsvereinigungen und Tausende von Anwälten aus über 100 Ländern zusammenarbeiten. Präsident Dr. Vigano war in den sechziger Jahren Sekretär dieser Organisation für den deutschsprachigen Raum und ab 1970 Mitglied des *Conseil.*

Seit 1990 gehört die Kammer der 1986 gegründeten *Conférence des Grands Barreaux d'Europe* an[39], einem zunächst lockeren Zusammenschluss, der sich 1992 in *Fédération des Barreaux d'Europe* (FBE) umbenannte und mit der Eintragung in das Vereinsregister in Straßburg auch rechtlich eine festere Gestalt annahm. Die Organisation bestand zunächst nur aus einigen wenigen Kammern in Belgien, Frankreich, Italien, Spanien, der Schweiz und Portugal; ein weiteres Gründungsmitglied war die Rechtsanwaltskammer Frankfurt. Zweck der Vereinigung ist u. a. die Harmonisierung wesentlicher Fragen des

---

36 MittRAK 2/1993, S. 77 f.

37 MittRAK 3/1993, S. 125 ff.

38 MittRAK 4/1997, S. 199 ff.

39 MittRAK 3/1990, S. 22.

185

Berufsrechts, die Ausbildung und der Austausch junger Juristen und seit 1992 die Vertretung der Kammern bei den europäischen Institutionen, insbesondere beim Europarat.[40] Dr. Heidland widmete während seiner Präsidentschaft und auch in den folgenden Jahren der FBE sehr viel Zeit und bemühte sich immer wieder, ihre schwerfälligen Strukturen aufzulockern. An den Vorarbeiten für die am 9. Oktober 1999 verabschiedete neue Satzung war er maßgeblich beteiligt. Zu ernsten Differenzen kam es, als die FBE im Jahr 2000 den in Wien von der dortigen Kammer vorbereiteten Kongress wegen der Beteiligung von Jörg Haider an der Regierung und der daraus entstandenen politischen Turbulenzen kurzfristig absagte. Die Kammer Köln gehörte zu denjenigen, die sich energisch dem Versuch der FBE widersetzten, Anwaltsorganisationen für die Dummheiten ihrer Regierenden haftbar zu machen. Gegen die Absage protestierte Dr. Heidland mit einem wahrhaft furiosen Brief an den damaligen Präsidenten der FBE, selbstverständlich in geschliffenem Französisch. Seit 2002 ist Dr. Jürgen Lauer, Schatzmeister der Kammer, Mitglied der von der FBE eingesetzten *„Commission Organisation des Barreaux"*.

Im Jahr 1993 kam Dr. Heidland die Idee, einen Orden in Form einer „Kammermedaille" zu kreieren, der zunächst langjährigen ausländischen Freunden der Kammer bei dem für sie veranstalteten Empfang verliehen wurde. Später erhielten die Auszeichnung auch andere, die sich in besonderer Weise um die Kammer verdient gemacht hatten.[41] Einer der ersten Würdenträger war Dr. Hermann Voetelink, der frühere Präsident der Rechtsanwaltskammer Amsterdam, der auch nach seinem Ausscheiden aus dem Amt ein ständiger Gast in Köln blieb und immer wieder sehr geistreich und in perfektem Deutsch den Dank der ausländischen Gäste aussprach.

Gelegentlich erhält die Kammer auch Besuch aus fernen Ländern von Juristinnen und Juristen, die etwas über die Justiz und die Anwaltschaft in Deutschland erfahren wollen. So waren im Jahr 2002 zwei chinesische und eine russische Delegation hier zu Gast.[42] Im Oktober 2003 besuchte eine Gruppe hochrangiger vietnamesischer Juristen auf Einladung des nordrheinwestfälischen Justizministeriums Deutschland und auch die Rechtsanwaltskammer Köln.[43] Solche Begegnungen sind auch für die Gastgeber lehrreich, allerdings manchmal etwas mühselig.[44]

---

40 MittRAK 1/1993, S. 7 f.

41 Eine Liste aller bisherigen Ordensträger findet sich in der Anlage D.

42 KammerForum 1/2003, S. 10.

43 KammerForum 4/2003, S. 377. Vertreter des Oberlandesgerichts, der Kammer und des Kölner Anwaltvereins hatten im Frühjahr 2003 Vietnam besucht.

44 Der Gipfel war im Juli 1995 der Besuch einer Delegation aus Peking, der bei dem vorausgegangenen Stadtbummel nicht nur einige Mitglieder, sondern auch der Dolmetscher abhanden gekommen waren; nur einer der Gäste sprach einige Brocken Englisch.

Die Resonanz der Kammermitglieder auf die Bemühungen der Präsidenten und des Vorstands, die Beziehungen zum Ausland zu pflegen, worüber die Mitglieder auch regelmäßig unterrichtet wurden, war immer sehr verhalten. Sicher war der Mehrheit der Kammermitglieder die Verständigung mit den Nachbarn nicht gleichgültig, aber das Thema hatte für sie kaum eine praxisbezogene Bedeutung, abgesehen von den Kolleginnen und Kollegen im Aachener Raum, die immer mit vielen grenzüberschreitenden Streitigkeiten befasst waren. Insbesondere die Aktivitäten der internationalen Organisationen standen auch seit jeher, sicher nicht ganz zu Unrecht, in dem Verdacht, vor allem das Geltungsbedürfnis der Hauptakteure zu befriedigen. Diese Vorbehalte hielten den Kammervorstand aber nie davon ab, die Auslandsbeziehungen zu intensivieren; er wird dies sicher auch in der Zukunft tun.

4. Das Mitteilungsblatt als Bindeglied zwischen Kammervorstand und Mitgliedern

Seit März 2002 erscheinen die Mitteilungen der Rechtsanwaltskammer Köln in einem neuen Gewand. Der Titel lautet nun „KammerForum", versehen mit dem neuen, die beiden Türme des Kölner Doms stilisierenden Logo der Kammer. Die Titelseite schmückt eine Karikatur mit einem aktuellen Bezug. Dies ist der vorläufige Höhepunkt eines Aufstiegs aus bescheidensten Verhältnissen.

Die Rechtsanwaltskammer Köln hatte bereits vor dem Zweiten Weltkrieg ein Mitteilungsblatt, das aber leider nicht erhalten ist.[45] Da die örtlichen Kammern nach dem Inkrafttreten der Reichsrechtsanwaltsordnung in jeder Hinsicht nichts mehr zu melden hatten, stellten sie 1936 ihre Publikationen ein und bedienten sich der Mitteilungen der Reichsrechtsanwaltskammer, in denen jeweils Rubriken mit Nachrichten der einzelnen Kammern erschienen.

Im Jahr 1948 beschloss der Kammervorstand, wieder ein Mitteilungsblatt herauszugeben; die erste Ausgabe erschien im Dezember 1948. In den einführenden Zeilen wies Präsident Finck darauf hin, dass an sich die Herausgabe eines einheitlichen Mitteilungsblatts für ganz Nordrhein-Westfalen oder sogar für die britische Zone angestrebt werde, wozu es aber nicht kam.

---

45 Im Hauptstaatsarchiv Düsseldorf fand sich ein einziges Heft aus dem Juli 1935; ein Aufruf der Kammer im KammerForum 2/2003, S. 93 zur Unterstützung des Verfassers auf der Suche blieb leider erfolglos.

Mitteilungsblatt
der Rechtsanwaltskammer KÖLN

Nr. 1	Köln	Dezember 1948

1.) Einführung

Der Vorstand der Rechtsanwaltskammer in Köln hat sich entschlossen, im Interesse der Mitglieder der Kammer wieder ein eigenes Mitteilungsblatt herauszugeben. Dies war, wie viele Kollegen sich erinnern werden, schon bis 1936 geschehen. Damals übernahm die Reichsrechtsanwaltskammer diese Aufgabe zentral. Es wird angestrebt, daß die Herausgabe von Mitteilungsblättern wieder für einen größeren Bereich einheitlich erfolgt, entweder für das Land Nordrhein-Westfalen oder sogar für die britische Besatzungszone, innerhalb derer die Anwaltskammern zu einer „Vereinigung der Rechtsanwaltskammern der Britischen Zone" in Hamburg zusammengeschlossen sind. Solange dies nicht der Fall ist, wird die Kölner Kammer die Unterrichtung ihrer Mitglieder über die für den Anwaltstand wichtigen Anordnungen und Verlautbarungen selbst durchführen. Wie oft das Mitteilungsblatt erscheinen wird, hängt von dem Anfall des mitzuteilenden Materials ab. Voraussichtlich wird alle 2 Monate eine Nummer herausgegeben werden. Die Mitteilungsblätter werden fortlaufend gezählt werden und im Kopf den jeweiligen Monat des Erscheinens erkennen lassen. Die erste Nummer wird in ihrem Umfang größer als die späteren Nummern sein, weil der Vorstand eine Reihe von Anordnungen aus der Vergangenheit, die ihm wichtig erscheinen, auf diesem Wege nochmals zur Kenntnis der Mitglieder bringen will, damit die vollständige Unterrichtung aller gewährleistet ist. Von der Erhebung einer Gebühr für dieses Mitteilungsblatt nimmt die Kammer Abstand. Sie wird die ihr erwachsenden Unkosten aus den laufenden Kammerbeiträgen zu decken trachten. In diesem Zusammenhang wird auf Abschnitt 4.) dieses Mitteilungsblattes verwiesen.

Vorstand der Rechtsanwaltskammer

Finck
Präsident

2.) Zusammensetzung des Vorstandes:

Der Vorstand setzt sich zur Zeit wie folgt zusammen:

Rechtsanwalt Gustav F i n c k , Präsident,
„ Dr. Ernst B a u e r , Vizepräsident,
„ Dr. Hugo-Fritz A r n o l d ,
„ Josef B r a u n ,
„ Dr. Hans D a h s , Bonn,
„ Dr. Fritz F u c h s ,
„ Dr. Gerd H e u s c h , Aachen,
„ Dr. Wilhelm K ö n i g s ,

Rechtsanwalt Dr. Paul L a u b e r , Aachen,
„ Dr. Walter O p p e n h o f f ,
„ Dr. Max R h é e ,
„ Dr. Wilhelm R e u t e r ,
„ Josef R o l l a n d , Bonn,
„ Dr. Wilhelm S ö h l i n g .

Zum Geschäftsführer der Kammer ist Rechtsanwalt Dr. Joachim L i n g e n b e r g bestellt worden.

Die Geschäftsräume der Kammer befinden sich im Gebäude des Kölner Oberlandesgerichts, Reichspergerplatz 1, I. Stockwerk, Zimmer 140, Fernruf: 72 227.

Seite 1 des ersten Mitteilungsblatts
nach 1945

Die ersten Mitteilungsblätter hatten einen Umfang von sechs Druckseiten, weil der Vorstand eine Reihe wichtiger Regelungen aus den vergangenen drei Jahren, die bis dahin wohl nur durch Aushänge publiziert worden waren, den Mitgliedern bekannt geben wollte. Die folgenden Ausgaben bestanden nur aus vier Druckseiten. Sie wurden zeitweise gefaltet und auf der nicht ganz bedruckten Rückseite mit der Anschrift des Empfängers versehen, um die Briefumschläge zu sparen, wie überhaupt die Ausgaben der ersten Jahre die Mangelsituation widerspiegelten. Der Inhalt beschränkte sich auf das Wichtigste, nämlich Einladungen zu Kammerversammlungen und anderen Veranstaltungen, Mitteilung der Beschlüsse und der Wahlergebnisse, den Haushalt, Berichte über die Tätigkeit des Ehrengerichts und der überörtlichen Standesorganisationen, Statistiken, Personalien sowie die wesentlichen Entscheidungen des Kammervorstands. Erst ab Mitte der sechziger Jahre wurde der Umfang gelegentlich größer. Relativ breiten Raum nahm die Berichterstattung über die Arbeit der Bundesrechtsanwaltskammer ein, bis diese ab Ende 1970 mit der Veröffentlichung der BRAK-Mitteilungen begann. Das Mitteilungsblatt der Kammer erschien viermal im Jahr, eine bis heute beibehaltene Erscheinungsweise. Die Ausgaben wurden bis Dezember 1959 und ab dann mit neuer Zählung bis Dezember 1987 laufend durchnummeriert. Mit der Nummer 39 im Juli 1970 erschien erstmals die Beilage „Aus der Arbeit des Kammervorstands", die über wichtige berufsrechtliche Fragen informierte, aber 1983 wieder eingestellt wurde. Mit verschiedenen teils umfangreichen Sonderbeilagen unterrichtete der Vorstand die Mitglieder über neue Gesetze, Unterhaltsrichtlinien und ähnliche Neuerungen. Das gesteigerte Informationsbedürfnis auf dem Gebiet des Familienrechts befriedigte die Kammer ab Oktober 1978 bis Ende 1986 durch umfangreiche Zusammenstellungen der Leitsätze der Kölner Familiensenate.[46]

Ab Januar 1988 erhielt das Mitteilungsblatt die Gestalt einer regelrechten Zeitschrift durch ein Titelblatt mit Inhaltsangaben und einer stärkeren Strukturierung des Inhalts, der Titel lautete nun „mitteilungen". Der Umfang der Hefte schwankte in dieser Zeit zwischen etwa 15 und 40 Seiten. Damit war die Grenze dessen erreicht, was die Geschäftsführung der Kammer im „Eigenverlag" bewältigen konnte. Ab der Ausgabe 3/92 erschienen die „mitteilungen" im Verlag Dr. Otto Schmidt KG in Köln; sie enthielten nun auch Inserate. Im Impressum wurde Präsident Dr. Heidland als Herausgeber angegeben, als Schriftleiter Johannes Muhr, der Geschäftsführer der Kammer, sowie Susanne Offermann-Burckart, Mitglied der Geschäftsführung. Ein weiteres *„Face Lifting"*

---

46 Im Jahr 1981 wies der Kammervorstand die Mitglieder darauf hin, dass die Lektüre des Mitteilungsblatts Standespflicht ist, MittRAK Nr. 76 (August 1981) S. 3.

erhielt das Mitteilungsblatt ab Januar 1993 durch eine Neugestaltung der Titelseite und die Durchnummerierung der Seitenzahlen für den gesamten Jahrgang. Zu den Neuerungen der beiden folgenden Jahre zählten ein regelmäßiges, von einem der Vorstandsmitglieder verfasstes Editorial (ab der Nummer 2/1994) und seit der Nummer 3/1995 unter der Rubrik „Das Gespräch" ein Interview mit einer Persönlichkeit aus dem Justizbereich im weitesten Sinne oder dem öffentlichen Leben.

Nach dem Ausscheiden von Johannes Muhr zum 30. April 1996 übernahm Dr. Offermann-Burckart als eine der beiden gleichberechtigten Geschäftsführer die alleinige Verantwortung für die „mitteilungen" und trug seitdem wesentlich zu ihrer heutigen Gestalt bei. Ab Anfang 2000 erschienen sie in neuer Aufmachung, auf leichterem Papier, mit einer neuen Schrift, unter Verwendung der neuen Rechtschreibung. Der Umfang liegt inzwischen bei knapp 100 Seiten pro Heft, der Inhalt ist klar strukturiert, das Layout übersichtlich. Alle Themen, die für die Kammermitglieder von Bedeutung sind, die sie interessieren oder jedenfalls interessieren sollten, werden gründlich und sachkundig abgehandelt. Der umfangreiche Rechtsprechungsteil verweist im Wesentlichen auf allgemein zugängliche Fundstellen, die ausführlichen Literaturhinweise sind nach Fachgebieten gegliedert und informieren umfassend über Neuerscheinungen. Aus dem Mitteilungsblatt, das lange Jahre den Charakter eines Vereinsblättchens hatte, ist eine beachtliche Fachzeitschrift geworden.

5. Öffentlichkeitsarbeit

„Tue Gutes und rede darüber", nach diesem Motto der Public-Relations-Branche muss auch eine Rechtsanwaltskammer handeln, wenn sie in der Öffentlichkeit etwas für ihre Mitglieder bewirken will. Die Erfahrung zeigt indessen, dass sich die anwaltliche Dienstleistung nicht leicht vermarkten lässt.

Das Ziel der Öffentlichkeitsarbeit ist zum einen, den Bürgern bewusst zu machen, dass Rechtsanwältinnen und Rechtsanwälte ihnen in einer Vielzahl von Situationen hilfreich sein können. Redaktionelle Beiträge darüber im Fernsehen, im Rundfunk und in den Printmedien lassen sich aber nur mit großer Mühe gezielt anregen. Die Einschaltung von PR-Agenturen wird dadurch erschwert, dass diese ebenso wenig wie große Teile der Presse über das nötige Hintergrundwissen verfügen. Nach den enttäuschenden Erfahrungen der Bundesrechtsanwaltskammer gab die Rechtsanwaltskammer Köln in den 90-er Jahren sehr schnell wieder den Plan auf, sich kostspieliger professioneller Hilfe zu bedienen. Gelegentliche Einladungen an die Vertreter der Presse zu Gesprächen über die Aufgaben der Anwaltschaft und der Kammer fanden keine sehr große Resonanz. Dabei ist das Publikum an Themen mit einem rechtlichen Bezug durchaus interessiert, wie die zahlreichen Gerichtsserien und Ratgebersendungen im Fernsehen belegen. Die Kammer muss dabei zusehen, wie auf diesem Weg andere, wenn auch nicht immer mit Geschmack und Sachkunde, für die Dienstleistungen ihrer Mitglieder Reklame machen.

Es gab und gibt aber auch immer wieder Situationen, in denen die Presse von sich aus die Meinung der Anwaltschaft zu bestimmten aktuellen Fragen erfahren will. Um hierauf rasch reagieren zu können, schuf der Kammervorstand die Funktion des Pressesprechers; dieses Amt übte viele Jahre Dr. Hubert van Bühren, Köln, aus. Er wurde auch Vorsitzender des Ausschusses für Öffentlichkeitsarbeit und führte eine Vielzahl der Gespräche, die im Mitteilungsblatt veröffentlicht wurden. Als Ansprechpartner der örtlichen Presse in Bonn und Aachen wurden später auch dortige Kollegen zu weiteren Pressesprechern berufen, im Bonner Bezirk Klaus Schnitzler, Euskirchen, in Aachen Jürgen von Lossow und nach dessen Tod im Jahr 1996 Karl Kiggen. Sie standen vielfältig Zeitungen und Nachrichtenmagazinen, Radio- und Fernsehsendern als Berater und Interviewpartner zur Verfügung, was in der Öffentlichkeit auf eine durchweg positive Resonanz traf.[47] Seit 2001 ist die Geschäftsführung allein für die Koordination der Pressearbeit verantwortlich.

Der Präsident, andere Vorstandsmitglieder und die Geschäftsführer stehen der Presse im Bedarfsfall immer gerne Rede und Antwort. Was dann dabei herauskommt, was den Weg in die Zeitungsspalten und die anderen Medien findet, hat allerdings mit dem, was die Vertreter der Kammer gesagt haben, oft nur noch wenig zu tun. Die Presse erwartet meist kurze, einfache und griffige Stellungnahmen, die sich zu komplexen Sachverhalten nun einmal nicht immer abgeben lassen. Die Kommunikation wird manchmal auch dadurch erschwert, dass der Fragesteller in der Eile des Tagesgeschäfts überhaupt nicht verstanden hat, worum es eigentlich geht. Das Ergebnis sind dann leider nicht selten Verkürzungen, Simplifikationen und gelegentlich auch grobe Fehler.

---

47   MittRAK 1/1998, S. 9.

Kapitel 8

Die großen Themen und Aufgaben in den letzten Jahrzehnten

1. Die Überfüllung des Anwaltsberufs und die Reform der Juristenausbildung

Diese beiden Themen, uralt und immer wieder aktuell, sind eng miteinander verbunden, weil sie mit einem oft verkannten Wirkungsmechanismus die Situation der deutschen Anwaltschaft entscheidend beeinflussen.

Am 27. Mai 1983 wandte sich die Hauptversammlung der Bundesrechtsanwaltskammer mit einer Entschließung an die Öffentlichkeit, in der sie eindringlich vor dem Jurastudium warnte.[1] Die Anwaltschaft sei – so die Verlautbarung der BRAK – überfüllt. Nur wer für den Beruf des Juristen besonders geeignet und bereit sei, das Risiko wirtschaftlicher Schwierigkeiten auf sich zu nehmen, solle das Jurastudium beginnen. Jeder andere Bewerber werde nach Abschluss der Ausbildung feststellen, dass er vor verschlossenen Türen steht und keineswegs den Beruf ausüben kann, für den er viele Jahre studiert hat. Bekanntlich blieb der Appell der BRAK wirkungslos, aber auch die von ihr vorausgesagten Probleme traten noch nicht so schnell auf; im Rückblick von heute waren die Verhältnisse vor 20 Jahren geradezu paradiesisch. Immerhin setzten BRAK und DAV einen gemeinsamen Ausschuss „Anwaltsschwemme" ein, der u. a. einen Eignungstest für Abiturienten forderte.[2]

Die Klage, dass es zu viele Rechtsanwälte gebe, reicht bis zum Inkrafttreten der Rechtsanwaltsordnung im Jahr 1879 zurück. Sie beruhte oft weniger auf einer objektiven Einschätzung des „Markts" als auf der subjektiven Wahrnehmung der konkreten Wettbewerbssituation durch den einzelnen Berufsangehörigen. Die Bereitschaft der Anwälte, sich neue Betätigungsfelder zu erschließen oder in Gegenden mit geringerer Anwaltsdichte auszuweichen, war lange nur sehr schwach ausgeprägt. Obwohl der Rechtsberatungsmarkt tendenziell ein Wachstumsmarkt ist, weil die Verrechtlichung des Lebens fortschreitet und die Bürger ihrer Rechte bewusster geworden sind, ist indessen mit dem rasanten Anstieg der Zahl der Anwälte inzwischen die Sättigungsgrenze erreicht, wenn nicht sogar überschritten. Die Menschen streiten sich nicht schon deshalb mehr, weil es immer mehr Anwälte gibt.

Die Verhältnisse im Bezirk der Rechtsanwaltskammer Köln, die hier im Vordergrund stehen, sind durchaus repräsentativ für die Situation in Deutschland insgesamt. Während des Zweiten Weltkrieg hatte sich die Zahl der Anwälte verringert; am 1. Januar 1948, als sich die Verhältnisse halbwegs normalisiert hatten, gab es im Kammerbezirk 490 Anwälte. Die Zahl verdoppelte sich bis

---

1 MittRAK Nr. 80 (Juni 1983) S. 4.

2 BRAK-Mitt. 2/1985, S. 87.

zum Jahr 1959 auf 1.017, bis zum Jahr 1976 auf 2.010, bis zum Jahr 1988 auf 4.030; am 1. Januar 2000 waren es mit 8.198 noch einmal doppelt so viel Rechtsanwältinnen und Rechtsanwälte.[3] Als die BRAK 1983 vor dem Jurastudium warnte, war die Zahl der Rechtsanwälte in Deutschland von rund 17.500 am 1. Januar 1958 auf rund 41.500 am 1. Januar 1983 gestiegen, im Kölner Kammerbezirk in diesem Zeitraum von 1.011 auf 3.113. Die Zahl der Studienanfänger hatte sich ebenfalls seit 1958 verdreifacht, seit 1973 verdoppelt; rund 100.000 im Berufsleben stehenden Juristen standen 75.000 in der Ausbildung befindliche Juristen gegenüber. Während früher der öffentliche Dienst 30 bis 35 % der ausgebildeten Juristen aufnahm, stellte das Land Nordrhein-Westfalen von den im Jahr 1982 geprüften 1.053 Assessoren nur ganze 73 oder 6,9 % in den Staatsdienst ein.[4] In den folgenden zwanzig Jahren verdreifachte sich die Zahl der Anwälte noch einmal. Am 1. Januar 2004 gab es in Deutschland 126.799, im Kölner Kammerbezirk 10.006 Rechtsanwältinnen und Rechtsanwälte.[5] Inzwischen kommt hier auf 422 Einwohner ein Berufsangehöriger. Die Anwaltsdichte ist damit höher als im Bundesdurchschnitt (680) und auch im Durchschnitt des Landes Nordrhein-Westfalen (618). In der Stadt Köln beträgt das Verhältnis 216 zu 1.[6]

Dieser rasante Zuwachs wirkte sich naturgemäß negativ auf die wirtschaftliche Situation der Berufsangehörigen aus. Seit vielen Jahren untersucht das Institut für Freie Berufe Nürnberg im Auftrag der Bundesrechtsanwaltskammer die Einkommensverhältnisse der Anwaltschaft. Die Zahlen für das Wirtschaftsjahr 2000 zeigen, dass vor allem das Einkommen von Einzelanwälten, die 55 % der Anwaltschaft ausmachen, erschreckend niedrig ist. Ihnen verblieben nach Abzug der Einkommensteuer, aber ohne Berücksichtung von Aufwendungen für Krankheits- und Altersvorsorge im Monat nicht mehr als rund 1.511,51 Euro. Bei den Angehörigen örtlicher Sozietäten (35 % der Anwaltschaft) sind es 3.172,05 Euro, bei den Angehörigen von Großkanzleien (10 % der Anwaltschaft) 4.009,25 Euro.[7] Da nicht wenige über diesen Durchschnittseinkommen liegen, erreichen logischerweise viele den Durchschnitt nicht annähernd; es gibt Einzelanwälte, die auf dem Niveau von Sozialhilfeempfängern leben. Dass die Einkünfte der Rechtsanwälte seit Jahren zurück-

---

3 Eine Zusammenstellung der Zulassungszahlen seit 1879 findet sich im Anhang D.

4 Inzwischen ist die Quote noch sehr viel geringer.

5 Die Kammer hatte zum Stichtag 10.030 Mitglieder, davon 15 Rechtsbeistände und 9 Rechtsanwalt-GmbHs, KammerForum 2004, S. 53.

6 Der OLG-Bezirk Köln hatte am 30.6.2003 4.226.531 Einwohner, vgl. die Homepage olg-koeln. nrw.de. Die übrigen Zahlen sind auf dem Stand vom 1.1.2003, vgl. BRAK-Magazin 1/2004, S. 13.

7 KammerForum 2/2003, S. 120.

gehen, hängt auch mit den gestiegenen Kosten und dem Ausbleiben einer Gebührenerhöhung zusammen. Die Verhältnisse im Bezirk der Rechtsanwaltskammer Köln entsprechen in etwa dem Bundesdurchschnitt, allerdings sind die Umsätze pro Anwalt hier noch niedriger als im Schnitt aller westdeutschen Bundesländer.[8] Die Folge ist die Entstehung eines „Anwaltsproletariats". Immer häufiger sind Kammermitglieder sogar noch nicht einmal in der Lage, den Kammerbeitrag zu zahlen.[9] Es liegt auf der Hand, dass die wirtschaftliche Bedrängnis eine Gefahr für die Unabhängigkeit des einzelnen Berufsangehörigen darstellt. Der Anwalt, der es sich nicht leisten kann, ein Mandat abzulehnen oder ein übernommenes Mandat zu beenden, obwohl er das Anliegen seines Auftraggebers als unseriös erkennt, wird leicht zum Diener des Unrechts.

Das Problem war und ist, die Ausbildung so zu gestalten, dass nur die für den Beruf wirklich geeigneten jungen Menschen Rechtsanwältinnen und Rechtsanwälte werden. Sie sind leider selbst heute noch nicht immer leicht zu finden. Das Jurastudium steht jedem offen, der nicht weiß, was er sonst studieren soll, und der in der Illusion lebt, dass es ihm am Ende zahlreiche Optionen eröffnet. Der Studienanfänger nimmt kaum wahr, dass der Staat nur noch einen kleinen Bruchteil der erfolgreichen Absolventen übernimmt, dass auch die Wirtschaft immer weniger Juristen braucht, und der Rest demnach dazu „verurteilt" ist, Rechtsanwalt zu werden. Viele erkennen auch nicht rechtzeitig, dass der freie Beruf ganz generell Qualifikationen verlangt, die mit der Juristerei unmittelbar nichts zu tun haben und die man sich nur begrenzt aneignen kann, nämlich u.a. die Begabung zum Umgang mit Menschen, Kommunikationsfähigkeit in Wort und Schrift, Risikobereitschaft und eine robuste Gesundheit.

Die Ausbildung in der Referendarzeit litt in der Vergangenheit an dem Mangel, dass sie zu sehr auf die „Befähigung zum Richteramt" und damit auf die Bedürfnisse der Justiz ausgerichtet war. Sie brachte gleichwohl viele gute Rechtsanwältinnen und Rechtsanwälte hervor.[10] Dass der Anwaltsberuf ein vor allem in der Praxis zu erlernendes Handwerk ist, wussten seit jeher diejenigen, die für den Beruf besonders motiviert waren. Als die Referendarzeit noch dreieinhalb Jahre dauerte, arbeiteten viele junge Juristen, die später Rechtsanwalt werden wollten, eine mehr oder weniger lange Zeit nebenbei

---

8 KammerForum 1/2003, S. 44 ff.

9 Die Anträge auf Erlass der Beiträge nehmen zu; auch der Anwalt, der sich als Taxifahrer betätigt, ist keine seltene Ausnahme mehr.

10 Dazu gehörten jedenfalls immer diejenigen, mit denen man die Notwendigkeit von Änderungen des Ausbildungssystems diskutierte.

in einer Anwaltspraxis. Die Verkürzung der Ausbildung schränkte diese Möglichkeit zwar ein[11], dafür wurde aber die Anwaltsstage im Laufe der Zeit verlängert und die Möglichkeit eröffnet, auch die Wahlstation in einer Anwaltspraxis zu absolvieren. Es gab und gibt indessen immer noch viele Referendare, für die Jura nur ein Verlegenheitsstudium war oder die bis zuletzt von einer Karriere in einem anderen juristischen Beruf träumen und sich für den Anwaltsberuf so lange nicht ernsthaft interessieren, bis sie ihn zwangsläufig ergreifen müssen. Untalentierte und vor allem unmotivierte Referendare finden schwerlich Rechtsanwälte, die sich der Qual ihrer Ausbildung unterziehen. Referendarausbildung ist keine Form der Klippschule, sondern der Erwachsenenbildung; niemand kann einem Referendar gegen seinen Willen etwas beibringen. Die Folge waren und sind vielfach Scheinausbildungsverhältnisse, die mit einem Gefälligkeitszeugnis enden. Der Kammervorstand wurde nicht müde, immer wieder vor solchen Praktiken zu warnen. Dass der Ausbilder der Justizverwaltung seit vielen Jahren mit dem Zeugnis Arbeitsproben, die so genannten Pflichtarbeiten, einreichen muss, geht auf eine Initiative der Rechtsanwaltskammer Köln zurück.

Die Geschichte der Juristenausbildung in Deutschland ist zugleich die Geschichte ihrer ständigen Reformen, die hier nicht in allen Einzelheiten dargestellt werden kann. Die Organisationen der Anwaltschaft traten immer wieder für eine stärkere Ausrichtung der Ausbildung auf den Anwaltsberuf ein, die bereits im Studium beginnen muss. Die 79. Hauptversammlung der Bundesrechtsanwaltskammer im Mai 1996 setzte eine – von dem Nürnberger Kammerpräsidenten Dr. Christian Bissel geleitete und später zu einem Ausschuss aufgewertete – Arbeitsgruppe Juristenausbildung ein, der auch der Präsident der Kölner Kammer angehörte und die ihre Arbeitsergebnisse in den folgenden Hauptversammlungen vorstellte.[12] Auch der Ausbildungsausschuss des DAV war in dieser Zeit sehr aktiv. Es gelang sogar, die Gremien beider Organisationen zu gemeinsamen Sitzungen zusammenzuführen. Die Kammerpräsidenten und der DAV-Vorstand verabschiedeten am 16. Dezember 1996 12 Thesen.[13] In einem wesentlichen Punkt wurden BRAK und DAV allerdings nicht einig; während der DAV eine nach den Berufswünschen der Referendare völlig getrennte Referendarausbildung, also eine reine Anwaltsausbildung vorschlug, favorisierte die BRAK eine gemeinsame Grundausbildung aller Referendare und eine anschließende berufsbezogene Ausbildung

---

11 Die Referendarzeit wurde ab 1.10.1965 auf 30 Monate, ab 1.6.1972 auf 24 Monate verkürzt; ab 1.1.1982 wurde sie wieder auf 30 Monate verlängert.

12 MittRAK 4/1996, S. 146 f. und 4/1997, S. 218 f.

13 MittRAK 1/1997, S. 18 ff.

(„Y-Modell"). Auch andere Verbände beteiligten sich an der Diskussion; so gaben der Deutsche Industrie- und Handelstag, der Bundesverband der Freien Berufe, die Bundesrechtsanwaltskammer und der Deutsche Anwaltverein im Jahr 2000 eine gemeinsame Erklärung ab.[14]

Der Reformdruck aus der Politik kam bezeichnenderweise nicht von den Justizministern, sondern den Finanzministern, weil die rund 24.000 Referendare in Deutschland die Bundesländer eine Milliarde DM pro Jahr kosteten. Auf dem Deutschen Juristentag im September 1998 stellte der damalige nordrhein-westfälische Justizminister Dr. Behrens sein das Studium und die praktische Ausbildung umfassendes Modell einer einheitlichen Ausbildung mit einem einheitlichen Abschluss vor; damit wäre die herkömmliche Referendarausbildung entfallen.[15] Der Vorschlag gefiel zwar einigen Ländern, setzte sich aber nicht durch. Die Hauptlast für die Reformüberlegungen der Bundesländer trug die von der Justizministerkonferenz eingesetzte Arbeitsgruppe, in der Nordrhein-Westfalen federführend war und in der der spätere Präsident des Landesjustizprüfungsamts in Düsseldorf, Johannes Riedel, von Anfang an eine maßgebliche Rolle spielte.[16] Wichtig waren dabei vor allem die Überlegungen zur Reform des Jurastudiums, ohne die die gesamte Ausbildung nicht zu modernisieren war. Unter der Leitung von Riedel, der im Justizministerium für alle Ausbildungsfragen zuständig war, trafen sich in regelmäßigen Abständen die Dekane der juristischen Fakultäten des Landes, die Ausbildungsleiter der Gerichte, Vertreter des Wissenschaftsministeriums, die Präsidenten der drei Rechtsanwaltskammern und der Vorsitzende des DAV-Landesverbands zu sehr fruchtbaren Gesprächen.

Nachdem die Reformbemühungen immer wieder ins Stocken gerieten, kam am Anfang des neuen Jahrhunderts endlich wieder Bewegung in die Sache. Am 3. September 2001 brachten die Bundesländer den „Entwurf eines Gesetzes zur Änderung des Deutschen Richtergesetzes und der Bundesrechtsanwaltsordnung" im Bundesrat ein, der auf dem geltenden zweiphasigen Ausbildungssystem beruhte, aber doch weit reichende Änderungen vorschlug und zu dem sich die BRAK in Teilen positiv, der DAV ablehnend äußerten. Am 26. September 2001 legten die Koalitionsfraktionen einen eigenen Entwurf vor, der an eigene frühere Überlegungen anknüpfte. Die Bundesrechtsanwaltskammer stimmte bezüglich des Studiums den Vorstellungen der Länder, bezüglich der Referendarausbildung dem Vorschlag der Regierungsparteien zu.[17] Nun ging alles sehr schnell. Es setzte sich die Einsicht durch,

---

14   MittRAK 4/2000, S. 289.

15   MittRAK 4/1998, S. 192 ff.

16   Riedel war zu dieser Zeit Stellvertreter des Präsidenten des Landesjustizprüfungsamts.

17   MittRAK 4/2001, S. 297 ff.

dass genug diskutiert worden war und endlich Nägel mit Köpfen gemacht werden mussten. Am 20. März 2002 einigte sich der Rechtsausschuss des Bundestags auf eine Beschlussempfehlung, die das Plenum am 21. März annahm.[18] Der Bundesrat stimmte am 26. April 2002 zu; damit war das „Gesetz zur Reform der Juristenausbildung" verabschiedet, das am 1. Juli 2003 in Kraft trat.[19] Am 11. März 2003 verabschiedete der Landtag in Düsseldorf das „Gesetz über die juristischen Prüfungen und den juristischen Vorbereitungsdienst (Juristenausbildungsgesetz) Nordrhein-Westfalen – JAG NRW)".[20]

Der Schlüsselsatz zu der neuen Praxisorientierung der Universitätsausbildung findet sich in der Neufassung von §5a des Deutschen Richtergesetzes, wonach das Studium „die rechtsprechende, verwaltende und rechtsberatende Praxis einschließlich der hierfür erforderlichen Schlüsselqualifikationen wie Verhandlungsmanagement, Gesprächsführung, Rhetorik, Streitschlichtung, Mediation, Vernehmungslehre und Kommunikationsfähigkeit" zu berücksichtigen hat. Die Neuregelung sieht im Wesentlichen wie folgt aus:

– Die Regelstudienzeit beträgt einschließlich der Prüfung neun Semester.
– Gegenstand des Studiums sind Pflichtfächer und Schwerpunktfächer mit Wahlmöglichkeit.
– Die Pflichtfachprüfung findet vor dem Justizprüfungsamt des Oberlandesgerichts statt, eine Zwischenprüfung und die Schwerpunktbereichsprüfung werden an der Universität abgelegt; die Note der Schwerpunktbereichsprüfung fließt mit 30% in die Gesamtnote ein.
– Von der vorgeschriebenen Praktischen Studienzeit von insgesamt drei Monaten sind mindestens sechs Wochen „in der Rechtspflege, vornehmlich bei einer Rechtsanwältin oder einem Rechtsanwalt, oder in einem Unternehmen der freien Wirtschaft" zu absolvieren.
– Zulassungsvoraussetzung für die Prüfung ist die erfolgreiche Teilnahme an einer fremdsprachigen rechtswissenschaftlichen Veranstaltung oder einem rechtswissenschaftlich ausgerichteten Sprachkurs.
– Der Vorbereitungsdienst (Referendarzeit) dauert zwei Jahre, wovon 10 Monate zur Ausbildung bei einem Rechtsanwalt oder einer Rechtsanwältin zu verwenden sind; auch die Wahlstation von drei Monaten kann in einer Anwaltspraxis abgeleistet werden.

Ob diese Reform das doppelte Ziel der besseren Qualifikation und einer die weitere Vermehrung der Anwaltschaft bremsenden Auslese erreichen wird,

---

18 Sitzungsprotokoll 14/227; die F.D.P. stimmte gegen den Antrag, die PDS enthielt sich.

19 BGBl I, S. 2592.

20 GV. NW., S. 135; inzwischen liegt auch der Ausbildungsplan für die Ausbildung bei einer Rechtsanwältin oder einem Rechtsanwalt vor, vgl. KammerForum 4/2003, S. 312 ff.

bleibt abzuwarten.[21] Der Deutsche Anwaltverein kreierte inzwischen ein eigenes Ausbildungsmodell, bestehend aus einem theoretischen Ausbildungskurs und einer sehr intensiven praktischen Ausbildung, welches inzwischen angelaufen ist.[22]

Wichtig ist, dass die Anwaltschaft selbst ihre Ausbildungsverantwortung ernst nimmt und den Anforderungen gerecht wird, die die Neuregelung an sie stellt. Dabei sind auch die Kammern gefordert. Die Rechtsanwaltskammer Köln leistet schon seit vielen Jahren einen wichtigen Beitrag dazu, dass die anwaltliche Sicht bei der Referendarausbildung nicht ausgeblendet bleibt. Von 1987 bis 1994 veranstalteten die drei Kammern in Nordrhein-Westfalen einwöchige Einführungslehrgänge, die die Referendare am Anfang der Anwaltsstation zu absolvieren hatten. Sie fielen jedoch einer neuen Justizausbildungsordnung zum Opfer. Bei dem Einsatz von Rechtsanwälten als Leiter von Arbeitsgemeinschaften und auch in den dreimonatigen Klausurenarbeitsgemeinschaften übernahm die Kammer eine Vorreiterrolle. An einer Mitwirkung der Anwaltschaft bei den Arbeitsgemeinschaften zeigte sich die Justiz schon 1956 interessiert; gedacht war aber zunächst nur an Einzelvorträge über berufsrechtliche Themen.[23] 1972 machte die Kammer der Justizverwaltung den Vorschlag, Anwälte als Arbeitsgemeinschaftsleiter einzusetzen, was dort auf größeres Interesse stieß als bei den Kolleginnen und Kollegen.[24] Die Rechtsanwaltskammer Köln setzte dann zum Sprung an, als die neue Ausbildungsordnung eine „Anwaltsklausur" als Teil des Zweiten Staatsexamens vorsah und die Referendare hierauf vorbereitet werden mussten. In einem Gespräch der drei Kammerpräsidenten und des Vorsitzenden der Landesgruppe des DAV mit dem Präsidenten des Justizprüfungsamts Ende 1994 wurde eine entsprechende Zusammenarbeit vereinbart; die Einzelheiten sollten zwischen den einzelnen Kammern und den Ausbildungsleitern geregelt werden.[25] Die Kammer Köln war die erste, deren Mitglieder eine Unterrichtstätigkeit aufnehmen konnten.[26] Viele Rechtsanwältinnen und

---

21 Zu dem anhaltenden Reformbedarf vgl. u. a. das Streitgespräch zwischen Dr. Susanne Offermann-Burckart, Geschäftsführerin der Rechtsanwaltskammer Köln, und Dr. Dierk Mattik, Hauptgeschäftsführer des DAV, in AnwBl. 2004, S. 224 ff.

22 Dazu Kilger, DAV-Anwaltsausbildung, AnwBl. 2003, S. 693 ff.

23 Vgl. den Bericht über die Justizministerkonferenz am 18.-20.10. 1956 und ein anschließendes Treffen der drei nordrhein-westfälischen Kammerpräsidenten mit dem Staatssekretär des Justizministeriums NRW und seinen Mitarbeitern in MittRAK Nr. 39 (Januar 1957) S. 1.

24 Ein entsprechender Aufruf im Mitteilungsblatt Nr. 46 (April 1972) S. 3 fand offenbar nur wenig Resonanz.

25 Vgl. den Bericht und den Aufruf von Präsident Dr. Heidland in MittRAK 1/1995, S. 25.

26 MittRAK 4/1995, S. 181.

Rechtsanwälte engagieren sich seither bei der Referendarausbildung. Es war nicht immer einfach, gelang aber doch, die nötige Anzahl von Kolleginnen und Kollegen zu finden, deren vom Staat gezahlte recht bescheidene reguläre Vergütung die Kammer um 70 Euro pro Unterrichtsstunde und um 12 Euro für jede korrigierte Klausur aufbessert. Im Jahr 2003 wandte die Kammer rund 78.000 Euro für die Referendarausbildung auf. Durch die geänderte Struktur der Ausbildung wird das Projekt zwar in der bisherigen Form auslaufen, aber in anderer Weise und größerem Umfang fortgesetzt werden.[27] Die Kammer setzte sich auch immer wieder dafür ein, dass sich Rechtsanwälte als Prüfer für die beiden Staatsexamen zur Verfügung stellen.

Ein Meilenstein in der Zusammenarbeit zwischen Justizverwaltung und Anwaltschaft auf dem Gebiet der Prüfungen und bisher einmalig in Deutschland ist die Mitwirkung einer Rechtsanwältin im Landesjustizprüfungsamt des Landes Nordrhein-Westfalen. Die entsprechende Vereinbarung wurde am 23. Mai 2003 von Staatssekretär Schubmann-Wagner und den Präsidenten der Kammern Düsseldorf, Hamm und Köln unterzeichnet. Rechtsanwältin Nicole Weber arbeitet seit dem 1. Juli 2003 halbtags im Landesjustizprüfungsamt und wirkt an der Erstellung der Anwaltsklausuren, der Aktenvorträge sowie den dazugehörenden Lösungsskizzen für das Zweite Staatsexamen mit; die Kosten teilen sich die drei Rechtsanwaltskammern. Damit soll sichergestellt werden, dass diese Examensaufgaben die anwaltliche Sicht- und Arbeitsweise berücksichtigen.[28]

Die Kammer bemüht sich auch seit langem, die zahlreichen neuen Kolleginnen und Kollegen in die Berufsgemeinschaft zu integrieren. Dazu dienten und dienen u.a. Veranstaltungen, die die Berührungsängste mindern und die Kollegialität fördern sollen. Der erste „Begrüßungsabend" fand am 23. Oktober 1996 im Brauhaus Sion statt, zu dem die in dem vorausgegangenen Quartal neu zugelassenen Rechtsanwältinnen und Rechtsanwälte eingeladen waren. Nach der Begrüßung durch den Präsidenten hatten die Gäste Gelegenheit, den anwesenden Präsidiumsmitgliedern und Geschäftsführern Fragen zu stellen und mit ihnen zu diskutieren.[29] Diese Abende wurden in der Folgezeit ein- oder zweimal im Jahr wiederholt und zu Vortragsveranstaltungen ausgebaut, in denen erfahrene Kolleginnen und Kollegen Kurzreferate u.a. über Themen des Gebührenrechts und des Berufsrechts hielten. An die Stelle der Begrüßungsabende trat später das von der Kammer und den Anwaltvereinen gemeinsam veranstaltete zweitägige „Kölner Forum Junge

---

27 KammerForum 1/2004, S. 6 f. Das finanzielle Engagement der Kammern stieß auf die heftige Kritik des DAV, der massiv dagegen agitierte.

28 KammerForum 3/2003, S. 219 f.

29 MittRAK 4/1996, S. 145 f.

Anwälte". Das erste Berufsanfängerseminar dieser Art mit zahlreichen Referaten fand am 6. und 7. September 2001 statt.[30] Beauftragter der Kammer für die Juristenausbildung ist inzwischen das Vorstandsmitglied Dr. Peter Krumbiegel.

2. Soziale Einrichtungen und Altersversorgung

Mit der Regelmäßigkeit und Beharrlichkeit der Berichte über das Loch Ness Monster taucht in der politischen Diskussion in Deutschland immer wieder die Forderung nach der Einbeziehung der freien Berufe und damit auch der Anwaltschaft in die gesetzliche Rentenversicherung auf. Der Rückblick zeigt auch hier, dass alles schon einmal da gewesen ist.

Seit es Rechtsanwälte gibt, gibt es auch arme Rechtsanwälte, und die Berufsgemeinschaft sah es immer als ihre Aufgabe an, ihnen zu helfen. Schon in den Jahren 1837/1838 bemühten sich die Landgerichtspräsidenten in Düsseldorf, Köln und Saarbrücken, einen Anwalts-Unterstützungsfond zu schaffen, was am Widerstand des preußischen Justizministers scheiterte.[31] Über die Hilfen im Ersten Weltkrieg wurde bereits an anderer Stelle berichtet. Mit der ersten überregionalen Hilfsorganisation der deutschen Anwaltschaft, die ihren altertümlichen Namen bis heute beibehielt, ist die Rechtsanwaltskammer Köln seit über 100 Jahren verbunden. Die „Hülfskasse deutscher Rechtsanwälte" wurde auf Initiative des DAV 1884 in Leipzig als Genossenschaft alten sächsischen Rechts als Grundlage einer allgemeinen Ruhegehaltskasse und zur Unterstützung hilfsbedürftiger Rechtsanwälte und ihrer Angehörigen gegründet, wobei kein Rechtsanspruch auf Leistungen bestand. Mitglieder waren nur einzelne Anwälte; ihre Organe waren am Anfang vorwiegend Rechtsanwälte am Reichsgericht. 1905 stellte die Hülfskasse das Grundkapital für die Gründung der „Ruhegehalts-, Witwen- und Waisenkasse für deutsche Rechtsanwälte und Notare" zur Verfügung und wurde damit zur Mutter der heute noch als Sonderabteilung der Hamburg-Mannheimer Versicherungs-AG bestehenden „Deutschen Anwalts- und Notarversicherung" (DANV).[32] Die Rechtsanwaltskammer Köln unterstützte die Hülfskasse schon vor dem Ersten Weltkrieg mit für die damalige Zeit bedeutenden Beträgen, so

---

30 MittRAK 4/2001, S. 317.

31 Krömer, Die Planung der Altersversorgung der Rechtanwälte und das Versorgungswerk der Rechtsanwälte im Land Nordrhein-Westfalen, S. 199.

32 Ostler, aaO, S. 371 f., vgl. auch Jensen, 100 Jahre Hülfskasse Deutscher Rechtsanwälte, BRAK-Mitt. 4/2000, S. 173 ff.

z. B. 1906 mit 2.000 Mark.[33] In den Jahren vor und während des Ersten Weltkriegs bewegten sich die Zahlungen in der Größenordnung von 2.500 Mark. Die Inflation 1923 brachte die Tätigkeit der Hülfskasse fast zum Erliegen, im Dritten Reich wurde sie als Sondervermögen der Reichsrechtsanwaltskammer fortgeführt. Die in der Vereinigung der Rechtsanwaltskammern der britischen Zone zusammengeschlossenen Kammern gründeten sie im November 1948 neu als Gesellschaft bürgerlichen Rechts mit Sitz in Hamburg.[34] Sie führten jährlich 60 DM pro Mitglied an die Hülfskasse ab, was immerhin 25 % des Kölner Kammerbeitrags entsprach; der Beitrag stieg im Laufe der Jahre auf 120 DM an. Die Mitgliedschaft in der Hülfskasse stand allen Kammern offen, die süddeutschen Kammern hielten sich aber fern. Die Not war am größten in Niedersachsen und Schleswig-Holstein, wohin die meisten Flüchtlinge und Vertriebenen zugezogen waren. Zwar konnten die arbeitsfähigen Rechtsanwälte wieder in den Beruf eingegliedert werden, unterstützungsbedürftig waren aber vor allem die Angehörigen von verstorbenen Anwälten aus dem Osten. Dies führte dazu, dass einige Kammern, so auch Köln, mehr einzahlten, als in den Bezirk zurückfloss. Nachdem die Kammer Hamm zum Ende des Jahres 1961 ausgeschieden war, kündigten auch die Kammern Düsseldorf und Köln vorsorglich, sie schlugen aber ihren Kammerversammlungen den Verbleib in der Hülfskasse vor, was diese dann auch beschlossen. Der Kölner Kammerpräsident Finck übernahm 1961 den Vorsitz.[35] Auch in der Folgezeit wirkten Vertreter der Kammer in den Organen der Hülfskasse mit. Dr. Leo Holter aus Köln vertrat die Kammer viele Jahre im Verwaltungsrat; Johannes Muhr wirkte viele Jahre im Vorstand und war zuletzt Vizepräsident, Albert Vossebürger ist jetzt Mitglied des Vorstands. Der Hülfskasse gehören seit 1988 neben der Kammer Köln noch die Kammern Celle, Hamburg, Oldenburg und Schleswig-Holstein sowie die Rechtsanwaltskammer beim BGH an.[36] Der Beitrag zur Hülfskasse ist seit vielen Jahren eine der größten Ausgabenpositionen im Haushalt der Kammer.

Die Rechtsanwaltskammer Köln ergriff auch eigene Initiativen. Am 13. Mai 1953 beschloss die Kammerversammlung die Zahlung eines Sterbegelds von bis zu 2.000 DM.[37] Die Not vor allem der Anwaltswitwen ohne jegliche Altersversorgung erforderte auch laufende Unterstützungen, die zunächst nur die Hülfskasse zahlte. 1962 regte die Kammer Köln bei der Bundesrechtsanwaltskammer die Einsetzung einer Kommission an, die einen Ausgleich der

---

33 Bericht für 1906 HStAD Rep. 28 Nr. 331 Blatt 50 f.

34 Ostler, aaO, S. 373.

35 MittRAK Nr. 9 (Januar 1962) S. 2.

36 MittRAK 4/1988, S. 31.

37 MittRAK Nr. 24 (Juni 1953) S. 1 f.

Belastungen unter den Kammern regeln sollte.[38] Da es dazu nicht kam, schuf die Kammer einige Jahre später einen eigenen Sozialfonds. Die Kammerversammlung am 13. März 1968 erhöhte den Mitgliedsbeitrag von 20 DM um 5 DM monatlich mit der Maßgabe, dass die zusätzlichen Mittel zweckgebunden für soziale Zwecke zur Verfügung standen. Über deren Verteilung entschied ein Bewilligungsausschuss bestehend aus den Präsidiumsmitgliedern und je einem Vertreter der Anwaltvereine in Aachen, Bonn und Köln.[39] In den ersten Jahren konnten jeweils etwa 100.000 DM ausgegeben werden; die steigende Mitgliederzahl erhöhte den Fonds im Laufe der Zeit weiter. Auf die Zahlungen aus dem Sozialfonds bestand kein Rechtsanspruch, weil diese sonst auf die Sozialhilfe angerechnet worden wären. Die Kammer leistete zum einen monatliche Unterstützungen, häufig neben laufenden Zuwendungen der Hülfskasse, zum anderen überwies sie zu Weihnachten Einzelbeträge in unterschiedlicher Höhe. Der herzliche Dank der Empfänger war für die Kammer ein schöner Lohn.[40] Die Generation der unterstützten Personen starb im Lauf der Jahre allmählich aus, so dass sich in dem Sozialfonds erhebliche Mittel ansammelten. 1986 beschloss deshalb die Kammerversammlung, das Sterbegeld nicht mehr dem allgemeinen Kammerhaushalt, sondern dem Sozialfonds zu entnehmen und es auf bis zu 5.000 DM zu erhöhen.[41] Die Kammerversammlung am 18. März 1987 hob die Zweckbindung eines Teils des Mitgliedsbeitrags auf und beendete damit den Sozialfonds; auch die noch nicht verbrauchten Mittel flossen in den allgemeinen Haushalt.[42] Aus ihm erbrachte die Kammer in der Folgezeit weiter Sozialleistungen, die sich 1988 noch auf 93.500 DM beliefen[43]; zehn Jahre später waren es nur noch 27.500 DM.[44] Inzwischen liegen die Weihnachtszuwendungen bei etwa 5.000 Euro pro Jahr.

Die Erfahrungen insbesondere nach dem Zweiten Weltkrieg belebten die Überlegungen, eine allgemeine Hinterbliebenen- und Altersversorgung für Rechtsanwälte einzuführen; es hatte sich gezeigt, dass es nicht ausreicht, die Versorgung der Privatinitiative zu überlassen. Seit jeher hinderte niemand die Anwälte daran, einen Teil des Einkommens anzusparen und/oder Lebensversicherungsverträge abzuschließen. Die Versicherer machten auch alle An-

---

38 MittRAK Nr. 13 (Januar 1963) S. 20.

39 MittRAK Nr. 31 (April 1968) S. 1 f.

40 Der Verfasser, der viele Jahre dem Bewilligungsausschuss angehörte, erinnert sich noch lebhaft an die vielen rührenden Dankesbriefe.

41 MittRAK Nr. 88 (Mai 1986) S. 2.

42 MittRAK Nr. 91 (Juni 1987) S. 2.

43 MittRAK 1/1989, S. 9.

44 MittRAK 1/1999, S. 32.

strengungen, mit der Anwaltschaft ins Geschäft zu kommen. Einzelne Kammern organisierten Versorgungswerke auf freiwilliger Basis, so die Kammer Hamm in Form der „Pensionskasse der Rechtsanwälte und Notare des Oberlandesgerichts Hamm VVaG", die auch den Mitgliedern anderer Kammern offen stand.[45] In den Bereich der Freiwilligkeit fiel auch die Öffnung der gesetzlichen Rentenversicherungen für die freien Berufe im Jahr 1972. Sie gab insbesondere Kriegsteilnehmern durch die Anrechnung von Kriegsdienst und Gefangenschaft die Möglichkeit, sich mit Nachzahlungen von 3.000 bis 5.000 DM eine Rentenanwartschaft zu sichern.[46]

Eine „Zwangsversicherung" widersprach indessen dem Selbstverständnis vieler Rechtsanwälte, ihres eigenen Glückes Schmied zu sein, und ihrer Überzeugung, mit den Risiken des Lebens in eigener Verantwortung zurechtkommen zu können.[47] Darum blieben zunächst alle Anläufe in diese Richtung ohne Erfolg.[48] Der Reichstagsabgeordnete Gröber hatte bereits 1918 eine entsprechende Resolution eingebracht, die zwar Zuspruch fand, aber auch von prominenten Vertretern der Anwaltschaft vehement abgelehnt wurde.[49] 1923 legte der DAV, ausgelöst durch die Erfahrungen des Kriegs und der Inflation, einen Gesetzentwurf über eine Pensionsversicherung vor, den nicht zuletzt infolge einer aggressiven Gegenpropaganda der Lebensversicherer 1926 die Mehrheit der befragten Kammern und Vereine und schließlich auch die Vertreterversammlung des DAV ablehnten.[50] Damit war das Thema für die folgenden rund 25 Jahre vom Tisch. Es bedurfte eines weiteren verlorenen Kriegs, um das Bewusstsein der freien Berufe in Deutschland für ihre Alterssicherung zu schärfen. Bis zur Errichtung eines Versorgungswerks der Rechtsanwälte in Nordrhein-Westfalen vergingen nach 1945 noch fast 40 weitere Jahre.

---

45 MittRAK Nr. 55 (Oktober 1974) S. 1.

46 Eine außerordentliche Kammerversammlung mit einem Vortrag des Versicherungsmathematikers Dr. Heubeck zu diesem Thema am 13.11.1972 war allerdings nur von 216 Kolleginnen und Kollegen besucht; dies waren weniger als 15 % der Mitglieder, MittRAK Nr.49 (Januar 1973) S. 2.

47 Josef Rolland, ein alter Haudegen der Bonner Anwaltschaft, viele Jahre Vereinsvorsitzender und Mitglied des Kammervorstands, wetterte in allen Versammlungen gegen ein Versorgungswerk und gegen Versicherungen ganz allgemein; er behauptete glaubhaft, er habe keinen einzigen Versicherungsvertrag abgeschlossen. In vielen Ländern der freien Welt gab es damals schon umfassende Versorgungsregelungen für Freiberufler; vgl. die Ausführungen des Justizministers Dr. Dr. Neuberger im Landtag NRW, MittRAK Nr. 36 (Oktober 1969) S. 1 f.

48 Zu der Entwicklung vor 1945 vgl. Ostler, aaO, S. 198 ff.

49 Drucker, Die Resolution Gröber, JW 1918, S. 198 ff.

50 Ostler, aaO, S. 200 bezeichnet diese Entscheidung als „nicht nur unverständlichen, sondern sogar unverzeihlichen Fehler".

Eine Initiative des Bundestags im Jahr 1950 zur Schaffung einer einheitlichen Altersversorgung der freien Berufe führte nicht zu einem Gesetzentwurf. Die Kölner Kammerversammlung am 24. Mai 1950 beauftragte den Vorstand, die Voraussetzungen für die Schaffung einer Altersversorgung zu prüfen und nach Möglichkeit in Angriff zu nehmen.[51] Die Arbeitsgemeinschaft der Anwaltskammervorstände und der DAV setzten einen Gemeinsamen Altersversorgungsausschuss ein, der zunächst statistisches Material erarbeiten sollte. Zu diesem Zweck erhielten die Kammermitglieder 1951 Fragebögen, deren Beantwortung anonym blieb. Das Interesse der Kolleginnen und Kollegen war aber nur gering. Von den 826 Kölner Kammermitgliedern kamen nur 466 Rückmeldungen, worüber sich Präsident Finck bitter beschwerte.[52] Auch die Kammerversammlung am 28. Mai 1952 kam nur zu dem vagen Votum, sie könne über eine Altersversorgung erst dann entscheiden, wenn „ein zur Erreichung dieses Ziels gangbarer Weg" gefunden sei. Die Arbeitsgemeinschaft befürwortete im Juni 1952 erneut eine obligatorische Alters- und Hinterbliebenenversorgung.[53] Ein vom Bundesarbeitsministerium zusammen mit dem Ausschuss der Anwaltsorganisationen erarbeiteter, den Kammermitgliedern 1951 übersandter[54] Gesetzentwurf war Ende 1952 Grundlage eines von einigen Abgeordneten eingebrachten Initiativantrags.[55] Er versandete aber in den Ausschüssen. Der Gemeinsame Ausschuss von BRAK und DAV setzte indessen seine Arbeit fort und erstattete 1953 einen ausführlichen Bericht. Nachdem einige Kammern die Schaffung einer gesetzlichen Altersversorgung bereits aus prinzipiellen Gründen abgelehnt hatten, übersandte der Kölner Kammervorstand diesen Bericht mit einem Rundschreiben vom 27. Dezember 1954 den Mitgliedern mit der Bitte um Stellungnahme, ob eine solche Einrichtung überhaupt in Angriff genommen werden solle;[56] hierauf reagierten nur 411 Mitglieder, dies war knapp die Hälfte, mit einer kleinen Majorität der Befürworter.[57] Die Mehrzahl der betroffenen Rechtsanwältinnen und Rechtsanwälte des Bundesgebiets lehnte aber eine gesetzliche Regelung ab, und zwar nicht nur den erarbeiteten Entwurf, sondern auch jede andere Form der zwangsweisen Altersversorgung.[58]

---

51 MittRAK Nr. 19 (April 1952) S. 1.

52 MittRAK Nr. 18 (Februar 1952) S. 1: „Es ist unfaßbar, daß ein Berufsstand dieses mangelhafte Interesse an einer solch wichtigen Frage zeigt."

53 MittRAK Nr. 20 (Juli 1952) S. 1.

54 MittRAK Nr. 19 (April 1952) S. 1.

55 MittRAK Nr. 23 (April 1952) S. 1.

56 MittRAK Nr. 31 Februar 1955) S. 1.

57 MittRAK Nr. 32 (April 1955) S. 1 f.

58 MittRAK Nr. 36 (April 1956) S. 1.

In der Kammerversammlung am 27. Mai 1959 referierte der gerade erst in den Vorstand gewählte Dr. Vigano über den Stand der Überlegungen. Die Versammlung hielt aber eine Diskussion über Einzelheiten für verfrüht und eine Urabstimmung unter allen Anwälten in Deutschland für erforderlich.[59] An dieser im Oktober 1959 von allen Kammern durchgeführten Abstimmung beteiligten sich 79 % aller Rechtsanwältinnen und Rechtsanwälte, wovon nun 74 % die Einführung einer Pflichtversicherung befürworteten.[60] Der von der Regierung eingebrachte Entwurf eines Rechtsanwaltsversorgungsgesetzes blieb aber wiederum in der parlamentarischen Maschinerie hängen. Darum ergriffen einzelne Kammern die Initiative zu Regelungen auf Landesebene. Vorreiter waren die Kammern Koblenz und Zweibrücken, für deren Mitglieder durch Landesgesetz vom 22. Juli 1965 das „Versorgungswerk der Rheinland-Pfälzischen Rechtsanwaltskammern" als nicht rechtsfähiges Sondervermögen errichtet wurde. Die nordrhein-westfälischen Kammern berieten sich im August 1965 untereinander und mit dem Justizministerium in Düsseldorf, das den Bestrebungen positiv gegenüberstand.[61] Das Thema wurde in der Kammerversammlung am 1. März 1967 kontrovers diskutiert.[62] An einer neuen anonymisierten Umfrage auf Landesebene beteiligten sich knapp 53 % der Mitglieder, wobei sich eine knappe Mehrheit von 52,24 % für die Pflichtversicherung ergab; im Kölner Kammerbezirk sprachen sich indessen 54 % dagegen aus.[63] Im Juli 1969 brachte die Landesregierung den Entwurf eines Rechtsanwaltsversorgungsgesetzes im Landtag ein, den der Justizminister Dr. Dr. Neuberger mit einem flammenden Appell an die Abgeordneten begründete.[64] Auch dieses Vorhaben scheiterte kläglich am Widerstand der Anwaltschaft. Eine von 320 Kolleginnen und Kollegen besuchte außerordentliche Kammerversammlung in Köln am 28. Januar 1970 lehnte den Gesetzentwurf in der vorliegenden Fassung ab und forderte die vorherige Zustimmung der Mehrheit der Kammermitglieder zu einer Satzung des Versorgungswerks.[65] Eine außerordentliche Kammerversammlung in Düsseldorf hatte bereits am 29. November 1969 im gleichen Sinn votiert.[66] Darauf zog die Landesregierung den Gesetzentwurf zurück. Der Grund für die ableh-

---

59 MittRAK Nr. 49 (Juli 1959) S. 1.

60 MittRAK Nr. 2 (April 1960) S. 5.

61 MittRAK Nr. 23 (Januar 1966) S. 1 f.

62 MittRAK Nr. 28 (April 1967) S. 1.

63 MittRAK Nr. 32 (Oktober 1968) S. 13 f.

64 MittRAK Nr 36 (Oktober 1969) S. 17.

65 MittRAK Nr. 38 (April 1970) S. 11.

66 Krömer, aaO, S. 199 f.

nende Haltung der Anwaltschaft war vor allem das unlösbar erscheinende Problem der „alten Last", also der älteren Rechtsanwältinnen und Rechtsanwälte, deren Beiträge nicht mehr die Rentenzahlungen aufwiegen konnten.

Erst die Kammerversammlung am 18. März 1981 befasste sich wieder mit dem Thema. Der Geschäftsführer der Rechtsanwaltskammer Celle, Dr. Dietmar Heinemann, berichtete über die Überlegungen und Maßnahmen der niedersächsischen Kammern zur Gründung eines Versorgungswerks. Die lebhafte Diskussion endete mit dem Auftrag an den Kammervorstand, die Einführbarkeit einer solchen Einrichtung auch in Nordrhein-Westfalen zu prüfen.[67] Ein von den Kammern Düsseldorf, Hamm und Köln gebildeter Ausschuss schloss seine Arbeit Ende 1982 im Wesentlichen ab, worüber Präsident Dr. Vigano die Mitglieder mit einem Rundschreiben informierte.[68] Ein ausführlicher Bericht im Mitteilungsblatt setzte sich mit den Gegenargumenten der Lebensversicherer auseinander.[69] Der vom Ausschuss unter Mitwirkung des Versicherungsmathematikers Prof. Dr. Heubeck erarbeitete Satzungsentwurf sah die Pflichtmitgliedschaft für alle nach dem 30. November 1939 geborenen Rechtsanwältinnen und Rechtsanwälte vor, die freiwillige Mitgliedschaft für die nach dem 1. Dezember 1929 Geborenen sowie Befreiungsmöglichkeiten für die jüngeren Berufsangehörigen.[70] Aus dem Kölner Bezirk machten sich um den Entwurf besonders die Kollegen Dr. Bürglen, Dr. Koch, Muhr, Dr. Paulsdorff, Dr. Thümmel und Dr. Walther verdient. An der im Sommer 1983 durchgeführten Urabstimmung beteiligten sich 70,62 % der nordrhein-westfälischen Anwälte, wovon im Landesdurchschnitt 60,56 %, im Kölner Bezirk sogar 64,35 % für ein Versorgungswerk mit Pflichtmitgliedschaft votierten.[71] Dieser Abstimmungserfolg war nicht zuletzt das Ergebnis der guten Zusammenarbeit zwischen den Kammern und den Anwaltvereinen. Die Vereine führten Informationsveranstaltungen durch; die Landesgruppe Nordrhein-Westfalen des DAV erläuterte den Satzungsentwurf in einem vom damaligen Vorsitzenden des Kölner Anwaltvereins, Dr. Bürglen, verfassten Informationsschreiben.

Nun wurde das Vorhaben zügig in die Tat umgesetzt. Am 6. November 1984 verabschiedete der Landtag das Gesetz über die Rechtsanwaltsversorgung in Nordrhein-Westfalen (RAVG NW)[72]. Die erste Vertreterversamm-

---

67 MittRAK Nr. 76 (August 1981) S. 2.

68 MittRAK Nr. 79 (Januar 1983) S. 3.

69 MittRAK Nr. 80 (Juni 1983) S. 2 f.; die Versicherer hatten mit einem regelrechten Werbefeldzug gegen die Pläne agitiert.

70 Krömer, aaO, S. 200 f.

71 MittRAK Nr. 81 (November 1983) S. 1 f.

72 GVBl NW 1984, S. 684.

lung konstituierte sich am 18. Dezember 1984 und wählte Dr. Ekkehard Krömer (Düsseldorf) zu ihrem Vorsitzenden. Er gab dieses Amt an seinen Stellvertreter Mohr ab, nachdem er in den Vorstand und von diesem zum ersten Präsidenten des Versorgungswerks gewählt worden war. Die von der Vertreterversammlung beschlossene Satzung machte der Justizminister am 16. Juli 1985 bekannt.[73] Als Glücksfall erwies sich die Wahl von Dr. Günter Greitemann zum Geschäftsführer. Da er zuvor bei einem anderen Versorgungswerk tätig war, bildete die von seinem früheren Arbeitgeber überwiesene beträchtliche Pensionsrückstellung die finanzielle Grundlage des neuen Anwaltsversorgungswerks, das damit ohne fremde Mittel seine Tätigkeit aufnehmen konnte.[74] Dies war aber selbstverständlich nicht der Grund für die Berufung von Dr. Greitemann. Er brachte ein hohes Maß an Berufserfahrung mit und baute die Organisation mit großer Umsicht auf. Er übte das Amt bis zum 30. September 1993 aus; sein Nachfolger wurde Rechtsanwalt Frank Lange. Präsident Dr. Krömer führte das Versorgungswerk mit unermüdlichem Einsatz und erwarb sich große Verdienste. Er war langjähriger Vorsitzender des Düsseldorfer Anwaltvereins und der Landesgruppe des DAV in der Nachfolge des legendären Dr. Anton Roesen und genoss sowohl in der Anwaltschaft als auch im politischen Umfeld hohes Ansehen. So gelang es ihm Dank seiner guten Beziehungen schon im Gesetzgebungsverfahren, die Bedenken einiger Abgeordneter zu zerstreuen, die durch die Schaffung von Versorgungswerken eine Schwächung der Bundesversicherungsanstalt für Angestellte befürchteten. Auf Dr. Krömer, der 1997 aus dem Amt schied, folgte Lothar Lindenau (Düsseldorf). Aus dem Kölner Kammerbezirk gehört Rainer Bosch (Bonn) dem Vorstand seit der Gründung des Versorgungswerks an. Heinz Eicher (Swisttal), früher Staatssekretär im Bundesarbeitsministerium, war von 1985 bis 2002 Mitglied des Vorstands und von 1986 bis 1999 Vorsitzender des Widerspruchsausschusses. Sein Nachfolger im Vorstand wurde Dr. Friedwald Lübbert (Bonn). Vorsitzender der Vertreterversammlung ist inzwischen der Kölner Kammergeschäftsführer Albert Vossebürger.

Die Entwicklung des Versorgungswerks seit 1985 ist eine reine Erfolgsgeschichte. Zwar versuchten einige Anwälte, gegen die obligatorische Mitgliedschaft vorzugehen; die Gerichte entschieden aber fast ausnahmslos zu Gunsten des Versorgungswerks.[75] Es hat inzwischen über 26.000 Mitglieder. Da es zunächst kaum Leistungen zu erbringen hatte, sammelte es sehr schnell ein beträchtliches Vermögen an, welches sich inzwischen auf knapp

---

73 JMBl NW 1985, S. 172.

74 Krömer, aaO, S. 201 f.

75 Vgl. Krömer, aaO, S. 202.

2 Milliarden Euro beläuft, so dass die Renten weitgehend aus den Erträgen gezahlt werden können.[76] Wer mit 30 Jahren Mitglied wird und den Regelpflichtbeitrag zahlt, der sich nach der Beitragsbemessungsgrenze und dem Beitragssatz der gesetzlichen Rentenversicherung bemisst, hat nach dem derzeitigen Stand die Anwartschaft auf eine monatliche Altersrente von 3.311 Euro.[77] Das Versorgungswerk zahlt auch Renten im Fall der Invalidität sowie an Witwen und Waisen. Wer so klug war, keine Befreiungsmöglichkeit in Anspruch zu nehmen oder freiwillig dem Versorgungswerk beizutreten, insbesondere wer Zeiten nachversicherte und/oder mehr als den Regelpflichtbeitrag zahlte und zahlt, ist durch das Versorgungswerk wirklich angemessen versorgt.

3. Fachanwälte

Der Wunsch von Rechtsanwälten, auf ihre besonderen Kenntnisse und Fähigkeiten hinweisen zu dürfen, ist ebenso alt wie der Widerstand derjenigen, die über solche Qualifikationen nicht verfügen.

Die Diskussion über dieses Thema reicht sehr weit zurück. Eine gemeinsame Kommission des DAV und der Vereinigung der Kammervorstände verabschiedete bereits 1930 Richtlinien, durch die Fachanwaltschaften auf den Gebieten Steuerrecht, Urheber- und Verlagsrecht sowie des gewerblichen Rechtschutzes, Staats- und Verwaltungsrecht, Ausländerrecht und Arbeitsrecht anerkannt wurden; 1931 kam das Sozialversicherungsrecht hinzu. Voraussetzung für die Führung der Bezeichnung war die mindestens fünfjährige Anwaltszulassung und die Bestätigung der Rechtsanwaltskammer, dass hiergegen keine Bedenken bestehen. Die Fachanwaltschaft erlangte damals kaum praktische Bedeutung. Im Oktober 1932 waren in ganz Deutschland nur 150 Fachanwälte anerkannt, wovon 60 % Fachanwälte für Steuerrecht waren. 1935 sprach der Präsident der Reichsrechtsanwaltskammer ein generelles Verbot der Fachanwaltsbezeichnungen aus, welches 1937 für das Gebiet des Steuerrechts wieder aufgehoben wurde.[78]

Die Anwaltschaft sah die Zulässigkeit von Fachanwaltsbezeichnungen als berufsrechtliches Problem an, weil es nach ihrem Verständnis um eine Aus-

---

76 Das Versorgungswerk hatte am 31.10.2003 26.185 Mitglieder, davon 7.870 Kolleginnen, und ein Anlagevermögen von 1.890,9 Mio Euro, vgl. Mitgliederrundschreiben des Versorgungswerks 2003/2004.

77 Mitgliederrundschreiben des Versorgungswerks 2003/2004.

78 Vgl. Feuerich-Braun, § 43 c BRAO Rn. 1 ff.

nahme vom Werbeverbot ging. Darum nahmen die Kammern von Anfang an das Recht für sich in Anspruch, über die Gestattung selbst zu entscheiden. Eine Sonderstellung nahm allerdings schon sehr früh der Fachanwalt für Steuerrecht ein. Nach einem gemeinsamen Runderlass der Reichsminister für Finanzen und Justiz vom 10. November 1937 mussten die Antragsteller gegenüber der für sie zuständigen Oberfinanzdirektion ihre besonderen Kenntnisse auf dem Gebiet des Steuerrechts nachweisen; sie wurden dann in eine dort geführte Liste der Fachanwälte für Steuerrecht eingetragen, worüber Finanz- und Justizministerium gemeinsam entschieden.[79] Nach einem Runderlass im Jahr 1941 erhielten die Fachanwälte für Steuerrecht die Berufsbezeichnung „Steuerberater" mit der Folge, dass sie der Aufsicht der Steuerberaterkammer unterlagen. Die Vereinigung der Vorstände der Anwaltskammern der britischen Zone beschloss 1947, die Bezeichnung „Fachanwalt für Steuerrecht" wieder einzuführen, und forderte die Kollegen auf, sich nicht mehr Steuerberater zu nennen.[80] In der Folgezeit erteilten zunächst die Kammern alleine die Erlaubnis zur Führung der Fachanwaltsbezeichnung, was zu Meinungsverschiedenheiten mit der Finanzverwaltung des Landes Nordrhein-Westfalen führte. Sie wurden 1954 mit einem Kompromiss beigelegt, wonach zwar die Kammern weiter entschieden, aber an eine einzuholende Stellungnahme der Finanzverwaltung gebunden waren; es blieb dem Antragsteller überlassen, etwaige Bedenken des Finanzministers auszuräumen.[81] 1952 regte der Kammervorstand die Gründung einer örtlichen Arbeitsgemeinschaft der Fachanwälte für Steuerrecht an.[82]

Die Rechtsanwaltskammer Köln gehörte schon sehr früh zu den Befürwortern weiterer Fachanwaltschaften. Am 19. Juni 1954 entschied der Kammervorstand, die Fachanwaltschaft für Verwaltungsrecht einzuführen, nachdem dies in einigen anderen Kammerbezirken bereits geschehen war.[83] Damit war Köln indessen der Mehrheit der Kammern vorausgeeilt. Die Arbeitsgemeinschaft der Anwaltskammervorstände lehnte am 27. August 1955 weitere Fachanwaltschaften ab mit der Begründung, dass sie der Stellung des Rechtsanwalts als Berater in allen Rechtsangelegenheiten widersprechen; darum sollten auch keine neuen Fachanwälte für Verwaltungsrecht zugelassen werden.[84] Übrig

---

79 Feuerich-Braun, aaO, Rn 5.

80 MittRAK Nr. 1 (Dezember 1948) S. 3.

81 MittRAK Nr. 28 (Juli 1954) S. 3. Im Mai 1964 beschloss die Hauptversammlung der BRAK Richtlinien für die Gestattung der Bezeichnung „Fachanwalt für Steuerrecht", vgl. MittRAK Nr. 18 (Oktober 1964) S. 12.

82 MittRAK Nr. 21 (November 1952) S. 1.

83 MittRAK Nr. 28 (Juli 1954) S. 2.

84 MittRAK Nr. 35 (Januar 1956) S. 1; Feuerich-Braun, aaO, Rn. 8. Denjenigen, die die Bezeichnung führten, wurde dies selbstverständlich auch für die Zukunft nicht streitig gemacht.

blieb nur der Fachanwalt für Steuerrecht. An dieser Position hielten die Arbeitsgemeinschaft und seit 1959 die BRAK lange Zeit fest.[85] Während das Interesse der rechtsuchenden Bürger, über Spezialkenntnisse der Anwälte informiert zu werden, immer weiter wuchs, bewegte sich die Anwaltschaft in diesem Punkt allenfalls im Schneckentempo. Ein Stimmungsumschwung setzte bei der BRAK erst ab 1970 zögernd ein. Dr. Heinrich Vigano, seit 1963 Kölner Kammerpräsident und seit 1974 BRAK-Präsident, war ein Anhänger der Fachanwaltschaften und befand sich damit in Übereinstimmung mit den Mitgliedern seiner Kammer. Die Mitgliederversammlung am 19. März 1975 sprach sich nach einem Referat von Dr. Lingenberg über Wesen und Bedeutung der Fachanwaltschaften und einer lebhaften Diskussion einstimmig für die Erweiterung aus; die ganz überwiegende Mehrheit votierte für zusätzliche Fachanwaltschaften auf den Gebieten Arbeitsrecht, Sozialrecht und Verwaltungsrecht.[86] Dies war aber noch nicht die Mehrheitsmeinung aller Kammern. Erst nachdem der DAV die Forderungen nach Einführung weiterer Fachanwaltschaften übernommen hatte, bildete die BRAK im Frühjahr 1978 einen Ausschuss „Fachanwaltschaft und Fachgebietsbezeichnungen". Bereits im Herbst 1978 legte der Ausschuss ein Konzept für die Einführung weiterer Fachanwaltschaften vor, welches die 44. Hauptversammlung am 24. Oktober 1978 fast einstimmig in den Grundzügen billigte und dem auch der DAV zustimmte.

Es dauerte weitere fünf Jahre, bis das Bundesjustizministerium sich den Entwurf der BRAK zu Eigen machte und 1985 in das Gesetzgebungsverfahren einbrachte.[87] Ein Anstoß neben anderen war die Entscheidung des Bundesverfassungsgerichts vom 13. Mai 1981, das die Verfassungsbeschwerde eines Bonner Kollegen gegen die Versagung der Anerkennung als Fachanwalt für Verwaltungsrecht zwar zurückgewiesen, aber auch darauf hingewiesen hatte, es spreche vieles dafür, dass der Gesetzgeber die Problematik aufgreife und eine Regelung treffe.[88] Nachdem sich im Lauf des Jahres 1986 abzeichnete, dass der Entwurf im Rechtsausschuss des Bundestags stecken bleiben würde – die ihm angehörenden Rechtsanwälte warnten davor vor allem mit dem alten Argument einer Benachteiligung der Anwaltschaft auf dem Land –, ergriff die BRAK in ihrer 60. Hauptversammlung in Freiburg am 10. Oktober 1986 die Flucht nach vorn. Sie beschloss mit mehr als der erfor-

---

85 Im Januar 1961 beschloss die Hauptversammlung, die Ausdehnung der Fachanwaltschaft nicht weiter zu verfolgen, Feuerich-Braun, aaO, Rn. 11.

86 MittRAK Nr. 57 (Mai 1975) S. 1.

87 Vgl. dazu Schardey, Fachgebietsbezeichnungen – eine Zwischenbilanz, in: 25 Jahre Bundesrechtsanwaltskammer, München: Beck, 1984, S. 37 ff.

88 BVerfGE 57, S. 121.

derlichen Dreiviertelmehrheit die Einführung der Fachanwaltschaften für Arbeits-, Sozial- und Verwaltungsrecht in Form einer Fachanwaltsrichtlinie[89], was in der Öffentlichkeit breite Zustimmung fand. Obwohl auch die Mehrheit der Anwälte diesen Schritt begrüßte, ging die kontroverse Diskussion weiter. Einige Kammern meldeten Bedenken an und führten Urabstimmungen durch, die teilweise mit deutlichen Mehrheiten die neuen Fachanwaltschaften ablehnten.[90]

Der Zug der Zeit ließ sich aber nun nicht mehr aufhalten. Die Rechtsanwaltskammern Köln und Düsseldorf vereinbarten im Januar 1987 die Einrichtung gemeinsamer Vorprüfungsausschüsse, wobei die geschäftsmäßige Abwicklung für die Ausschüsse Arbeitsrecht und Verwaltungsrecht bei der Kammer Düsseldorf, für Steuerrecht und Sozialrecht bei der Kammer Köln lag[91], eine bis heute bewährte Arbeitsteilung. Der erheblichen Nachfrage nach Fortbildungsveranstaltungen widmete sich nicht nur überörtlich das Deutsche Anwaltsinstitut in Bochum; der Kölner Anwaltverein veranstaltete laufend in den Räumen der Kammer entsprechende Lehrgänge. Bis zum 31. Dezember 1987 erteilte der Kölner Kammervorstand 21 Fachanwälten für Arbeitsrecht, 11 Fachanwälten für Sozialrecht und 18 Fachanwälten für Verwaltungsrecht das Patent[92]; Ende 1990 gab es im Kammerbezirk bereits 71 Fachanwälte für Arbeitsrecht, 24 Fachanwälte für Sozialrecht, 22 Fachanwälte für Verwaltungsrecht sowie 162 Fachanwälte für Steuerrecht.[93]

Die Freude über die reibungslose Handhabung der Fachanwaltschaften hielt allerdings nicht lange an, weil die Befugnis der Bundesrechtsanwaltskammer zum Erlass der Fachanwaltsrichtlinie von verschiedenen Seiten in Frage gestellt wurde. Während der nordrhein-westfälische Ehrengerichtshof die Zuständigkeit in Übereinstimmung mit der Mehrheit der anderen Ehrengerichtshöfe bejahte,[94] wurde sie von anderen verneint. Schließlich entschied der Bundesgerichtshof am 14. Mai 1990, dass die Verleihung von Fachanwaltsbezeichnungen mangels einer hinreichend bestimmten gesetzlichen Grundlage unzulässig sei.[95] Der Bundestag sorgte aber nun für rasche

89 Dazu ausführlich BRAK-Mitt. 1986, S. 198 f.
90 Feuerich-Braun, aaO, Rn. 14 f.
91 MittRAK Nr. 90 (Februar 1987) S. 9 f. Die „geschäftsführende" Kammer stellt, was die Tagesarbeit erleichtert, jeweils die oder den Ausschussvorsitzenden, die andere Kammer den Stellvertreter, eine auch in der Folgezeit beibehaltene Arbeitsteilung.
92 MittRAK 2/1988, S. 4.
93 MittRAK 3/1991, S. 20.
94 BRAK-Mitt 1988, S. 273.
95 NJW 1990, S. 1719.

Abhilfe. Das Gesetz vom 29. Januar 1991[96] fügte die §§ 42 a-d in die BRAO ein; nach § 42 d waren die Einzelheiten über Fachanwaltsbezeichnungen in einer Rechtsverordnung zu regeln. Anfang 1991 trafen die Kammern Köln und Düsseldorf eine Vereinbarung über die Zusammensetzung und Verwaltung der gemeinsamen Ausschüsse.[97] Zur Überraschung aller scheiterte die Rechtsverordnung im Bundesrat, und es bedurfte weiterer schwieriger Verhandlungen mit den Ländern und dem Rechtsausschuss, bis schließlich im Februar 1992 das Gesetz über Fachanwaltsbezeichnungen[98] und die Verordnung über die Fachanwaltsbezeichnungen[99] verabschiedet wurden.[100]

Das parlamentarische Intermezzo hatte dazu geführt, dass zwei Jahre lang keine neuen Fachanwälte anerkannt werden konnten. Die Kammer ermunterte aber die Interessenten, die inzwischen den Lehrgang absolviert hatten, gleichwohl zur Antragstellung, um die zu erwartende Frist zwischen Lehrgang und Antrag zu wahren.[101] Nach der Klärung der Rechtslage durch den Gesetzgeber beschlossen die Kammerversammlungen in Köln und Düsseldorf eine gemeinsame Fachanwaltsordnung, die der Landesjustizminister am 17. Mai 1992 genehmigte.[102] Der Stau von Anträgen konnte in kurzer Zeit aufgelöst werden.

Die Einführung der Fachanwaltschaften für Familienrecht und Strafrecht ging auf einen Vorschlag des DAV zurück, den die BRAK-Hauptversammlung am 15. Mai 1992 erstmals diskutierte.[103] Das Gesetz zur Neuordnung des Berufsrechts der Rechtsanwälte und Patentanwälte vom 2. September 1994[104] räumte der Satzungsversammlung in § 59 b Abs. 2 Nr. 2 a BRAO die Befugnis ein, weitere Fachanwaltschaften zu schaffen. Über die Einführung der Fachanwälte für Familienrecht und Strafrecht war schon die erste Sitzung der Satzungsversammlung einig; sie wurden in §§ 1, 12 und 13 der am 29. November 1996 beschlossenen Fachanwaltsordnung geregelt. Am 26. März 1997 beschlossen die Kammern Düsseldorf und Köln eine Vereinbarung über die Bildung gemeinsamer Ausschüsse für die Prüfung der Fachanwaltsanträge;

---

96   BGBl I, S. 150 ff.
97   MittRAK 1/1991, S. 5 f.
98   BGBl I, S. 369.
99   BGBl I, S. 379.
100 Feuerich-Braun, aaO, Rn. 24 ff.
101 MittRAK 4/1991, S. 14.
102 MittRAK 1/1993, S, 2.
103 MittRAK 2/1992, S. 18.
104 BGBl I, S. 2278.

von den neuen Fachgebieten übernahm Düsseldorf die geschäftsmäßige Verwaltung für das Strafrecht, Köln für das Familienrecht.[105]

In der Sitzung vom 21./22. März 1999 beschloss die Satzungsversammlung die Einführung des Fachanwalts für Insolvenzrecht.[106] Der Grundgedanke war, nach dem Inkrafttreten der Insolvenzordnung auch jüngeren Rechtsanwältinnen und Rechtsanwälten die Chance zu eröffnen, sich auf diesem Gebiet zu spezialisieren. Bis dahin hatten die Konkursrichter die Verwalter stets aus einem kleinen und mehr oder weniger geschlossenen Kreis von Rechtsanwälten, Steuerberatern und Wirtschaftsprüfern ausgewählt. Es erwies sich allerdings als überaus schwierig, das Anforderungsprofil und damit die von dem zukünftigen Fachanwalt für Insolvenzrecht nachzuweisenden besonderen Kenntnisse zu definieren. Nur wenige Mitglieder der Satzungsversammlung kannten sich auf diesem Gebiet aus und übersahen wirklich die Problematik. Letztlich folgten alle den Vorschlägen des Präsidenten der Rechtsanwaltskammer Karlsruhe, Dr. Jobst Wellensiek, der einer der führenden Fachleute auf diesem Gebiet in der gesamten Republik ist. Es blieb der Nachgeschmack, dass die Versammlung diesen neuen Fachanwalt „mit heißer Nadel" genäht hatte. Dem Vernehmen nach behielten die Insolvenzrichter auch weitgehend die Praxis bei, sich bei der Auswahl der Verwalter an ihr *closed shop* zu halten, sieht man von den wenig attraktiven Verbraucherinsolvenzen ab. Auch für dieses Fachanwaltsgebiet bildeten die Kammern Düsseldorf und Köln einen gemeinsamen Vorprüfungsausschuss.[107]

Die Diskussion über die Einführung weiterer Fachanwaltschaften ging unvermindert weiter und beherrschte die Zweite Satzungsversammlung. Ein in der ersten Sitzung beauftragter Ausschuss stellte einen Kriterienkatalog auf, den die Satzungsversammlung in der zweiten Sitzung am 15./16. Februar 2001 aber weitgehend verwarf. Die zwölf verschiedenen Fachgebiete, über die einzeln abgestimmt wurde, fielen mit unterschiedlichen Mehrheiten durch.[108] Am 20. März 2003 beschloss schließlich die Satzungsversammlung nach kontroverser Diskussion mit großer Mehrheit die Einführung des „Fachanwalts für Versicherungsrecht".[109] Die Frage, ob und welche weiteren Fachanwaltschaften eingeführt werden sollen, beschäftigt auch intensiv die Dritte Satzungsversammlung.

---

105 MittRAK 3/1997, S. 156.

106 MittRAK 2/1999, S. 121 f.

107 MittRAK 3/1999, S. 212 f.

108 MittRAK 1/2001, S. 45.

109 KammerForum 2/2003, S. 144.

Dem Vorstand der Rechtsanwaltskammer Köln war und ist es wichtig, die Meinung der Mitglieder zum Thema „Fachanwaltschaften" zu erfahren. An einer im Jahr 2000 veranstalteten Umfrage beteiligten sich 2.971 Rechtsanwältinnen und Rechtsanwälte (35,32%), von denen sich eine knappe Mehrheit von 52,74% für die Einführung weiterer Fachanwaltschaften aussprach. Die Antworten zu den elf Fachgebieten, zu deren Einführung der Satzungsversammlung bereits konkrete Anträge vorlagen, fielen aber sehr differenziert aus. Die Favoriten waren mit 737 Stimmen der Fachanwalt für Immobilien- und Mietrecht, gefolgt vom Fachanwalt für Unternehmensrecht/Gesellschaftsrecht (668 Stimmen) und dem Fachanwalt für Verkehrsrecht (583 Stimmen). Viele Teilnehmer machten auch eigene Vorschläge. Mindestens fünf Stimmen entfielen auf nicht weniger als 19 Fachgebiete, darüber hinaus wurde eine Fülle von – teilweise etwas skurrilen – Gebieten genannt.[110] Eine erneute Umfrage im Frühjahr 2003 mit einer Beteiligungsquote von 24,83% erbrachte eine knappe Mehrheit gegen die Einführung weiterer Fachanwaltschaften. Von den Befürwortern wünschten sich 40,02% den Fachanwalt für Miet-, Wohnungseigentums- und Immobilienrecht, 30,47% den Fachanwalt für Verkehrsrecht und 23,52% den Fachanwalt für Medizinrecht. Mehr als 10% entfielen noch auf die Fachanwälte für Privates Baurecht und Handels- und Gesellschaftsrecht, mit geringeren Prozentsätzen wurden weitere 16 Fachgebiete genannt. Die Mehrheit votierte für die Beschränkung des Anwalts auf zwei Fachanwaltschaften. Die jüngeren und die in Großstädten tätigen Kolleginnen und Kollegen zeigten sich mehr als die älteren und in Kleinstädten tätigen an der Einführung weiterer Fachanwaltschaften interessiert.[111]

Einen gewissen Lästigkeitswert hat für alle Kammern, dass sie die Fortbildungsverpflichtung der Fachanwälte zu überwachen haben. Diese müssen jährlich an mindestens einer Fortbildungsveranstaltung von mindestens zehn Stunden teilnehmen und dies ihrer Rechtsanwaltskammer unaufgefordert nachweisen. Annähernd alle nehmen diese Verpflichtung ernst und übersenden auch der Kammer, oft nach einer freundlichen Erinnerung, den entsprechenden Beleg. Es gab und gibt aber immer einige Fälle, in denen ein Fachanwalt wegen Krankheit oder wegen seines hohen Alters an keiner Fortbildungsveranstaltung teilnehmen konnte. Hier bewies die Rechtsanwaltskammer Köln wieder einmal den ihr eigenen Pragmatismus und ihre Liberalität. Anders als fast alle Rechtsanwaltskammern konnte sie es vermeiden, den Widerruf der Fachanwaltsbezeichnung wegen fehlender Fortbildung auszusprechen. Sie räumte immer einen großzügig bemessenen Zeitrahmen zur

---

110   MittRAK 3/2000, S. 192 ff.

111   Die Ergebnisse finden sich in einer Beilage zum KammerForum 3/2003.

Nachholung des Versäumten ein und akzeptierte z.B. als Fortbildung auch die wissenschaftliche Betätigung im Rahmen eines Lehrauftrags.[112] Der Bundesgerichtshof bestätigte im Jahr 2001 diese Praxis.[113]

Die Fachanwaltschaften erfreuen sich im Kölner Kammerbezirk großer Beliebtheit. Am 1. Januar 2004 waren von den rund 10.000 Kolleginnen und Kollegen 1.225 Fachanwälte, davon 356 Fachanwälte für Arbeitsrecht, 332 für Familienrecht, 24 für Insolvenzrecht, 61 für Sozialrecht, 245 für Steuerrecht, 126 für Strafrecht, 4 für Versicherungsrecht und 61 für Verwaltungsrecht. Von den Fachanwälten für Familienrecht waren mit 159 knapp die Hälfte weiblich.

So sehr die Rechtsanwaltskammer Köln stets die Fachanwaltschaften befürwortete, so skeptisch war sie immer gegenüber von den Rechtsanwältinnen und Rechtsanwälten aufgrund einer Selbsteinschätzung in Anspruch genommenen Qualifikationen. Es entsprach bis zum Aufkommen der – anfangs sehr umstrittenen – Suchdienste dem Bedürfnis des rechtsuchenden Publikums, von den Berufsorganisationen Auskunft über Spezialkenntnisse von Anwälten zu erhalten. Darum führten zunächst die Vereine und später auch die Kammer Listen, in die sich die tatsächlichen oder vermeintlichen Spezialisten eintragen lassen konnten. Eine 1990 im Auftrag der Kammer vom Emnid-Institut durchgeführte Umfrage ergab, dass ein hoher Prozentsatz der Bürger zwischen den Angaben „Fachgebiet", „Tätigkeitsschwerpunkt" und „Interessenschwerpunkt" – es ging konkret um Mietrecht und Steuerrecht – kaum differenziert. Bei der Befragung mit vorgegebenen Antworten bewegte sich der Anteil derer, die glaubten, ein mit einer dieser Bezeichnungen auftretender Anwalt habe besondere Kenntnisse und Erfahrungen, zwischen 51 und 85%; zwischen 37 und 51% glaubten an eine spezielle Ausbildung.[114]

4. Die Ausbildung und Fortbildung der nichtjuristischen Mitarbeiter

Früher hießen diejenigen, die dem Rechtsanwalt im Büro halfen, Rechtsanwaltsgehilfen, und die, die dieses Metier erlernten, Lehrlinge. Der unaufhaltsame Fortschritt machte auch vor diesen Bezeichnungen keinen Halt; aus den Gehilfen wurden die „Rechtsanwaltsfachangestellten", aus den Lehrlingen

---

112 KammerForum 3/2001 S. 242 f.

113 Beschluss vom 2.4.2001, NJW 2001, S. 1945 f.

114 Die Ergebnisse der Umfrage wurden in MittRAK 1/1991, S. 12 ff. veröffentlicht.

die „Auszubildenden". Unverändert blieben der Bedarf der Anwaltschaft an gut ausgebildetem Personal und die Aufgabe der Kammer, sich darum zu kümmern.

Es bedurfte mehrjähriger Verhandlungen der Berufsorganisationen der Rechtsanwälte und Notare mit dem Bundesjustizministerium und dem Bundesministerium für Arbeit und Sozialordnung, bis die Bundesregierung 1961 das Berufsbild der Rechtsanwalts- und Notargehilfen anerkannte. Die Ausbildungszeit betrug drei Jahre; unter den geforderten Fertigkeiten und Kenntnissen rangierte an erster Stelle „Kurzschrift und Bedienen von Büromaschinen".[115]

Am 1. September 1969 trat das Berufsbildungsgesetz (BBiG)[116] in Kraft, das eine erhebliche Bürokratisierung des Ausbildungswesens mit sich brachte. So musste für jeden Kammerbezirk ein aus je sechs Arbeitgebervertretern, Arbeitnehmervertretern und Lehrern der berufsbildenden Schulen bestehender Berufsbildungsausschuss gebildet werden. Am 24. August 1971 erging die Verordnung über die Ausbildung von Rechtsanwaltsgehilfen[117], die einen Ausbildungsrahmenplan enthielt. In der Kammerversammlung am 22. März 1972 referierte der in Köln für diesen Bereich verantwortliche Rechtsanwalt Court ausführlich über die Auswirkungen des Berufsbildungsgesetzes auf die Lehrlingsausbildung.[118] Die Neuregelung verkürzte einerseits die Ausbildungszeit von drei auf zweieinhalb Jahre und häufte andererseits eine solche Fülle von Lernstoff auf, dass die Ausbilder und vor allem die Auszubildenden schlicht überfordert waren. Die Verpflichtung des Ausbilders zur Aufstellung eines individuellen Ausbildungsplans und des Auszubildenden zur Führung eines Berichtshefts waren zusätzliche Lasten. Im Jahr 1972 erließ die Kammer nach einem entsprechenden Beschluss des Berufsbildungsausschusses und mit Genehmigung der obersten Landesbehörde eine Prüfungsordnung, durch die Prüfungsausschüsse für die Landgerichtsbezirke Köln, Aachen und Bonn errichtet wurden.[119] Die Kammer hatte die Mitglieder der Ausschüsse zu berufen und auch die Prüfungszeugnisse auszustellen. Damit lag die Verantwortung für die Ausbildung, um die sich vorher in erster Linie die Anwaltvereine gekümmert hatten, weitgehend in der Hand der Rechtsanwaltskammer.

---

115 Erlass vom 19.5.1961, Bundesanzeiger Nr. 102 vom 31.5.1961.
116 BGBl 1969 I, S. 1112.
117 BGBl 1971 I, S. 1394.
118 MittRAK Nr. 46 (April 1972) S. 1 f.
119 MittRAK Nr. 47 (Juli 1972) S. 2 ff.

Am 23. April 1980 beschloss der Berufsbildungsausschuss der Kammer, dass die Auszubildenden in der Abschlussprüfung Fertigkeiten in Kurzschrift (120 Silben/m) und Maschinenschrift (180 Anschläge/m) nachweisen müssen. Die Anwaltvereine wurden aufgefordert, zur Ergänzung des Berufsschulunterrichts entsprechende Kurse zu organisieren, deren Kosten die Ausbilder tragen sollten.[120] Die ReNoPat-Ausbildungsverordnung vom 23. November 1987[121] milderte die Anforderungen in Kurzschrift auf 80 Silben ab. Die am 1. August 1995 in Kraft getretene Verordnung zur Änderung der ReNoPat-Ausbildungsverordnung vom 15. Februar 1995[122] führte das Prüfungsfach „Fachbezogene Informationsverarbeitung" ein und befreite die Auszubildenden von der als Qual empfundenen Kurzschrift. Diese und andere Änderungen berücksichtigte die vom Kammervorstand am 16. September 1995 beschlossene neue Prüfungsordnung.[123]

Leider wurden die Ausbilder ihrer Ausbildungsverpflichtung nicht immer gerecht. Die Prüfungsausschüsse berichteten dem Kammervorstand früher häufig über das Fehlen elementarer Kenntnisse und insbesondere über schlechte Leistungen in den schreibtechnischen Fächern; der Vorstand musste daher gelegentlich die Mitglieder entsprechend ermahnen.[124]

Durch die wachsende Zahl der Anwälte nahmen auch die Ausbildungsverhältnisse zu; die Anwaltschaft leistete und leistet damit einen wichtigen Beitrag dazu, jungen Menschen zu einer qualifizierten Ausbildung zu verhelfen. Welche zahlenmäßige Bedeutung sie hat, ist exemplarisch dem Berufsbildungsbericht 2003 für den Bezirk der Rechtsanwaltskammer Köln zu entnehmen. Im Jahr 2003 wurden 540 neue Ausbildungsverträge abgeschlossen; die Gesamtzahl belief sich auf 1.525 Ausbildungsverhältnisse. Unter den Auszubildenden waren 175 Ausländer. Die Mehrzahl der Auszubildenden hatte die Fachoberschulreife, während in den vorausgegangenen Jahren diejenigen mit der Hochschul-/Fachhochschulreife überwogen.[125] Die Ausbildung zum Rechtsanwaltsfachangestellten ist eine Domäne der jungen Damen; männliche Auszubildende bilden eine verschwindend kleine Minderheit. Die Rechtsanwaltskammer Köln liegt mit der Zahl der Ausbildungsverhältnisse an vierter Stelle aller Anwaltskammern. Trotz des allgemein beklagten Lehrstellen-

---

120 MittRAK Nr. 73 (Juni 1980) S. 2.

121 BGBl 1987 I, S. 2392; die Kurzbezeichung „ReNoPat" beruht darauf, dass die Verordnung auch die Ausbildung bei Notaren und Patentanwälten regelt.

122 BGBl 1995 I, S. 206 ff.

123 MittRAK 4/1995, S. 181 ff.

124 MittRAK Nr. 85 (Mai 1985) S. 9 f.

125 KammerForum 1/2004, S. 50 f.

mangels hatten und haben die Rechtanwältinnen und Rechtsanwälte Schwierigkeiten, qualifizierte Auszubildende zu finden. Die Kammer wirbt darum in großem Stil für den Beruf. Sie ist auf allen Ausbildungsmessen und vergleichbaren Veranstaltungen vertreten und produzierte 2001 einen Werbefilm, um Schulabsolventen die Ausbildung schmackhaft zu machen.[126] Bei einer von der Kammer gemeinsam mit dem Joseph-DuMont-Berufskolleg, der in Köln zuständigen Berufsschule und dem Lehrstuhl für Wirtschafts- und Sozialpädagogik der Universität Köln durchgeführten Umfrage gaben allerdings 75 % der Auszubildenden an, Rechtsanwaltsfachangestellte/r sei nicht ihr Traumberuf.[127]

Es entspricht einer alten Tradition im Kölner Kammerbezirk, dass die drei Anwaltvereine die Kammer im Bereich der Ausbildung unterstützen und Geschäfte der laufenden Verwaltung wahrnehmen. Für die Überwachung der Eignung der Ausbilder, den Kontakt mit der Berufsschule bei der Lösung vielfältig auftretender Fragen, die Auswahl der nebenberuflichen Lehrer und der Mitglieder der Prüfungsausschüsse, die Abrechnung der Aufwandsentschädigungen und vieles andere war und ist die Kammer auf die größere Sachnähe der Vereine und insbesondere ihrer ehrenamtlichen Ausbildungsbeauftragten angewiesen.[128] Die Ausbildungsumlage und die Prüfungsgebühren, die bis dahin die Vereine vereinnahmt und verwaltet hatten, erhob die Kammer ab 1987 selbst.[129] Der Kammervorstand bildete im Jahr 1992 eine besondere Abteilung für Ausbildungs- und Fortbildungsfragen, deren Vorsitz Dr. Hubert van Bühren übernahm. An seine Stelle trat im Jahr 2001 Michael Reinboldt, seit 2003 führt Norbert Bauschert den Vorsitz.

Ein schöner und allseits beliebter Brauch sind als Krönung der Ausbildung die festlichen Abschlussfeiern, welche die drei Anwaltsvereine jeweils nach der Prüfung veranstalten und an denen auch die Ausbilder und Bürovorsteher teilnehmen. Nach Reden der Vereinsvorsitzenden sowie eines Vertreters der Kammer und der Berufsschule erhalten die Absolventen im Anschluss an ein festliches Abendessen ihre Prüfungszeugnisse. Die Besten werden mit einem Präsent ausgezeichnet.[130]

---

126 MittRAK 2/2001, S. 139.

127 MittRAK 3/2001, S. 252 f.

128 In der Kammerversammlung am 12. März 1986 wurde diese Praxis von drei Kollegen beanstandet; vgl. MittRAK Nr. 88 (Mai 1986) S. 2.

129 MittRAK Nr. 91 (Juni 1987) S. 9 f. Da die Vereine über die für ihren Bezirk eingerichteten Konten verfügungsberechtigt sind, änderte sich faktisch nur wenig. Die Ausbildungsumlage, die zuletzt 310 DM für jeden Auszubildenden betrug, wurde durch Beschluss der Kammerversammlung am 19. 3. 1997 abgeschafft, vgl. MittRAK 2/1997, S. 54 f.

130 Diesen Veranstaltungen widmet das Mitteilungsblatt der Kammer immer ausführliche Berichte.

Die Ausbildung der angehenden Rechtsanwaltsfachangestellten ist nicht zuletzt das Verdienst zahlreicher Rechtsanwältinnen und Rechtsanwälte, die sich dafür – über die Ausbildung in ihren Praxen hinaus – selbstlos zur Verfügung stellten, als nebenberufliche Lehrer an den Berufsschulen, in den Prüfungskommissionen und den zahlreichen anderen Gremien. Sie hier alle aufzuführen ist unmöglich. Erwähnt werden muss aber Ernst-Günter Haupt aus Bonn, der als „Lehrlingsvater" im gesamten Kammerbezirk hohes Ansehen genießt. Geboren am 22. März 1925 in Bonn und dort seit 1962 als Anwalt zugelassen, übernahm er 1964 die Aufgabe des Lehrlingsbeauftragten des Bonner Anwaltvereins und wurde wenige Jahre später nebenberuflicher Lehrer an der Kaufmännischen Bildungsanstalt II der Stadt Bonn, der für die Rechtsanwaltsgehilfen zuständigen Berufsschule. Seit 1964 war er auch Mitglied des Prüfungsausschusses, ab 1987 dessen Vorsitzender. Er gehörte seit 1980 dem Berufsbildungsausschuss an, den er seit 1990 leitete. Sein pädagogisches Naturtalent, sein rastloser Einsatz, seine Freude am Umgang mit jungen Menschen, seine nie erlahmende Hilfsbereitschaft, sein Humor und seine Güte, die sich nicht zuletzt in den Prüfungen erwies, trugen ihm die Zuneigung vieler Generationen von Rechtsanwaltsfachangestellten ein.[131]

Die Nachfolge von Ernst-Günter Haupt als Ausbildungsbeauftragter für den Landgerichtsbezirk Bonn trat inzwischen Wolfgang van Elten an. Diese verantwortungsvolle Aufgabe liegt seit vielen Jahren in Aachen in den Händen von Manfred Dickau, in Köln in denen von Dr. Ulrich Prutsch.

Obwohl ein Berufsbild der Bürovorsteherin oder des Bürovorstehers nicht existiert, gibt es in den Anwaltsbüros seit jeher Mitarbeiterinnen und Mitarbeiter mit einer hervorgehobenen Funktion und entsprechender Qualifikation, für die sich diese Berufsbezeichnungen im Laufe der Zeit einbürgerten. Die durch die Anwaltsgehilfenausbildung vermittelten Kenntnisse und Fähigkeiten reichen allein für eine solche qualifizierte Tätigkeit, die sich auch auf organisatorische und beratende Aufgaben erstreckt, in der Regel nicht aus. Der Kammervorstand beschloss darum Ende 1984 die Einführung von Bürovorsteherlehrgängen. Der Berufsbildungsausschuss erarbeitete in der Folgezeit ein entsprechendes Konzept; Ende 1986 verabschiedete der Vorstand den Gesamtlehrplan, die Unterrichtseinzelpläne und weitere Regelungen. Der Lehrgang besteht aus 450 Unterrichtsstunden, verteilt auf 18 Monate. Die Zahl der Teilnehmer wurde auf 30 Personen begrenzt, über die Aufnahme entscheidet ein Ausschuss. Voraussetzung ist u. a. eine achtjährige Tätigkeit als

---

131 Aus Anlass der Verleihung des Bundesverdienstkreuzes am Bande im Jahr 1985 und des Bundesverdienstkreuzes 1. Klasse im Jahr 1999 wurde Ernst-Günter Haupt auch im Mitteilungsblatt der Kammer gewürdigt, vgl. Nr. 86 (Dezember 1985) S. 3 und 3/1999, S. 218.

Anwaltsgehilfe unter Anrechnung der Ausbildungszeit.[132] Der erste Bürovorsteherlehrgang begann am 23. April 1987.[133] Am 15. Oktober 1988 beschloss der Kammervorstand eine Prüfungsordnung[134], am 14. Dezember 1988 konnten 28 Teilnehmer in festlichem Rahmen den erfolgreichen Abschluss ihrer Ausbildung feiern.[135] Die Bürovorsteherlehrgänge sind seither ein fester Bestandteil des Dienstleistungsangebots der Kammer; sie finden inzwischen nicht nur in Köln, sondern auch in Aachen und Bonn statt. Eine bundeseinheitliche Regelung brachte die „Verordnung über die Prüfung zum anerkannten Abschluss Geprüfter Rechtsfachwirt/Geprüfte Rechtsfachwirtin" vom 23. August 2001.[136] Am 15. Dezember 2001 beschloss der Kammervorstand die erforderliche neue Prüfungsordnung.[137] Denen, die vorher den Bürovorsteherlehrgang erfolgreich absolviert hatten, bietet die Kammer eine Ergänzungsprüfung an, damit sie die Qualifikation „Geprüfter Rechtsfachwirt/Geprüfte Rechtsfachwirtin" erlangen können.[138]

---

132 MittRAK Nr. 89 (Dezember 1986) S. 5 f.

133 MittRAK Nr. 90 (Februar 1987) S. 17.

134 MittRAK 4/1988, S. 7 ff.; die Prüfungsordnung wurde durch Beschluss des Vorstands vom 24.10.1998 neu gefasst, vgl. MittRAK 1/1999, S. 35 ff.

135 MittRAK 1/1989, S. 17.

136 BGBl I, S. 2250.

137 KammerForum 2/2002, S. 176 ff.

138 KammerForum 3/2002, S. 261.

Kapitel 9

Der Weg in eine neue Zeit
1985 bis 1995

Dr. Herbert Heidland
Präsident der RAK Köln von 1985 - 1995

1. Dr. Herbert Heidland

Von ihrem Kapitän erwartet die Mannschaft, dass er den Kurs bestimmt, dass er für eine harmonische Stimmung an Bord sorgt, und dass er dann, wenn das Schiff in schwere See gerät, das Ruder fest in die Hand nimmt. Genau dies tat Dr. Herbert Heidland, der begeisterte Segler und erfahrene Skipper, nachdem er am 1. Februar 1985 die Nachfolge von Dr. Vigano als Präsident der Rechtsanwaltskammer Köln angetreten hatte. Herbert Heidland wurde am 29. Mai 1924 in Mondorf (Luxemburg) geboren und wuchs mit der französischen Sprache auf. Am Zweiten Weltkrieg nahm er als Flieger teil. Seit 1956 am Amts- und Landgericht Köln zugelassen, baute er in kurzer Zeit aus eigener Kraft eine erfolgreiche Praxis auf; seine Arbeitsgebiete wurden sehr bald das Baurecht und das Insolvenzrecht. Seit 1970 gehörte er dem Vorstand des Arbeitskreises für Insolvenz und Schiedsgerichtswesen an und war maßgeblich an der Organisation des Insolvenzkongresses 1977 beteiligt. Dieser gab den Anstoß für die Berufung der Insolvenzrechtskommission durch den Bundesjustizminister, der Dr. Heidland ebenfalls angehörte. Er wurde damit einer der Väter der neuen Insolvenzordnung. Seine Kenntnisse auf dem Bausektor kamen der Kammer schon selbst zu Gute, nachdem er 1971 in den Vorstand gewählt worden war. Das Gebäude der Kammer in der Riehler Straße ist, das kann man ohne Übertreibung sagen, sein Werk.

Dr. Heidland hatte sich zur Übernahme des Präsidentenamts nicht gedrängt, aber nachdem er sich dazu entschlossen hatte, füllte er es mit großer Kraft aus. Sein Einsatz für die Kammer war immens, und er erwarb sehr schnell die Achtung und den Respekt aller, die mit ihm zu tun hatten. Er war immer – dies mag mit seiner Jugenderfahrung zusammenhängen – eine Kämpfernatur. Er war eine Autorität, aber er war nicht in einem negativen Sinne autoritär, denn er hörte immer auf andere Meinungen und schloss sich ihnen an, wenn sie ihm einleuchteten. Dies galt nicht nur im Kammervorstand, sondern auch in der Bundesrechtsanwaltskammer. Obwohl dort allein der Präsident in eigener Verantwortung die Stimme der Kammer abzugeben hat, wurde es üblich, die wesentlichen Tagesordnungspunkte der Hauptversammlungen vorab im Vorstand zu beraten; Dr. Heidland stimmte sich auch während der Hauptversammlung regelmäßig mit den mitgereisten Präsidiumsmitgliedern und Geschäftsführern ab. Er stand aber auch unbeirrbar zu seinen Überzeugungen. Nach den Entscheidungen des Bundesverfassungsgerichts vom 14. Juli 1987, die das alte Standesrecht der Anwaltschaft mit einem Handstreich abschafften, versuchte Dr. Heidland mit großer Energie, den Damm gegen die von ihm befürchtete Flut unkollegialen Verhaltens, der Werbung und anderer Missstände zu verteidigen und zu halten.

In der Bundesrechtsanwaltskammer war er ein gesuchter Ratgeber und trug viel zur Meinungsbildung der gesamten deutschen Anwaltschaft bei. Mit seinem ausgeprägten Sinn für Geld und für Zahlen brachte er allerdings häufig die Verantwortlichen der BRAK ins Schwitzen, wenn er immer wieder in den Hauptversammlungen den von dem liebenswürdigen, aber leicht überforderten Schatzmeister Dr. Rau und einem hoch betagten Bonner Steuerbevollmächtigten aufgestellten Jahresabschluss zerpflückte. Als ihm einmal bei der Anreise sein Koffer abhanden gekommen war, verbrachte er wesentliche Teile des Begrüßungsabends und der folgenden Nacht damit, seine Aufzeichnungen zu rekonstruieren, um am Morgen in der Hauptversammlung seine Kritik mit der ihm eigenen Vehemenz und Überzeugungskraft vorzutragen.[1]

Seine bereits an anderer Stelle erwähnten Verdienste um die Verständigung mit unseren Nachbarn und die guten Beziehungen zu den Kolleginnen und Kollegen im Ausland gehen spätestens mit dieser Abhandlung in die Geschichte der Rechtsanwaltskammer Köln ein.[2] Im Jahr 1989 wurde ihm das Bundesverdienstkreuz erster Klasse verliehen. Noch viele Jahre nach seinem Ausscheiden aus dem Präsidentenamt fungierte Dr. Heidland, seit 1995 Ehrenpräsident, als *„Ministre des Affaires Etrangères"* der Kammer und nahm viele Verpflichtungen auf dem internationalen Parkett wahr. Das Barreau von Charleroi ernannte ihn als *„avocat honoraire"* zu seinem Ehrenmitglied.

2. Überörtliche Sozietäten

Als Ende der 80-er Jahre die ersten überörtlichen Sozietäten gegründet wurden, rieben sich viele verwundert die Augen. Den Anfang machte die größte Kölner Anwaltssozietät, indem sie sich mit einer großen Kanzlei in Frankfurt/Main zusammenschloss, so dass die Rechtsanwaltskammer Köln die erste war, die sich mit diesem neuen Phänomen auseinander zu setzen hatte.

Die erste Reaktion war frei nach Christian Morgenstern, dass nicht sein kann, was nicht sein darf. Der Ehrengerichtshof hatte 1934 entschieden, dass überörtliche Sozietäten nicht erlaubt sind.[3] Die zweifelsfreie Seriosität der an

---

1 Sein Nachfolger brauchte diese Tradition nicht fortzusetzen, weil inzwischen der im Umgang mit Geld erfahrene Schwabe Dr. Selbherr, Präsident der Rechtsanwaltskammer Freiburg, das Amt des Schatzmeisters übernommen und die BRAK eine Wirtschaftsprüfungsgesellschaft engagiert hatte.

2 Vgl. die Würdigung des Wirkens von Dr. Heidland bei seiner Verabschiedung in der Kammerversammlung am 15.3.1995 durch den damals dienstältesten Vizepräsidenten Dr. Kraneis, MittRAK 2/1995, S. 66 ff.

3 Urteil vom 19.9.1934, EGHE 28, 174 ff.

der ersten Fusion beteiligten Sozietäten hielt den Kölner Kammervorstand zwar davon ab, im konkreten Fall etwas gegen den Zusammenschluss zu unternehmen. Er erachtete aber generell überörtliche Sozietäten nach geltendem Recht für unzulässig.[4] Diese Auffassung teilte in der Hauptversammlung der Bundesrechtsanwaltskammer am 2. Juni 1989 immerhin eine weit überwiegende Mehrheit von 19 Kammern; nur drei Kammern hatten keine Bedenken, eine Kammer enthielt sich der Stimme.[5] Auch die Rechtsprechung reagierte zunächst zurückhaltend. So beanstandete das OLG Düsseldorf 1990 den Briefkopf einer überörtlichen Sozietät und fügte hinzu, es zeichne sich nicht ab, dass die überörtliche Sozietät für die deutsche Anwaltschaft oder auch nur einen nennenswerten Bruchteil der Anwaltschaft zu einer nützlichen Organisationsform der Zukunft werden könnte.[6] Dies erwies sich als Irrtum. In der Folgezeit nahmen diese Zusammenschlüsse erheblich zu; Schrifttum und Rechtsprechung erklärten sie für unbedenklich, und auch der Bundesgerichtshof gab dazu bald seinen Segen. Das gleiche galt für die zeitlich versetzt aufgekommenen interurbanen Sozietäten, also solche, die an einem Ort mehrere Kanzleien unterhielten.[7]

Der Kölner Kammervorstand war in der Folgezeit ebenso wie alle anderen Kammern darum bemüht, Missbräuche zu unterbinden. Das wesentliche Merkmal einer „echten" überörtlichen Sozietät war und ist, dass die Mandate allen Partnern der Sozietät gemeinsam übertragen werden, die Honorare ihnen gemeinsam zustehen, und dass vor allem an jedem Ort mindestens ein Sozius den Mittelpunkt seiner beruflichen Tätigkeit hat.[8] Diese Erfordernisse wurden oft umgangen. Viele Anwaltspraxen, nicht zuletzt Einzelanwälte, erlagen der Versuchung, befreundete Kollegen in anderen Städten in den Briefkopf aufzunehmen, um den Anschein einer größeren „Anwaltsfirma" zu erwecken, ohne sich wirklich mit ihnen zu einer Sozietät verbunden zu haben. Solche Zusammenschlüsse sind nichts anderes als Werbegemeinschaften. Es kam auch vor, dass die auswärtigen Kanzleien nur mit einem Scheinsozius besetzt waren. Um diesem Treiben entgegen zu wirken, setzte der Kammervorstand einen Ausschuss unter der Leitung des Vizepräsidenten Dr. Rolf Kronenburg ein, der alle überörtlich auftretenden Zusammenschlüsse darauf

---

4 Eine ausführliche Begründung stellte der Vorstand allerdings zurück, nachdem der BGH in einem Beschluss vom 18.9.1989 in einem obiter dictum überörtliche Sozietäten grundsätzlich als möglich bezeichnet hatte, vgl. MittRAK 9/1989, S. 1.

5 BRAK-Mitt. 3/1989, S. 137.

6 MittRAK 4/1990, S. 2 f.

7 Zu den Einzelheiten vgl. Feuerich-Braun, § 59 a BRAO, Rn. 9 mit ausführlichen Nachweisen.

8 Diese Auffassung teilte u.a. der Vorsitzende Richter beim BGH i.R. Franz Merz in seinem Vortrag in der Kammerversammlung am 18.3.1992, vgl. MittRAK 2/1992, S. 9 ff.

überprüfen sollte, ob sie die Bedingungen erfüllten. Der Ausschuss hatte die
zündende Idee, dass die überörtliche Sozietät, weil sie die Honorare gemeinsam vereinnahmen muss, auch eine gesonderte und einheitliche Erklärung
ihrer Einkünfte bei einem einzigen Finanzamt abzugeben hat, und darum die
„echten" überörtlichen Sozietäten eine einheitliche Steuernummer haben
müssen. Nach dieser Steuernummer wurden die in das Visier der Kammer
geratenen Zusammenschlüsse u. a. gefragt. In der Praxis lief die Tätigkeit des
Ausschusses sehr bald leer. Da keine Anzeigepflicht bestand, wurde die
Kammer nur mehr oder weniger zufällig auf neue überörtliche Sozietäten
aufmerksam. Die gestellten Fragen wurden häufig überhaupt nicht, auswei-
chend oder offenkundig falsch beantwortet. Eine Überprüfung der Angaben
bezüglich der steuerlichen Behandlung wäre ohnehin am Steuergeheimnis
der Finanzämter gescheitert. Die Veranstaltung flächendeckender Hexenjag-
den widersprach auch dem schon damals ausgeprägten liberalen Verständnis
des Kammervorstands. Darum stellte der Ausschuss seine Tätigkeit nach einiger Zeit stillschweigend wieder ein.[9] Seither gibt es im Kölner Bezirk wie
überall in Deutschland eine große Zahl von als überörtliche Sozietät auftretenden Kooperationen, von denen viele nicht „echt" sind. Hiermit muss sich
die Kammer ebenso abfinden wie mit manchen anderen Unvollkommenhei-
ten ihrer Mitglieder.

3. Die Rechtsbeistände

Das Recht der Rechtsbeistände wurde durch das Gesetz vom 18. August 1980[10]
neu geregelt. Erlaubnisse nach dem Rechtsberatungsgesetz konnten nur
noch für bestimmte Teilgebiete erteilt werden. Die bisherigen Inhaber einer
Vollerlaubnis erhielten dafür das Recht, auf Antrag in die Rechtsanwaltskammer aufgenommen zu werden.[11] Im Lauf des Jahres 1982 wurden neun
Rechtsbeistände Kammermitglieder, ihre Zahl stieg bis 1994 auf zwanzig an.
   Schon bald stellte sich die Frage, ob der Kammer angehörende Rechtsbeistände in den Vorstand wählbar sind; sie wurde im Schrifttum unterschiedlich beantwortet. Für die Kölner Kammerversammlung wurde das
Thema aktuell, als sie am 16. März 1988 über eine Neufassung der seit 1960
unveränderten Geschäftsordnung zu beschließen hatte. Bisher hatte es ge-

---

9 Der Kammervorstand hat über die Tätigkeit dieses Ausschusses nie etwas verlautbart. Der
   Verfasser, der ihm angehörte, stützt sich allein auf seine Erinnerung.

10 BGBl I, S. 1503.

11 Vgl. dazu im Einzelnen Feuerich-Braun zu § 209 BRAO.

heißen, dass die 23 Vorstandsmitglieder nach einem bestimmten Schlüssel vom OLG Köln sowie den drei Landgerichtsbezirken „gestellt werden" sollen, eine zumindest missverständliche Formulierung. Nach dem Entwurf der neuen Geschäftsordnung musste von den 23 Vorstandsmitgliedern eine bestimmte Anzahl beim OLG Köln und in den Landgerichtsbezirken „zugelassen sein". Über den Einwand, dass Rechtsbeistände nicht in einem bestimmten Gerichtsbezirk zugelassen seien und die Formulierung darum deren Wählbarkeit ausschließe, setzte sich die Versammlung bei einer Gegenstimme und einer Enthaltung hinweg.[12]

Auf Antrag des Wortführers der Rechtsbeistände, Josef Rieke, erklärte der Ehrengerichtshof am 4. November 1988 den Ausschluss des passiven Wahlrechts der Rechtsbeistände für nichtig.[13] Die Kammerversammlung am 15. März 1989 änderte § 10 der Geschäftsordnung dahin, dass der Kammervorstand aus 23 Mitgliedern besteht, von denen jeweils eine bestimmte Anzahl in dem jeweiligen Landgerichtsbezirk „ihre Kanzlei führen", womit die Wählbarkeit der Rechtsbeistände klar gestellt war. Josef Rieke kandidierte mannhaft, aber ohne Erfolg für einen Sitz im Kammervorstand.[14]

4. Der grenzenlose Rechtsanwalt

Die Bestrebungen, Anwälten über die Grenzen ihres Herkunftslandes hinaus die Berufsausübung zu ermöglichen, reichen zwar schon länger zurück. Sie konkretisierten sich aber vor allem in der Dekade, in der Dr. Heidland die Kammer leitete. Ihre vorläufig endgültige Form fanden die Regelungen erst durch das Gesetz über die Tätigkeit europäischer Rechtsanwälte in Deutschland (EuRAG) und die gleichzeitige Neufassung von § 206 BRAO vom 9. März 2000.[15] Das Thema wird hier nur kursorisch behandelt, weil es praktisch für die Rechtsanwaltskammer Köln keine besondere Bedeutung erlangte.

Bereits am 22. März 1977 hatte der Rat der Europäischen Gemeinschaften die Richtlinie zur Erleichterung der tatsächlichen Ausübung des freien Dienstleistungsverkehrs der Rechtsanwälte[16] erlassen, die die Bundesrepublik mit dem Rechtsanwaltsdienstleistungsgesetz vom 16. August 1980[17] umsetzte. Der

---

12 MittRAK 2/1988, S. 5.

13 MittRAK 1/1989, S. 7; die Entscheidung bestätigte der BGH in BGHZ 107, 215.

14 MittRAK 2/1989, S. 2 f.

15 BGBl I, S. 182.

16 Abgedruckt bei Feuerich-Braun, aaO, Teil II Nr. 4.

17 BGBl I, S. 1453.

entscheidende Schritt war die EG-Richtlinie vom 21. Dezember 1988 über die Anerkennung der Hochschuldiplome[18], die die Mitgliedsstaaten verpflichtete, für die Ausübung von „reglementierten" Berufen die Ausbildung in einem anderen Mitgliedsstaat grundsätzlich anzuerkennen. Die Richtlinie galt für alle freien Berufe, für Rechtsanwälte also ebenso wie für Ärzte. Der Einsicht, dass die Europäer zwar über weitgehend identische Anatomien, aber über höchst unterschiedliche Rechtsordnungen verfügen, konnten sich auch die Europäischen Gemeinschaften nicht entziehen. Die Richtlinie räumte daher den Mitgliedsstaaten das Recht ein, bei wesentlichen Unterschieden der Ausbildungsinhalte Anpassungslehrgänge oder Eignungsprüfungen einzuführen. Für den Anwaltberuf setzte der Bundestag die Richtlinie mit dem Eignungsprüfungsgesetz vom 6. Juli 1990[19] um.

Ausländische Rechtsanwälte konnten sich im übrigen in Deutschland unter der Berufsbezeichnung ihres Herkunftsstaats niederlassen und betätigen, allerdings beschränkt auf die Gebiete des ausländischen und internationalen Rechts. Diese Einschränkung hob die EG-Niederlassungsrichtlinie für Rechtsanwälte vom 16. Februar 1988[20] für Berufsangehörige aus den Mitgliedsstaaten auf und traf sehr detaillierte Regelungen. Das EuRAG enthält die Umsetzung dieser und der vorausgegangenen Richtlinien. Staatsangehörige der Mitgliedsstaaten der EU und der Vertragsstaaten des Abkommens über den Europäischen Wirtschaftsraum können unter der Berufsbezeichnung ihres Herkunftsstaats als „europäische Rechtsanwälte" in Deutschland ihren Beruf ausüben und in die Rechtsanwaltskammer aufgenommen werden.[21]

Die Zulassung zur Rechtsanwaltschaft und damit die volle Eingliederung in den deutschen Anwaltsberuf setzt indessen eine zu belegende mindestens dreijährige effektive und regelmäßige Tätigkeit des niedergelassenen europäischen Anwalts auf dem Gebiet des deutschen Rechts voraus (§ 11 f EuRAG). Wer in den drei Jahren nur für eine kürzere Zeit im deutsche Recht tätig war, muss seine Qualifikation im Einzelnen nachweisen und an einem Gespräch mit der zuständigen Stelle teilnehmen (§ 13 ff EuRAG). Schließlich kann zur Rechtsanwaltschaft auch zugelassen werden, wer die Eignungsprüfung bestanden hat (§ 16 ff EuRAG).

Der Anreiz, sich diesen umständlichen Prozeduren zu unterziehen, ist aber offenkundig sehr gering. Am 1. Januar 2004 waren im Oberlandesgerichts-

---

18 Abgedruckt bei Feuerich-Braun, aaO, Teil II Nr. 5.

19 BGBl I, S. 1349.

20 Abgedruckt bei Feuerich-Braun, aaO, Teil II Nr. 6.

21 Nach § 206 BRAO können sich auch Anwälte aus anderen Staaten unter bestimmten Voraussetzungen in Deutschland niederlassen; wegen der Einzelheiten vgl. Feuerich-Braun, aaO, § 206 BRAO Rn. 1 ff.

bezirk Köln neun weibliche und acht männliche ausländische Anwälte unter der Berufsbezeichnung ihres Herkunftslands tätig und Mitglieder der Rechtsanwaltskammer. Nur eine einzige ausländische, aus Griechenland stammende Kollegin erlangte vor vielen Jahren unter der Geltung des Eignungsprüfungsgesetzes den Status einer Rechtsanwältin im Sinne der Bundesrechtsanwaltsordnung.

5. Der lange Weg zum neuen Berufsrecht

Das beherrschende Thema während der Präsidentschaft von Dr. Heidland bildeten die tiefgreifenden Veränderungen dessen, was bis dahin der deutschen Anwaltschaft als ihr Standesrecht mehr oder weniger heilig war. Die neue Berufsordnung entstand dann aber erst während der Amtszeit seines Nachfolgers.

Am 17. November 1987 gab das Bundesverfassungsgericht seine beiden Beschlüsse vom 14. Juli 1987 bekannt, wonach die von der Bundesrechtsanwaltskammer beschlossenen Richtlinien des anwaltlichen Standesrechts nicht mehr zur Auslegung und Konkretisierung der Generalklausel über die anwaltlichen Berufspflichten herangezogen werden konnten. Nur für eine Übergangszeit bis zur Neuordnung des Berufsrechts sollte den Richtlinien noch Bedeutung zukommen, soweit ihre Heranziehung für die Funktionsfähigkeit der Rechtspflege unerlässlich war.[22] Einer der Ausgangsfälle betraf einen Vorgang in Köln. Ein sehr angesehener Konkursrichter und ein ständig als Konkursverwalter tätiger Anwalt, früher miteinander befreundet, führten eine erbitterte Fehde. In einem Schriftsatz charakterisierte der Rechtsanwalt das Verhalten des Richters mit Formulierungen, die der Kammervorstand als unsachlich gerügt hatte; das Anwaltsgericht schloss sich dieser Auffassung an. Wie die bekannten Ereignisse am *Quatorze Juillet* des Jahres 1789 lösten die Entscheidungen des Bundesverfassungsgerichts einen Schock aus, heilsam aus der Sicht der einen, schmerzhaft aus der Sicht der anderen. Die Presse vermittelte den Eindruck, es gebe nun überhaupt kein anwaltliches Standesrecht mehr.[23]

Die Standesrichtlinien, die die Bundesrechtsanwaltskammer nach § 177 Abs. 2 Nr. 2 BRAO nicht aufzustellen, sondern festzustellen hatte, waren keine Normen, sondern Auslegungshilfen zur Anwendung der Generalklausel des

---

22 BVerfGE 76, S. 171 ff und 196 ff.

23 Vgl. dazu Schmalz, BRAK-Mitt. 1/1988, S. 1 f.

§ 43 BRAO. Sie sollten Erkenntnisquelle sein für das, was im Einzelfall nach der Auffassung angesehener und erfahrener Standesgenossen der Meinung aller anständig und gerecht denkender Rechtsanwälte und der Würde des Standes entsprach. So hatte auch das Bundesverfassungsgericht bis 1987 die Richtlinien in ständiger Rechtsprechung interpretiert.[24] Sie waren übrigens keineswegs – wie ihre Kritiker gern nahe legten – eine Erfindung der Rechtsanwaltskammern, sondern des Deutschen Anwaltvereins, der erstmals im Jahr 1929 „Richtlinien für die Ausübung des Anwaltsberufs" als, wie es in dem Beschluss hieß, *Vademecum* für neu zugelassene Anwälte veröffentlichte.[25] Die Vereinigung der Kammervorstände begrüßte 1930 die Richtlinien und bat darum, vor einer Neuauflage an einer Nachprüfung und Ergänzung mitwirken zu können.[26] Am 2. Juli 1934 beschloss die Reichsrechtsanwaltskammer Richtlinien zur Ausübung des Anwaltsberufs, die stark von nationalsozialistischem Gedankengut durchsetzt waren.[27] Durch eine Anordnung im Jahr 1942 wurden die Richtlinien noch einmal erheblich geändert, wegen Papiermangels aber nicht mehr in der neuen Fassung publiziert.[28] Nach dem Krieg erarbeitete zunächst die Vereinigung der Kammervorstände der britischen Zone im Jahr 1949 neue Richtlinien, auf deren Grundlage die 1950 gegründete Arbeitsgemeinschaft der Anwaltskammervorstände 1957 die Grundsätze des anwaltlichen Standesrechts formulierte. Nach Erlass der Bundesrechtsanwaltsordnung verabschiedete die Hauptversammlung der BRAK im Mai 1963 eine gründliche Überarbeitung; die letzte Neufassung beschloss die Hauptversammlung nach umfangreichen Vorarbeiten im Juni 1973; spätere Beschlüsse änderten die Richtlinien in einzelnen Punkten.[29]

Die überraschenden Entscheidungen des Bundesverfassungsgerichts riefen natürlich sofort die Berufsrechtler auf den Plan. Bereits im März 1988 setzte sich Theodor Weigel mit den Beschlüssen in einem sehr gründlichen Aufsatz auseinander.[30] Der Richtlinienausschuss der BRAK unter seinem Vorsitz veröffentlichte nach eingehender Beratung die Regelungen, die unter Zugrundelegung der Kriterien des Bundesverfassungsgerichts zur Aufrechter-

---

24 Zuletzt in BVerfGE 66, 337 ff (356).

25 AnwBl. 1929, S. 172.

26 AnwBl. 1930, S. 355.

27 Abgedruckt in Noack, Kommentar zur Reichsrechtsanwaltsordnung, 2. Aufl., S. 258 ff. So sollte der „Anwalt deutschen Blutes an den großen Aufgaben des Volkes" im Sinne der NSDAP mitarbeiten (A 1), er musste es ablehnen, „undeutsche Rechtsauffassungen zu vertreten, die mit (sic!) dem gesunden Volksempfinden im Widerspruch stehen" (A 6).

28 Ostler, aaO, S. 296.

29 Lingenberg/Hummel/Zuck/Eich, 2. Aufl., Einleitung Rz. 6 ff.

30 BRAK-Mitt. 1/1988, S. 2 ff.

haltung einer geordneten Rechtspflege unerlässlich waren und darum fort-zugelten hatten.[31] Im Mai 1988 war ein Sonderheft der BRAK-Mitteilungen ausschließlich dem Thema des neuen Berufsrechts gewidmet. Es enthielt neben grundlegenden Aufsätzen und Formulierungsvorschlägen einiger Kammern auch den kompletten Entwurf einer „Berufsordnung des Rechts-anwalts" (BORA) von Prof. Dr. Rüdiger Zuck.[32]

Für den Kölner Kammervorstand, der sich in jeder Sitzung mit zahlreichen Aufsichtsverfahren zu befassen hatte, ging es wie für alle Vorstände darum, wie nun mit in der Vergangenheit liegenden Tatbeständen konkret umzuge-hen war und wie dem befürchteten Wildwuchs begegnet werden konnte. Präsident Dr. Heidland, dem die Entwicklung große Sorgen machte, wandte sich mit einem eindringlichen Schreiben vom 30. November 1987 an die Kammermitglieder.[33] Er sprach zum einen das vom Bundesverfassungs-gericht relativierte Sachlichkeitsgebot an und warnte vor „verbalem Rowdy-tum"; bei der Werbung mahnte er Zurückhaltung an. In einer Beilage zum Mitteilungsblatt 1/1988 teilte der Vorstand den Mitgliedern seine Auffassung mit, dass es nach wie vor unzulässig und standeswidrig sei, gegen eine von einem Kollegen desselben Landgerichtsbezirks vertretene Partei ein Ver-säumnisurteil zu erwirken. In der Kammerversammlung am 16. März 1988 gab Dr. Heidland eine eingehende Stellungnahme dazu ab, wie der Vorstand auf den einzelnen Problemfeldern zukünftig verfahren werde.[34] Eine Beilage zum Heft 2/1988 der Kammermitteilungen wies mit eingehender Begrün-dung darauf hin, dass die Umgehung des Gegenanwalts nach wie vor gegen das Standesrecht verstoße. Allen diesen Äußerungen waren ausführliche und teilweise auch kontroverse Diskussionen im Kammervorstand vorausgegan-gen. Rechtsanwaltskammer und Kölner Anwaltverein wandten sich auch in einer gemeinsamen Veranstaltung zum neuen Berufsrecht am 25. Oktober 1988 an ihre Mitglieder.[35]

Die Mehrheit des Vorstands sah die Dinge mit rheinischer Gelassenheit und teilte nicht die Befürchtungen mancher, die Kolleginnen und Kollegen würden nun wie die Hyänen übereinander und über andere Verfahrens-

---

31 BRAKMitt. 1/1988, S. 11 ff.

32 BRAKMitt. S/1988, S. 75 ff. Zuck hatte als Mitautor der 2. Auflage des von Lingenberg und Hummel begründeten Kommentars, die im Zeitpunkt der Veröffentlichung der Beschlüsse des BVerfG bereits druckfertig war, noch einen Sonderteil verfasst, der die neue Rechtslage zum Gegenstand hatte.

33 Der Brief war zusammen mit den Leitsätzen und dem wesentlichen Inhalt der BVerfG-Beschlüs-se dem Mitteilungsblatt Nr. 92 (Dezember 1987) beigefügt.

34 MittRAK 2/1988, S. 8 ff.

35 MittRAK 3/1988, S. 18.

beteiligte herfallen und mit den Methoden von Markenartiklern für sich werben. Die Optimisten sahen ihr Vertrauen in die Vernunft der Kammermitglieder bestätigt. Der von den Pessimisten erwartete Anstieg der Zahl der Beschwerden blieb aus, sie verringerte sich sogar.[36] Der Rückgang war sicher auch darauf zurückzuführen, dass sich die nun großzügigere Praxis der Kammer bald herumsprach. Die neue Rechtslage entlastete den Kammervorstand von mancher Beckmesserei, die vorher nicht gerade zu seiner Beliebtheit beigetragen hatte. Das Vermessen von Praxisschildern, Zeitungsanzeigen und Telefonbucheinträgen, das kleinliche Herumkritisieren an in der Hitze des Gefechts geschriebenen oder gesprochenen harten Worten gehörten nun der Vergangenheit an. Zu einem allgemeinen *laisser faire* ließ sich der Vorstand der Rechtsanwaltskammer Köln aber durch den Zeitgeist nicht verleiten; wer die – im Einzelfall nicht immer leicht zu definierenden – Grenzen überschritt, bekam es auch nach 1987 mit ihm zu tun.

Auf dem höchst umstrittenen Gebiet der Werbung nahm der Kammervorstand allerdings schon bald – verstärkt ab 1995 – einen sehr liberalen Standpunkt ein und war damit anderen Kammern streckenweise weit voraus, bis die Rechtsprechung deren engherzigere Haltung korrigierte. Für zulässig – oder genauer gesagt für nicht unzulässig – hielt der Vorstand z.B. im Jahr 1997 die Angabe im Internet, dass mit einem bestimmten bekannten Unternehmen, das mit dieser Angabe einverstanden war, ein Beratervertrag besteht, die Banden- und Trikotwerbung in Fußballstadien, die Werbung in einem Omnibus, das Verschenken von Tragetaschen mit dem Aufdruck der Kanzleianschrift und die Werbung auf einer „Info-Tafel" vor Metro-Supermärkten.[37] Bei solchen meist nach kontroversen Diskussionen und häufig nicht einstimmig gefassten Beschlüssen war der Vorstand stets darin einig, dass keiner der Anwesenden jemals so werben würde, dass das Urteil über Geschmacksfragen aber letztlich den durch die Werbung angesprochenen Bürgern überlassen bleiben müsse. Der Verfasser sprach in diesem Zusammenhang auch öffentlich immer wieder von dem „Grundrecht auf Blamage", das man den Kammermitgliedern nicht streitig machen dürfe. Solche Werbemethoden blieben glücklicherweise auch Ausnahmeerscheinungen.

Der Weg bis zu einem neuen kodifizierten Berufsrecht war vor allem deshalb weit, weil die beiden großen Anwaltsorganisationen lange uneins waren. Es ging insbesondere um die Satzungskompetenz, also um die Frage, wer für den Erlass einer Berufsordnung zuständig sein sollte. Dr. Heidland gehörte zu denen, die sich ebenso nachdrücklich wie letztlich erfolglos für eine Zu-

---

36 1987 gingen bei der Kammer noch 628 neue Beschwerden ein; 1988 waren es 559, 1989 591, 1990 413, 1991 472 und 1992 339 neue Beschwerden.

37 MittRAK 1/1998, S. 6.

ständigkeit der Bundesrechtsanwaltskammer einsetzten.[38] Die gesetzliche Grundlage für eine Berufsordnung schuf schließlich das Gesetz zur Neuordnung des Berufsrechts der Rechtsanwälte und der Patentanwälte vom 2. September 1994.[39] § 191 a Abs. 1 BRAO bestimmt, dass „bei der Bundesrechtsanwaltskammer eine Satzungsversammlung eingerichtet" wird. Die Kompetenzen der Versammlung zum Erlass der Berufsordnung in Form einer Satzung regelt im Einzelnen § 59 b BRAO.[40] Zu wählen ist je angefangener 1000 Kammermitglieder ein Mitglied der Satzungsversammlung (§ 191 b Abs. 1 BRAO). Da die Rechtsanwaltskammer Köln an dem maßgeblichen Stichtag, dem 1. Januar 1995, 5521 Mitglieder hatte, standen dem Kammerbezirk sechs Versammlungsmitglieder zu.

Eine außerordentliche Kammerversammlung am 7. Dezember 1994 beschloss die Wahlordnung zur Wahl der Mitglieder der Satzungsversammlung aus dem Bezirk der Rechtsanwaltskammer Köln.[41] Die Briefwahl war planmäßig am 14. Juni 1995 mit einer Wahlbeteiligung von 48,9 % abgeschlossen.[42] Die gewählten sechs Mitglieder der Ersten Satzungsversammlung waren Dr. Hubert van Bühren, Felix Busse, Dr. Bernd Hirtz, Dr. Ludwig Koch, Johannes Muhr und Dr. Peter Thümmel. Die erste Sitzung fand vom 7. bis 9. September 1995 in Berlin statt; auch der Kammerpräsident, der der Versammlung gemäß § 191 a Abs. 4 BRAO ohne Stimmrecht angehört, nahm an dieser und allen folgenden Sitzungen teil.[43] Johannes Muhr wurde zum Schriftführer der Satzungsversammlung gewählt. Die Mitglieder der Versammlung aus dem Kölner Bezirk taten sich in den Beratungen besonders hervor, wobei an erster Stelle der damalige Präsident des DAV, Felix Busse, und Dr. Ludwig Koch zu erwähnen sind. Die Versammlung setzte für die verschiedenen Themenkreise Ausschüsse ein, die die Beschlüsse des Plenums sorgfältig vorbereiteten und in denen auch die nicht gewählten Kammerpräsidenten stimmberechtigt waren. Breiten Raum beanspruchte der Wunsch der weiblichen Versammlungsmitglieder, durchgängig geschlechtsneutrale Formulierungen

---

38 Köln und zwei weitere Kammern votierten in der BRAK-Hauptversammlung gegen eine gesonderte Delegiertenversammlung, vgl. MittRAK 1/1989, S. 5.

39 BGBl I, S. 2278.

40 Ob die Satzungsversammlung ein Organ der Bundesrechtsanwaltskammer ist, ist streitig, vgl. Feuerich-Braun, aaO, § 191 a BRAO Rn. 2.

41 MittRAK 1/1995, S. 12 ff.

42 MittRAK 1/1996, S. 6 f; die Wahlbeteiligung lag um 4,7 Prozentpunkte über dem Bundesdurchschnitt.

43 In einigen Kammerbezirken wurden die Präsidenten zu Mitgliedern der Satzungsversammlung gewählt, wodurch sich die Zahl der Vertreter um eine Person verringerte; in der – in der Praxis nicht enttäuschten – Erwartung, dass die Präsidenten auch ohne Stimmrecht in der Versammlung Gehör finden würden, ging man in Köln diesen Weg zunächst nicht.

zu verwenden oder stets von „Rechtsanwältinnen und Rechtsanwälten" zu sprechen. Sie gaben dieses ebenso verständliche wie mit den Mitteln der deutschen Sprache nur mühsam zu bewältigende Anliegen erst auf, nachdem auf Vorschlag des Nürnberger Kammerpräsidenten Dr. Christian Bissel eine klärende Fassung der Präambel gefunden war.[44] Die Satzungsversammlung verabschiedete schließlich die Berufsordnung und die Fachanwaltsordnung am 29. November 1996, sie traten am 11. März 1997 in Kraft. Da kaum etwas so gut ist, dass es nicht – jedenfalls nach dem Verständnis seiner Erfinder – noch verbessert werden kann, beschloss die 6. Sitzung der Satzungsversammlung am 5. und 6. November 1998 bereits die ersten Änderungen.[45]

Der 1999 gewählten Zweiten Satzungsversammlung gehörten aus dem Kölner Kammerbezirk Dr. Hubert van Bühren, Felix Busse, Dr. Bernd Hirtz, Karl Kiggen, Dr. Rainer Klocke, Dr. Susanne Offermann-Burckart, Dr. Michael Streck und Dr. Peter Thümmel an.[46] In der 2003 gewählten Dritten Satzungsversammlung, in der der Kölner Kammerbezirk zehn Stimmen hat, ist er durch die bisherigen Mitglieder mit Ausnahme von Karl Kiggen und zusätzlich durch Dietrich Gehrmann, Nicola Meier-van Laak und Peter Tillmann vertreten.[47]

---

44 Die unernste Anregung des Verfassers, durchgängig von den Rechtsanwältinnen zu sprechen und am Schluss einzufügen, dass „Rechtsanwältin im Sinne der Berufsordnung auch der Rechtsanwalt ist", fand erwartungsgemäß keinen Zuspruch.

45 MittRAK 1/1999, S. 40 ff.

46 MittRAK 3/1999, S. 215 f. Durch die gestiegene Zahl der Kammermitglieder erhöhte sich die Zahl der zu wählenden Versammlungsmitglieder auf acht; Dr. Thümmel, der erst nach der Wahl Präsident der Kammer wurde, gehörte der Versammlung weiter als gewähltes Mitglied an.

47 KammerForum 3/2003, S. 234.

Kapitel 10

Der Übergang
in das 21. Jahrhundert
1995 bis 2001

Dr. Constantin Privat
Präsident der RAK Köln von 1995-2001

1. Dr. Constantin Privat[1]

Am 15. März 1995 übernahm Dr. Privat für sechs Jahre die Nachfolge von Herrn Dr. Heidland als Präsident der Rechtsanwaltskammer Köln. Auch er hatte sich nicht zu dem Amt gedrängt, sich jedoch durch seine Tätigkeit im Vorstand der Rechtsanwaltskammer, dem er bereits seit 1975 angehörte, so empfohlen, dass der Vorstand sich ohne Zögern und ohne Gegenkandidaten einmütig für ihn entschied.

Dr. Privat, am 4. Dezember 1935 in Frankfurt/Main geboren, war bei seiner Wahl in den Vorstand der Rechtsanwaltskammer seit 10 Jahren in einer angesehenen Bonner Rechtsanwaltskanzlei tätig, die unter seiner Mitwirkung erfolgreich ausgebaut worden war. Einer der Schwerpunkte seiner anwaltlichen Tätigkeit lag auf dem Gebiet des Erbrechts. Alsbald nach Aufnahme seiner anwaltlichen Tätigkeit engagierte er sich im Standesinteresse und gehörte von 1968 bis 1980 dem Vorstand des Bonner Anwaltvereins an; zusätzlich war er ab 1976 bis 1988 Mitglied des Vorstandes der Landesgruppe Nordrhein-Westfalen des Deutschen Anwaltvereins.

In seiner Arbeit im Vorstand der Rechtsanwaltskammer hat er neben dem zeitaufwendigen „Tagesgeschäft" – in der Zeit seiner Präsidentschaft hat sich die Zahl der Kammermitglieder auf fast 10.000 verdoppelt – insbesondere die Interessen der zukünftigen Kollegen mit großem Engagement vertreten. Die Mitarbeit an der Reform der Juristenausbildung war „Chefsache", aber das nicht nur dem Namen nach, sondern auch im Arbeits- und Zeitaufwand. Er hatte es daher zusätzlich zu seiner Tätigkeit im Kammervorstand übernommen, die Arbeiten zu diesem wichtigen Thema im von der BRAK-Hauptversammlung einberufenen Ausschuss zur Reform der Juristenausbildung voranzutreiben. So ist es nicht zum Geringsten sein Verdienst, dass die Rechtsanwaltskammer Köln bei den Arbeiten zur Reform der Juristenausbildung und deren Umsetzung eine führende Rolle einnahm. Ein weiterer Schwerpunkt, in dem er die Führung übernahm, waren alle Fragen, die sich im Zusammenhang mit der Neugestaltung des Berufsrechts und der Zivilprozessreform ergaben. Der notwendige Interessenausgleich war häufig schwierig. Bei der Lösung half ihm das aus langer Berufserfahrung gewonnene Augenmaß, das zwar eine als notwendig erkannte Bestimmtheit nicht scheute, aber den Gegner nicht persönlich verletzte. Hinsichtlich der Fortentwicklung des Berufsrechts nahm er eine liberale Haltung ein, wie es das geänderte berufliche

---

1 Der Verfasser, der Selbstdarstellung seit jeher abhold, ist als Autobiograf untauglich. Er hat darum Dr. Rolf Kronenburg, langjähriger Vizepräsident der Rechtsanwaltskammer Köln, gebeten, diesen Abschnitt zu schreiben. Mit diesem Hinweis zeichnet er sich zugleich von etwaigen freundlichen Übertreibungen frei.

Umfeld forderte, jedoch durfte der Kernbereich nicht angetastet werden, der im Interesse aller Beteiligten für eine sachgerechte Berufsausübung geschützt werden musste. Für seine eigene Tätigkeit hielt er die überkommenen Grundsätze anwaltlicher Berufsausübung hoch. Sowohl im Rahmen der Bundesrechtsanwaltskammer, insbesondere ihren Hauptversammlungen, wie auch in der Satzungsversammlung, der er als Präsident angehörte, hat er mit Nachdruck die gewonnenen Ergebnisse vertreten. Seine in der Sache stets kompetenten Ausführungen, die er mit einer liebenswürdigen Nüchternheit vortrug, fanden immer aufmerksame Zuhörer.

Sein Wirken zum Wohle der Allgemeinheit ist am 1. Juni 2000 durch die Verleihung des Bundesverdienstkreuzes erster Klasse durch den Bundespräsidenten anerkannt worden.

Im Vorstand der Rechtsanwaltskammer übte Dr. Privat seine Tätigkeit mit einer sympathischen Mischung von Festigkeit und Verbindlichkeit aus. Wenn das sportliche Hobby eines Präsidenten Rückschlüsse auf seinen Führungsstil zulässt und bei seinem Amtsvorgänger der erfolgsorientierte Seglerkapitän nicht zu verleugnen war, war bei Dr. Privat der am Ziel ausgerichtete Reiter nicht zu verkennen. Ein Reiter muss zwar seinem Pferd vermitteln, welchen Weg er einschlagen möchte, aber er muss auch aufmerksam auf den Willen seines Pferdes achten, wenn er das Ziel ohne Schaden erreichen will. Diese Mischung beherrschte er. Er ließ zwar jedes Vorstandsmitglied seine Meinung äußern, wenn ihm auch schon einmal leise das Zitat entschlüpfte: „Eigentlich ist schon alles gesagt, nur noch nicht von allen"; kurz danach fanden die Diskussionen jedoch in einem zusammenfassenden Schlusswort dann ihr Ende. Dr. Privat bemühte sich stets um Ergebnisse, die auf einem möglichst breiten Konsens der Vorstandsmitglieder beruhten, und wenn er einmal überstimmt wurde, nahm er es niemandem übel.

2. Der Große Lauschangriff

Für große Aufregung in der Anwaltschaft sorgte die unter diesem Stichwort bekannt gewordene Änderung des Grundgesetzes, die die in Art. 13 GG verbürgte Unverletzlichkeit der Wohnung einschränkte und eine akustische Überwachung mit technischen Mitteln bei dem Verdacht besonders schwerer Straftaten und zur Abwehr dringender Gefahren für die öffentliche Sicherheit grundsätzlich erlaubte.[2] Die Einzelheiten waren in einem Ausführungsgesetz

---

2 Die Grundgesetzänderung selbst beschloss der Bundestag am 16.1.1998, der Bundesrat stimmte am 6.2.1998 zu. Sie wurde am 31.3.1998 im Bundesgesetzblatt verkündet, BGBl I, S. 610.

zu regeln. Die vom Bundestag am 16. Januar 1998 zusammen mit der Grundgesetzänderung beschlossene Änderung der Strafprozessordnung sah vor, dass nur Gespräche des Beschuldigten mit Abgeordneten, Geistlichen und seinem Strafverteidiger nicht abgehört werden dürfen. Dagegen konnten Gespräche mit anderen zur Zeugnisverweigerung berechtigten Personen wie Ärzten, Journalisten und Rechtsanwälten, die nicht Verteidiger des Beschuldigten waren, grundsätzlich abgehört werden.[3] Hiergegen hatten die Kammern und Verbände der zeugnisverweigerungsberechtigten Berufe auf einer gemeinsamen Pressekonferenz am 14. Januar 1998 mit ihrem „Bonner Appell" protestiert. Der Präsident der Bundesrechtsanwaltskammer, Dr. Eberhard Haas, hatte sich mit einem Schreiben an alle Bundestagsabgeordneten gewandt.[4] Dass die Differenzierung zwischen dem Strafverteidiger und dem Rechtsanwalt im Allgemeinen unsinnig war, lag auf der Hand. Eine auf Verdacht angeordnete Überwachung hätte auch das Mithören und Mitschneiden von Gesprächen ermöglicht, die sich überhaupt nicht auf strafrechtlich relevante Vorgänge bezogen. Das Belauschen einer Anwaltskanzlei hätte im übrigen Gespräche einer Vielzahl anderer Mandanten erfasst. Jeder noch so harmlose und unverdächtige Mandant, der seinen Anwalt zu einer vertraulichen Unterredung aufsuchte, konnte demnach vor einer Überwachung nicht mehr sicher sein.

Eine Chance, dieses Unheil abzuwenden, eröffnete der Beschluss des Bundesrats am 6. Februar 1998, wegen des Ausführungsgesetzes den Vermittlungsausschuss anzurufen. Am selben Tag appellierte die Bundesrechtsanwaltskammer in einer Presseerklärung an den Vermittlungsausschuss, die Berufsgeheimnisträger ohne Ausnahme zu schützen. Dem schloss sich die Rechtsanwaltskammer Köln in einer Presseerklärung vom 11. Februar 1998 an. Da das Land Nordrhein-Westfalen in dem Meinungsbildungsprozess besonderes Gewicht hatte, trug der Präsident der Rechtsanwaltskammer Köln die Bedenken der Anwaltschaft dem damaligen Ministerpräsidenten, Johannes Rau, in einem Schreiben vom 19. Februar 1998 eindringlich vor.[5] Der Vermittlungsausschuss empfahl, das Beweiserhebungsverbot auf alle in § 53 StPO genannten Berufsgruppen und damit auch auf alle Rechtsanwälte anzuwenden, was dem Anliegen der Anwaltschaft entsprach. Darüber hatte der Bundestag am 5. März 1998 abzustimmen; das Ergebnis war völlig offen. An diesem Tag kamen die Präsidenten der Rechtsanwaltskammern zu einer Sondersitzung in Bonn zusammen, um das weitere Vorgehen zu besprechen

---

3 BRAK-Mitt. 1/1998, S 17 ff. Nur die Verwertung der Ergebnisse unterlag gewissen Einschränkungen.

4 BRAK-Mitt. 1/1998, S. 19.

5 MittRAK 2/1998, S. 80.

für den Fall, dass der Bundestag dem Vermittlungsvorschlag nicht zustimmte. Jeder einzelne hatte in der Zwischenzeit alle ihm zur Verfügung stehenden Möglichkeiten genutzt, um auf Bundes- und Landesebene die Politiker jeder Couleur zu überzeugen. Mehr konnten die Präsidenten nicht tun. Selbst ein von einigen erwogener Protestmarsch hätte das Ergebnis nicht beeinflussen können. Die angespannte und gedrückte Stimmung löste sich erst, als aus dem Bundeshaus die befreiende Nachricht von der Zustimmung des Bundestags eintraf.[6] Die Vertraulichkeit des Gesprächs zwischen Anwalt und Mandant war (bis auf weiteres) gerettet.

3. Außergerichtliche Streitschlichtung

Das Vorurteil, Anwälte seien „Prozesshansel", ist ebenso hartnäckig wie falsch. 60 bis 80 % der von ihnen bearbeiteten zivilrechtlichen Streitigkeiten erledigen die Rechtsanwältinnen und Rechtsanwälte außergerichtlich; die Quote dürfte im Kölner Kammerbezirk wegen des typisch rheinischen Harmoniebedürfnisses und der Konsensfähigkeit der hiesigen Juristen über dem Bundesdurchschnitt liegen. Die Rechtsanwaltskammer fördert diesen Trend nach besten Kräften.

Um einem – vermuteten – Interesse insbesondere der gewerblichen Wirtschaft Rechnung zu tragen, beschloss der Kammervorstand im Jahr 1996 die Einrichtung einer Ständigen Schlichtungsstelle. Ihr Sinn sollte es sein, den Parteien zivilrechtlicher Auseinandersetzungen (mit Ausnahme von arbeitsrechtlichen und familienrechtlichen Streitigkeiten) ein Zeit und Kosten sparendes Schlichtungsverfahren anzubieten; erfahrene Kolleginnen und Kollegen sollten den Parteien, die einen solchen Einigungsversuch vereinbarten, in sechs spezialisierten Schlichtungsabteilungen auf der Grundlage der Schlichtungsordnung zur Verfügung stehen.[7] Leider werden die Dienste der Schlichtungsstelle nur sehr selten in Anspruch genommen.[8]

Der Geldmangel des Staates und die Belastungssituation in der Zivilgerichtsbarkeit brachten die Justizpolitiker auf den Gedanken, die Bürger zum Glück einer Einigung mit dem Gegner zu zwingen, wobei insbesondere

---

6 Die Abstimmung fiel mit 328 Ja-Stimmen, 322 Gegenstimmen und 2 Enthaltungen sehr knapp aus, die Abgeordneten der F.D.P. hatten nicht einheitlich abgestimmt, vgl. Plenarprotokoll 13/222.

7 Die vom Vorstand erarbeitete Schlichtungsordnung wurde den Mitgliedern in MittRAK 2/1997, S. 63 ff. vorgestellt.

8 Vgl. MittRAK 4/1999, S. 316.

Nordrhein-Westfalen eine Vorreiterrolle übernahm.[9] Das Ergebnis dieser Überlegungen war das Gesetz zur Förderung der außergerichtlichen Streitschlichtung vom 9. September 1999[10], das in einem neuen § 15 a EGZPO den Ländern die Möglichkeit eröffnete, in bestimmten zivilrechtlichen Streitfällen den Zugang zum Gericht von einem vorgerichtlichen Güteverfahren abhängig zu machen. Nordrhein-Westfalen machte sich umgehend daran, mit dem Ausführungsgesetz vom 9. Mai 2000, in Kraft seit dem 1. Oktober 2000, die Ermächtigung umzusetzen.[11] Danach ist in vermögensrechtlichen Streitigkeiten, nachbarrechtlichen Auseinandersetzungen und wegen Ehrverletzungen, die nicht in Presse oder Rundfunk begangen wurden, eine Klage gegen einen in demselben Landgerichtsbezirk ansässigen Gegner erst dann zulässig, wenn vor einer Gütestelle ein Einigungsversuch unternommen wurde. Das Gesetz ist zunächst bis Ende 2005 befristet.

Der Kölner Kammervorstand hatte wie alle anderen Anwaltsorganisationen von Anfang an erhebliche Zweifel, ob das obligatorische Schlichtungsverfahren zu einer nennenswerten Verringerung der Prozesse und damit zu einer Entlastung der Justiz führen würde. Die Tätigkeit vor den Gütestellen war für die Anwälte auch gebührenmäßig keineswegs attraktiv. Andererseits erschien es nicht vertretbar, das Feld den nach dem Schiedsamtsgesetz tätigen Schiedsfrauen und Schiedsmännern zu überlassen, weil Rechtsanwältinnen und Rechtsanwälte nach ihrer Vorbildung und ihrer Berufserfahrung weit besser für den Umgang mit streitenden Parteien qualifiziert sind. Einzelne Kammermitglieder hätten die Anerkennung als „Gütestelle" beantragen können, aber es war nicht zu erwarten, dass dies in nennenswertem Umfang geschehen würde. Nach dem Ausführungsgesetz konnten aber auch juristische Personen als Gütestellen anerkannt werden. Der Überlegung, dass die Rechtsanwaltskammer selbst diese Funktion übernimmt, stand der erhebliche organisatorische Aufwand entgegen. Hier führte wieder einmal die gute Zusammenarbeit zwischen der Kammer und den örtlichen Anwaltvereinen zu einer typischen „rheinischen" Lösung. Die Vereine in Aachen, Bonn und Köln beantragten und erhielten die Zulassung als Gütestellen; sie erließen im Zusammenwirken mit der Kammer die in dem Ausführungsgesetz vorgeschrieben Schlichtungs- und Kostenordnungen mit identischem Wortlaut. Die von den Parteien zu zahlende Verfahrensgebühr wurde auf 20 DM / 10 Euro festgesetzt; im Falle eines Vergleichs kamen weitere 30 DM / 15 Euro hinzu. Weil diese vom Gesetzgeber vorgegebenen Sätze, mit denen die Vereine auch ihre allgemeinen Unkosten decken müssen, unzumutbar niedrig sind, zahlt die

---

9 Vgl. dazu ausführlich MittRAK 3/1997, S. 151 ff.

10 BGBl I, S. 2400 ff.

11 MittRAK 3/2000, S. 209 ff.

Kammer den Schlichtungspersonen pro Verfahren eine pauschale Entschädigung von 50 DM /25 Euro, im Falle des Vergleichs von weiteren 20 DM /10 Euro. In den einzelnen Amtsgerichtsbezirken bestellten die Vereine für jeweils drei Jahre Rechtsanwältinnen und Rechtsanwälte zu Schlichtungspersonen, die sich zu den genannten Bedingungen auch dankenswerter Weise in ausreichender Zahl fanden.[12] Die gesamte „geschäftsmäßige" Abwicklung (Entgegennahme der Anträge, Zustellungen, Ladungen, Abrechnungen usw.) bewerkstelligen die Vereine. Die Schlichtungsverhandlungen finden in Räumen der Amtsgerichte statt, die die Justiz kostenlos zur Verfügung stellt. Anfang 2001 veröffentlichte die Kammer ausführliche Erfahrungsberichte der Vereine.[13] Die Vereine erhöhten im Jahr 2002 die allgemeine Verfahrensgebühr auf 30 Euro, diejenige für den Vergleich auf 20 Euro.[14] Die Kammer wandte im Jahr 2003 rund 38.000 Euro für die Schlichtungstätigkeit der Vereine auf.[15]

Die Entscheidung der Kammer und der Vereine, durch die engagierte Mitwirkung an der außergerichtlichen Streitschlichtung den Fuß in der Tür zu behalten und nicht anderen das Feld zu überlassen, erwies sich als richtig. Die Zahl der Gütestellen in Form von Einzelpersonen oder Organisationen nahm in Nordrhein-Westfalen überall zu außer im Oberlandesgerichtsbezirk Köln, weil dort die drei Anwaltvereine den Markt abdecken.[16] Die bisherigen Erfahrungen mit dem Schlichtungsverfahren sind allerdings wenig ermutigend und bestätigen die Skepsis der Anwaltschaft. Die Vergleichsquote vor den Schlichtungsstellen ist rückläufig und dürfte inzwischen unter 10 % liegen, eine nennenswerte Entlastung der Amtsgerichte scheint bisher nicht eingetreten zu sein. Dies ist auch dadurch zu erklären, dass viele Gläubiger zur Vermeidung der Schlichtung auf das Mahnverfahren ausweichen, in dem der Anteil der Verfahren mit Streitwerten bis zu 600 Euro im Jahr 2001 sprunghaft um etwa 15 % anstieg.[17] Ob es bei dem bis zum 30. September 2005 befristeten Gesetz bleiben wird, hängt von dem Ergebnis einer wissenschaftlichen Begleituntersuchung ab, mit der Prof. Dr. Röhl von der Ruhr-Universität Bochum beauftragt ist und zu der die drei Vereine des Kölner Kammerbezirks ihr Zahlenmaterial beisteuern werden.[18]

---

12 Zu den Einzelheiten vgl. MittRAK 3/2000, S. 222 ff.

13 MittRAK 1/2001, S.46 ff.

14 KammerForum 3/2002, S. 249 ff.

15 KammerForum 1/2004, S. 7.

16 So Justizminister Jochen Dieckmann in der Kammerversammlung am 13.2.2002, KammerForum 2/2002, S. 120.

17 Dies berichtete der Staatssekretär im Justizministerium NW, Dieter Schubmann-Wagner, in der Kammerversammlung am 19.3.2003, KammerForum 2/2003, S. 102.

18 KammerForum 1/2004, S. 7.

4. Die Rechtsanwalts-GmbH

Das Bayerische Oberste Landesgericht überraschte die Fachwelt mit seinem Beschluss vom 24. November 1994[19], wonach die Zusammenarbeit von Rechtsanwälten in der Rechtsform der Gesellschaft mit beschränkter Haftung zulässig sei, was bis dahin im Schrifttum weitgehend für unzulässig gehalten wurde. Wenige Wochen später trug das Amtsgericht Köln die erste Rechtsanwalts-GmbH in das Handelsregister ein, ohne der Kammer Gelegenheit zur Stellungnahme zu geben. Der BRAK-Ausschuss Gesellschaftsrecht und der Berufsrechtsausschuss des DAV legten umgehend Entwürfe für eine gesetzliche Regelung vor, die in der BRAK-Hauptversammlung in Nürnberg im Mai 1995 kontrovers diskutiert wurden. Eine generelle Gestattung der beruflichen Zusammenarbeit von Rechtsanwälten in der Form von Kapitalgesellschaften lehnte die Hauptversammlung ab und forderte sogar den Gesetzgeber auf, die Rechtsanwalts-GmbH zu verbieten[20]. Sie besann sich aber schnell eines Besseren und sprach sich im September 1996 mehrheitlich für die Zulassung aus.[21] Auch die Kölner Kammer sah keine triftigen Gründe, sich dieser Entwicklung entgegen zu stellen.

Durch Gesetz vom 31. August 1998[22] schuf der Gesetzgeber in den neuen §§ 59 c bis 59 m, 115 c und der Neufassung des § 60 Abs. 1 BRAO die Rahmenbedingungen für die Rechtsanwalts-GmbH. Große praktische Bedeutung erlangte diese Rechtsform im Kölner Bezirk nicht. Am 1. Januar 2004 waren neun Gesellschaften mit beschränkter Haftung Mitglieder der Rechtsanwaltskammer.[23]

Auch die den Freiberuflern bereits seit dem Gesetz vom 25. Juli 1994[24] offenstehende Rechtsform der Partnerschaftsgesellschaft fand keinen sehr großen Zuspruch. Ende 2003 gab es im Kölner Kammerbezirk 56 Partnerschaftsgesellschaften, an denen Anwälte beteiligt waren.[25]

---

19 NJW 1995, S. 199 ff.

20 BRAK-Mitt. 3/1995, S. 110.

21 MittRAK 4/1996, S. 147.

22 BGBl I, S. 2600.

23 KammerForum 1/2004, S. 53.

24 BGBl I, S. 1744.

25 KammerForum 1/2004, S. 4.

5. Die Übernahme der Anwaltszulassung und weiterer bisher staatlicher Aufgaben durch die Kammer

Seit der Rechtsanwaltsordnung von 1878 entschied die Landesjustizverwaltung über die Zulassung zur Anwaltschaft nach Anhörung des Vorstands der Rechtsanwaltskammer. Gegen diese Regelung hatte die Anwaltschaft im Vorfeld des Gesetzgebungsverfahrens nichts unternommen, weil sie dem vorherigen Rechtszustand und dem allgemeinen Verständnis der Zeit entsprach. Sie wurde auch in den folgenden Jahrzehnten nicht ernsthaft in Frage gestellt; dies änderte sich erst nach dem Zweiten Weltkrieg. Der erste bereits am 24. April 1945 gewählte, aus den Rechtsanwälten Finck, Dr. Rhée und Dr. Legers bestehende Kölner Kammervorstand bestimmte in seiner „Verordnung" vom 1. Mai 1945, in Kraft getreten am 1. Juni 1945, dass er selbst nach Anhörung der Militärregierung über die Zulassung zur Anwaltschaft entscheidet; diese Zuständigkeit nahm ihr die Besatzungsmacht Ende 1947 wieder ab.[26] Auch die Bundesrechtsanwaltsordnung beließ es gegen den Widerstand der Anwaltschaft bei der Zulassung durch die Landesjustizverwaltungen. Deutschland blieb damit eines der wenigen europäischen Länder, in denen die Anwaltsorganisationen nicht selbst über den Zugang zum Beruf entschieden.

Die Bereitschaft der Bundesländer, sich von dieser Kompetenz zu trennen, beruhte natürlich nicht auf einem gewandelten Verständnis für das Selbstverwaltungsbedürfnis der Anwaltschaft, sondern auf der fiskalischen Überlegung, sich einer aufwändigen und lästig gewordenen Aufgabe zu entledigen. Die Initiative ging von der Hauptversammlung der Bundesrechtsanwaltskammer im Mai 1996 aus, der ein u. a. von der Kammer Köln unterstützter Antrag der Rechtsanwaltskammer Hamm zugrunde lag.[27] Allerdings wehrten sich einige Kammern aus personellen, organisatorischen und finanziellen Gründen dagegen, das Zulassungsgeschäft zu übernehmen. Der durch Gesetz vom 31. August 1998[28] eingefügte § 224a BRAO ermächtigte daher die Landesregierungen, die den Landesjustizverwaltungen zustehenden Aufgaben und Befugnisse auf die Rechtsanwaltskammern zu übertragen. Da die drei nordrhein-westfälischen Kammern dafür bereitstanden, gehörte die Landesregierung in Düsseldorf zu den ersten, die von der Ermächtigung mit einer

---

26 Vgl. dazu Kapitel 4 Abschnitt 1.

27 MittRAK 2/1996, S. 65 f.

28 BGBl I, S. 2600, 2003. Die im Entwurf der Bundesregierung vorgesehene Fachaufsicht über die Kammern entfiel auf Drängen der Kammern und auf Wunsch der Bundesländer.

Rechtsverordnung vom 26. Januar 1999 Gebrauch machten.[29] Ab dem 1. Juli 1999 war damit die Rechtsanwaltskammer Köln für das Zulassungswesen in ihrem Bezirk zuständig.[30]

Die Übernahme dieser neuen bedeutungsvollen Aufgabe war eine organisatorische Meisterleistung der Geschäftsführung, und ihre Bewältigung ein bewundernswerter Kraftakt aller Mitarbeiter. Die Verwaltung des Oberlandesgerichts übergab der Kammer einen geordneten Geschäftsbereich, sie hatte aber verständlicherweise nicht ihren Ehrgeiz darein gesetzt, alle laufenden Verfahren noch abzuschließen. Dadurch ergab sich nach dem Inkrafttreten der Neuregelung zunächst ein gewisser Bearbeitungsstau, der aber in kürzester Zeit aufgelöst werden konnte. Dazu trug auch die Änderung der Geschäftsordnung des Vorstands vom 25. Juni 1999 bei.[31] Die gesetzliche Ermächtigung, die Aufgaben und Befugnisse auf einzelne Vorstandsmitglieder zu übertragen, setzte der Vorstand in der Weise um, dass für alle unproblematischen Fälle, nämlich die positiven Entscheidungen über Zulassungsanträge, Vertreterbestellungen und Zulassungsrücknahmen wegen Fehlens der Berufshaftpflichtversicherung der Präsident allein zuständig wurde. Da die Mitarbeiter der Kammer die Entscheidungen vorbereiteten, musste er sie nur noch unterschreiben. Im übrigen wurden die Aufgaben einer neuen Abteilung des Vorstands übertragen. Dieses Procedere führte u. a. zu einer ganz erheblichen Beschleunigung des Zulassungsverfahrens. Während früher vor allem wegen der einzuholenden Stellungnahme der Kammer zwischen dem Eingang des Antrags beim Oberlandesgericht und der Aushändigung der Urkunde oft Wochen vergingen, beträgt die Bearbeitungszeit in glatten Fällen jetzt im günstigsten Fall nur wenige Tage. Für die Vereidigung und die Eintragung in die Anwaltsliste bei dem Gericht der Zulassung ist zwar nach wie vor die Justiz verantwortlich. Durch die gute Zusammenarbeit zwischen der Kammer und den Gerichten konnten aber auch diese Abschnitte des Zulassungsverfahrens abgekürzt werden. Mühevoll und wenig angenehm ist für die Kammer die Kehrseite der Zulassung, nämlich die Zurücknahme der Zulassung, insbesondere in den Fällen, in denen ein Kammermitglied in Vermögensverfall geraten ist und dadurch die Interessen der Rechtsuchenden gefährdet sind. Dies kam glücklicherweise im Kölner Kammerbezirk bisher nicht sehr häufig vor. Ein organisatorisches Problem waren die noch beim Oberlandesgericht lagernden Personalakten, die die Justiz gerne los werden wollte und die die Kammer nicht unterbringen konnte; auch hierfür wurde eine pragmatische Lösung gefunden.

---

29 GVBl NW, S. 40.

30 Für die Rechtsanwalts-GmbHs war die Kammer bereits ab 1.3.1999 zuständig.

31 MittRAK 3/1999, S. 209 ff.

6. Die Justizreform

Ein besonderes Ärgernis für die Anwaltschaft waren die 2001 vom Bundestag beschlossenen einschneidenden Änderungen der Zivilprozessordnung, die auf den verstärkten Einsatz von Einzelrichtern bei den bisherigen Kollegialgerichten, eine Beschränkung der Rechtsmittel und damit auf eine Verkürzung des Rechtsschutzes der Bürger hinausliefen. Sachliche Gründe für solche grundlegenden Änderungen des Verfahrens gab es nicht, weil die Ziviljustiz in Deutschland auf der Grundlage der bestehenden Regelungen schnell und effizient arbeitete.[32] An den Versuchen, die Reform zu verhindern, beteiligten sich zahlreiche Mitglieder der Kölner Kammer. Fast zwei Jahre lang wurde das Thema auch in jeder Ausgabe des Mitteilungsblatts abgehandelt und in jeder Vorstandssitzung diskutiert.

Schon in einer ihrer ersten Reden im Bundestag nach der Wahl im Jahr 1998 hatte die neue Bundesjustizministerin, Prof. Dr. Herta Däubler-Gmelin, eine „Große Justizreform" angekündigt;[33] wenige Monate später legte ihr Ministerium einen umfassenden „Bericht zur Rechtsmittelreform in Zivilsachen" vor. Damit befasste sich alsbald sehr kritisch der ZPO/GVG-Ausschuss der Bundesrechtsanwaltskammer unter dem Vorsitz von Dr. Karl Eichele, Koblenz, und der Mitwirkung von Lothar Schmude, Köln.[34] Ende 1999 lag der Referentenentwurf eines „Gesetzes zur Reform des Zivilprozesses" vor. Zwar lehnte die Anwaltschaft nicht alles ab, einige Einzelvorschläge griffen auch ihre eigenen früheren Anregungen auf. Die Einschränkungen des Rechtsschutzes waren aber nicht hinnehmbar. In der Kammerversammlung am 15. März 2000 trug Lothar Schmude den Inhalt des Entwurfs und die Kritik der Anwaltschaft vor.[35] Noch in demselben Monat gab die Bundesrechtsanwaltskammer eine sehr ausführliche Stellungnahme ab, die im Wesentlichen auf der Arbeit des Ausschusses beruhte, in die aber auch die Äußerungen der einzelnen Kammern, darunter der Rechtsanwaltskammer Köln, einflossen.[36] Zu denen, die den Plänen der Bundesjustizministerin kritisch gegenüber standen, gehörte auch der nordrhein-westfälische Justizminister

---

32 Vgl. statt aller den Aufsatz des baden-württembergischen Justizministers Goll, Rechtsmittelreform – Umbau oder Abbau des Rechtsstaats?, BRAK-Mitt. 1/2000, S. 4 ff, der das Vorhaben als „so überflüssig wie einen Kropf" bezeichnete.

33 MittRAK 1/1999, S. 23.

34 MittRAK 4/1999, S. 272 ff.

35 MittRAK 2/2000, S. 83 f.

36 MittRAK 2/2000, S. 97 ff.

Jochen Dieckmann.[37] Es war seine Idee, die vorgeschlagenen Gesetzesänderungen einem Praxistest zu unterziehen, in dem sie anhand von vier
simulierten Fällen von Richtern und Anwälten „durchgespielt" wurden. An
der Simulationsveranstaltung vom 10.-12. Mai 2000 nahmen aus dem Kölner
Bezirk Dr. Hubert van Bühren und Dr. Astrid Funke teil; der Test bestätigte
die Kritik der Anwaltschaft.[38] Auf dem Anwaltstag Anfang Juni 2000 signalisierte die Ministerin zwar Diskussionsbereitschaft, brachte aber ihren Entwurf
mit nur marginalen Änderungen noch vor der parlamentarischen Sommer-
pause im Bundestag ein.[39]

Der Widerstand gegen die Reformpläne wurde vor allem von der Anwaltschaft getragen. Am 4./5. Februar 2000 veranstaltete der Deutsche Anwaltverein in Berlin das Forum „Justizreform – Zivilprozess" unter der souveränen
Leitung von Felix Busse, Bonn. Der von ihm geleitete Ausschuss Justizreform
des DAV, dem u.a. die Kölner Kollegen Dr. Bernd Hirtz und Dr. Heribert
Johlen angehörten, hatte die Tagung in Form von vorläufigen Thesen gründlich vorbereitet. Das in vielen Punkten ablehnende Ergebnis der Diskussion
floss in die Ende März 2000 mit einer ausführlichen Begründung abgegebene
Stellungnahme des DAV gegenüber dem Bundesjustizministerium ein.[40] Eine
außerordentliche Präsidentenkonferenz der Bundesrechtsanwaltskammer am
28. Februar 2000 lehnte den Entwurf einstimmig ab.[41] An einer von der BRAK
veranstalteten Umfrage unter allen deutschen Anwälten beteiligten sich 38 %
der Kolleginnen und Kollegen, wovon sich 94 % gegen die Pläne der Bundesregierung aussprachen.[42] Der Präsident der Rechtsanwaltskammer Köln
schrieb am 25. September 2000 alle Verbände, Vereine und sonstigen Institutionen im Oberlandesgerichtsbezirk an, um ihnen die ihnen selbst und ihren
Mitgliedern drohenden Nachteile vor Augen zu führen.[43] Er wandte sich weiter in einem Schreiben vom 31. Oktober 2000 an alle Bundestagsabgeordneten des Kammerbezirks.[44] Die Anwaltschaft stand aber mit ihrer Ablehnung

---

37 Vgl. dazu sein mit Dr. Hubert van Bühren geführtes Gespräch, MittRAK 1/2000, S. 9 ff.

38 Der ausführliche Bericht von Frau Dr. Funke findet sich in MittRAK 2/2000, S. 123 ff. und BRAK-
    Mitt. 3/2000, S. 102 ff. In JZ 2000 Heft 15/16, S. 760 ff berichtete auch Minister Dieckmann über
    die Ergebnisse des Tests.

39 MittRAK 3/2000, S. 195 ff. Auch in ihrem Interview mit Dr. van Bühren, MittRAK 3/2000, S. 189
    ff., machte sie kaum Abstriche von ihren Vorstellungen.

40 AnwBl. 2000, S. 177 ff.

41 MittRAK 1/2000, S. 19 f.

42 BRAK-Mitt. 6/2000, S. 277 f.

43 MittRAK 4/2000, S. 278; der Verfasser erhielt zahlreiche zustimmende Antworten, auch von nam-
    haften Bundesverbänden, die damals noch ihren Sitz in Bonn und Köln hatten.

44 MittRAK 4/2000, S. 280; die Reaktion war spärlich.

keineswegs allein. Sie fand starke Unterstützung vor allem bei den Richtern. Schon in der Veranstaltung des DAV im Februar 2000 in Berlin hatten sich die fast vollzählig erschienenen Oberlandesgerichtspräsidenten kritisch geäußert. In Erklärungen vom 6. Juni und 28. September 2000 bekräftigten die Präsidentinnen und Präsidenten der Oberlandesgerichte ihre grundlegenden Bedenken.[45] Auch der Präsident des Bundesgerichtshofs bezeichnete die Reform als überflüssig. Alle namhaften Verbände, im Alphabet angeführt vom ADAC mit 14 Millionen Mitgliedern, lehnten die Justizreform nachdrücklich ab.

Es half aber alles nichts oder jedenfalls nicht viel; mit der ihr eigenen Beharrlichkeit und Beratungsresistenz hielt die Bundesjustizministerin an ihrem Vorhaben fest. Anfang 2001 wurde die Endrunde der Abwehrschlacht eingeläutet. Die Bundesrechtsanwaltskammer entschloss sich zu dem ungewöhnlichen Schritt, sich an die Öffentlichkeit in ganzseitigen Anzeigen in der FAZ, der Frankfurter Rundschau und im Handelsblatt zu wenden, die am 12. Januar 2001 erschienen.[46] Am 6. März fand ein Spitzengespräch beim Bundeskanzler statt, an dem u. a. die Ministerin und die Präsidenten von BRAK und DAV, Dr. Dombeck und Dr. Streck, teilnahmen und in dem einige Änderungen besprochen wurden. Am 17. März signalisierte der Vorstand des DAV grundsätzliche Kompromissbereitschaft, die Präsidentenkonferenz der BRAK am 22. März hielt aber an ihrer ablehnenden Haltung fest, nachdem die Ministerin in einem Gespräch mit Dr. Dombeck am 20. März in wesentlichen Punkten nicht von ihrem Auffassung abgehen wollte.[47] Am 2. April erschienen nochmals Anzeigen der BRAK, diesmal in Spiegel und Focus, zugleich wandte sie sich mit weiteren Erklärungen an die Öffentlichkeit. Die Bundestagsmehrheit blieb von alledem unbeeindruckt. Am 7. April empfahl der Rechtsausschuss gegen die Stimmen von CDU/CSU und F.D.P. dem Bundestag die Annahme des Entwurfs mit gewissen Modifikationen. Auch ein erweitertes Berichterstattergespräch des Rechtsausschusses am 7. Mai, an dem Dr. Dombeck teilnahm, brachte keine weiteren Änderungen mehr.[48] In der Fassung der Ausschussmehrheit wurde das Gesetz am 17. Mai 2001 vom Bundestag verabschiedet, es trat am 1. Januar 2002 in Kraft.[49]

Es ist ein offenes Geheimnis, dass die SPD den Bündnisgrünen die Zustimmung zur ZPO-Reform abgekauft hatte mit der eigenen Zustimmung zu

---

45 MittRAK 4/2000, S. 277 f.

46 BRAK-Mitt. 1/2001, S. 1.

47 BRAK-Mitt. 2/2001, S. 49.

48 Im Anschluss daran legte Dr. Dombeck den Standpunkt der BRAK noch einmal in einem ausführlichen Schreiben an den Vorsitzenden des Rechtsausschusses, Prof. Dr. Rupert Scholz, dar, vgl. BRAK-Mitt. 3/2001, S. 122 ff.

49 BGBl I, S. 1887.

dem umstrittenen Lebenspartnerschaftsgesetz. Bürger, Anwälte und Richter müssen jetzt mit dem, was bei diesem Handel herausgekommen ist, leben. Zwar konnten im Laufe des Gesetzgebungsverfahrens durch den energischen Einsatz der beiden großen Anwaltsorganisationen, aber auch der Richterschaft einige Regelungen des ursprünglichen Entwurfs geändert oder entschärft werden, aber es ist ein schwacher Trost, dass alles noch schlimmer hätte kommen können. Was gekommen ist, ist schlimm genug. Die bisherigen Erfahrungen haben bewiesen, dass die ZPO-Reform gescheitert ist. Das neue Verfahrensrecht ist weder effizienter noch transparenter noch bürgernäher, sondern beschert den Prozessbeteiligten eine Vielzahl von Problemen und Zweifelsfragen.[50] Die Erweiterung der Hinweispflicht des Gerichts, eine der wenigen Verbesserungen, wollte das Land Hessen im Jahr 2003 sogar wieder abschaffen.[51]

7. Erfreuliche Ereignisse

Ginge es hier um die Memoiren des Verfassers, so würden an dieser Stelle seine vertrauensvollen und vielfach auch freundschaftlichen Beziehungen zu einer Vielzahl von Menschen einen breiten Raum einnehmen, die Beziehungen zu den Kolleginnen und Kollegen im Kammervorstand, zu den Geschäftsführern und Mitarbeitern der Kammer beiderlei Geschlechts, zu dem großen Kreis von Rechtsanwältinnen und Rechtsanwälten, denen er im Rahmen der Bundesrechtsanwaltskammer und der Satzungsversammlung immer wieder begegnet ist, zu vielen Richtern und Politikern, mit denen er nicht nur als Repräsentant der Kammer zu tun hatte. Vor allem von Dankbarkeit für die gute Zusammenarbeit und das entgegengebrachte Vertrauen, für Loyalität und vielfältige Hilfe wäre dann ausgiebig die Rede. Diese schönste Seite der Tätigkeit für die Rechtsanwaltskammer Köln soll aber bei dem Rückblick insbesondere auf die Zeit von 1995 bis 2001 ausgeblendet bleiben.

Zu den erfreulichen Ereignissen, von denen hier zu berichten ist, gehört die Gründung des Vereins zur Förderung kultureller Zwecke im Bereich der Kölner Justiz e.V. am 23. März 1998.[52] Gründungmitglieder waren u.a. der

---

50 So mit eingehender Begründung Egon Schneider, Fallstricke der neuen ZPO, KammerForum 3/2003, S. 187 ff.

51 Vgl. KammerForum 2/2003, S. 121 f.

52 MittRAK 2/1998, S. 91.

damalige Kammerpräsident und sein Nachfolger, Dr. Peter Thümmel, der sich auch für den Vorstand zur Verfügung stellte. Zum ersten Vorsitzenden wurde der Präsident der Rheinischen Notarkammer, Prof. Dr. Walter Schmitz-Valckenberg, gewählt. Nach einiger Zeit änderte der Verein seinen umständlichen Namen in „Kunst Kultur Justiz e.V.". Es gelang ihm, Spender und Sponsoren zu gewinnen; er veranstaltete oder förderte schon eine Vielzahl von Ausstellungen, Konzerten und Vortragsveranstaltungen in den Gerichtsgebäuden des Kammerbezirks, die großen Zuspruch und auch Anerkennung in der Öffentlichkeit fanden. Die Rechtsanwaltskammer Köln unterstützt den Verein nach besten Kräften und übernahm inzwischen auch von der Rheinischen Notarkammer die Funktion der Geschäftsstelle. Die Vereinsgründung ging zurück auf die Initiative des Präsidenten des Oberlandesgerichts Dr. Armin Lünterbusch, eines ausgewiesenen Kunstkenners und Kunstliebhabers, der sich seit Jahrzehnten für die zeitgenössische Kunst engagierte, u. a. für das Museum Schloss Moyland am Niederrhein. Seine Erkenntnis, dass viele Künstler schöne Dinge im Depot stehen haben und die Justiz viele weiße Wände hat, hatte er schon als Präsident des Landgerichts Kleve in die Tat umgesetzt, indem er das dortige Gerichtsgebäude, die ehrwürdige Schwanenburg, mit Kunstwerken ausstattete.[53]

Am 23. Mai 1999 wurde das Grundgesetz 50 Jahre alt. Es war ein lang gehegter Wunsch der Präsidentin des Bundesverfassungsgerichts, Prof. Dr. Jutta Limbach, diesen Geburtstag mit einer großen Ausstellung zu feiern. Die Bundesrechtsanwaltskammer und die Bundeszentrale für politische Bildung verwirklichten diesen Plan mit der Wanderausstellung „In bester Verfassung?! 50 Jahre Grundgesetz", die am 29. April 1999 mit einem Festakt in den Räumen des Bundesverfassungsgerichts in Karlsruhe eröffnet wurde. Sie zeigte sehr anschaulich die Stationen der Verfassungsgeschichte, die Menschen, die diese Geschichte gestaltet hatten, und viele Beispiele aus dem Wirken des Bundesverfassungsgerichts. Vom 24. Juli bis 27. August 1999 war die Ausstellung im Foyer des Verwaltungsgerichts Köln am Appellhofplatz zu Gast. Den Festvortrag bei der Eröffnungsveranstaltung am 24. Juli hielt Prof. Dr. Konrad Redeker.[54] Es ging der Kammer vor allem darum, möglichst viele junge Menschen für die Ausstellung zu interessieren, was auch gelang; unzählige Schulklassen und andere Gruppen sahen sie sich an.[55]

---

53 Vgl. dazu das Interview mit Dr. Lünterbusch in MittRAK 2/1997, S. 66 ff., S. 71.

54 MittRAK 2/1999, S. 163 ff.

55 Die Kammer hatte in einer für ihre Mitarbeiter sehr arbeitsreichen Aktion die Namen aller Leiterinnen und Leiter der weiterführenden Schulen des Kammerbezirks ausfindig gemacht und diesen Personenkreis individuell angeschrieben.

Ein Höhepunkt war die Hauptversammlung der Bundesrechtsanwaltskammer in Köln am 11./12. Mai 2000. Die Organisation und vor allem das
Rahmenprogramm begeisterten die Teilnehmer. An die feierliche Begrüßung
im Oberlandesgerichtsgebäude, von dem die auswärtigen Gäste gebührend
beeindruckt waren, schloss sich ein kölsches Büffet im Brauhaus Früh an.
Das Abendessen nach der Hauptversammlung fand im Museum für ostasiati-
sche Kunst statt, eingeleitet durch ein kurzes, aber vorzügliches Konzert der
Pianistin Susanne Kessel. Zum Ausklang am folgenden Tag konnten die
Gäste wahlweise die Ausgrabungen unter oder den Dachstuhl über dem
Kölner Dom besichtigen. Die perfekte Ausrichtung der Tagung war das Verdienst der Geschäftsführung und der Mitarbeiter der Kammer.

Kapitel 11

Jüngste Vergangenheit und Gegenwart Die Zeit seit 2001

Dr. Peter Thümmel
Präsident der RAK Köln seit 2001

1. Dr. Peter Thümmel

Am 17. März 2001 wählte der Kammervorstand Dr. Peter Thümmel zum Präsidenten. Er ist damit der vierzehnte Präsident der Rechtsanwaltskammer Köln seit 1879.[1]

Peter Thümmel wurde am 21. Dezember 1944 in Dresden geboren und verbrachte seine Jugend in Westfalen. Nach einer praktischen Ausbildung und dem Wehrdienst legte er 1969 die Reifeprüfung am Westfalenkolleg ab; Studium und Referendarausbildung in Köln schlossen sich an. Am 2. Januar 1978 wurde er als Rechtsanwalt beim Amts- und Landgericht Köln zugelassen. Dr. Thümmel war von 1980 bis 1988 Geschäftsführer des Kölner Anwaltvereins (KAV), bis 1982 unter dem Vorsitzenden Ludwig Koch, anschließend unter Dr. Bernd Bürglen. Dessen Nachfolge als Vorsitzender des KAV trat er im Mai 1991 an und bekleidete dieses Amt bis Februar 1998. In den Kammervorstand wurde er erstmals im März 1989 gewählt; 1995 berief ihn der Vorstand zu einem der Vizepräsidenten.

Dr. Thümmel zeichnet sich durch ein hohes Maß von Zielstrebigkeit und Engagement aus. Neben seiner Tätigkeit als Vereinsgeschäftsführer baute er eine beachtliche Anwaltspraxis auf. In seinen ehrenamtlichen Funktionen bewies er große Energie und Innovationskraft; er war neuen Entwicklungen gegenüber stets aufgeschlossen. Zur Größe und Bedeutung des KAV trug er entscheidend bei. In der Satzungsversammlung, der er von Anfang an angehörte, hatte und hat seine Stimme besonderes Gewicht.

Dr. Thümmel pflegt zum Nutzen der Anwaltschaft über den engeren beruflichen Bereich hinaus vielfältige Kontakte zu Politikern und anderen Persönlichkeiten des öffentlichen Lebens. So gehört er zu denjenigen, die durch zahllose Gespräche zur Verhinderung der Gewerbesteuer für die freien Berufe beitrugen. Er hatte auch einen maßgeblichen Anteil daran, dass der nordrhein-westfälische Justizminister seinen Plan aufgab, die auswärtigen Gerichtstage der Arbeitsgerichte fast ausnahmslos abzuschaffen.[2]

Schon in die ersten drei Jahre seiner Präsidentschaft fiel eine Reihe wichtiger Ereignisse und Entwicklungen.

---

[1] Bis zur Reichsrechtsanwaltsordnung von 1935 hießen seine Vorgänger „Vorsitzende".

[2] Sein offener Brief vom 26.1.2004 an alle maßgeblichen Politiker findet sich im KammerForum 1/2004, S. 40 ff; vgl. zu dem Thema auch den Aufsatz von Hüttemann, KammerForum 2/2004, S. 38 ff.

2. Das Ende der Singularzulassung beim Oberlandesgericht

Das Prinzip der Singularzulassung, wonach der bei einem Landgericht zugelassene Anwalt nicht zugleich bei dem übergeordneten Oberlandesgericht
zugelassen werden kann, hatte im Kölner Bezirk eine lange Tradition. Nach
der Rechtsanwaltsordnung von 1878 war eine Zulassung bei einem weiteren
Kollegialgericht nur dann möglich, wenn das Oberlandesgericht durch Plenar-
beschluss diese dem Interesse der Rechtspflege für förderlich erklärte, was in
Preußen – im Gegensatz zu den süddeutschen Ländern – praktisch nie geschah. Bei dieser Handhabung blieb es nach dem Zweiten Weltkrieg auch in
Nordrhein-Westfalen; § 25 BRAO schrieb die Singularzulassung als Regel fest,
die Simultanzulassung blieb dort, wo sie bis dahin üblich war, erhalten.[3]

Die Vorteile der Singularzulassung für die Mandanten lagen auf der Hand.
Der Prozessstoff wurde von einem mit den Besonderheiten des Rechtsmittel-
rechts und der Rechtsprechung seines Oberlandesgerichts vertrauten qualifizierten Anwalt noch einmal neu geprüft und aufgearbeitet.[4] Die Rechtsanwaltskammer Köln gehörte darum immer zu den Befürwortern dieser Regelung;[5] auf ihre Anregung hin beschloss die Tagung der Gebührenreferenten
im Jahr 1988 sogar, das Verbot der Gebührenteilung mit singular beim Oberlandesgericht zugelassenen Rechtsanwälten in der BRAO gesetzlich zu ver-
ankern.[6] Allerdings erlitt das hohe Ansehen der OLG-Anwälte innerhalb der
Anwaltschaft im Laufe der Zeit einige Blessuren. Sie gingen wie so oft auf das
Konto weniger schwarzer Schafe, aber sie beeinflussten doch die allgemeine
Stimmungslage zum Thema „Singularzulassung". Das Aufkommen „gemisch-
ter" Sozietäten, also solcher zwischen Landgerichts- und Oberlandesgerichts-
anwälten, war der Ausdruck des Wunschs, lukrative Mandate auch in der Berufungsinstanz „im Haus" zu behalten. Dies benachteiligte die auswärtigen
Rechtsanwältinnen und Rechtsanwälte, weil der beim Oberlandesgericht zugelassene Anwalt seine Kanzlei in Köln haben musste und diese Form der
Zusammenarbeit darum nur Kölner Sozietäten offen stand. Einige Bonner
Sozietäten wichen auf die Möglichkeit aus, in Köln ein kleines Büro mit
einem beim OLG zugelassenen Kollegen zu etablieren. In den gemischten

---

3 Zur Geschichte der Singularzulassung vgl. Hirtz, Die Rechtsanwaltschaft bei dem Oberlandesgericht Köln, S. 319 ff.

4 So auch BGHZ 71, S. 28 ff.

5 U.a. in seinen 1973 beschlossenen Leitsätzen setzte sich der Vorstand für die Beibehaltung der
   Singularzulassung ein, vgl. MittRAK Nr. 53 (Januar 1974), Beilage „Aus der Arbeit des Kammervorstands".

6 MittRAK 2/1989, S. 1.

Sozietäten wechselte zwar in aller Regel der Bearbeiter in der zweiten Instanz; es gab aber auch unrühmliche Ausnahmen. Ein weiterer, früher heiliger Grundsatz war, dass der Oberlandesgerichtsanwalt alles unterließ, um den ihm durch einen Landgerichtsanwalt zugeführten und anvertrauten Mandanten abzuwerben, insbesondere für Beratungstätigkeiten. Auch von dieser ungeschriebenen Regel wurde zum Ärger der erstinstanzlichen Kolleginnen und Kollegen nicht nur in seltenen Ausnahmefällen abgewichen, vor allem, nachdem sich das Ende der Singularzulassung abzeichnete. Schließlich kam es bei sehr hohen Streitwerten vereinzelt zu Gebührenteilungsabkommen, auf die vor allem Korrespondenzanwälte aus dem Gebiet der Simultanzulassung gerne drängten.[7]

Mit seinem Urteil vom 13. Dezember 2000 erklärte das Bundesverfassungsgericht § 25 BRAO für verfassungswidrig, und zwar mit ungewöhnlich kurzen Übergangsfristen. Beim Oberlandesgericht singular zugelassene Anwälte konnten ab 1. Januar 2002 bei einem Landgericht, die bisherigen Amts- und Landgerichtsanwälte ab 1. Juli 2002 zugleich bei dem übergeordneten Oberlandesgericht zugelassen werden.[8] Nach den Erfahrungen in den Bezirken, in denen bereits früher die Simultanzulassung möglich war, rechnete die Kammer zunächst damit, dass knapp 50 % der Amts- und Landgerichtsanwälte ihre Zulassung beim Oberlandesgericht beantragen würden, was nicht eintrat. Damit die nötigen Vorbereitungen getroffen werden konnten, waren frühzeitig und wiederholt entsprechende Antragsformulare dem Mitteilungsblatt beigefügt. Unvorhergesehene Ereignisse sorgten dann noch kurz vor dem vom Bundesverfassungsgericht vorgegebene Stichtag für Verwirrung und Aufregung. Zum einen hatten einige OLG-Kollegen gegen das Urteil vom 13. Dezember 2000 Beschwerde beim Europäischen Gerichtshof für Menschenrechte erhoben und eine einstweilige Anordnung beantragt.[9] Weiter hatte der Rechtsausschuss des Bundestags vorgeschlagen, die Materie in dem – die Lokalisierung des OLG-Anwälte aufhebenden – OLG-Vertretungsänderungsgesetz zu regeln und den Stichtag auf den 1. April 2003 zu verschieben. Erst nachdem der Bundesrat am 21. Juni 2002, also wenige Tage vor dem Stichtag, beschlossen hatte, den Vermittlungsausschuss anzurufen, stand fest, dass es bei den Vorgaben des Bundesverfassungsgerichts bleiben würde.[10] Dank einiger Nachtschichten der Mitarbeiter der Kammer und der

---

7   Diese Beobachtungen lassen sich naturgemäß nicht mit Zitaten belegen; der Verfasser stützt sich auf zahlreiche Gespräche mit Kollegen und auf eigene Erfahrungen.

8   NJW 2001, S. 353 ff.

9   Der Europäische Gerichtshof für Menschenrechte hat die Beschwerde am 6.2.2003 zurückgewiesen, vgl. KammerForum 2/2003, S. 117 f.

10   Zu den Einzelheiten des „spannenden Endspurts" vgl. KammerForum 3/2002, S. 222 ff.

hervorragenden Zusammenarbeit mit dem Oberlandesgericht Köln gelang es, innerhalb weniger Tage rund 2.000 Zulassungsurkunden zu versenden, den für die Eintragung in die Anwaltsliste maßgeblichen Rücklauf der Empfangsbekenntnisse zu überwachen und die Benachrichtigungen über die Eintragung zu versenden.[11] Am 1. Januar 2004 waren 2.964 Rechtsanwältinnen und Rechtsanwälte simultan beim Oberlandesgerichtsgericht Köln zugelassen; nur 64 waren noch „reine" OLG-Anwälte.[12]

Für die vorher singular beim Oberlandesgericht zugelassenen Anwälte brachte die neue Marktsituation, zu der auch die Aufhebung der Lokalisierung gehört[13], tief greifende Veränderungen und teilweise dramatische Umsatzeinbrüche mit sich. Die gemischten Sozietäten erhielten keine externen Berufungsmandate mehr. Viele kleine OLG-Praxen standen fast ohne Mandate da. In den mittleren und größeren Sozietäten ging der Umsatz aus Berufungsmandaten auf 30 % und weniger zurück. Fast alle Rechtsanwältinnen und Rechtsanwälte mussten von der vertrauten Prozesspraxis vor dem Oberlandesgericht auf andere Tätigkeitsgebiete ausweichen und versuchen, im Beratungsbereich Fuß zu fassen. Die meisten sind inzwischen zugleich beim Landgericht zugelassen und bearbeiten auch erstinstanzliche Mandate. Der ehrwürdige Verein der Rechtsanwälte bei dem Oberlandesgericht Köln, der sich stolz als *Barreau* bezeichnete, existiert nicht mehr als selbständige Körperschaft, sondern führt seine Tätigkeit als Vereinigung der OLG-Anwälte unter dem Dach des Kölner AnwaltVereins fort. Manche lieb gewordene Tradition wird wohl auf der Strecke bleiben.

3. Die Reform des Bürgerlichen Gesetzbuchs

Das Gesetz über die Reform des Zivilprozesses war noch nicht verabschiedet, da konfrontierte die Bundesjustizministerin die deutschen Juristen mit einem weiteren Reformvorhaben, das wesentliche Teile des ehrwürdigen BGB grundlegend verändern sollte.

Äußerer Anlass waren drei Richtlinien der Europäischen Union zu bestimmten Aspekten des Gebrauchsgüterkaufs, der Bekämpfung des Zahlungsverzugs im Geschäftsverkehr und der Dienste der Informationsgesellschaft,

---

11 KammerForum 1/2003, S. 3 f.

12 KammerForum 1/2004, S. 3.

13 Seit dem 1.8.2002 kann gemäß § 78 ZPO n.F. ein bei einem Oberlandesgericht zugelassener Anwalt vor allen Oberlandesgerichten auftreten, BGBl I, S. 2850 ff.

die bis zum 7. August 2002 umgesetzt werden mussten. Dies erforderte zwar keine umfassende Reform des BGB, legte aber nahe, die seit Jahren von der sogenannten Schuldrechtskommission erarbeiteten Vorschläge in das BGB zu übernehmen. Am 1. September 2000 veröffentlichte das Bundesjustizministerium einen Gesetzentwurf nebst Begründung von nicht weniger als 630 (in Worten: sechshundertdreißig) Seiten, über dessen wesentlichen Inhalt die Kammer ihre Mitglieder alsbald informierte.[14] Dem folgte am 20. Februar 2001 der Entwurf eines 2. Gesetzes zur Änderung schadensersatzrechtlicher Vorschriften, der ebenfalls auf eine Korrektur wichtiger Bestimmungen des BGB abzielte.[15] Beide Gesetzesvorhaben lösten eine intensive und auch kontroverse Diskussion in der Fachwelt aus. Im Mai 2001 lag ein überarbeiteter Entwurf zur Schuldrechtsreform vor, den die Kammer ihren Mitgliedern im vollen Wortlaut vorstellte.[16] Der Bundestag verabschiedete das Gesetz am 11. Oktober 2001, am 1. Januar 2002 trat es in Kraft.[17] Das Gesetz zur Änderung schadensersatzrechtlicher Vorschriften, nach ausführlichen Beratungen mit den Verbänden am 19. Juli 2002 verabschiedet, galt ab 1. August 2002.[18]

Die Rechtsanwaltskammer Köln lehnte in Übereinstimmung mit den anderen Anwaltsorganisationen die Gesetzesänderungen nicht grundsätzlich ab, sie beklagte aber wie alle die Hast, mit der sie eingeführt wurden. Zwischen der Verkündung im Bundesgesetzblatt und dem Inkrafttreten lagen nur wenige Wochen, bei dem Gesetz vom 19. Juli 2002 nur wenige Tage. Vor allem die Schuldrechtsreform veränderte die dogmatischen und systematischen Grundlagen der im juristischen Alltag wichtigsten Rechtsgebiete. Ganze Bibliotheken wurden zu Makulatur. Was Generationen von Juristen gelernt hatten, galt plötzlich nicht mehr, und die Praktiker hatten kaum Zeit, sich auf die neue Rechtslage einzustellen.[19] Es blieb auch nicht aus, dass dem Gesetzgeber in der Eile des Verfahrens handwerkliche Fehler unterlaufen waren. Die Anwaltvereine boten Fortbildungsveranstaltungen an, um der allgemeinen Verunsicherung entgegenzuwirken, u. a. der Kölner Anwaltverein am 27. April 2002 mit den Professoren Dr. Barbara Dauner-Lieb und Dr. Martin Henssler.

---

14 Vgl. Lauer, Entwurf eines Schuldrechtsmodernisierungsgesetzes, MittRAK 1/2001, S. 21 ff.

15 Lauer, Gesetz zur Änderung schadensersatzrechtlicher Vorschriften, MittRAK 2/2001, S. 117 f.

16 MittRAK 3/2001, S. 179 ff.

17 BGBl I, S. 3138.

18 BGBl I, S. 2674.

19 Der weise Gesetzgeber des BGB ließ den Juristen immerhin 3 Jahre Zeit, bis es am 1.1.1900 in Kraft trat; auch die Reform des Familienrechts in den 70er Jahren des vorigen Jahrhunderts gab einen Vorlauf von mehr als einem Jahr.

4. Weitere Reformen des Prozessrechts?

Die seit der Bundestagswahl 2002 amtierende Bundesjustizministerin Brigitte Zypries wollte hinter ihrer übereifrigen Vorgängerin offenbar nicht zurückstehen. Kaum hatte die Praxis die ZPO-Reform von 2001 einigermaßen verdaut, legte die Ministerin im Frühjahr 2003 den „Entwurf eines Gesetzes zur Modernisierung der Justiz (Justizmodernisierungsgesetz – JuMoG)" vor, mit dem wiederum die Zivilprozessordnung und nun auch die Strafprozessordnung in wichtigen Punkten geändert werden sollen.[20] Nahezu zeitgleich beschloss die Bundestagsfraktion der CDU/CSU den „Entwurf eines Ersten Gesetzes zur Beschleunigung von Verfahren der Justiz (1. Justizbeschleunigungsgesetz)", dessen Vorschläge teils mit denen des JuMoG-Entwurfs übereinstimmten, teils darüber hinaus gingen.[21]

Die Bundesrechtsanwaltskammer und auch die Kammer Köln gaben ausführliche, im Wesentlichen ablehnende Stellungnahmen zu den neuen Gesetzesvorhaben ab. Es sieht ganz so aus, dass Regierung und Parlament die Anwaltsorganisationen mit immer neuen und wenig durchdachten Vorschlägen nicht nur auf dem Gebiet des Prozessrechts weiter in Trab halten werden.

5. Intensivierung der Öffentlichkeitsarbeit

Dr. Thümmel stellte sich nach der Übernahme des Präsidentenamts die Aufgabe, das Erscheinungsbild der Kammer in der Öffentlichkeit zu intensivieren. Die Kammer gibt inzwischen regelmäßig Pressemitteilungen zu aktuellen juristischen und berufspolitischen Fragestellungen heraus. Anfang Dezember 2001 lud der Präsident zu einer Pressekonferenz zum Thema „Schuldrechtsreform" ein. Auf seine Initiative hin wurden ab Anfang 2002 Titel und Gesicht des Mitteilungsblatts der Kammer verändert; insbesondere der neue Titel „KammerForum" trug dem Umstand Rechnung, dass die Zeitschrift seit langem nicht nur über Kammerinterna, sondern über alle aktuellen rechtspolitischen Themen, neue Gesetze, Entwicklungen auf dem europäischen Sektor und vieles andere mehr berichtet.[22]

---

20 Egon Schneider widmete dem Entwurf im AnwBl. 10/2003, S. 547 eine vernichtende Kritik.

21 Beide Entwürfe wurden den Kammermitgliedern im KammerForum 3/2003, S. 192 ff. vorgestellt.

22 KammerForum 1/2002, S. 11.

In den Bereich der Öffentlichkeitsarbeit gehört auch der „Auftritt" der Kammer im Internet. Seit März 2002 stehen unter den Adressen rechtsanwaltskammer-koeln und rak-koeln laufend aktualisierte Informationen und auch Formulare zur Verfügung.[23] Auf diesem Wege lassen sich inzwischen die Fachanwälte für die verschiedenen Gebiete schnell finden. Ferner ist das Mitteilungsblatt der Kammer ab dem Jahrgang 2000 in das Internet eingestellt.

6. Die Berufsregelungen der Anwaltschaft auf dem Prüfstand

Die Reglementierungen der Freien Berufe in Deutschland und in anderen Ländern sind seit langem ein Dorn im Auge der Europäischen Kommission. Inzwischen blies der für Wettbewerbsfragen zuständige Kommissar, Prof. Monti, zum Angriff und löste damit eine europaweite stürmische Diskussion aus. Das Thema betrifft nicht speziell die Rechtsanwaltskammer Köln, es muss aber wegen seiner erheblichen Tragweite für die gesamte Anwaltschaft an dieser Stelle angesprochen werden.[24]

Unter Berufung auf die Vorgaben des Europäischen Rats in Lissabon im März 2000 über die Liberalisierung der Märkte stellt die Generaldirektion Wettbewerb die Regulierungen für die freien Berufe insgesamt in Frage. Im Interesse und nach den Regeln eines freien Marktes müsse die Prämisse gelten, dass sich jede Regulierung als Wettbewerbshindernis zu rechtfertigen habe, gleichgültig ob die Regelung den Berufszugang betreffe, die Qualitätsanforderungen oder die Berufsausübung, die berufliche Kooperation, die Gebührenordnung oder die Werbung und schließlich die Selbstverwaltung.[25] In einer europarechtlichen Veranstaltung der BRAK in Berlin am 21. März 2003 führte Monti die Regulierungsdichte bei den freien Berufen auf altes Zunftdenken zurück. Unter Hinweis darauf, dass EDV-Berater ohne Kammern und Berufsrecht auskommen, warf Monti die Frage auf, ob Kammern und Berufsrecht in den freien Berufen wirklich erforderlich seien. Er stellte dann eine Studie des Wiener Instituts für höhere Studien (IHS) vor, welche den Regulierungsgrad verschiedener freier Berufe in den Ländern der EU in Beziehung setzte zu Produktivität und Effizienz und zu dem Ergebnis kam, dass eine geringere Regulierung dem Verbraucher diene. Monti sprach insbesondere die für viele Berufe geltenden Gebührenordnungen an.[26]

---

23 KammerForum 2/2002, S. 173.

24 Dies ist naturgemäß nur kursorisch und darum unter Weglassung unzähliger Details möglich.

25 Lühn, AnwBl. 2003, S. 688 ff.

26 Dazu ausführlich Hellwig, Europäisches Wettbewerbsrecht und freie Berufe, AnwBl. 2004, S. 19 ff.

Die teilweise auf grob falschen Annahmen beruhende Wiener Studie stieß verständlicherweise auf heftige Kritik. Eine von der CCBE eingeholte Analyse wies schwerwiegende methodologische Schwächen nach.[27] Ein von Prof. Dr. Martin Henssler und Dr. Matthias Kilian auf Veranlassung der BRAK und des DAV und im Auftrag der Hans-Soldan-Stiftung im September 2003 erstelltes Positionspapier widerlegte ausführlich und mit überzeugender Begründung alle wesentlichen Annahmen und Schlussfolgerungen der Studie.[28]

Die Aktivitäten der EG-Kommission fanden einen weiteren Höhepunkt in der von der Generaldirektion Wettbewerb am 28. Oktober 2003 in Brüssel veranstalteten Konferenz mit dem Thema *„Regulation of Professional Services"*. Die zu der Wiener Studie eingegangenen rund 250 Stellungnahmen, davon 18 von Anwaltsorganisationen aus allen Mitgliedsländern, wurden nur kursorisch behandelt. Der im Internet veröffentlichte vorbereitende Bericht erwähnte die Äußerung der BRAK überhaupt nicht und die des DAV nur sehr verkürzt.[29] Monti wies in seinem Schlusswort darauf hin, dass jedenfalls bei Preisrestriktionen, Werbeverboten und Kooperationshindernissen ein Umdenken erforderlich sei.[30]

Den von Monti angekündigten „Bericht über den Wettbewerb bei freiberuflichen Dienstleistungen" verabschiedete die Kommission am 9. Februar 2004. Der Bericht stellt praktisch alle für die freien Berufe geltenden Regelungen auf den Prüfstand. Er fordert in erster Linie die Verbände und die nationalen Wettbewerbsbehörden auf, die Notwendigkeit und Angemessenheit der Vorschriften zu überprüfen. Die besondere Brisanz liegt darin, dass sich die Kommission ausdrücklich auf die Entscheidung des EuGH in der Sache Consorzio Industrie Fiammenferi[31] stützt. Hiernach sind die nationalen Behörden verpflichtet, nationale Gesetze unangewendet zu lassen, wenn sie ein wettbewerbswidriges Verhalten vorschreiben oder erleichtern. Wie die Sache weitergeht, bleibt abzuwarten. Die Amtszeit der derzeitigen Kommissare endet im Herbst 2004. Der Trend zur Deregulierung wird aber sicher anhalten.

Dies gilt auch für das nationale deutsche Recht. Der Ruf des Bundeswirtschaftsministers und einiger Abgeordneter seiner Partei nach der Abschaffung sämtlicher Berufskammern verhallte zwar schnell. Die Bundesregierung

---

27 Vgl. Hellwig, aaO, S. 20.

28 KammerForum 1/2004, S. 20 ff.

29 europa.eu.int/comm/competition/liberalization/conference/summary.

30 Die Vorgeschichte und den Ablauf der Konferenz schildert eingehend Lühn, aaO. Die Redebeiträge finden sich im Internet unter europa.eu.int/comm/competition/liberalization/conference/libprofcor.htlm.

31 Rechtssache C 198/01.

plant aber eine völlige Überarbeitung des Rechtsberatungsgesetzes, wobei sich u. a. die Frage stellt, ob nicht auch anderen Juristen als Rechtsanwälten, etwa den Absolventen der wirtschaftsrechtlichen Studiengänge an den Fachhochschulen, die Rechtsberatung erlaubt werden soll. Auch die Bundesrechtsanwaltsordnung wird weiter reformiert werden; dabei wird wohl das Zweigstellenverbot fallen. Angestrebt wird weiter eine Harmonisierung der Berufsrechte von Rechtsanwälten, Steuerberatern und Wirtschaftsprüfern. Es macht in der Tat wenig Sinn, dass die Angehörigen dieser Berufe, die häufig in Sozietäten oder in anderer Form zusammenarbeiten, unterschiedlichen Berufsregeln unterliegen. Auf dem Gebiet des Gebührenrechts, einer besonderen Zielscheibe der EU-Kommission, ist ein weiterer Schritt zur Liberalisierung bereits getan; die Vergütung für die außergerichtliche Tätigkeit können Rechtsanwälte und Mandanten frei vereinbaren.

7. Das Gedenken an das Schicksal jüdischer Juristen nach 1933

Zu diesem Thema stand ein Beitrag der Rechtsanwaltskammer Köln lange aus, und es ist ihrem Präsidenten zu verdanken, dass er inzwischen geleistet wurde.

Dafür, dass die meisten Anwälte und Richter die Verfolgung ihrer jüdischen Kolleginnen und Kollegen aus ihrer Erinnerung ausgeblendet hatten, gibt es keine Entschuldigung, sondern nur vielfältige Erklärungen, denen hier nicht nachgegangen werden kann. Zwar erschienen in den seit 1945 vergangenen Jahren zahlreiche wissenschaftliche Arbeiten, wovon die 1991 veröffentlichte monumentale Dissertation von Rechtsanwalt Dr. Tillmann Krach mit dem Titel „Jüdische Rechtsanwälte in Preußen" einen besonderen Rang einnimmt. Die Berufsorganisationen der Juristen unternahmen aber viel zu lange nichts, um die Leiden der einzelnen Opfer vor dem Vergessen zu bewahren. Die Wende brachte die Ausstellung „Anwalt ohne Recht". Unter diesem Titel hatte die Rechtsanwaltskammer Berlin eine umfassende Dokumentation der Historikerin Dr. Simone Ladwig-Winters über die verfolgten jüdischen Berliner Rechtsanwälte herausgegeben, deren Folge die am 30. November 1998 im Centrum Judaicum in Berlin eröffnete gleichnamige Ausstellung war. Sie wurde 2000 in erweiterter Form vom Deutschen Juristentag und der Bundesrechtsanwaltskammer im Rahmen des 39. Juristentags in Leipzig und anschließend in anderen Städten gezeigt.[32] Inzwischen erinnerten sich auch die

---

32 Die eindrucksvolle Eröffnungsansprache von Konrad Redeker in Leipzig ist in BRAK-Mitt. 6/2000, S. 270 ff. veröffentlicht.

Potsdamer und Bochumer Juristen ihrer jüdischen Kollegen und gaben Bücher heraus.[33]

Im Jahr 2002 beauftragte die Rechtsanwaltskammer Köln Prof. Dr. Klaus Luig, den emeritierten Direktor des Instituts für Neuere Privatrechtsgeschichte der Universität Köln, mit einer Forschungsarbeit über das Schicksal jüdischer Rechtsanwälte, Notare, Richter und Staatsanwälte aus dem Oberlandesgerichtsbezirk Köln in der NS-Zeit. Sein Werk erschien im Frühjahr 2004 unter dem Titel „... weil er nicht arischer Abstammung ist. Jüdische Juristen in Köln während der NS-Zeit"[34]. Das Buch enthält einen umfangreichen geschichtlichen Teil, an den sich 184 Einzelbiografien anschließen. Es wurde im Rahmen der Eröffnung der Ausstellung „Anwalt ohne Recht" im Verwaltungsgericht Köln der Öffentlichkeit vorgestellt.

In der Eröffnungsveranstaltung am 3. Mai 2004 sprachen Dr. Peter Thümmel, der Präsident des Verwaltungsgerichts Köln Dr. Joachim Arntz, der Justizminister des Landes Nordrhein-Westfalen Wolfgang Gerhards, der Kölner Oberbürgermeister Fritz Schramma, der Präsident der Bundesrechtsanwaltskammer Dr. Bernhard Dombeck sowie Dr. Michael Rado, Vorstandsmitglied der Kölner Synagogengemeinde. Besonders beeindruckend war das Grußwort der über 90 Jahre alten Schriftstellerin Hilde Domin, deren Vater der jüdische Rechtsanwalt Eugen Löwenstein in Köln war. Es folgte ein Beitrag von Joel Lion von der israelischen Botschaft. Am Nachmittag fand unter der Moderation des Journalisten und Juristen Micha Guttmann vom Westdeutschen Rundfunk ein Symposium zum Thema „Verwaltung des Unrechts – die Umsetzung der nationalsozialistischen Rassegesetze im Bereich der Justiz" statt. Den einleitenden Kurzreferaten von Dr. Simone Ladwig-Winters und Prof. Dr. Klaus Luig schloss sich eine lebhafte Podiumsdiskussion mit Rechtsanwalt Robert Erdrich, Prof. Dr. Peter Landau, Advocate Joel Levi aus Israel sowie Richter am OLG Rüdiger Pamp an. Auch zahlreiche Gäste beteiligten sich an der Aussprache. Die Ausstellung war durch einundzwanzig Schautafeln über das Schicksal Kölner jüdischer Juristen ergänzt. Sie fand in der Öffentlichkeit große Aufmerksamkeit und wurde vor allem auch von vielen jungen Menschen besucht.

---

33 Zur Vorgeschichte vgl. Dombeck in seinen Begrüßungsworten anlässlich der Ausstellungseröffnung im Deutschen Bundestag im Jahr 2003, BRAK-Mitt. 3/2003, S. 99.

34 Verlag Dr. Otto Schmidt, Köln.

Nachwort

Die Geschichte der Rechtsanwaltskammer Köln, um die es hier ging, unterscheidet sich erwartungsgemäß in vieler Hinsicht nicht von der Vergangenheit der zahlreichen anderen deutschen Rechtsanwaltskammern, die ebenfalls am 1. Oktober 2004 ihren 125. Geburtstag feiern können. Für die Zukunft wird sicher nichts anderes gelten. Ob die Kammern sie bestehen, hängt entscheidend von ihnen selbst ab.

Die Rechtsanwaltskammern hatten lange den Ruf, rückwärts gewandt und konservativ zu sein, stets am guten oder auch am schlechten Alten festhalten zu wollen. Dies wurde seit Jahrzehnten von bedeutenden Vertretern der Anwaltschaft immer wieder kritisiert; der Name Konrad Redeker steht für viele andere.[1] Dass z. B. der teilweise kleinliche Umgang einiger Kammern mit der vom Bundesverfassungsgericht 1987 grundsätzlich zugelassenen Werbung immer wieder durch die Rechtsprechung korrigiert werden musste, ist ein Armutszeugnis. Den Kammern wurde auch lange zu Recht vorgeworfen, den vielfältigen Wandlungen des Anwaltsberufs nicht hinreichend Rechnung zu tragen. Aber vieles hat sich bereits in den letzten zwanzig Jahren verändert, wobei sich die Kammern mit unterschiedlichen Geschwindigkeiten bewegten. Die Rechtsanwaltskammer Köln kann für sich in Anspruch nehmen, besonders liberal zu sein.

An diese Gesinnung wird die Zukunft hohe Anforderungen stellen. Die Deregulierung der freien Berufe ist keine Marotte der Europäischen Kommission, sondern eine Forderung, die sich sehr wohl aus dem Freiheitsbegriff der zivilisierten Völker, weit über den Kreis der Europäischen Union hinaus, begründen lässt. Einige heilige Kühe der deutschen Anwaltschaft, wie etwa das Beratungsmonopol und die Gebührenordnung, in anderen Ländern unbekannt, haben trotz ihrer gut begründbaren Berechtigung keinen Anspruch auf das ewige Leben. Die deutschen Rechtsanwältinnen und Rechtsanwälte leben nicht auf einer Insel der Glückseligen, sondern in einem internationalen Umfeld, in dem viele Veränderungen längst im Gang oder vollzogen sind.[2]

Diese Einsicht erfordert eine Rückbesinnung auf das, was das Wesen der freien Advokatur ausmacht. Das Rückgrat eines jeden Rechtsstaats ist eine effiziente Justiz. Um ihre Rechte vor ihr wahrnehmen lassen zu können, aber auch um sich in dem vielfältigen Geflecht von rechtlichen Beziehungen im

---

1 Dazu eingehend Raabe anlässlich des Kolloquiums zu Ehren von Prof. Dr. Konrad Redeker am 24.10.2003 in Berlin, AnwBl. 2004, S. 65 ff.

2 Vgl. Hellwig, Der Rechtsanwalt – Organ der Rechtspflege oder Kaufmann?, AnwBl. 2004, S. 213 ff.

persönlichen und im beruflichen Umfeld, in der Wirtschaft und im Umgang mit der Verwaltung vor Nachteilen zu schützen, benötigen die Bürger die kompetente Hilfe von Fachleuten. Diese kann letztlich nur eine funktionsfähige Anwaltschaft gewährleisten. Wie sie organisiert ist und wie sie intern geregelt ist, interessiert die Bürger herzlich wenig. Wichtig sind für sie die Grundwerte, auf deren Aufrechterhaltung sich die Anwaltschaft darum konzentrieren muss. Dies ist zum einen die Kompetenz, die nicht nur durch anspruchsvolle Zulassungsvoraussetzungen, sondern auch durch eine – bisher in Deutschland vernachlässigte – Fortbildungsverpflichtung zu gewährleisten ist. Dazu gehören vor allem auch die Unabhängigkeit des Anwalts, seine Verschwiegenheitspflicht und das Verbot der Wahrnehmung widerstreitender Interessen.[3]

Darüber hinaus kann der Anwaltsberuf nicht auf eine Reihe von Spielregeln verzichten. Wer z.B. beim Umgang des Anwalts mit fremdem Geld und bei der Bemessung seiner Honorare die Grenzen des Zulässigen nur bei strafbarer Unterschlagung und Untreue, bei Betrug und Wucher ziehen will, erweist dem rechtsuchenden Bürger einen Bärendienst. Diese Normen setzen nur Mindeststandards. Die Anwaltschaft ist in besonderem Maße auf das Vertrauen der Öffentlichkeit in ihre Integrität und Seriosität angewiesen, was für jeden einzelnen Berufsangehörigen und für die Berufsgemeinschaft als Ganzes gilt. Anwälten kann darum nicht alles nachgesehen werden, was sich zwar gerade noch außerhalb der Grenze des Ungesetzlichen bewegen mag, aber im Bewusstsein der Gesellschaft – mit einer etwas altmodisch gewordenen Vokabel bezeichnet – unanständig ist.[4]

Das anwaltliche Berufsrecht dient nicht der Abschottung, der Sicherung von Pfründen, sondern dem Schutz der Bürger sowie der Funktionsfähigkeit der Rechtspflege und damit dem Gemeinwohl. Nur daraus bezieht das Berufsrecht seine Berechtigung. Wie das Bundesverfassungsgericht bereits vor siebzehn Jahren entschieden hat, unterliegt die anwaltliche Berufsausübung grundsätzlich der freien und unreglementierten Selbstbestimmung des Einzelnen; Berufsausübungsregelungen sind nur statthaft, soweit sie sich durch vernünftige Erwägungen des Gemeinwohls rechtfertigen lassen und dem Grundsatz der Verhältnismäßigkeit genügen.[5] Hieran müssen sich Regelungen des Gesetzgebers ebenso messen lassen wie Beschlüsse der Satzungsversammlung; dies gilt auch für jede einzelne Entscheidung der Anwaltsgerichte und der Kammervorstände. Alle Beteiligten tun gut daran, sich in *dubio pro libertate* zu entscheiden.

---

3 Darauf hat Hellwig, BRAK-Mitt. 2004, S. 19 ff., S. 22, zutreffend hingewiesen.

4 Welche gesellschaftspolitischen Schäden solche Verhaltensweisen anrichten können, zeigt die Selbstbedienungsmentalität mancher Entscheidungsträger in der Wirtschaft.

5 BVerfGE 76, 171 ff. (191 ff.).

Die Selbstverwaltung der Anwaltschaft ist eine der Errungenschaften der Rechtsanwaltsordnung von 1878. Sie geht auf eine Forderung von Gneist zurück[6] und hat ihre Wurzeln u. a. im nachrevolutionären Frankreich. Ihr liegt die Einsicht zugrunde, dass die Berufsgemeinschaft selbst am besten in der Lage ist, sich um ihre Angelegenheiten zu kümmern. Die Besonderheit der berufsständischen Selbstverwaltung in Deutschland besteht darin, dass sie nicht im rechtfreien Raum schwebt, sondern durch Körperschaften des öffentlichen Rechts als Teil der mittelbaren Staatsaufsicht, also gebunden an das Gemeinwohl, ausgeübt wird. Die demokratische Legitimation der Kammern beruht darauf, dass ihr maßgebendes Organ, der Vorstand, von der Versammlung der Berufsangehörigen gewählt wird. Die Rechtsanwaltskammern nehmen seit 125 Jahren mit Erfolg die ihnen übertragenen Aufgaben wahr, die gerade in den letzten Jahren noch erheblich erweitert wurden. Über ihren gesetzlichen Auftrag hinaus sind die Kammern moderne Dienstleistungseinrichtungen für die Rechtsanwältinnen und Rechtsanwälte geworden. Wer ihre Abschaffung fordert, muss die Frage beantworten, wer diese Aufgaben übernehmen könnte. Ein „Bundesaufsichtsamt für das Rechtsberatungswesen" oder eine „Bundesanstalt für Rechtsdienstleistungsaufsicht (BaRecht)" kann sich niemand wünschen. Nicht noch mehr Staat, sondern mehr Eigenverantwortung und damit auch mehr Selbstverwaltung sind das Gebot der Zeit. Gäbe es die Rechtsanwaltskammern noch nicht, müssten sie dringend im Jahr 2004 erfunden werden.

---

6 Freie Advocatur, S. 49 ff.

Anlagen

A. Die Entwicklung der Zahl der Kammermitglieder
von 1879 bis 2004

Zulassungszahlen jeweils am 1. Januar. Für einige Jahre ließen sich die Zahlen nicht feststellen.

22.11.1879	255		1912	562
1880	nicht feststellbar		1913	615
1881	275		1914	647
1882	276		1915	666
1883	285		1916	659
1884	293		1917	651
1885	294		1918	643
1886	305		1919	640
1887	319		1920	693
1888	329		1921	703
1889	354		1922	671
1890	nicht feststellbar		1923	nicht feststellbar
1891	372		1924	663
1892	383		1925	694
1893	398		1926	726
1894	412		1927	753
1895	426		1928	757
1896	450		1929	768
1897	461		1930	783
1898	475		1931	812
1899	488		1932	855
1900	516		1933	901
1901	537		1934	nicht feststellbar
1902	545		1935	972
1903	569		1936	1.003
1904	581		1937	1.076
1905	nicht feststellbar		1938	1.039
1906	625		1939	881
1907	425		1940	858
1908	442		1941	842
1909	471		1942	825
1910	479		1943	791
1911	507		1944	780

1945	nicht feststellbar		1984	3.345 einschl. 16 RB
1946	nicht feststellbar		1985	3.587 einschl. 18 RB
1947	359		1986	3.715 einschl. 18 RB
1948	490		1987	3.856 einschl. 18 RB
1949	614		1988	4.030 einschl. 18 RB
1950	672		1989	4.227 einschl. 18 RB
1951	739		1990	4.481 einschl. 18 RB
1952	826		1991	4.699 einschl. 18 RB, 1 ausl. RA/RAin
1953	867		1992	4.844 einschl. 17 RB, 2 ausl. RA/RAin
1954	882		1993	4.985 einschl. 18 RB, 5 ausl. RA/RAin
1955	918		1994	5.251 einschl. 20 RB, 6 ausl. RA/RAin
1956	937		1995	5.521 einschl. 19 RB, 7 ausl. RA/RAin
1957	960		1996	5.901 einschl. 18 RB, 6 ausl. RA/RAin
1958	978		1997	6.418 einschl. 18 RB, 9 ausl. RA/RAin
1959	1.017		1998	6.994 einschl. 17 RB, 10 ausl. RA/RAin
1960	1.090		1999	7.621 einschl. 16 RB, 11 ausl. RA/RAin
1961	1.136		2000	8.201 einschl. 16 RB, 11 ausl. RA/RAin, 6 AnwaltsGmbHs
1962	1.214			
1963	1.270			
1964	1.307		2001	8.708 einschl. 15 RB, 13 ausl. RA/RAin, 7 AnwaltsGmbHs
1965	1.316			
1966	1.346			
1967	1.398		2002	9.156 einschl. 15 RB, 13 ausl. RA/RAin, 6 AnwaltsGmbHs
1968	1.458			
1969	1.538			
1970	1.598		2003	9.634 einschl. 15 RB, 16 ausl. RA/RAin, 8 AnwaltsGmbHs
1971	1.647			
1972	1.698			
1973	1.748		2004	10.030 einschl. 15 RB, 17 ausl. RA/RAin, 9 AnwaltsGmbHs
1974	1.817			
1975	1.890			
1976	2.010			
1977	2.232			
1978	2.463			
1979	2.586			
1980	2.675			
1981	2.743			
1982	2.964 einschl. 9 Rechtsbeistände (RB)			
1983	3.117 einschl. 14 RB			

273

B. Die Mitglieder des Kammervorstands seit 1879

Vorbemerkung

Diese Ahnenforschung, als Nebenprodukt der Arbeit gedacht, erwies sich als sehr viel mühseliger als erwartet. Die Angaben für die Zeit bis 1945 sind wegen fehlender Quellen mit einer Reihe von Unsicherheiten behaftet.

Da keinerlei Unterlagen der Kammer existieren, konnten die Daten nur dem Handbuch über den königlich preußischen Hof und Staat, seit 1918 Handbuch über den preußischen Staat, entnommen werden. Im Ersten Weltkrieg und in den Wirren danach fielen einige Jahrgänge aus; die letzte Ausgabe erschien 1935. Die Handbücher befinden sich jeweils auf dem Stand im Herbst des Vorjahres. Die Kammerversammlungen, in denen die Vorstandsmitglieder ab Beginn des folgenden Jahres gewählt wurden, fanden im Dezember statt, so dass die Wahlergebnisse in dem jeweiligen Jahrgang des Handbuchs noch nicht berücksichtigt waren. Trotzdem ließen sich die Einzelheiten weitgehend rekonstruieren; verbliebene Zweifel werden mit einem Fragezeichen kenntlich gemacht.

Für die Zeit ab 1933 fanden sich einige Hinweise in den Akten des Oberlandesgerichts und der Landgerichte, die aber auch nicht vollständig sind. Die Namen der nach der Reichsrechtsanwaltsordnung von 1935 nicht mehr gewählten, sondern vom Präsidenten der Reichsrechtsanwaltskammer ernannten Vorstandsmitglieder teilte der Kammerpräsident den Gerichten im Februar 1939 mit; in Ermangelung entgegenstehender Informationen unterstellt die Tabelle, dass sie für die Zeit ab Anfang 1939 ernannt waren. Wer von ihnen bis zum Kriegsende 1945 im Amt war, ist nicht gesichert. Einige Vorstandsmitglieder wurden noch nach 1939 ernannt; es lässt sich aber nicht feststellen, wen sie ersetzt haben.

1879 bis 1933		König, Elberfeld	1879-1891
		Frings, Düsseldorf	1879-1880
Herbertz, Köln	1879-1882	Hagen, Bonn	1879-1893
Dr. Nacken, OLG	1879-1883	König, Kleve	1879-1881
Götz, Köln	1879-1893	Boecking, Saarbrücken	1879-1881
Blöm, Düsseldorf	1879-1905	Lautz, OLG	1879-1882
Kyll, Köln	1879-1894	Pelzer, Aachen	1879-1892?
Wenzel, Trier	1879-1902	Fischel, Koblenz	1880-1898
Trüpel, Aachen	1879-1894?	Lingmann, Koblenz	1879-1880

Maas, Aachen	1883-1891	Cramer, Kreuznach	1914-1933?
Elven, Köln	1882-1898	Dr. Kaiser, OLG	1914-1919
Vagedes, Köln	1882-1891	Glocke, Saarbrücken	1917-1918
Junck, Kleve	1881-1888	August I, Saarbrücken	1918-1921?
Arthur Heiliger, OLG	1896-1919	Steegmann, Saarbrücken	1918-1920?
Rieth, Köln	1883-1904	Custodis, Köln	1919-1933
Eilender, Köln	1895-1909	Becker II, Köln	1920-1927
Dr. Gaul, Köln	1896-1919	Cahen, Köln	1920-1927
Fischel, Koblenz	1880-1906	Dr. Kaatzer, Aachen	1920-1933?
Holl, Düsseldorf	1880-1904	Reeb, Köln	1920-1927
Boltz, Saarbrücken	1881-1917	Thewald, Trier	1920-1933?
Wenzel, Trier	1889-1903	Siebert, Köln	1922-1927?
Wegmann, Kleve	1889-1891	Dr. Heymans, Düren	1925-1933?
Weber, Aachen	1891-1891	Dr. Söhling	1926-1933
Junker, Aachen	1892-1898	Laakmann, Siegburg	1927-1933
Maaßen, Köln	1892-1895	Marum, Köln	1927-1929
Rheindorf, Kleve	1892-1894	Kaiser, Köln	1928-1930
Blöm, Elberfeld	1894-1904	Dr. Rhée, Köln	1928-1933
Jörissen, Aachen	1894-1907	Kreisch, Bonn	1928-1933
Dr. Eich, Bonn	1895-1908	Von den Hoff, Köln	1929-1933?
Eilender, Köln	1895-1909	Heidenheim, Köln	1930-1933
Eumes, Kleve	1895-1906	Fuchs I, Köln	1931-1933
Lürken, Aachen	1901-1919		
Dr. Peusquens, Köln	1901-1919		
Dr. Becker, Düsseldorf	1905-1906	1933 bis 1945	
Schumacher, Köln	1905-1909		
Dr. Seber, Trier	1905-1919	Bartels, Köln	1933-1938
Kranz, Barmen	1905-1906	Dr. Diedrich I, Köln	1933-1945
Varenkamp, Düsseldorf	1905-1906	Dubelman II, Köln	1933-1938
Fröhlich, Köln	1906-1910	Finck, Köln	1933-1938
Dr. Hellekessel, Bonn	1906-1918?	Frank, Koblenz	1933-1938
Schüller, Köln	1906-1918?	Führer, Aachen	1933
Siebert, Mülheim/Rhein	1906-1914	Güntzer, Trier	1933-1938
Janssen, Aachen	1907-1918?	Dr. Hommelsheim, Köln	1933-1945?
Maur, Koblenz	1907-1918?	Dr. Krämer,	
Dr. Schuhmacher, Bonn	1907-1927	Köln-Mülheim	1933-1945?
Dr. Josef Becker I, Köln	1909-1927	Dr. Küchen, Köln	1933-1938
Junker, Köln	1909-1918?	Dr. Legers, Köln	1933-1938
Dr. Jonen	1911-1914	Meyers, Koblenz	1933-1938

Dr. Müller-Sanders, Köln	1933-1945?	
Paris, Köln	1933-1945?	
Dr. Sonanini, Aachen	1933-1938	
Schulte, Köln	1933-1945?	
Dr. Schreiner, Köln	1933-1935	
Dr. Schumacher, Bonn	1933-1938	
Weinand, Köln	1933-1938	
Dr. Wendehorst, Köln	1933-1938	
Dr. Besgen, Aachen	1934-1938	
Dr. Bethges, Aachen	1935-1938	
Dr. Bergdolt, OLG	1935-1940	
Dr. Gass, Saarbrücken	1935-1938	
Grosche, Köln	1935-1945?	
Kreitz, Köln	1935-1945?	
Dr. Schoett, Saarbrücken	1935-1938	
Schell, Köln	1936-1938	
Römer, Köln	1936-1938	
Dr.Lüttger, Trier	1936-1938	
Dr. Baumann, Köln	1939-1945?	
Van Bebber, Andernach	1939-1945?	
Dr. Esser, Köln	1939-1945?	
Frank, Koblenz	1939-1945?	
Dr. Goldberg, Trier	1939-1945?	
Dr. Haas, Aachen	1939-1945?	
Dr. Heitmann, Bonn	1939-1945?	
Hankamer, Köln	1939-1945?	
Dr. Knips, Köln	1939-1945?	
Dr. Lehnen, OLG	1939-1945?	
Paris, Köln	1939-1945?	
Dr. Schmitz VI, Köln	1939-1945?	
Dr. Schell, Köln-Mülheim	1939-1945?	
Dr. Jaeger II, Köln	1940-1943?	
Jochem, Köln	1941-1945?	
Klüber, Köln	1941-1945?	
Schrammen, Köln	1941-1945?	
Dr. Sonntag, Bonn	1941-1945?	
Stein, Köln	1941-1945?	
Dr. Velder, Köln	1944-1945?	

1945 bis 2004

Finck, Gustav, Köln	1945-1963
Dr. Fuchs, Fritz, Köln	1945-1959
Dr. Legers, Köln	1945-1948
Dr. Rhée, Max, Köln	1945-1953
Dr. Bauer, Ernst, OLG	1946-1959
Braun, Josef, Köln	1946-1959
Dr. Dahs, Hans, Bonn	1946-1973
Dr. Heusch, Gerd, Aachen	1946-1959
Dr. Königs, Wilhelm, Köln	1946-1953
Dr. Lauber, Paul, Aachen	1946-1952
Dr. Oppenhoff, Walter, Köln	1946-1959
Dr. Reuter, Wilhelm, Köln	1946-1961
Rolland, Josef, Bonn	1946-1969
Dr. Söhling, Wilhelm, Köln	1946-1959
Dr. Arnold, Hugo-Fritz, OLG	1948-1961
Frh. von Gagern, Hans, Köln	1949-1951
Hiedemann, Max, Köln	1949-1973
Dr. Kugelmeier, Alphons M., Bonn	1949-1983
Dr.Vonhoff, Josef, Aachen	1949-1967
Dr. Decker I, Richard, Köln	1951-1959
Dr. Wiese, Fritz, Köln	1951-1959
Dr. Bebber, Peter, Königswinter	1953-1959
Meyer-Köring, Alex, Bonn	1953-1975
Dr. Minssen, Wolfgang, Köln	1953-1957
Dr. Wenzel, Josef, Eschweiler	1953-1959
Dr. Wirtz III, Heinrich, Köln	1953-1971

276

Dr. Oberle II, Günter,
Köln 1955-1977
Dr. Fink, Franz, Aachen 1957-1972
Dr. Reuter, Wilhelm,
Köln 1957-1959
Steinsträsser,
Gummersbach 1957-1961
Dr. Bauer, Eduard, OLG 1959-1967
Braun, Josef, Köln 1959-1967
Dr. Giani, Hans, Aachen 1959-1963
Dr. Holter, Leo, Köln 1959-1971
Dr. Kampmann, Kurt,
Köln 1959-1971
Dr. Manstetten, Fritz,
OLG 1959-1963
Dr. Prévot, Franz,
Königswinter 1959-1962
Dr. Vigano, Heinrich,
Köln 1959-1985
Dr. Heyl, Helmut, Köln 1961-1985
Kühling, Wilhelm,
Bergheim 1961-1973
Pulina, Franz, Aachen 1961-1965
Dr. Rottlaender, Horst,
OLG 1961-1969
Scheffen, Wilhelm, Köln 1961-1965
Berthmann, Hugo, OLG 1963-1989
Dr. Engels I, Ferdinand,
Aachen 1963-1969
Dr. Ledschbor, Hans,
Siegburg 1963-1971
Tremblau II, Rüdiger,
Köln 1963-1969
Dr. Bachem, Rupert,
Köln 1965-1973
Dr. Dahme, Walter,
Aachen 1965-1977
Römer, Horst, Köln 1965-1969
Dr. Cornelius, Gert, Köln 1967-1979

Cremer, Wilhelm A., Düren 1967-1971
Kern, Günther, Aachen 1967-1983
Dr. Schmitz, Winfried,
OLG 1967-1983
Dr. Feller, Fritz, Köln 1969-1973
Dr. Lenz, Kurt, OLG 1969-1973
Rhein, Karl, Bonn 1969-1977
Dr. Heidland, Herbert,
Köln 1971-1995
Hoevels, Everhard, Köln 1971-1975
Dr. h.c. Koch, Ludwig,
Köln 1971-1979
Schmitz, Diethelm,
Siegburg 1971-1983
Stass, Heinz, Jülich 1971-1987
Dr. Andresen, Helge,
Köln 1973-2001
Dr. Bongard, Alfons,
OLG 1973-1977
v. Danwitz, Jürgen, Bonn 1973-1993
Dr. Kaiser, Wilhelm,
Düren 1973-1989
Dr. Kraneis, Karl-Kristian,
Köln 1973-1997
Maier-Peveling, Eberhard,
Brühl 1973-1985
Muhr, Johannes, Köln 1973-1978
Dr. Köhler, Erich, OLG 1975-1987
Prinz, Hans-Jürgen, Köln 1975-1983
Dr. Privat, Constantin,
Bonn 1975-2001
Becher, Rolf, OLG 1977-1980
Brosius, Johann Wilhelm,
Aachen 1977-1989
Donath, Ulrich, Bonn 1977-1997
Theissen, Theodor, Köln 1977-1981
Hess, Friedrich, Köln 1978-1981
Kurtenbach II, Burkhard,
Köln 1979-1987

Dr. Walther, Gottfried,
Bensberg — 1979-1999
Dr. Kronenburg, Rolf,
OLG — seit 1980
Hilger, Engelbert, Köln — 1981-1985
Steffen, Aloys, Köln — 1981-1989
Van Berk, Walter,
Troisdorf — 1983-1999
Dr. Bürglen, Bernd, Köln — 1983-1989
Pawlik, Gustav, Alsdorf — 1983-1995
Dr. Schön, Kurt, Bonn — 1983-1987
Dr. van Bühren, Hubert,
Köln — seit 1985
Dr. Heinemann, Peter,
Köln — 1985-1989
Kath-Zuhorst, Gerlinde,
Köln — 1985-1989
Westerholt, Wolfgang,
Köln — 1985-2001
Prof. Gatzweiler, Norbert,
Köln — seit 1987
Mantscheff, Heide, OLG — 1987-1991
Schnitzler, Klaus,
Euskirchen — 1987-1999
Soiron, Karl-Otto, Aachen — 1987-1991
Dr. Krumbiegel, Peter,
OLG — seit 1989
Mohns, Norbert, Köln — 1989-1993
Römer-Hahn, Evelyne,
Köln — 1989-1997
Stockhausen, Günter,
Aachen — 1989-2001
Dr. Streck, Michael, Köln — 1989-1997
Dr. Thümmel, Peter, Köln — seit 1989
Zumbaum, Jörg, Aachen — 1989-1993
Von Lossow, Jürgen,
Aachen — 1991-1996
Dr. Samwer,
Sigmar-Jürgen, OLG — 1991-1995

Busch, Hans-Josef, Köln — 1993-1997
Erdrich, Robert, Bonn — seit 1993
Kiggen, Karl, Aachen — 1993-2001
Dr. Hüttemann, Manfred,
Leverkusen — seit 1995
Kirch, Manfred, Aachen — 1995-2003
Dr. Loschelder, Michael,
OLG — 1995-1999
Bartholomé, Andreas,
Köln — 1997-1999
Börger, Ulrike, Bonn — seit 1997
Mack, Alexandra, Köln — seit 1997
Meyer-Pohske, Joachim,
Aachen — seit 1997
Spitz, Birgit, Köln — 1997-1999
Dr. Wessel, Joachim,
Köln — 1997-2001
Bauschert, Norbert, Köln — seit 1999
Dr. Lauer, Jürgen, OLG — seit 1999
Rheinbold, Michael M.,
Mechernich — 1999-2003
Strohner, Klaus, Köln — 1999-2001
Tillmann, Peter,
Waldbröl — seit 1999
Nasse, Roland, Köln — seit 2000
Blumenthal, Peter, Bonn — seit 2001
Börsch, Alfred, Köln — seit 2001
Dr. Bürglen, Bernd,
Köln — seit 2001
Gehrmann, Dietrich,
Aachen — seit 2001
Dr. Hack, Christoph,
Köln — seit 2001
Meier-van Laak, Nicola,
Aachen — seit 2001
Rappen, Stefan, Köln — seit 2001
Sefrin, Ulrich, Eus-
kirchen — seit 2003
Kirsch, Michael, Aachen — seit 2003

C. Die Mitglieder des Präsidiums nach dem Zweiten Weltkrieg

in alphabetischer Reihenfolge

Dr. Helge Andresen	Schatzmeister 1985-2001
Dr. Fritz Arnold	Vizepräsident 1959-1961
Dr. Ernst Bauer	Vizepräsident 1948-1959
Hugo Berthmann	Schriftführer 1969-1971, Vizepräsident 1971-1989
Ulrike Börger	Vizepräsidentin seit 2001
Josef Braun	Schatzmeister 1949-1965
Dr. Hubert van Bühren	Schriftführer 1993-1995
Dr. Bernd Bürglen	Schriftführer seit 2001
Dr. Gert Cornelius	Schatzmeister 1971-1979
Prof. Dr. Hans Dahs	Vizepräsident 1957-1973
Dr. h.c. Gustav Finck	Präsident 1945-1963
Dr. Herbert Heidland	Präsident 1985-1995
Dr. Helmut Heyl	Schriftführer 1971-1973, Vizepräsident 1973-1985
Dr. Leo Holter	Schatzmeister 1965-1971
Dr. Manfred Hüttemann	Schriftführer 1999-2001, Vizepräsident seit 2001
Karl Kiggen	Schriftführer 1997-1999, Vizepräsident 1999-2001
Dr. Wilhelm Königs	Schriftführer 1949-1953
Dr. Karl-Kristian Kraneis	Schatzmeister 1979-1985, Vizepräsident 1985-1997
Dr. Rolf Kronenburg	Schriftführer 1989-1993 und 1995-1997, Vizepräsident seit 1997
Dr. Alphons M. Kugelmeier	Vizepräsident 1973-1983
Dr. Jürgen Lauer	Schatzmeister seit 2001
Eberhard Maier-Peveling	Schriftführer 1977-1983, Vizepräsident 1983-1985
Dr. Fritz Manstetten	Vizepräsident 1961-1963
Dr. Günter Oberle	Schriftführer 1973-1977
Dr. Constantin Privat	Schriftführer 1983-1985, Vizepräsident 1985-1995, Präsident 1995-2001
Dr. Horst Rottlaender	Schriftführer 1963-1969
Dr. Wilhelm Söhling	Schriftführer 1953-1959
Dr. Peter Thümmel	Vizepräsident 1995-2001, Präsident seit 2001
Dr. Heinrich Vigano	Präsident 1963-1985
Dr. Gottfried Walther	Schriftführer 1985-1989, Vizepräsident 1989-1999
Dr. Heinrich Wirtz	Schriftführer 1959-1963, Vizepräsident 1963-1971

D. Liste der Träger der Kammermedaille

in alphabetischer Reihenfolge (Stand 1. Januar 2004)

Pierre Achache, Paris
Piet Blomme, Gent
Alain Couturier, Brüssel
Wilhelm Feuerich, Köln
Philippe François, Mons
Leonard de Haas, Amsterdam
Ernst-Günter Haupt, Bonn
Dr. Herbert Heidland, Köln
Dr. Heinz Koll, Köln
Jean Loup Legat, Mons
Raoul Légier, Marseille
Henk C. Lenaerts, Brede
Dr. Armin Lünterbusch, Köln
Lambert Matray, Liège
Dr. Edgar Ohn, Eupen
Dr. Raoul de Pauw, Brügge
Dr. Alarich Richter, Köln
Jean Louis Roba, Charleroi
François Turk, Luxemburg
Dr. Hermann Voetelink, Amsterdam

Abkürzungsverzeichnis

aaO	am angegebenen Ort
AGH	Anwaltsgerichtshof
AnwBl.	Anwaltsblatt
Art.	Artikel
BNSDJ	Bund Nationalsozialistischer Deutscher Juristen
BGB	Bürgerliches Gesetzbuch
BGBl	Bundesgesetzblatt
BGH	Bundesgerichtshof
BGHZ	Entscheidungen des BGH in Zivilsachen
BRAK	Bundesrechtsanwaltskammer
BRAK-Mitt.	Mitteilungen der Bundesrechtsanwaltskammer
BRAO	Bundesrechtsanwaltsordnung
BVerfG	Bundesverfassungsgericht
BVerfGE	Entscheidungen des Bundesverfassungsgerichts
CCBE	Rat der Anwaltschaften der Europäischen Union
DAV	Deutscher Anwaltverein
EG	Europäische Gemeinschaften
EGH	Ehrengerichtshof
EU	Europäische Union
EuGH	Europäischer Gerichtshof
EuRAG	Gesetz über die Tätigkeit europäischer Rechtsanwälte in Deutschland
ff.	fortfolgende
GG	Grundgesetz
GVG	Gerichtsverfassungsgesetz
GV.NW.	Gesetz- und Verordnungsblatt des Landes NRW
HStAD	Hauptstaatsarchiv Düsseldorf
JAG	Juristenausbildungsgesetz
JW	Juristische Wochenschrift
MdRRAK	Mitteilungen der Reichsrechtsanwaltskammer
MittRAK	Mitteilungen der Rechtsanwaltskammer Köln
n.F.	neue Fassung
NJW	Neue Juristische Wochenschrift

NRW	Nordrhein-Westfalen
NSDAP	Nationalsozialistische Deutsche Arbeiterpartei
NSRB	Nationalsozialistischer Rechtswahrerbund
OLG	Oberlandesgericht
RAO	Rechtsanwaltsordnung
RGBl	Reichsgesetzblatt
Rn.	Randnummer
RRAO	Reichsrechtsanwaltsordnung
ZPO	Zivilprozessordnung

Literaturverzeichnis

Adam, Uwe Dietrich, Die Judenpolitik im Dritten Reich, Nachdruck der Originalausgabe von 1972, Düsseldorf: Droste, 1979.

Becker, Prof. Dr. Hans-Jürgen, Hundert Jahre Kölner Anwaltverein: Zur Geschichte der Kölner Rechtsanwaltschaft 1887-1987, in: O. Bussenius, M. Hüttemann, G. Schwend (Hrsg.) 100 Jahre Kölner Anwaltverein, Festschrift, Köln: Verlag Constantin Post, 1987, S. 17-126.

Becker, Prof. Dr. Hans-Jürgen, Das Rheinische Recht und seine Bedeutung für die Rechtsentwicklung in Deutschland im 19. Jahrhundert, JuS 1985, S. 338 ff.

Bormann, K. Th. F., und v. Daniels, Dr. A., Handbuch der für die Königl. Preussische Rheinprovinzen verkündeten Gesetze, Verordnungen und Regierungsbeschlüsse aus der Zeit der Fremdherrschaft, 8 Bände, Köln: Bachem, 1833 ff.

Cornelius, Dr. Gert, Anwaltsgerichtsbarkeit in Nordrhein-Westfalen, in: Landesverband Nordrhein-Westfalen im Deutschen AnwaltVerein 1957-1997, Berichte aus der Anwaltschaft, hrsg. vom Vorstand des Landesverbandes Nordrhein-Westfalen, Düsseldorf 1997, S. 71 ff.

Conrad, Prof. Dr. Hermann, Die geschichtlichen Grundlagen des modernen Notariats in Deutschland, DNotZ 1960, S. 3 ff.

Craig, Gordon A., Geschichte Europas 1815-1980: Vom Wiener Kongress bis zur Gegenwart, Einb. Sonderausgabe, München: Beck, 1983.

Craig, Gordon A., Probleme des Koalitionskriegs: Die Militärallianz gegen Napoleon 1813-1814, in: Krieg, Politik und Diplomatie, Wien: Zsolnay 2001.

Deutschen Juristinnenbund (Hrsg), „Juristinnen in Deutschland", Dokumentation 1900-1989, 2. Auflage. – Frankfurt: Schweitzer,1989 Die Zeit von 1900 bis 1998, 3. Auflage, Baden-Baden: Nomos Verlags-G., 1998.

Erkens, Dr. Marcel, Die französische Friedensgerichtsbarkeit 1789-1814 unter besonderer Berücksichtigung der vier rheinischen Departements, Köln; Weimar; Wien: Böhlau Verlag, 1994 (Rechtsgeschichtliche Schriften).

Faber, Karl-Georg, Verwaltungs- und Justizbeamte auf dem linken Rheinufer während der französischen Herrschaft, in: Aus Geschichte und Landeskunde, Festschrift für Franz Steinbach, Bonn: Röhrscheid, 1960, S. 350 ff.

Faber, Karl-Georg, Die Rheinlande zwischen Restauration und Revolution, Wiesbaden: 1966.

Feuerich, Wilhelm E., und Braun, Anton, Bundesrechtsanwaltsordnung, Kommentar, 5. Auflage, München: Vahlen, 2000.

Fest, Joachim C., Hitler, Frankfurt/M.; Berlin; Wien: Ullstein, 1973.

Fischer, Guntram, Die Entwicklung der Düsseldorfer Obergerichte bis 1906, in: 75 Jahre Oberlandesgericht Düsseldorf, Festschrift hrsg. von Heinrich Wiesen. – Köln; Berlin; Bonn; München: Heymann, 1981, S. 3 ff., S. 18 ff.

Friedländer, Dr. Adolf, und Dr. Max, Kommentar zur Rechtsanwaltsordnung, 3. Aufl., München; Berlin; Leipzig: Schweitzer, 1930.

Göppinger, Prof. Dr. Horst, Juristen jüdischer Abstammung im „Dritten Reich", 2. Aufl., München: Beck, 1990.

Graumann, Sabine, Französische Verwaltung am Niederrhein. Das Roerdepartement 1798-1814, Essen: Klartext-Verlag, 1990.

Gruchmann, Lothar, Justiz im Dritten Reich 1933-1940, Anpassung und Unterwerfung in der Ära Gürtner, München Oldenbourg, 1988.

Haffner, Sebastian, Geschichte eines Deutschen, Stuttgart; München: DVA, 2000.

Hamacher, Dr. Peter, Gründung und Arbeit des Instituts für Anwaltsrecht an der Universität Köln in: Landesverband Nordrhein-Westfalen im Deutschen AnwaltVerein 1957-1997, Berichte aus der Anwaltschaft, hrsg. vom Vorstand des Landesverbandes Nordrhein-Westfalen, Düsseldorf: 1997, S. 289 ff.

Handbuch über den Königl. Preußischen Hof und Staat (nach 1918: Handbuch über den Preußischen Staat), Berlin: Decker, ab 1844.

Heilfron, Prof. Dr. Ed., Deutsche Rechtsgeschichte, 6. Auflage, Berlin: Speyer & Peters, 1905, S. 383.

Henssler, Prof. Dr. Martin, und Prütting, Prof. Dr. Hanns, Bundesrechtsanwaltsordnung, München: Beck, 1997.

Heyen/Band (Hrsg.): Eine deutsch-französische Rechtswissenschaft: Erträge und Perspektiven eines unterentwickelten Kulturaustauschs, Baden-Baden: Nomos, 1999.

Hilger, Dr. Ewald, und Fischer, Guntram, Die Rechtsanwaltschaft im Rechtsprechungsbereich des Oberlandesgerichts Düsseldorf in: Heinrich Wiesen (Hrsg.), 75 Jahre Oberlandesgericht Düsseldorf, Berlin; Bonn; München: Heymann, 1981, S. 263-283.

Hieronimie, Dr. Hermann, Zur Geschichte der Koblenzer Rechtsanwaltschaft 1770 - 1970, in: 150 Jahre Landgericht Koblenz, Boppard: Harald Boldt, 1970, S. 163 ff.

Hirtz, Dr. Bernd, Die Rechtsanwaltschaft bei dem Oberlandesgericht Köln, in: Rheinische Justiz, 175 Jahre Oberlandesgericht Köln, hrsg. von Dieter Laum u. a., Köln: O. Schmidt, 1994, S. 319 ff.

Huffmann, Dr. Helga, Kampf um freie Advokatur, Essen: 1967.

Huffmann, Dr. Helga, Geschichte der rheinischen Anwaltschaft, Köln; Wien: Böhlau, 1969.

Kähler, Kurt, Die Geschichte der Landesgruppe (jetzt: Landesverband) Nordrhein-Westfalen 1957 - 1978, in: Landesverband Nordrhein-Westfalen im Deutschen AnwaltVerein 1957 - 1997, Berichte aus der Anwaltschaft, herausgegeben vom Vorstand des Landesverbandes Nordrhein-Westfalen, Düsseldorf: 1997, S. 77 ff.

Kähler, Kurt, Initiative und Mitwirkung der Anwaltschaft in Nordrhein-Westfalen zur Einführung der Beratungshilfe, in: Landesverband Nordrhein-Westfalen im Deutschen AnwaltVerein 1957 - 1997, Berichte aus der Anwaltschaft, hrsg. vom Vorstand des Landesverbandes Nordrhein-Westfalen, Düsseldorf 1997, S. 189 ff.

Klein, Dr. Adolf, Die rheinische Justiz und der rechtsstaatliche Gedanke in Deutschland, Zur Geschichte des Oberlandesgerichts Köln, in: Recht und Rechtspflege in den Rheinlanden, Festschrift zum 150jährigen Bestehen des Oberlandesgerichts Köln, hrsg. von Josef Wolffram und Adolf Klein, Köln: Wienand, 1969, S. 113 ff.

Klein, Dr. Adolf, 100 Jahr Akten, 100 Jahre Fakten, in: Justitia Colonniensis, hrsg. von Adolf Klein und Günter Rennen, Köln: Greven, 1981, S. 89 ff.

Klein, Dr. Adolf, und Pillmann, Kurt, Vom Praetorium zum Paragraphenhochhaus. Ein Blick auf 2000 Jahre Kölner Justizgeschichte, Köln: Wienand, 1986.

Klein, Dr. Adolf, Hardenbergs letzte Reform. Die Gründungsgeschichte des Rheinischen Appellationsgerichtshofs, in: Rheinische Justiz: Geschichte und Gegenwart; 175 Jahre Oberlandesgericht Köln, Köln: O. Schmidt, 1994, S. 9 ff.

Klinge, Dr. Erich, Geschichte der Anwaltschaft im derzeitigen Bezirk des Landgerichts Koblenz von der Beendigung der Französischen Revolution bis zum Ende des Zweiten Weltkriegs, in: Geschichte der Rechtsanwaltschaft im Oberlandesgerichtsbezirk Koblenz, Festschrift zum 50jährigen Bestehen der Rechtsanwaltskammer Koblenz. – Neuwied; Kriftel; Berlin: Luchterhand, 1997.

Klinge, Erich, Geschichte der Anwaltschaft im derzeitigen Bezirk des Landgerichts Koblenz von der Beendigung der Französischen Revolution bis zum Ende des Zweiten Weltkrieg, in: Geschichte der Rechtsanwaltschaft im Oberlandesgerichtsbezirk Koblenz, Festschrift zum 50jährigen Bestehen der Rechtsanwaltskammer Koblenz, Neuwied; Kriftel; Berlin: Luchterhand, 1997, S. 2 ff.

Knobloch, Gundula, Deutsch das Recht und deutsch auch die Juristen, AnwBl 1990, S. 483 ff., S. 485.

Königseder, Angelika, Recht und nationalsozialistische Herrschaft, Berliner Anwälte 1933-1945, Bonn: Deutscher Anwaltsverlag, 2001.

Krach, Dr. Tillmann, Jüdische Rechtsanwälte in Preußen, München: Beck, 1991.

Krach, Dr. Tillmann, Die „Gleichschaltung" der Anwaltschaft 1933 und das Schicksal der beim Landgericht Mainz zugelassenen jüdischen Kollegen, in: Geschichte der Rechtsanwaltschaft im Oberlandesgerichtsbezirk Koblenz, Festschrift zum 50jährigen Bestehen der Rechtsanwaltskammer Koblenz, Neuwied; Kriftel; Berlin: Luchterhand, 1997, S. 183 ff., S. 184.

Krömer, Dr. Ekkehard, Die Planung der Altersversorgung der Rechtsanwälte und das Versorgungswerk der Rechtsanwälte im Lande Nordrhein-Westfalen, in: Landesverband Nordrhein-Westfalen im Deutschen AnwaltVerein 1957-1997, Berichte aus der Anwaltschaft, hrsg. vom Vorstand des Landesverbandes Nordrhein-Westfalen, Düsseldorf: 1997, S. 199 ff.

Landesverband Nordrhein-Westfalen im Deutschen AnwaltVerein 1957-1997, Berichte aus der Anwaltschaft, hrsg. vom Vorstand des Landesverbandes Nordrhein-Westfalen, Düsseldorf: 1997.

Landsberg, Dr. Ernst, Die Gutachten der Rheinischen Immediat-Justiz-Kommission und der Kampf um die Rheinische Rechts- und Gerichtsverfassung 1814-1819, Bonn: Hansteins Verlag, 1914 (Publikationen der Gesellschaft für Rheinische Geschichtskunde XXXI).

Laum, Dr. Dieter, Der hundertfünfzigjährige Gerichtshof, in: Rheinische Justiz: Geschichte und Gegenwart, 175 Jahre Oberlandesgericht Köln, hrsg. von Dieter Laum u.a., Köln: O. Schmidt, 1994, S. 1 ff.

Laum, Dr. Dieter, und Pamp, Rüdiger, Das Oberlandesgericht Köln und sein Bezirk im Nationalsozialismus, in: Rheinische Justiz: Geschichte und Gegenwart, 175 Jahre Oberlandesgericht Köln, hrsg. von Dieter Laum u.a., Köln: O. Schmidt, 1994, S. 625 ff.

Lehne, Hans-Konrad, 75 Jahre anwaltliche Selbstverwaltung – Die Rechtsanwaltskammer Düsseldorf in: Heinrich Wiesen (Hrsg.), 75 Jahre Oberlandesgericht Düsseldorf, Festschrift, Köln; Berlin; Bonn; München: Heymann, 1981, S. 253-262.

Liermann, Stephan, Heinrich Gottfried Wilhelm Daniels, der erste Präsident des Rheinischen Appellationsgerichtshof in Köln, in: Recht und Rechtspflege in den Rheinlanden, Festschrift zum 150jährigen Bestehen des Oberlandesgerichts Köln, hrsg. von Josef Wolffram und Adolf Klein, Köln: Wienand, 1969, S. 57 ff., S. 63.

Lingenberg, Hummel, Zuck, Eich, Kommentar zu den Grundsätzen des anwaltlichen Standesrechts, 2. Auflage, Köln: O. Schmidt, 1988.

Luig, Prof. Dr. Klaus, ...weil er nicht arischer Abstammung ist. Jüdische Juristen in Köln während der NS-Zeit, Köln: O. Schmidt, 2004.

Mann, Prof. Dr. Golo, Deutsche Geschichte des 19. und 20. Jahrhunderts, Frankfurt: S. Fischer, 1958.

Mitteilungen der Reichs-Rechtsanwaltskammer, Organ der Reichs-Rechtsanwaltskammer und der Rechtsanwaltskammern, Leipzig: Moeser, 1936 ff.

Nipperdey, Prof. Dr. Thomas, Deutsche Geschichte 1866-1918, 3. durchgesehene Auflage, Band 1 Arbeitswelt und Bürgergeist, München: Beck, 1993.

Noack, Prof. Dr. Erwin, Kommentar zur Reichsrechtsanwaltsordnung in der Fassung vom 21. Februar 1936, 2. Auflage, Leipzig: Moeser, 1937.

Ohff, Heinz, Ein Stern im Wetterleuchten, Königin Luise von Preußen, 3. Auflage der Taschenbuchausgabe, München: Piper, 1989.

Oppenhoff, Dr. Walter, Erfahrungen eines Kölner Anwalts, in: O. Bussenius, M. Hüttemann, G. Schwend (Hrsg.), 100 Jahre Kölner Anwaltverein, Festschrift, Köln: Verlag Constantin Post, 1987, S. 187-196.

Ostler, Dr. Fritz, Die deutschen Rechtsanwälte 1871-1971, 2. Auflage, Essen: Ellinghaus, 1982.

Pamp, Rüdiger, Das Landgericht Bonn und sein Bezirk in der Zeit des Nationalsozialismus, in: 150 Jahre Landgericht Bonn, Bonn: Bouvier, 2000.

Paus, Heidwin, Das Schicksal der im Landgerichtsbezirk Bonn zugelassenen jüdischen Rechtsanwälte während der Zeit des Nationalsozialismus, Bonn, 1992.

Peters, Dr. Louis F., Annäherung an den Geburts-Tag der rheinischen Anwaltschaft oder was tun wir am 11. Mai?, KammerForum 2003, S. 14 ff.

Ranieri, Prof. Dr. Filippo, Französisches Recht und französische Rechtskultur in der deutschen Zivilrechtswissenschaft heute: Eine unwiderrufliche Entfremdung? in: Heyen/Band (Hrsg.), Eine deutsch-französische Rechtswissenschaft: Erträge und Perspektiven eines unterentwickelten Kulturaustauschs, Baden-Baden: Nomos 1999.

Schorn, Franz Hubert, Geschichte des Landgerichts Bonn, in: 150 Jahre Landgericht Bonn, hrsg. von Heinz Fassbender, Bonn: Bouvier, 2000, S. 1 ff.

Schubert, Werner (Hrsg.), Entstehung und Quellen der Rechtsanwaltsordnung von 1878, Ius Commune, Sonderheft 22, Frankfurt: Klostermann,1985.

Wiesen, Heinrich (Hrsg.), 75 Jahre Oberlandesgericht Düsseldorf, Festschrift, Köln; Berlin; Bonn; München: Heymann, 1981.

Weißler, Adolf, Geschichte der Rechtsanwaltschaft, Leipzig: Pfeffer, 1905.

Wolffram, Josef, Die Rheinlande an der Schwelle einer neuen Zeit, in: Recht und Rechtspflege in den Rheinlanden, Festschrift zum 150jährigen Bestehen des Oberlandesgerichts Köln, Köln: Wienand, 1969, S. 5 ff.

Wolffram, Josef, und Klein, Adolf (Hrsg.), Recht und Rechtspflege in den Rheinlanden, Festschrift zum 150jährigen Bestehen des Oberlandesgerichts Köln, Köln: Wienand, 1969.

Zöller u.a., Zivilprozessordnung, 24. Auflage, Köln: O. Schmidt, 2004.